HWP

LERNEN. LEHREN. LEBEN.

WIEKRA WISSEN

Kaderschmiede? Aufstiegstraum? Lebensgefühl? Die Hamburger Hochschule für Wirtschaft und Politik erlebte und erlitt viele Zuschreibungen und Vorurteile. Doch eines war die HWP gewiss nicht: eine ganz normale Universität. Wer hier studierte, kam als Krankenschwester oder Werkzeugmacher und ging als Soziologe oder Volkswirtin. Manche von ihnen wurden Ministerpräsidenten, Gewerkschaftsführer, wieder andere Unternehmerinnen oder Konzernchefs. Kaum jemand der HWP-Studierenden hatte Abitur, aber alle hatten den festen Willen, eine Chance zu nutzen, die nur die HWP ihnen bot: den Aufstieg durch Bildung.

Dieses Buch erzählt ihre Geschichten.

1. Auflage
Originalausgabe, Dezember 2022

Salzwedeler Straße 5, 29562 Suhlendorf
Umschlaggestaltung: Christian Koch
Konzeption und Gestaltung: Koch Kommunikation, Hamburg
Lektorat: Dr. Regine Anacker, Dortmund
Druck und Bindung:
Grafisches Centrum Cuno GmbH & Co. KG
Gewerbering West 27
D-39240 Calbe (Saale)
ISBN 978-3-940189-23-3
www.bahn-media.com

BJÖRN ENGHOLM | DIETER KOCH | CHRISTIAN WIECHEL-KRAMÜLLER

HWP

LERNEN. LEHREN. LEBEN.

ABSOLVENTINNEN UND ABSOLVENTEN DER HOCHSCHULE FÜR WIRTSCHAFT UND POLITIK ERINNERN SICH.

In Gedenken an Wilhelm Nölling, der wichtiger Impulsgeber für die Entstehung dieses Buches war.

„Die HWP war ein Ort, der mir die Möglichkeit bot, meinem vermeintlich vorbestimmten Leben die Stirn zu bieten. Träume und Wünsche zu erfüllen. Zu meiner Herkunft zu stehen und diese als Stärke wahrzunehmen."

HWP-Absolventin aus dem 64. Lehrgang (Seite 202)

Ein Glücksfall für Hamburg

Liebe Leserinnen und Leser,

die Geschichte der Hamburger Universität für Wirtschaft und Politik, kurz HWP, ist eine besondere Geschichte. Auch wenn sie heute nicht mehr in ihrer ursprünglichen Form besteht, sie ist seit 2005 Teil der Universität Hamburg, wirken ihr Erbe und die Errungenschaften aus der über 50-jährigen Geschichte bis heute nach.

Die damalige Mission der HWP ist auch heute in unserer Gesellschaft noch höchst relevant: Die Menschen zu fördern, die aus wirtschaftlichen oder sozialen Gründen keinen Zugang zu einer akademischen Ausbildung haben. Auch heute stellen wir uns diese Fragen noch immer: Wie können wir erreichen, dass Menschen ihr volles Potenzial ausschöpfen können? In Hamburg setzen wir uns jeden Tag aufs Neue dafür ein, dass nicht Herkunft, Elternhaus oder Geldbeutel darüber entscheiden, welche Türen einem Menschen im Leben offenstehen.

Die HWP war eine einzigartige Institution des zweiten Bildungswegs und für viele ihrer Studierenden ein Sehnsuchtsort, um das erste Mal den Hochschulalltag und die Wissenschaft kennenzulernen. Hier konnten sie aus dem gewohnten Umfeld ausbrechen und nicht selten als erstes Familienmitglied einen Hochschulabschluss erlangen. Diese Sehnsucht wirkte auch über die Stadtgrenzen Hamburgs hinaus und die HWP wurde zu einem Leuchtturmprojekt, das Studierende aus ganz Deutschland nach Hamburg zog.

Dabei war der Bildungsabschluss kein Selbstzweck: Hier kamen Studierende und Lehrende mit unterschiedlichen Sichtweisen, Biografien und Expertisen zusammen. Damit ist die Geschichte der HWP auch ein schönes Beispiel für den erfolgreichen Blick über den eigenen Tellerrand. Diese Mischung des Verschiedenen ist heute einer der Erfolgsfaktoren unseres Wissenschaftsstandorts Hamburg: Kluge Köpfe von überall forschen in unserer Stadt interdisziplinär zusammen und arbeiten an Lösungen für die großen Herausforderungen unserer Zeit.

Die HWP steht auch für einen Ort der Emanzipation, des Empowerments – wie man heute oft sagt. Ein Ort, an dem Menschen ihre eigene Geschichte in die Hand nahmen und den Mut erwarben, sie zu verändern. Das Buch *Lernen. Lehren. Leben.* zeigt uns genau diese Geschichten auf wunderbare Weise – indem es ehemalige Studierende und Lehrende selbst zu Wort kommen lässt. Ein schönes Format, das dem Anspruch und Geist der HWP gerecht wird. Ich wünsche Ihnen viel Vergnügen bei der Lektüre dieses Buches. Lassen Sie sich von den vielfältigen Geschichten und Lebenswegen inspirieren!

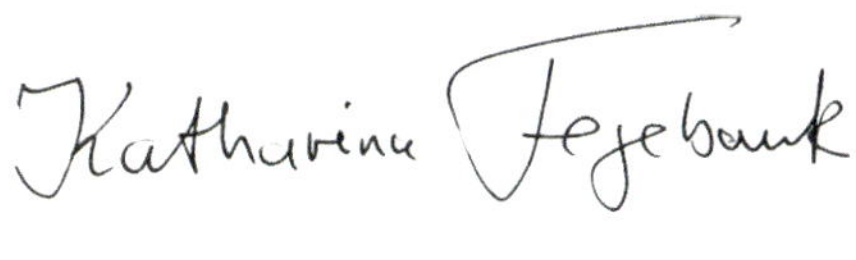

Katharina Fegebank
Zweite Bürgermeisterin der Freien und Hansestadt Hamburg

Alternative Eliten: Die Erfindung des zweiten Bildungswegs

Björn Engholm

Im April 2020 erzählte mir Christian Wiechel-Kramüller von seiner Idee, der Akademie für Gemeinwirtschaft und späteren Hamburger Universität für Wirtschaft und Politik (HWP) ein Buchprojekt zu widmen. Im Zentrum sollten die Lebensläufe von Studierenden dieser ungewöhnlichen Hochschule stehen, die ihre Selbstständigkeit 2005 durch Integration in die Universität Hamburg verloren hatte. Keine Frage, dass ich an diesem Buchprojekt aktiv mitwirken wollte. Warum?

Die HWP hat eine besondere, eine einzigartige Geschichte. Eine Geschichte, die am 15. November 1948 ihren Anfang nahm – in einer Zeit, als Hamburg und viele andere Städte des Landes noch in Schutt und Asche lagen, drei Jahre nach Ende des Zweiten Weltkriegs. Umso mehr war die Gründung der späteren HWP, wie Prof. Dr. Karl-Hermann Capelle in einem Sonderdruck zum zehnjährigen Bestehen der Akademie für Gemeinwirtschaft schrieb, mit dem Ziel und der Hoffnung verbunden, einen spezifischen Beitrag zu leisten zu den unübersehbaren Aufgaben des Wiederaufbaus und der grundlegenden Erneuerung von Staat und Wirtschaft. Ein für die zutiefst konservative Gründerzeit der Zweiten Republik höchst ambitioniertes Vorhaben. Von Beginn an sollte die Akademie zur Bildung eines engagierten und leistungsfähigen Nachwuchses für Führungsaufgaben beitragen – und zwar ohne Bindung an das Abitur als Zugangsbedingung! Das hieß vor allem: Förderung von Begabten, denen aus wirtschaftlichen oder sozialen Gründen eine traditionelle akademische Ausbildung verwehrt war. Also „alternative Eliten“ als ein Gegenentwurf zur etablierten akademischen Selbstrekrutierung.

Der Name „Akademie für Gemeinwirtschaft“ benannte zugleich ihr zentrales Ziel: die Gemeinwirtschaft in Deutschland zu fördern und damit Wirtschaftsformen wie auch Unternehmen zu unterstützen, in deren Unternehmensziel das Gewinnstreben dem Wohl der Gesellschaft untergeordnet war. Das war ein hochattraktives Angebot für viele Begabte, vor allem schon beruflich Qualifizierte wie auch sozial und politisch Aktive, zum Einstieg in „höhere“ Bildung, zur intellektuellen Fundierung ihres Tuns, zum Erwerb von Aufklärungswissen. So stieg die Zahl der Studierenden in den folgenden Jahrzehnten rasant und stetig. Und namhafte Lehrende, Professoren, Dozenten, Lehrbeauftragte, fühlten sich von dem unkonventionellen Hochschulkonzept angezogen: Ralf Dahrendorf, Karl Schiller, Karl Martin Bolte, Eduard Heimann, Bruno Molitor, Friedhelm Neidhardt und Gerhard Scherhorn gehörten dazu, als Gastdozenten auch Paul Sethe und Helmut Schmidt – um nur einige zu nennen.

Christian, selbst HWP-Absolvent, wollte die vielfältigen, selten geradlinig verlaufenen Lebensläufe von Absolventinnen und Absolventen verschiedener Jahrgänge festhalten: ebenso einzigartige wie exemplarische Zeugnisse von Studierenden der ersten Hochschule des zweiten Bildungswegs in Deutschland. Er führte Gespräche mit Harald Mattfeldt und Wilhelm Nölling, die ihn darin bestärkten, das Buch zu realisieren.

Unser Buchprojekt gewann frühzeitig einen weiteren Mitstreiter und Herausgeber: Dieter Koch, ein Glücksfall, war er doch viele Jahre Leiter des Prüfungsamtes der HWP. Mit ihm hatten wir einen kenntnis- und erfahrungsreichen Mann, einen Spiritus Rector gar, an unserer Seite, der die Hochschule und ihre Entwicklung aus dem Effeff kannte.

Was war den Studierenden „damals“ besonders wichtig? Was schätzten sie am HWP-Studium, welche Türen hat das Studium geöffnet – oder auch verschlossen? Mehr noch, welche evolutionäre Rolle spielte diese Institution im Kontext der deutschen Hochschul-Nachkriegsentwicklung? Und warum verlor sie ihre Eigenständigkeit? Die vorliegenden Erinnerungen gewähren Einblicke in den Studienalltag und die Veränderungen der Hochschule: Im Jahr 1961 wird aus der Akademie für Gemeinwirtschaft die Akademie für Wirtschaft und Politik, ab 1963 schließen die Studierenden ihr Studium nicht mehr nur mit einem Zertifikat, sondern mit einer Graduierung zum Betriebs-, Volks- oder Sozialwirt ab. 1970 benennt sich die Akademie um in Hochschule für Wirtschaft und Politik, deren Kürzel – HWP – sich zu einem landesweiten Markenzeichen entwickelt. Einem Markenzeichen, das noch heute für die Stärken der HWP steht: interdisziplinäre Ausbildung, Studium auch ohne Abitur, Blick über den Tellerrand der Fächergrenzen, Öffnung für und Zugang zu alternativen Schulen und politischen Philosophien.

Die Beiträge zeigen, dass Anspruch und Konzept die HWP zu einer einzigartigen Bildungsinstitution in der alten Bundesrepublik machten, die starke Impulse für die soziale Öffnung der Hochschulen setzte, ohne ihren Studierenden den Anspruch auf hohe Leistungsbereitschaft und Motivation zu ersparen. Die Zahl der prominenten Absolventinnen und Absolventen spricht für sich – und für die HWP. Das Studium habe, so Bundespräsident Theodor Heuss auf der Zehnjahresfeier der Akademie für Gemeinwirtschaft am 14. Oktober 1958, die „vornehmste Aufgabe, ihre Schüler an die Wirklichkeit heranzuführen“. Das ist die wichtigste Aufgabe von Hochschulbildung bis heute, ein drängendes Desiderat in der aktuellen Bildungslandschaft – in Krisen und Zeiten der Globalisierung mehr denn je. Wir brauchen Hochschulen, die den Blick und Horizont weiten, Perspektivwechsel anregen, Alternativen zulassen und fordern. Und die ihre Studierenden in besonderem Maße dazu befähigen, in einer komplexen Welt Informationen und Wissen einzuordnen, zu gewichten, zu unterscheiden – und eigenständig Position zu beziehen.

Für die meisten Studierenden war die HWP nicht nur Hochschule als Lerninstanz, sondern ein gewichtiger und inspirierender Ort der Emanzipation, quasi soziokulturelle Heimat auf Zeit. Und natürlich war sie Tor zu neuen Chancen: Viele Karrieren haben hier ihren Anfang genommen, Freundschaften sind entstanden, Liebes- und Lebenspartnerschaften. Kurzum, die HWP hat dem Leben vieler Absolventen eine neue Richtung gegeben und ihre Werdegänge nachhaltig mitgeschrieben – wie in diesem Buch exemplarisch beschrieben. Mein Dank und meine Anerkennung gelten allen Autorinnen und Autoren für ihre Offenheit, ihr Engagement, für die Nachdenklichkeit, die feine Ironie, den Humor, mit dem sie die Leserinnen und Leser an ihrer Lebensgeschichte und Bildungsbiografie teilhaben lassen. Dank und Respekt gelten auch unserer Lektorin Dr. Regine Anacker, die die Publikation von Anfang an begleitet hat, und Christian Koch, den wir für die Gestaltung dieses außergewöhnlichen Buches gewinnen konnten.

Ich wünsche, mehr noch als Vergnügen bei der Lektüre, viele interessante Einsichten in ein lebendiges Stück bundesrepublikanischer Bildungsgeschichte – und Denkanstöße für deren Zukunft.

Björn Engholm, im Namen der Herausgeber

Inhalt

Blick über den Hamburger Stadtteil Barmbek in den 1950er-Jahren

1950 | 1960

DIE AKADEMIE FÜR GEMEINWIRTSCHAFT – WIE IN EINER ALTEN VILLA BILDUNG NEU GEDACHT WIRD.

GEBURT EINER INSTITUTION

Wissensausgabe
Anstehen bei Frau Thode. Die Bibliothekarin der Akademie war der Schlüssel zur Welt des Wissens. In Schlips und Anzug warteten die Studierenden geduldig auf den wertvollen Wissensstoff.

Bereits im Jahr 1945 treffen sich in Hamburg zum ersten Mal Vertreter von Gewerkschaften, Genossenschaften, Parteien und Sozialverbänden. Sie alle haben ein Ziel: die Schaffung einer Lehrstätte für Führungskräfte in der Gemeinwirtschaft, in Stadtverwaltungen, im Wohnungsbau und in den Sozialwerken. Kaderschmiede nennen es die einen, eine „Arbeiteruniversität" die anderen. Am 15. November 1948 beginnen die Vorlesungen mit achtzig Studierenden, davon vier Frauen, in den vier traditionellen Disziplinen Volkswirtschaftslehre, Soziologie, Betriebswirtschaftslehre und Rechtswissenschaft in einer alten Villa in der Mollerstraße im Hamburger Viertel Rotherbaum. Von Anfang an werden Bewerber ohne Abitur für den Eingangstest zugelassen. Auch Abiturienten müssen sich diesem stellen.

Die Zusammensetzung der ersten fünf Lehrgänge war noch stark durch die Kriegsereignisse geprägt. Rund ein Drittel zählten zu den Vertriebenen aus den östlichen Teilen des ehemaligen deutschen Reiches oder waren „Zonenflüchtlinge" aus der sowjetischen Besatzungszone. Fast 80 Prozent waren Kriegsteilnehmer, davon gut 40 Prozent sogenannte Spätheimkehrer. Von den Studierenden der ersten Lehrgänge schlossen nicht alle das Studium ab, so zum Beispiel der spätere Vorsitzende der IG Bergbau und ab 1969 Bundesminister für Arbeit und Sozialordnung Walter Arendt. Die meisten waren jedoch erfolgreich, darunter viele mit darauf folgender Gewerkschaftskarriere, wie der spätere ÖTV-Vorsitzende Heinz Kluncker oder Heinz Oskar Vetter, der 1969 Vorsitzender des Deutschen Gewerkschaftsbundes wurde.

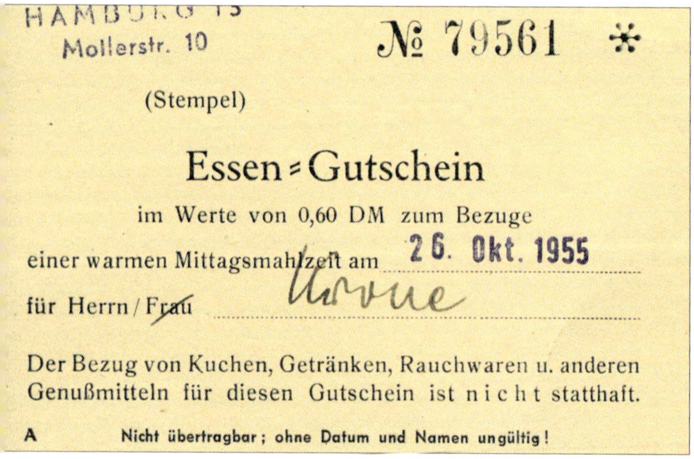
HAMBURG 13
Mollerstr. 10
№ 79561 *

(Stempel)

Essen-Gutschein

im Werte von 0,60 DM zum Bezuge
einer warmen Mittagsmahlzeit am 26. Okt. 1955
für Herrn / ~~Frau~~ Krone

Der Bezug von Kuchen, Getränken, Rauchwaren u. anderen Genußmitteln für diesen Gutschein ist nicht statthaft.

A Nicht übertragbar; ohne Datum und Namen ungültig!

Essensausgabe
Damals noch einfacher Dozent, später einer der angesehenen Lehrkräfte der HWP – die Essensmarke von Werner Krone. Für 60 Pfennige sicherte die Marke eine warme Mahlzeit. Zum Vergleich: Ein Kilo Kartoffeln lag damals bei rund 50 Pfennigen. Für ein Kilo Kaffee zahlte man stolze 25 Mark.

15.11.1948

76 STUDENTEN 4 STUDENTINNEN

VOLKSWIRTSCHAFTSLEHRE
BETRIEBSWIRTSCHAFTSLEHRE
RECHTSWISSENSCHAFT
SOZIOLOGIE

Der Erste von geschätzten 20.000 Studenten, die an der Akademie und der späteren HWP in Hamburg studierten: Gerd Andresen aus Lübeck war – laut dieser Erkennungskarte – die Nummer 1.

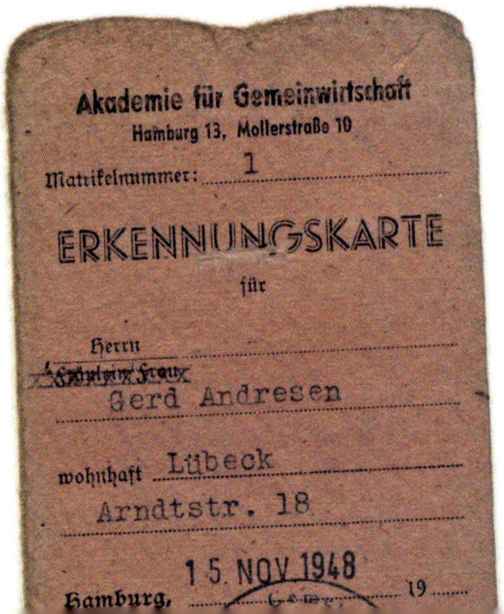
Akademie für Gemeinwirtschaft
Hamburg 13, Mollerstraße 10
Matrikelnummer: 1

ERKENNUNGSKARTE

für

Herrn
~~Fräulein Frau~~
Gerd Andresen

wohnhaft Lübeck
Arndtstr. 18

Hamburg, 15. NOV. 1948

„In der ersten Reihe sitzend versäumte ich keine Vorlesung, auch die nicht, in der uns richtiges Benehmen und das angemessene Aufschlagen eines Frühstückseis beigebracht wurde."

HARALD MEIER-WEIGAND (Seite 28)

Am Abgrund Besuch im rheinischen Braunkohlerevier. Lehrkräfte und Studierende schauen beeindruckt in die Tiefe des Tagebaus. Das größte Braunkohlerevier Europas war die Grundlage für die Entwicklung bedeutender Industriestandorte in den Sektoren Chemie, Aluminium und Nahrungsmittel.

Männerwelt
Ob beim Feiern, einem offiziellen Jahrgangsfoto oder bei sportlichen Aktivitäten – traditionelle Rollenbilder der 1950er-Jahre bildeten sich auch an der Akademie ab. Sowohl Lehrkräfte als auch Studierende waren meist männlich. Schätzungen zufolge lag der durchschnittliche Anteil weiblicher Lehrkräfte an deutschen Universitäten im Jahr 1952 nur bei rund drei Prozent. Die Akademie machte diesbezüglich keine Ausnahme.

Erstes Jubiläum
Anlässlich des zehnjährigen Bestehens der Akademie für Gemeinwirtschaft hielt Bundespräsident Theodor Heuss eine Rede im Rahmen seines Besuches der Hansestadt Hamburg im Oktober 1958.

Foto von einer Autogrammkarte aus dem Jahr 1970. Von 1969 bis 1974 vertrat Nölling den Wahlkreis Hamburg-Eimsbüttel als Abgeordneter im Deutschen Bundestag

WILHELM NÖLLING

EIN LEHRENDER UND LERNENDER

Wilhelm Nölling als Student und Dozent an der Akademie für Gemeinwirtschaft/HWP 1954–1956 und 1966–1969

Von Dr. Katherine Nölling

Seit ich für diesen Beitrag über die Rolle und Beziehung meines Vaters zur Akademie für Gemeinwirtschaft beziehungsweise Hochschule für Wirtschaft und Politik nachdenke, kommt mir immer wieder eine Schlüsselszene in Erinnerung. Es war anlässlich seines 70. Geburtstags. Die Hauptverwaltung Hamburg – ehemals Landeszentralbank – der Deutschen Bundesbank hatte zum Empfang und zur Feier eingeladen, um meinen Vater, den ehemaligen Präsidenten, zu ehren. Die Feier fand am 21. November 2003 statt. Als Redner vorgesehen waren: Prof. Dr. Rolf Eggert, der amtierende Präsident der Hauptverwaltung, sowie die Professoren Wilhelm Hankel, Karl Albrecht Schachtschneider und Joachim Starbatty; also die Gruppe, die mit meinem Vater zusammen den Verein Pro Europa e. V. gegründet und in mehreren Klagen versucht hatte, die Einführung des Euro zu verhindern beziehungsweise die Bedingungen dafür zu verändern.

Es war eine Festschrift vorbereitet worden, zu der auch mein Bruder und ich einen Beitrag verfasst hatten. Ihr Titel lautete: *Der Ökonom als Politiker. Europa, Geld und die soziale Frage*. Das „Festexemplar“, in Schuber und mit Goldschnitt, war überreicht worden. Mein Vater wollte sich als nächster und letzter Redner bedanken.

Der Ökonom als Hochschullehrer

Da stand aus dem Publikum ein Mann auf, ging nach vorn und stellte sich ans Rednerpult. Bei den Organisatoren herrschte ein wenig Verwirrung, aber mein Vater kannte den Mann und bedeutete den Mitarbeitern, ihn sprechen zu lassen. Es war Dr. Reinhard Crusius und er sprach über meinen Vater als Lehrer, als Hochschullehrer für Volkswirtschaftslehre an der Hochschule für Wirtschaft und Politik (HWP). Es war ihm wichtig, dass diese Funktion, diese Rolle meines Vaters in der Würdigung auch erwähnt wurde. Er bedankte sich, stellvertretend für andere Studienkollegen, dafür, dass und vor allem wie mein Vater sie unterrichtet und nicht nur das Verständnis für Volkswirtschaftslehre bei ihnen geweckt hatte, sondern auch die Lust zu lernen, die Freude an der Arbeit, die Bedeutung der Wissenschaft und, nicht zuletzt, die gesellschaftliche Verantwortung der Wirtschaftswissenschaft vermittelt hatte.

Mein Vater war zu Beginn und am Ende seiner beruflichen Karriere Lehrer. Als Hochschullehrer an der HWP begann 1966 seine berufliche Laufbahn und sie endete, wenn man

Hans-Ulrich Klose, Erster Bürgermeister von Hamburg, mit seinem Finanzsenator Wilhelm Nölling im Jahr 1979

so will, vierzig Jahre später als Professor an der Universität Hamburg, an der er von 1992 bis 2006, das heißt nach seinem Ausscheiden aus dem aktiven Berufsleben in der Landeszentralbank, unterrichtet hat.

Er war ein Lehrer und ein Lernender; sein Leben lang. So, wie er sich entwickelt hat, durch bestimmte Rahmenbedingungen und menschliche Begegnungen entwickeln konnte, wollte er auch andere Menschen entwickeln und ausbilden. Eine wesentliche Basis für diese Fähigkeit und Eigenschaft geht auf die Akademie für Gemeinwirtschaft (und spätere HWP) zurück.

Ein Mysterium

Mein Vater stammte aus den ärmlichsten Verhältnissen. 1933 geboren, mit elf Geschwistern aufgewachsen, der Vater Karl war Waldarbeiter, die Mutter Helene Hausfrau. Mein Vater beschreibt in seiner Autobiografie *Wie viele Anker braucht der Mensch?* die Umstände sehr detailliert. Er hat sich immer damit auseinandergesetzt, wie es zu seiner erfolgreichen, beruflichen wie privaten, Laufbahn kommen konnte, da doch die Ausgangsbedingungen mehr als ungünstig waren, und hat seinen Entwicklungsprozess immer als ein Mysterium angesehen. Mein Vater schrieb dazu: „Ungünstige Umweltfaktoren können die eigentlich aktivierende, kausale Bewegungskraft sein". Und weiter: „Die politischen Rahmenbedingungen müssen stimmen: zur Antriebspotenz gehören Ratgeber und Bildungsmöglichkeiten." Für meinen Vater waren die Bildungsmöglichkeiten – nach Handelsschule, Lehre im Arbeitsamt Gummersbach und dem nebenberuflichen Besuch der Verwaltungs- und Wirtschaftsakademie in Köln – vor allem die Akademie für Gemeinwirtschaft in Hamburg. Sie eröffnete ihm die Möglichkeit, die Hochschulreife zu erlangen. Damit würde er studieren können, und selbst eine Promotion war nicht ausgeschlossen.

Die gelobte Stadt

So wurde Hamburg für ihn tatsächlich zum „Tor zur Welt", und zwar der Welt der Bildung und des beruflichen Aufstiegs. Im Herbst 1953 erhielt er, während eines Lehrgangs seiner Gewerkschaft ÖTV, Informationen über die Akademie für Gemeinwirtschaft. Und als ihm im Frühjahr 1954 klar geworden war, dass er sich in Köln beruflich nicht weiter würde entwickeln können, brach er auf in die für ihn „gelobte Stadt Hamburg" und begann dort am 2. November 1954 sein Studium an der Akademie. Die, seinen Worten nach, „hervorragend komponierte, auf hohem Niveau erfolgende Ausbildung an dieser Akademie brachte mich meinem Traum näher, an der Universität weiter zu studieren. Ich erhielt die Hochschulreife."

Aber die Akademie allein hätte nicht gereicht; es waren auch die Stipendien der damaligen Stiftung Mitbestimmung (heute Hans-Böckler-Stiftung) und die finanziellen Hilfen der Hansestadt Hamburg, die ihren Beitrag leisteten, dass mein Vater sein Studium – auch finanziell – durchhalten konnte.

Im Oktober 1956 bestand mein Vater die Abschlussprüfung mit der Note „gut" und erhielt die Hochschulreife. Von den vier Akademie-Semestern wurden ihm drei Semester auf das Studium angerechnet, das er an der Universität Hamburg fortsetzte. Aus seiner Sicht waren die zwei Jahre an der Akademie die bis dahin stärkste Herausforderung an sein Durchhalte- und Leistungsvermögen und ein Test für die Ernsthaftigkeit seines Bildungs- und Aufstiegswillens.

Ambivalenz

Später war das Verhältnis meines Vaters zur Akademie beziehungsweise zur HWP durchaus ambivalent. Für ihn selbst war es, wie beschrieben, die alles entscheidende Möglichkeit, die Hochschulreife zu erlangen, um dann studieren, promovieren und damit die höchste wissenschaftliche Ausbildung erreichen zu können. Nach dem Studium bot die HWP ihm die erste berufliche Position als Hochschullehrer.

Klage gegen die Griechenland-Hilfe der Europäischen Zentralbank: Die Rechts- und Wirtschaftswissenschaftler Karl Albrecht Schachtschneider, Wilhelm Nölling, Wilhelm Hankel und Joachim Starbatty (von links) im Jahr 2010 vor dem Bundesverfassungsgericht

Was für ihn selbst galt, hat er auf andere übertragen: die Vorstellung, dass man sich anstrengen muss, um etwas zu erreichen. Die Veränderung des Leistungsprofils der Hochschule unter dem Einfluss – aus seiner Sicht – unausgegorener Mitbestimmungsvorstellungen hat ihn der Einrichtung dann lange sehr entfremdet. Er schreibt in seiner Autobiografie: „Mir hat die Anfang der siebziger Jahre einsetzende und schließlich nicht mehr aufhaltbare Entwicklung der Hochschule, an der ich insgesamt über 10 Jahre studiert hatte und tätig war, nicht nur leidgetan. Das auch! Aber ich habe vor allem aufs höchste bedauert, wie aus einer Mischung von gutem Demokratisierungswillen, falschem Menschenbild, feiger unpolitischer Zurückhaltung derer, die es eigentlich besser hätten wissen müssen, und ekelhafter, linker Postenjägerei bei einer sich stark ausdehnenden Ausbildungsstätte eine hochangesehene Institution heruntergewirtschaftet wurde. Mein frühes ‚principiis obsta' [Wehre den Anfängen!] hatte nichts genützt." Diese kritische und distanzierte Einstellung hat sich in seinen letzten Lebensjahren gemildert. In den Gesprächen mit Christian Wiechel-Kramüller über die Akademie/HWP gab er sich deutlich versöhnlicher. Auch eine Prise Selbstkritik war dabei. Vielleicht, so meinte er, hätte er die Entwicklung der HWP doch enger begleiten sollen.

Seine Meinung zu den Studierenden während seiner Lehrtätigkeit an der Universität Hamburg war dann auch differenziert positiv: „Würde ich gefragt, wüsste ich nicht generell zu sagen, ob die Studenten heute besser oder schlechter als zu meiner Zeit sind. Ich glaube allerdings mit Bestimmtheit, dass es aus meiner Sicht keinerlei Anlass gibt, an Niveau und Motivation zu zweifeln; manchmal bin ich geneigt zu glauben, dass die heutigen Studenten uns in dieser Hinsicht eher gleichkommen bzw. sogar übertreffen."

Ich bin mir sicher, es hätte ihn gleichermaßen mit Stolz und Dankbarkeit erfüllt, dass mit diesem Buch seiner gedacht wird.

ZUR PERSON
PROF. DR. WILHELM NÖLLING

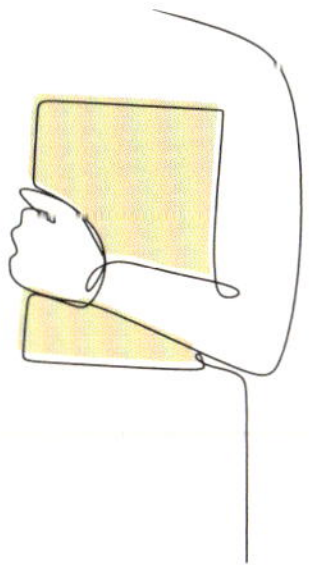

Geboren 1933 in Wemlighausen
Gestorben 2019 in Hamburg

Volksschule, Handelsschule
Ausbildung zum Verwaltungsangestellten

Studium an der Akademie für Gemeinwirtschaft 1954–56; Studium an der Universität Hamburg; Promotion zum Dr. rer. pol. an der Universität Hamburg Mitglied des Deutschen Bundestags; Senator für Gesundheit der Freien und Hansestadt Hamburg; Senator für Wirtschaft und Verkehr der Freien und Hansestadt Hamburg; Senator für Finanzen der Freien und Hansestadt Hamburg; Präsident der Landeszentralbank Hamburg und Mitglied des Zentralbankrats der Deutschen Bundesbank; Professor für Volkswirtschaftslehre an der Universität Hamburg.

Als 1934 auch sein Vater stirbt, gerät Michael in die rassistische Bürokratie des NS-Regimes. Die Innenseiten des „Fremdenpasses" von Michael aus dem Jahr 1940. Eintrag bei Staatsangehörigkeit „staatenlos"

THEODOR WONJA MICHAEL

ENDLICH EINE CHANCE

Theodor Wonja Michael kommt 1925 in Berlin als viertes Kind des Kolonialmigranten Theophilus Wonja Michael aus Kamerun und seiner deutschen Frau Martha zur Welt. Ein Jahr nach seiner Geburt stirbt die Mutter. Die Halbwaisen wachsen, teils unter erbärmlichen Umständen, bei Pflegeeltern auf. Als 1934 auch der Vater stirbt, werden die Geschwister getrennt. Michael darf nach der Volksschule aufgrund seiner Hautfarbe keine weitere Ausbildung machen und schlägt sich als Page, Portier und Komparse durch, bis er 1943 in einem Arbeitslager interniert wird, wo er auch die Befreiung erlebt.

Auszug aus der Autobiografie von Theodor Wonja Michael *Deutsch sein und schwarz dazu – Erinnerungen eines Afro-Deutschen*

1951 wurde, auf Anregung des damaligen französischen Außenministers und früheren französischen Ministerpräsidenten Robert Schuman, zwischen Frankreich, Italien, den Benelux-Staaten und der noch jungen Bundesrepublik der Vertrag über die „Europäische Gemeinschaft für Kohle und Stahl" (Montanunion) abgeschlossen. Das war der historische Ausgangspunkt für die spätere Europäische Union. Im Zuge dieses Vertrages wurde im Mai 1951 im Bundestag das Gesetz über die paritätische Mitbestimmung in der deutschen Montanindustrie beschlossen. Das Mitbestimmungsgesetz sah vor, dass die Vorstände und Aufsichtsräte der Unternehmen in der Montanindustrie mit über 1000 Mitarbeitern zu gleichen Teilen mit Arbeitnehmervertretern besetzt werden müssen. An der Entstehung dieses Gesetzes hatte der Deutsche Gewerkschaftsbund (DGB) und dessen damaliger Vorsitzender Hans Böckler großen Anteil gehabt.

Die in die Vorstände und Aufsichtsräte gewählten DGB-Mitglieder wurden verpflichtet, einen Teil ihrer Aufwandsentschädigungen als Spende in die 1954 gegründete „Stiftung Mitbestimmung" abzugeben. Die Stiftung Mitbestimmung wurde später in „Hans-Böckler-Stiftung" umbenannt bzw. mit dieser zusammengelegt. Von ihr wurden Stipendien für DGB-Mitglieder zur Aufnahme eines Hochschulstudiums ausgegeben.

Ich war 1953 der Genossenschaft Deutscher Bühnenangehöriger (GDBA) beigetreten, die damals mit der Gewerkschaft Kunst im Mitgliedsverband des DGB war. Sie gab eine Monatszeitschrift, die *Bühnengenossenschaft*, heraus. Dort las ich im Frühjahr 1958 eine Anzeige, die für die Aufnahme eines Studiums, mit Unterstützung der Stiftung Mitbestimmung, an der Akademie für Gemeinwirtschaft in Hamburg warb. Es sollten sich junge Menschen bis zum Alter von 35 Jahren bewerben, die Mitglied in einer dem DGB angeschlossenen Gewerkschaft waren. Ein Abiturzeugnis wurde ausdrücklich nicht verlangt, aber eine abgeschlossene Berufsausbildung. Voraussetzung sei eine mehrtägige Eignungsprüfung, die über die Studienaufnahme entscheide. Diesbezügliche Bewerbungsunterlagen könnten bei der Akademie direkt angefordert werden.

Ein Abiturzeugnis hatte ich nicht, aber auch keinen Nachweis über eine abgeschlossene Berufsausbildung. Dennoch sah ich in dieser Anzeige die Chance, endlich einen Schulabschluss nachzuholen, bzw. die Möglichkeit zur Aufnahme eines Berufes. Also bewarb ich mich, wurde zur Aufnahmeprüfung zugelassen, bestand diese, mit etwa der Hälfte der ursprünglichen Bewerber, erhielt ein Stipendium und nahm im Oktober 1958 das Studium an der Akademie für Gemeinwirtschaft in Hamburg auf. Diese Akademie war 1948 gegründet worden, auf Initiative von Gewerkschaftlern, Genossenschaftlern und Politikern – vor allem Sozialdemokraten –, die nach den Erfahrungen des Dritten Reiches und der Weimarer Republik das deutsche Hochschulsystem reformieren und demokratisieren wollten.

Die Akademie für Gemeinwirtschaft in Hamburg war einmalig in der deutschen Hochschullandschaft. Da sich die äußeren Bedingungen dauernd veränderten, wurde sie 1961 in Akademie für Wirtschaft und Politik und 1970 in Hochschule für Wirtschaft und Politik umbenannt. Zuletzt hieß sie Hamburger Universität für Wirtschaft und Politik. Im März 2005 wurde sie als Department Wirtschaft und Politik der Fakultät Wirtschafts- und Sozialwissenschaften der Hamburger Universität angeschlossen und verlor nach langem Kampf um ihre Selbstständigkeit und zum Bedauern vieler ihrer ehemaligen Absolventen ihren früheren Status.

„Von Dahrendorf lernte ich, dass auch ‚Unordnung' eine Ordnung sein kann und es dabei nur auf den jeweiligen Standort ankommt."

Tatsächlich hat sie vielen Menschen, die infolge der Kriegsereignisse aus ihrer individuellen schulischen bzw. beruflichen Bahn geworfen worden waren, geholfen, neue Wege zu finden. Das ist ein bleibendes Verdienst. Die Dauer des Studiums war auf zwei Jahre beschränkt und es fand seinen Abschluss in einer staatlichen Prüfung als „Volkswirt" bzw. „Betriebswirt". Neben den beruflichen Möglichkeiten der Wirtschaftswunderzeit konnte man bei entsprechender Qualifikation an einer „ordentlichen" Hochschule weiterstudieren.

ZUR PERSON
THEODOR WONJA MICHAEL

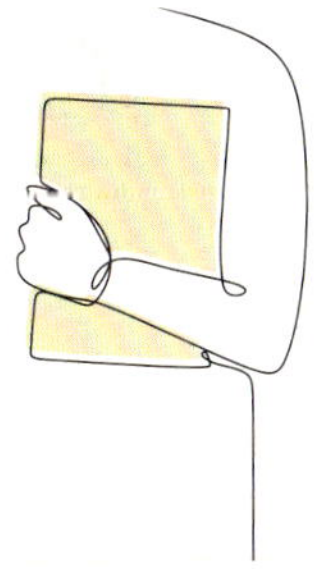

Theodor Michael kommt 1925 in Berlin als viertes und jüngstes Kind des Kolonialmigranten Theophilus Wonja Michael aus Kamerun und seiner deutschen Frau Martha zur Welt.

Michael darf nach der Volksschule aufgrund seiner Hautfarbe keine weitere Ausbildung machen und schlägt sich als Page, Portier und Komparse durch, bis er 1943 in einem Arbeitslager interniert wird, wo er auch die Befreiung erlebt. Nach dem Krieg gründete er eine Familie mit einer jungen Schlesierin, war als Dolmetscher und Schauspieler tätig, studierte auf dem zweiten Bildungsweg Volkswirtschaft und entwickelte sich zu einem anerkannten Afrika-Spezialisten. Als solcher wurde er schließlich vom BND angeworben. Nach seiner Pensionierung trat er wieder als Schauspieler auf und engagierte sich in der afro-deutschen Community. Theodor Wonja Michael verstarb im Jahr 2019 in Köln.

Im Menschenzoo: Die sogenannten „Völkerschauen" zogen in den ersten Jahrzehnten des 20. Jahrhunderts ein Millionenpublikum an. Dritter von rechts, stehend: der Vater Theophilus Michael, in der Mitte sitzend mit Turban Mohamed ben Ahmed, auf seinem Schoß Theodor Michael im Alter von drei Jahren (etwa im Jahr 1928)

Wir waren damals keine rebellischen Studenten. Die Mehrheit von uns war einfach nur froh und glücklich, dass wir überhaupt eine Chance für einen Neuanfang bekamen. Aber es war auch nicht viel Zeit für das übliche Studentenleben. Das Studium war wegen seiner Kürze sehr komprimiert und eher schulisch angelegt, anders als das damals übliche Hochschulstudium. Ich stürzte mich mit Vehemenz hinein. Es wurden vier Fächer gelehrt: Volkswirtschaft, Betriebswirtschaft, Soziologie und Rechtswissenschaft. In der Rechtswissenschaft standen das Arbeitsrecht, das Bürgerliche Gesetzbuch und das Handelsrecht im Vordergrund. An der Akademie lehrten damals hervorragende Professoren. So Heinz-Dietrich Ortlieb, Georg Hummel, Bruno Molitor in der Volkswirtschaft. Karl Schiller hatte ich zu meinem Bedauern gerade verpasst. Am fruchtbarsten war aber für mich die Soziologie, die von Ralf Dahrendorf vertreten wurde. Er war ein paar Jahre jünger als ich und ein Musterbeispiel für einen hervorragenden Wissenschaftler, der durchaus politisch engagiert war, sich aber von niemandem festlegen ließ. Gleich zu Anfang des Studiums hatte ich sein gerade erschienenes Buch *Soziale Klassen und Klassenkonflikte in der industriellen Gesellschaft* gelesen und Karl Marx, mit dem ich mich auch lange beschäftigt hatte, zum ersten Mal verstanden.

Nie habe ich eine Aussage von Dahrendorf vergessen, die er in seiner ersten Vorlesung machte: „Jede Gesellschaft befindet sich zu jedem Zeitpunkt in jeder möglichen Wandlung." Heutzutage klingt das selbstverständlich. Das war es damals, kurz nach dem Untergang des für tausend Jahre vorgesehenen und nur zwölf Jahre existierenden „Dritten Reichs" aber keineswegs. Es bedeutete nämlich, dass jede Ordnung, ob negativ oder positiv, und sei sie scheinbar noch so fest gefügt, sich ständig wandeln und verändern konnte. Von Dahrendorf lernte ich, dass auch „Unordnung" eine Ordnung sein kann und es dabei nur auf den jeweiligen Standort ankommt. Ich begriff, dass „Chaos" auch eine Qualität sein konnte. Er eröffnete mir ein freies Denken in ganz neuen Dimensionen, das mir später in meinen folgenden Berufen so nützlich war. Von allen meinen Lehrern war er derjenige, dem ich am meisten zu verdanken habe. Nun las ich nicht nur vorwiegend Bücher über Afrika, sondern auch von Autoren wie Max Weber, Helmut Schelsky, Eduard Heimann, Paul Samuelson, Erich Schneider und John May-

Theodor Wonja Michael im Jahr 2015 – im Ruhestand, aber immer noch als Schauspieler aktiv. Während der NS-Zeit arbeitete Michael unter anderem als Portier im Berliner Hotel Excelsior, im Zirkus oder als Komparse in Kolonialfilmen der UFA – sogar in einer kleinen Rolle im legendären „Münchhausen"-Film mit Hans Albers

nard Keynes. Aber auch Hannah Arendt und Max Bloch lernte ich in dieser Zeit schätzen, von Hannah Arendt besonders ihr bedeutendes Werk *Elemente und Ursprünge totaler Herrschaft*.

Dahrendorf war ein Mensch, der nicht auf Äußerlichkeiten achtete. Tagaus, tagein trug er dieselbe Krawatte. Aus diesem Grund schenkte ich ihm zusammen mit ein paar anderen Absolventen zum Abschluss der Studienzeit eine neue Krawatte. Die Nachricht von seinem Tod im Alter von 80 Jahren in Köln im Juni 2009 hat mich sehr getroffen.

[...] Meine Studienzeit in Hamburg eröffnete mir neue Horizonte und neue Freundschaften. Die Semesterferien waren mit schriftlichen Arbeiten ausgefüllt, die umfangreiche Recherchen notwendig machten. Ich drückte mich vor den Heimfahrten nach Butzbach, wann immer ich konnte. Im Oktober 1960 schloss ich mein Studium mit einem Staatsexamen ab, das in etwa einem Diplom entsprach und später auch offiziell als solches anerkannt wurde. Das Thema meiner Abschlussarbeit hatte ich mir selber aussuchen dürfen. Es lautete *Die Problematik der Infrastruktur in unterentwickelten Ländern* und erforderte sehr viel Literatur-Recherche. In deutscher Sprache gab es damals kaum Literatur und auch relativ wenig in Englisch. Die französische Sprache beherrschte ich zu diesem Zeitpunkt noch nicht gut genug, um ganze Artikel lesen zu können.

Aus: *Deutsch sein und schwarz dazu – Erinnerungen eines Afro-Deutschen*, dtv Verlag, 2013

„Den Pilzkopf hatte mir Astrid Kirchherr frisiert, so wie auch ihrem Freund Stuart Sutcliffe und dann den anderen der damals noch fünf Beatles."
Porträtfoto von Brigitte Paulus aus dem Jahr 1960

HANS-OLAF HENKEL

OHNE DIE AKADEMIE WÄRE AUS MIR NICHTS GEWORDEN

Als ich 1956 meine Lehrzeit bei Kühne & Nagel antrat, machte es mir schwer zu schaffen, dass fast alle meine Freunde aufs Gymnasium gingen. Zwar war auch die Mittlere Reife damals noch relativ angesehen, aber ich fühlte mich doch zurückgesetzt. Während ich von Konsulat zu Konsulat radelte und Konnossemente abstempeln ließ, besuchten sie die Höhere Schule und bereiteten sich auf ihr Studium vor. Mit Bangen sah ich dem Tag entgegen, an dem sie alle Abitur feierten und ich, mit abgeschlossener Lehre, in das Büro einer Spedition oder die Papierfirma meiner Mutter eintreten würde. Irgendwie konnte ich aber im Verkauf von Papierprodukten an Hamburger Groß- und Einzelhändler nicht den tieferen Sinn meines Lebens entdecken. Wie komme ich aus diesem Dilemma heraus, fragte ich mich oft, ohne eine Antwort zu finden. Dann war der Tag plötzlich da, und ich stand mit dem Rücken zur Wand.

Zu allem Überfluss meldete sich auch noch die Bundeswehr bei mir. Kaum war die Lehre abgeschlossen, flatterte der Musterungsbescheid ins Haus. Zwar gehörte ich seit Franz Josef Strauß' Plädoyer zu den Befürwortern einer deutschen Armee, doch konnte ich mir beim besten Willen nicht vorstellen dazuzugehören. Vor Uniformen und Gleichschritt hatte ich seit jeher einen Horror, und die Vorstellung, mich wie zu Internatstagen einem strengen Reglement zu unterwerfen, raubte mir den Schlaf. Andrerseits kam eine Verweigerung nicht infrage, da ich nun einmal kein Pazifist war und zum Lügen kein Talent habe.

Stiefelunverträglichkeit

Ich hatte das Glück, dass mir im rechten Augenblick ein Unglück einfiel. Als Kind war ich bei einem Bootsausflug auf der Alster auf eine zerbrochene Flasche getreten, die mir das Bein aufriss. Die Narbe, die von der tiefen Wunde blieb, wurde so druckempfindlich, dass ich keine Stiefel tragen konnte. Nun gehört aber, so dachte ich mir, das Tragen von Stiefeln zum Soldatendasein wie das Saxophonspiel zum Jazz. Meine diesbezüglichen Sorgen oder vielmehr Hoffnungen trug ich der Mutter meines Freundes Raimund vor, die mir, als praktizierende Seelenärztin, prompt das gewünschte Attest einer völligen Stiefelunverträglichkeit ausstellte. Das ungewöhnliche Dokument tat seine Wirkung, ich wurde als „in Friedenszeiten untauglich“ eingeordnet. Nicht auszudenken, was aus mir in der Bundeswehr geworden wäre – ein General sicherlich nicht.

Nachdem ich diese Klippe glücklich umschifft hatte, machte ich mich auf die Suche nach Zukunftsalternativen. Sollte ich weiter Geld verdienen oder mich nach einer Möglichkeit zur Weiterbildung umsehen? Als gründlicher Zeitungsleser, zu dem ich mich schon in Schultagen entwickelt hatte, fiel meine Aufmerksamkeit auf einen Artikel über ein Institut des zweiten Bildungswegs. Es trug den seltsamen Namen „Akademie für Gemeinwirtschaft“, und da ich mir darunter nichts vorstellen konnte, begann ich mit der Lektüre. Ich erfuhr, dass diese vom Senat und den Gewerkschaften getragene Einrichtung all jenen eine Chance zum Studium biete, denen der normale Weg, etwa aus Kriegsgründen, versperrt geblieben war. Ich fühlte mich angesprochen und setzte augenblicklich ein Bewerbungsschreiben auf.

Ein Lotteriespiel

Nun hatte die Akademie für Gemeinwirtschaft natürlich nicht gerade auf mich gewartet. Sie genoss seit Jahren einen exzellenten Ruf, hatte ebenso berühmte Dozenten wie Absolven-

Das spätere Gesicht der deutschen Industrie war zu Studentenzeiten noch wenig seriös. Hans-Olaf Henkel im Fotoautomaten am Hamburger Dammtorbahnhof nahe dem Universitätsgebäude

ten vorzuweisen und war deshalb einem wahren Ansturm auf den nächsten Studiengang ausgesetzt. Obwohl ich mich fast schon aufgenommen fühlte – wodurch auch die Lösung meines Zukunftsproblems in greifbare Nähe gerückt schien –, sprachen doch zwei gewichtige Gründe dagegen: Erstens standen den achtzig Studienplätzen nicht weniger als 1800 Bewerber gegenüber, wodurch meine Chancen denen in einem Lotteriespiel glichen. Zweitens, und dies gab meiner Bewerbung einen geradezu irrationalen Anstrich, erfüllte ich nicht einmal die fundamentalste Voraussetzung des Studienganges, nämlich zwanzig Jahre alt zu sein. Ich war erst neunzehn. Aber darüber wollte ich großzügig hinwegsehen.

Auch das Gremium, das mich zur Aufnahmeprüfung einlud, schien dies Manko ignoriert zu haben. Das Thema der schriftlichen Prüfung war sehr zeitgemäß gewählt, es lautete: „Nutzen und Fragwürdigkeit des Vorstoßes des Menschen in den Weltraum". Damals befanden sich die Großmächte USA und UdSSR bei der Raumfahrt in einem ehrgeizigen Wettlauf, und die Russen, die 1957 ihren „Sputnik" in eine Umlaufbahn schossen, hatten die Nase vorn. Zur Gliederung meines Aufsatzes beschloss ich, in drei Schritten vorzugehen: Erst das Pro, dann das Contra und schließlich die Conclusio, die lautete, dass die Menschheit sich ruhig auf dieses Abenteuer einlassen solle. Schließlich habe auch Columbus nicht geahnt, dass er, auf dem Weg nach Indien, die Neue Welt entdecken würde. Mein logisches Vorgehen schien die Prüfer beeindruckt zu haben.

Beharrlichkeit siegt

Man lud mich zum Gespräch mit einigen gestrengen Herrschaften, die mich wie ein Tribunal empfingen. Einer von ihnen sah mir mit ernster Miene in die Augen, hielt dann meine Unterlagen hoch und sagte kopfschüttelnd: „Wie wir gerade erst bemerkt haben, sind Sie erst neunzehn. Das geht aber nicht. Die Regel sagt zwanzig, und alle anderen Bewerber haben sich daran gehalten. Sie können aber gerne in einem Jahr wiederkommen."

„Das können Sie mir nicht antun", begehrte ich auf, einen Anflug von Verzweiflung in der Stimme. „Sie haben mich zur schriftlichen Prüfung zugelassen, und offenbar habe ich sie auch bestanden, sonst wäre ich nicht hier. Und jetzt wollen Sie mich wieder nach Hause schicken? Nein, das können Sie mir nicht antun, das raubt mir alle Perspektiven." Ich hatte mich in eine Art heiligen Zorn geredet und bemerkte, dass meine Worte nicht ohne Wirkung blieben. Der Professor, der mich zuerst angesprochen hatte, ergriff, leicht verunsichert, wie mir schien, wieder das Wort: „Was haben Sie denn eigentlich vor, wenn Sie hier an der Akademie Ihren Abschluss gemacht haben?" Die Frage gefiel mir, denn ich ahnte, was sie hören wollten. „Ich werde das Geschäft meiner Mutter übernehmen", antwortete ich. Das war nun für die Herren am Tisch höchst ungewöhnlich. Junge Unternehmersöhne kamen an der gewerkschaftsnahen Akademie so gut wie gar nicht vor, und ebendies, so dachte ich, könnte mich interessant machen. Die Herren sahen sich kurz an, dann sagte der Sprecher: „Ihre

Zuerst als BDI-Präsident und dann als Mitglied von Amnesty International traf sich Henkel viermal mit Fidel Castro: „Jedes Mal gab es Streit."

Beharrlichkeit hat uns irgendwie imponiert. Sie können anfangen." So war ich, zu meinem eigenen Erstaunen, der jüngste Student an der Hamburger Akademie für Gemeinwirtschaft geworden.

Der Eintritt in die Akademie war vermutlich die entscheidende Weichenstellung meines Lebens. Was ich in den Jahren zuvor versäumt hatte, konnte ich nun nachholen. Aus dem Lehrling war ein Student geworden, der sich alles ihm angebotene Wissen mit dem Eifer dessen aneignete, dem – völlig unverhofft – eine zweite Chance geboten wird. Allein die Tatsache, dass ich studierte, begeisterte mich. Und so stürzte ich mich auf die beiden Fächer, die mir am attraktivsten erschienen, Soziologie und Betriebswirtschaftslehre, und ich kann sagen, dass ich heute noch von dem damals Gelernten profitiere.

Vor Beginn des eigentlichen Studiums wurden wir, zur Behebung des allgemeinen Wissensdefizits, in einen mehrwöchigen Intensivkurs geschickt, in dem uns, neben den klassischen Gymnasialfächern, auch Rechtschreibung beigebracht wurde. Von morgens bis abends peitschte man uns durch sämtliche Kategorien der gehobenen Weltweisheit und prüfte, um nichts dem Zufall zu überlassen, unsere Fortschritte in Klausuren. Diese wenigen Wochen an intellektueller Aufholjagd, bei der alle Beteiligten bis an die Grenzen ihrer Aufnahmefähigkeit geführt wurden, hat sich mir mindestens so stark eingeprägt wie die Jahre des Studiums, die folgten.

Mutters Ordnung

Ein wichtiger Meilenstein war das erste Referat, das ich über ein betriebswirtschaftliches Thema zu halten hatte, als jüngster Student vor 79 Kommilitonen und einem Professor. Allein der Gedanke, im gefüllten Auditorium ans Pult zu treten, quälte mich unsäglich. Es schien mir absolut unmöglich, vor diesem Publikum zu sprechen. Ich aß nicht mehr, schlief nicht mehr. Ich dachte, ich würde, bevor sich noch die Tür zum Hörsaal öffnete, vor Lampenfieber tot umfallen. Und wie, bitte schön, sollte ich den gewaltigen Stoff ordnen? In dieser extremen Stresssituation erinnerte ich mich an meine Mutter: Ich sah ihre Wohnung vor mir, ihr Büro und das Lager, wo jeder Artikel in eine bestimmte Schublade gehörte und alles seinen logischen Platz hatte. So fand sie, unter den tausend verschiedenen Waren, vom Streichholz bis zum Briefumschlag, alles sogleich wieder, und das hatte mich schon als Kind beeindruckt.

Ich ordnete also den Stoff meines Referats wie ein übersichtliches Materiallager, deponierte die wichtigsten Gedanken in Schubladen, erinnerte mich auch an den klassischen Dreischritt, der mir schon bei der Aufnahmeprüfung geholfen hatte, und bekam dadurch einen klaren Überblick über die Datenmasse, deren Chaos mich zuvor noch in Panik versetzt hatte. Es half. Nachdem ich mein Thema in den Griff bekommen hatte, betrat ich einigermaßen ruhig das Auditorium, blickte zu den gefüllten Sitzreihen hinüber, die wie im Amphitheater emporstiegen, sah auch meinen Platz, letzte Reihe

ZUR PERSON

PROF. HANS-OLAF HENKEL

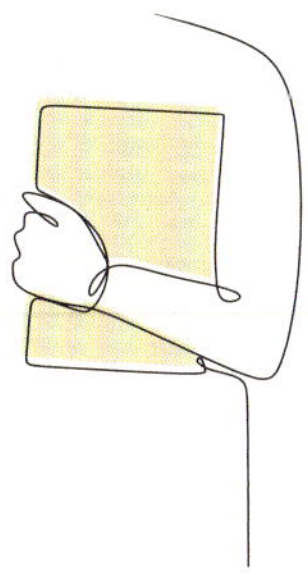

Jahrgang: 1940

Ausbildung: Mittlere Reife, Speditionskaufmann

Studium: 1959–1961; Dipl.-Betriebswirt

Berufstätigkeit nach dem Studium:
1962–1994 IBM
1995–2001 BDI-Präsident
2001–2006 Präsident der Leibniz-Gemeinschaft
2001–2010 Honorarprofessor an der Universität Mannheim
2000–2018 Autor von sieben Büchern
2014–2019 Mitglied des Europäischen Parlaments

Henkel arbeitete über 34 Jahre bei IBM, davon die meiste Zeit in Asien, USA und Frankreich, zuletzt als Präsident der IBM Europe, Mittlerer Osten und Afrika

rechts außen, der während des gesamten Studiums für mich reserviert blieb. Und begann. Zwar war der Adrenalinspiegel hoch, zitterten die Hände leicht, doch dank der Ordnung, in die ich meine Gedanken gebracht hatte, ging alles problemlos über die Bühne. Ich hatte mein erstes Referat überlebt, und durch diese Stärkung meines Selbstbewusstseins blieb mir vergleichbares Lampenfieber seitdem erspart.

Dahrendorf

Unter den Koryphäen der Akademie, zu denen berühmte Männer wie der Rechtswissenschaftler Capelle, der Ökonom Ortlieb und der Betriebswissenschaftler Witte gehörten, war einer, der schon damals einen wahren Starappeal hatte und uns Studenten allein schon durch sein Auftreten maßlos beeindruckte. Der Soziologieprofessor mit der imposanten Physiognomie war gerade dreißig Jahre alt und hatte neben seiner Professur eine ganze Reihe aufsehenerregender Bücher vorzuweisen, zu denen ein Werk über den Marxismus und, 1957 erschienen, das Lehrbuch *Soziale Klassen und Klassenkonflikt* gehörten. Bevor er zum ersten Mal in unseren Hörsaal trat, schrieb ein wissenschaftlicher Rat für uns Ahnungslose seinen Namen mit Kreide an die Tafel: „Prof. Dr. Ralf Dahrendorf Ph.D." Respektvoll schrieben wir mit und rätselten, was die seltsame Abkürzung am Ende bedeutete. Bald erfuhren wir, dass unser Professor seinen „Philosophy Doctor" in England erworben hatte. Wir vergingen vor Ehrfurcht.

Vorgefahren kam er in einem VW Cabrio mit offenem Verdeck, seine hübsche Frau, ich glaube, sie war Engländerin, auf dem Beifahrersitz. Die souveräne Ruhe, mit der er ihr, seine Aktentasche unterm Arm, die Türe öffnete, dazu der bohrende Blick, in dem der ganze Ernst der Wissenschaft gebündelt schien – all das war phänomenal, ein deutscher Kennedy. Wenn Dahrendorf auftauchte, war der Mief weg. So müsste man sein, dachte ich. Später fiel mir auf, dass er selbst großen Wert auf dieses Image legte. Warum nicht? Und so waren auch wir, seine Studenten, erschüttert von seiner unermesslichen Bedeutung. Schon damals im Stil eines Country Gentleman gekleidet, wirkt er heute wie die Inkarnation des Engländers. Er präsentiert die Merkmale dieses Landes mit einer Perfektion, wie ich sie an keinem echten Engländer je erlebt habe. Er ist sogar als Lord im Oberhaus gelandet. Das wäre damals ähnlich unwahrscheinlich erschienen wie die Möglichkeit, dass aus mir, seinem jüngsten Studenten, einmal der Präsident des BDI würde.

Als ich für ihn damals eine soziologische Arbeit abzuliefern hatte, schlug ich ein Thema vor, über das ich mir schon in Internatstagen Gedanken gemacht hatte: „Die soziale Herkunft der Diakone der Inneren Mission und Gründe für ihren Eintritt in die Diakonie". Im „Rauhen Haus" war mir aufgefallen, dass die Diakone, denen wir anvertraut waren, aus eher einfachen Verhältnissen stammten. Sie waren nicht besonders gut ausgebildet, einige hatten sogar Schwierigkeiten mit der Rechtschreibung. Was also trieb sie zur Inneren Mission? Meine nüchterne, jedoch aus Erfahrung gewonnene Antwort lautete, dass dies weniger durch Idealismus als durch die Aussicht bewirkt wurde, dort bestens versorgt zu sein. Wer geringe Ausbildung und wenig Berufschancen hat – so behauptete ich –, erhält hier eine wunderbare Chance, sich für sein ganzes Leben abzusichern, die Innere Mission setzt nämlich keinen vor die Tür. Zum empirischen Beleg dieses gewagten Gedankens vervielfältigte ich fünfzig Fragebögen, mit denen ich bei den Diakonen meines alten Internats vorstellig wurde. Nach Auswertung der anonymen Antworten wurde meine These – überflüssig, es zu betonen – glänzend bestätigt. Professor Dahrendorf zeigte sich zufrieden.

In einer seiner Vorlesungen, die er gern mit aktuellen Beispielen illustrierte, wies uns der Professor auf eine Firma hin, in der die klassische Unterscheidung zwischen Arbeitern und Angestellten aufgehoben sei, also eine Art klassenlose Gesellschaft im Kleinen. So würden die Arbeiter nicht länger wöchentlich mittels Lohntüte bezahlt, sondern erhielten, wie die Angestellten, jeden Monat ihre Überweisung auf ein Gehaltskonto. Als ebenso vorbildlich strich er heraus, dass diese Firma ihre Arbeiter in die Angestelltenversicherung aufgenommen habe. Dies alles, so betonte Dahrendorf, stehe im krassen Gegensatz zur durch und durch reaktionären deutschen Wirtschaftspraxis und sei deshalb als höchst fortschrittlich zu loben. Ich kannte diese Firma. Als Lehrling hatte ich ihre „*machinas a escribir*“ nach Südamerika expediert und wusste seitdem, dass der Firmenname IBM für „Internationale Büromaschinen GmbH“ stand. Dass IBM schon damals eine führende Position auf dem Gebiet der elektronischen Datenverarbeitung einnahm, wusste ich nicht. Man hat uns derlei in Betriebswirtschaft auch nicht beigebracht.

Rund 35 Jahre nach meinem Studium boten Ralf Dahrendorf und einige Absolventen aus jener Zeit unserer einstigen Akademie eine Ringvorlesung an, in der wir „alten Herren“ den Studenten ein wenig von unseren Erfahrungen in der Praxis berichten würden. Die Leitung des Instituts, das, inzwischen gewaltig angewachsen, in „Hochschule für Wirtschaft und Politik“ umbenannt war, stimmte begeistert zu. Leider nahm ein extrem linker Teil der Studentenschaft unsere Geste weniger enthusiastisch auf. Ralf Dahrendorf, immerhin einer der weltweit renommiertesten Soziologen, wurde niedergeschrien, und was meinen eigenen Auftritt betrifft, kann ich mich bedanken, lebendig wieder herausgekommen zu sein.

Eine Wiederbegegnung

Es sind die ersten Monate meiner BDI-Präsidentschaft, als ich, meinen Vortrag in der Tasche, den tobenden Hörsaal betrete. Zweihundert Studenten, teilweise mit Trillerpfeifen ausgestattet, veranstalten einen Höllenlärm, dazu stinkt der Raum nach Buttersäure, dem widerwärtigsten Geruch, den man sich vorstellen kann. Während ich den seitlichen Gang zum Podium abwärts gehe, schwillt der Lärm ohrenbetäubend an, es wird gebrüllt und getrampelt, und ich formuliere bereits an einem sarkastischen Begrüßungssatz, da ich nicht vorhabe, klein beizugeben.

Ich habe noch nicht das Podium erreicht, als ein Professor mich am Mikrofon ankündigt, während ich, bis zum Ende seiner Einführung, in der ersten Reihe Platz nehme. Zu meinem Glück. Denn kaum ist mein Name gefallen, als rechts und links vom Podium Türen aufspringen, durch die eine schwarze Masse, Strumpfmasken über dem Gesicht, Ketten in der Hand, in den Saal eindringt und sich auf jenen armen Professor stürzt, den sie für den Präsidenten des kapitalistischen BDI hält. Ein Professor neben ihm schreit noch, „das ist er doch gar nicht“, aber der Schlägertrupp, eigens aus dem Schanzenviertel angereist, ist schon sehr gründlich bei der Arbeit, schlägt äußerst brutal auf den Professor ein und lässt sich nicht mehr ablenken, was den anwesenden Polizisten in Zivil die Gelegenheit gibt, mich im Tumult durch eine der offenen Türen ins Freie zu ziehen. Der Student, dem mein ganzes Mitgefühl galt, lag vierzehn Tage mit Gehirnerschütterung und anderen Blessuren im Krankenhaus. So viel zur Wiederbegegnung mit meiner alten Hochschule.

Trotz dieses wenig erfreulichen Erlebnisses bleibe ich dabei: Ohne die Akademie wäre aus mir nichts geworden.

Hans-Olaf Henkel

HARALD MEIER-WEIGAND

MEIN WEG ZUR AFG UND DIE WEGE NACH DEM STUDIUM

Die Aufnahme zur Realschule verpasste ich nach der sechsten Klasse. Somit wurde ich mit 14 Jahren aus der neunten Klasse der Volksschule entlassen. Zum Glück konnte ich am 1. April 1950 eine Buchbinderlehre beginnen. Mein Meister und die Gesellen förderten meine Neugier für alle möglichen Bücher aus den Bibliotheken der Universität und der Museen, die wir reparieren mussten. Meine Liebe zu Büchern ist sicherlich ein Grundstein für mein Interesse rundum.

Gewerkschaft und zweiter Bildungsweg

Mein Meister brachte mich zur Gewerkschaft Druck und Papier. Die Jugendgruppe bestimmte mein Leben bis 1959. Bald wurde ich Gruppenleiter – das hatte zur Folge, dass mir die Teilnahme an Jugendleiterkursen und auch an Seminaren der Ehrenamtlichen ermöglicht wurde. Auf einem dieser Seminare lernte ich einen Lehrer der Heimvolkshochschule Hustedt kennen. 1955 nahm ich an einem 6-Wochenkursus in Hustedt teil. Dort schon wurde ich auf die Möglichkeit des zweiten Bildungsweges hingewiesen. Zwei Jahre später erhielt ich die Einladung zum 5-Monatskurs in Hustedt, nachdem ich einen Bewerbungsaufsatz eingereicht hatte. Fast alle Kursus-Teilnehmer strebten ein Studium an. In der Jugendgruppe bekam ich Kontakt zu Hans-Peter Kahl, er hatte als Schriftsetzer die Akademie für Gemeinwirtschaft erfolgreich besucht. Seine berufliche Karriere führte ihn bis zum Professor für Betriebswirtschaftslehre. Auch der Schriftsetzer Günter Gottwald besuchte erfolgreich die Akademie. Er half mir bei der Bewerbung um einen Studienplatz. Eine Frage in der Aufnahmeprüfung bleibt mir im Gedächtnis: Gerechnet hätte ich mit der Frage: „Was halten Sie von Karl Marx?“ Tatsächlich wurde ich aber nach meiner Meinung zu Karl May gefragt.

Schon vor Beginn des Studiums in der Mollerstraße besuchte ich mit meiner Frau Vorträge meiner zukünftigen Dozenten. So auch einen Vortrag von Prof. Dr. Ralf Dahrendorf. Meine Frau stenografierte seinen Vortrag mit, das Thema: „Grundlagen der Demokratie(?)“. Auch an einen Vortrag des Leiters der Akademie, Prof. Dr. Heinz-Dietrich Ortlieb, erinnere ich mich. Er zitierte eindringlich Scarletts Schwur aus dem Film *Vom Winde verweht*: „Ich will nie mehr hungern!“, den sie in die Welt schreit, im Dreck liegend, in eine Feldfrucht beißend. Das sei unser aller Motto nach dem Krieg. Ja, das trifft bis heute immer noch zu.

Disziplin und Nähe

In der ersten Reihe sitzend versäumte ich keine Vorlesung, auch die nicht, in der uns richtiges Benehmen und das angemessene Aufschlagen eines Frühstückseis beigebracht wurde. In den dreißig Wochenstunden des ersten Semesters hörten wir alle gebannt den Vorlesungen von Ralf Dahrendorf zu. „Die Struktur der deutschen Gesellschaft der Gegenwart“. Er trug vor, ohne in sein Manuskript zu schauen, und be-

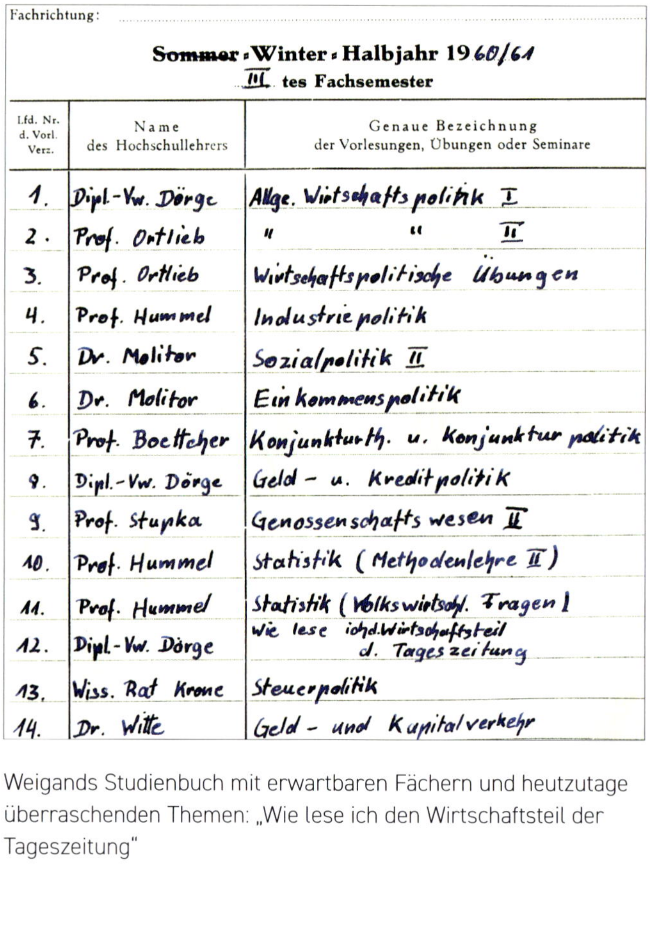

Fachrichtung:

~~Sommer~~ - Winter - Halbjahr 1960/61

III. tes Fachsemester

lfd. Nr. d. Vorl. Verz.	Name des Hochschullehrers	Genaue Bezeichnung der Vorlesungen, Übungen oder Seminare
1.	Dipl.-Vw. Dörge	Allge. Wirtschaftspolitik I
2.	Prof. Ortlieb	" " II
3.	Prof. Ortlieb	Wirtschaftspolitische Übungen
4.	Prof. Hummel	Industriepolitik
5.	Dr. Molitor	Sozialpolitik II
6.	Dr. Molitor	Einkommenspolitik
7.	Prof. Boettcher	Konjunkturth. u. Konjunkturpolitik
8.	Dipl.-Vw. Dörge	Geld- u. Kreditpolitik
9.	Prof. Stupka	Genossenschaftswesen II
10.	Prof. Hummel	Statistik (Methodenlehre II)
11.	Prof. Hummel	Statistik (Volkswirtschftl. Fragen)
12.	Dipl.-Vw. Dörge	Wie lese ich d. Wirtschaftsteil d. Tageszeitung
13.	Wiss. Rat Krone	Steuerpolitik
14.	Dr. Witte	Geld- und Kapitalverkehr

Weigands Studienbuch mit erwartbaren Fächern und heutzutage überraschenden Themen: „Wie lese ich den Wirtschaftsteil der Tageszeitung“

endete mit einem vollständig gesprochenen Satz auf die Sekunde genau beim Läuten seine Vorlesung. Ralf Dahrendorf beeindruckte mich während der zwei Semester am meisten und seine dünnen Bücher *Homo Sociologicus*, *Sozialstruktur des Betriebes* und das kleine Göschen-Heft *Industrie- und Betriebssoziologie* studierte ich gewissenhaft. Allerdings: Die vielen Zitate aus der fremdsprachigen Literatur blieben mir verschlossen.

Die Disziplin war nicht bei allen Dozenten gegeben, Prof. Ortlieb kratzte sich unkontrolliert an vielen möglichen und unmöglichen Stellen, das lenkte mich stark ab. Ein anderer Sitzplatz nach dem ersten Semester erhöhte meine Aufmerksamkeit auf die Vorträge. Regelmäßig gab es persönliche Gespräche mit dem einen oder anderen Lehrer. Prof. Ortlieb holte einmal eine einzelne Zigarette aus seiner Schachtel und gab sie mir, das entsprach nun gar nicht dem Benimm-Kursus.

Eine andere Begebenheit. Paul Sethe (*Die Welt*) gab Kurse in der Akademie. Er lud ab und an eine kleine Gruppe von uns Studenten zu sich nach Hause ein. Das war für mich etwas ganz Besonderes – allein deshalb, weil ich noch nie in einem so großen Haus in Wellingsbüttel Wein angeboten bekommen hatte. Paul Sethe vertrat die Ansicht, dass Deutschland 1952 auf Stalins Angebot zur Wiedervereinigung hätte eingehen sollen. Ein Gedanke, der mir während meines Engagements in der Friedensbewegung der 1980er-Jahre immer wieder ins Gedächtnis schlüpfte.

Eine meiner Bezugspersonen während der zwei Studienjahre war Wilhelm Nölling, er war Assistent von Prof. Georg Hummel. Wilhelm Nölling zensierte meine Arbeit zur Lorenzkurve. So ganz sicher bin ich mir nicht, aber er hat mich wohl für eine Mitgliedschaft im SDS geworben. Jedenfalls trafen wir uns in linken Kreisen.

Viele Chancen und Neue Heimat

Nach dem guten Examen lud mich Prof. Johannes Stupka zu sich ins Büro und versicherte mir, ich hätte die Chance, entweder bei der GEG, Nürnberg, bei der Salzgitter AG oder bei einer Hamburger Versicherungsgesellschaft eine Anstellung zu finden. Erster Klasse fuhr ich nach Nürnberg und mit dem Nachtzug zurück. Als 26-Jähriger war ich so luxuriös noch nie gereist. Ich wollte aber gern eine Aufgabe beim DGB oder am liebsten bei der IG Druck und Papier. Da fand sich keine Stellung für mich, trotz meiner Empfehlung von Dr. Wilfried Weihrauch. Das höchste Gehalt bot mir das Marktforschungsinstitut IVE (Unilever Konzern). Heute unvorstellbar, wie viele Chancen sich einem als Absolvent der Akademie 1962 eröffneten!

Nach acht Jahren in drei Markt- und Meinungsforschungsinstituten bekam ich eine Position in der Grundsatzabteilung bei Prof. Paul Seitz in der Neuen Heimat Hamburg. Ausschlaggebend für diese Stellung waren mein Interesse an der Stadtsoziologie und meine Kenntnisse, Befragungen zu organisieren und durchzuführen. Allerdings wurde diese Abteilung nach wenigen Jahren aufgelöst, und so arbeitete ich in zwei anderen Vorstandsbereichen der Hauptverwaltung Hamburg. Als Mitglied des Betriebsrates erlebte ich den Zusammenbruch der Neuen Heimat aus unmittelbarer Nähe. Unkündbar, wie ich war, musste ich allerdings vier Jahre als Sozialarbeiter und Vermieter in Mümmelmannsberg wirken. Meine Erfahrungen in diesem Stadtteil möchte ich nicht missen. Nach meiner vorzeitigen Verrentung engagiere ich mich als Ehrenamtlicher im „Museum der Arbeit", Hamburg.

ZUR PERSON
HARALD MEIER-WEIGAND

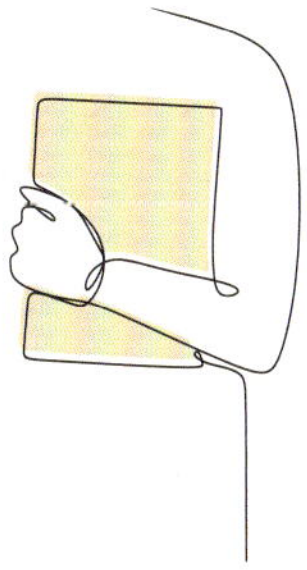

Geboren 1935 in Hamburg

Ausbildung zum Buchbinder

Studierender im 12. Lehrgang an der Akademie für Gemeinwirtschaft.
Abschluss November 1961. Keine Zugangsberechtigung zur Universität, später Anerkennung als Diplom-Sozialwirt.

PROF. DR. RALF DAHRENDORF, PH.D.

BILDUNG IST BÜRGERRECHT

von Karl F. Schumann

FDP-Bundesparteitag, Freiburg 1968: Ralf Dahrendorf führt vor der Halle eine Diskussion mit über 2000 Teilnehmenden. Mit dabei: SDS-Studentenführer Rudi Dutschke (links neben Dahrendorf, nach unten schauend)

Im Jahr 1958 wurde Ralf Dahrendorf (1929–2009) an die Akademie für Gemeinwirtschaft berufen. Es war seine erste Professorenstelle und er war stolz, schon im Alter von 29 Jahren Ordinarius zu sein. Und zwar im Fach Soziologie. Denn studiert hatte er in Hamburg Philologie und insbesondere Philosophie, das Fach seiner Dissertation über Marx. Erst an der London School of Economics vertiefte sich Dahrendorf in die Soziologie, promovierte 1954 dort ein zweites Mal, diesmal über *unskilled workers*, und habilitierte sich 1957 am Lehrstuhl für Soziologie der Universität Saarbrücken mit einer Arbeit über den sozialen Klassenkonflikt. Während seiner dreijährigen Assistentenzeit mischte er aber schon die deutsche Soziologenszene auf. Insbesondere bei den Norddeutschen Soziologen-Nachwuchstreffen glänzte Dahrendorf durch seine Vertrautheit mit der englischsprachigen Soziologie und sein avantgardistisches Selbstbewusstsein, mit alten Hüten aufzuräumen. In seine Heimatstadt Hamburg zurück kehrte er aus einem Forschungsjahr an der Stanford University (Palo Alto). Künftig wollte er die deutsche Soziologie auf den Stand der aktuellen erfahrungswissenschaftlichen US-Soziologie bringen. Dieser Reformimpetus verlieh seinen Vorlesungen an der Akademie Schwung. Die Studenten waren von seinem Elan und der Präzision seiner Gesellschaftsanalyse begeistert.

Akademie für Gemeinwirtschaft

Dahrendorf hielt seine erste Vorlesung im Sommersemester 1958 über politische Theorien. Ein zeitgemäßes Thema für die sich entwickelnde Demokratie in Deutschland. Aber auch durch seine Expertise als Industriesoziologe – 1955 hatte Dahrendorf dazu das Standardwerk geschrieben – konnte er gut an die Erfahrungen seiner Hörerschaft anknüpfen. Seine Studierenden kamen ja überwiegend aus einer Berufspraxis, ehe sie den zweiten Bildungsweg begannen. Dahrendorf ging es allerdings bei der Industriesoziologie weniger um die spezielle Disziplin als um die Chance, aufgrund empirischer Forschung theoretische Perspektiven auf die Gesellschaft zu entwickeln. So fand sich Dahrendorf an der Akademie in einer wohltuenden Interessenähnlichkeit mit seinen Hörern wieder. Sie teilten seine Neugier, sie wollten die sich entfaltende Wohlstandsgesellschaft besser verstehen. Sie waren „erfahrungsgesättigt und wissenshungrig", schreibt Dahrendorf in seiner Autobiografie *Über Grenzen*. In ihrem Durchschnittalter von 25 Jahren waren sie kaum jünger als er. Und hatten engen Kontakt zu ihm, denn auf jeden Dozenten kamen zehn bis 15 Studierende. Dahrendorf resümiert in seinen unveröffentlichten „Autobiographischen Aufzeichnungen" dann auch: „Nie wieder hat mir das Lehren so viel Spaß gemacht wie an der Akademie: Die Hörer waren nicht gelangweilte Abiturienten ohne praktische Erfahrung, sondern erwachsene Menschen, begierig Möglichkeiten suchend, begierig, ihre Erfahrungen besser zu verstehen" (zitiert nach Meifort 2017: 96).

Mehr Arbeiterkinder!

Obwohl Dahrendorf bereits zum Wintersemester 1960 an die Universität Tübingen wechselte, hat er in den fünf Semestern seiner Lehrtätigkeit an der Akademie einen starken Eindruck hinterlassen. Es waren die Jahre, in denen man begann, Dahrendorf das „Wunderkind" der Soziologie zu nennen. Er schrieb unglaublich viel: Essays, Polemiken, Gesellschaftsanalysen. Er griff die deutsche Soziologie an wegen ihrer philosophischen, geisteswissenschaftlichen Orientierung, er verlangte Umdenken, wollte sein Fach als empirische Sozialwissenschaft etablieren. Bei den Hörern an der Akademie kamen seine rhetorisch brillant vorgetragenen Detailkenntnisse des gesellschaftlichen Geschehens sehr gut an. Und er selbst profitierte vom Kontakt mit diesen Wissensdurstigen, schätzte sie als Arbeiterkinder, denen der Zugang zum Gymnasium verwehrt geblieben war. Diese Erfahrung nahm er nach Tübingen mit. Im Begrüßungsvortrag der Erstsemester 1964 forderte er mehr „Arbeiterkinder an deutschen Universitäten". Vielfach dokumentierte er die Ungleichheit der Bildungschancen, bedingt durch Region, Geschlecht, Herkunft, gestützt auf detaillierte Forschung an seinem Soziologischen Seminar. Mit viel Verve plädierte er in Zeitschriften, in Rundfunkvorträgen, gegenüber politischen Gremien für seine Überzeugung: „Bildung ist Bürgerrecht". Er schätzte die Akademie für Gemeinwirtschaft ebenso wie andere Institute des zweiten Bildungsweges als eine wichtige Reserve zur Milderung der ungleichen Bildungschancen, forderte aber vorrangig gleichen Zugang zum ersten Bildungsweg, zum Abitur am Gymnasium, Wegfall der Barrieren, die insbesondere den Übergang auf weiterführende Schulen behinderten.

Brillante Gesellschaftsanalysen

Nur ein gutes Jahr nach seinem Start in Tübingen hörte ich im Radio, wie Dahrendorf die deutsche Gesellschaft analysierte. Ich war begeistert von seiner Rhetorik, der Klarheit seiner Gedanken, der konkreten Beschreibung sozialer Verhältnisse, der Stringenz seiner theoretischen Deutung. So ähnlich begeistert müssen die Hamburger Studierenden gewesen sein. Ich beschloss, aus Marburg nach Tübingen zu gehen und die Soziologie in Marburg mit ihrer starken Prägung durch Ideologiekritik zu ersetzen durch die empirisch angeleitete Tübinger Sozialwissenschaft, und wurde Dahrendorfs Schüler. Vom Sommersemester 1962 bis zu meiner Promotion Ende des Wintersemesters 1967 genoss ich seine Vorlesungen, seine Seminare und seine Förderung. Als meine Geldquelle versiegte und die Fortsetzung des Studiums auf der Kippe stand, wurde ich zunächst Hilfskraft in seinen laufenden Projekten über Bildungsforschung. Danach stellte er die Weichen zu meiner Aufnahme in die Studienstiftung des Deutschen Volkes.

Es war begeisternd, Dahrendorf zuzuhören. In die Vorlesungen strömten Studierende verschiedenster Fachrichtungen, sodass sie nicht selten in den Festsaal der Neuen Aula der Universität verlegt werden mussten. Nicht bloß seiner brillanten Rhetorik wegen, auch weil seine Gesellschaftsanalyse konkret war, an sozialen Belangen orientiert, kamen die Massen. Seine Vorlesung über „Gesellschaft und Demokratie in Deutschland" (1965) war historisch wie soziologisch ein Meisterwerk. Auch in seinen Seminaren wurde auf hohem Niveau und kontrovers diskutiert; meist setzten Teilnehmer nach Seminarende die Debatten fort. Dahrendorfs Lust an Disputen zeigte sich an seiner Fähigkeit, auch missratene Seminarbeiträge so zu interpretieren, dass daraus Erkenntnisgewinn gezogen werden konnte. Denn natürlich war Dahrendorf durch seine Kenntnis der aktuellen Strömungen der Soziologie in den USA und England allen nicht nur weit überlegen, er hatte auch die dort herrschende soziologische Theorie, den Funktionalismus und die Systemtheorie, frontal angegriffen.

In *Pfade aus Utopia*, einem in den USA 1957 preisgekrönten Essay, entlarvte er die Unterstellung von Talcott Parsons, das soziale System könne sich auf allgemeinen Konsensus stützen, als empirisch fragwürdig. Der stetige Wandel von Gesellschaften sei das Resultat von Konflikten, diese müsse ein Soziologe zuallererst erklären. Dahrendorfs Konflikttheorie fand auch ihren Niederschlag in seinem berühmten Essay *Homo Sociologicus* (1959), der sogar auszugsweise in Schulbüchern nachgedruckt wurde. Die sozialen Rollen, mit denen alle Gesellschaftsmitglieder jeweils sozial platziert werden, seien Chancen, aber auch Zumutungen der „ärgerlichen Tatsache der Gesellschaft".

„Das größte Glück der größten Zahl"

Fesselnd war für die Studierenden insbesondere Dahrendorfs Interesse an sozialer Ungleichheit. Dabei ging es nicht wie anderswo in erster Linie um Klassentheorie, sondern um die empirische Untersuchung der Eliten von Deutschland und der ungleichen Bildungschancen je nach sozialer Herkunft und Geschlecht. Dahrendorf war zwar nicht selbst Empiriker, aber ein Schüler Karl Raimund Poppers. Erkenntnisse über die sozialen Zusammenhänge mussten sich dem Falsifizierungstest stellen. Nur wenn sie den bestanden, verdienten sie Anerkennung und Verbreitung. Sein Insistieren darauf, dass Soziologie eine Erfahrungswissenschaft sei, konnte diesem Fach erst die Bedeutung verschaffen, als Ressource für Gesellschaftspolitik zu fungieren, wie dies in den Folgejahren geschah.

Während der 1960er-Jahre avancierte Dahrendorf zu einem der führenden Soziologen Deutschlands. Im die deutsche Soziologie spaltenden Positivismusstreit (Adorno versus Popper), den er selber inszeniert hatte, vertrat er Poppers Ansatz. Aber die Rolle als soziologischer Theoretiker sozialer Ungleichheit reichte ihm nicht. Seit seiner Jugend wollte er Journalist sein. Er hatte ein Talent, seine Gedanken klar, verständlich und anschaulich und stets informativ und anregend zu formulieren. Neben seinem Ordinariat publizierte er in Zeitschriften wie zum Beispiel *Merkur* oder *Monat*, redete im Radio, hatte im ZDF zeitweise alle vier Wochen eine Kommentar-Sendung. Seine Serie in der *Zeit* über Wege aus der Bildungsungleichheit fand große Resonanz; sie erschien 1965 auch als Buch: *Bildung ist Bürgerrecht*. Als Publizist versuchte er, an den Reformen der Gesellschaft mitzuwirken. Seinen Studenten gab er auf den Weg mit, Pflicht des Soziologen sei, über die fachliche Arbeit hinaus in die Gesellschaft zu wirken, Verantwortung für ihren Wandel zu übernehmen. Ihm ging es, so sagte er damals, „um das größte Glück der größten Zahl", das Credo der liberalen Gesellschaft.

Mit 29 Jahren kaum älter als seine Zuhörer: Dahrendorf bei einer seiner ersten Vorlesungen im Jahr 1958 in der Akademie für Gemeinwirtschaft in der Hamburger Mollerstraße

Akteur oder Kritiker? Dahrendorf in der Politik

Als Experte für Bildungsfragen eröffnete sich Dahrendorf schrittweise den Weg in die Politik. 1964 wurde er in den Beirat für Bildungsplanung Baden-Württemberg berufen, kurz darauf in den Gründungsausschuss der Universität Konstanz. Zum Sommersemester 1966 wechselte er dann selbst an die neu gegründete Universität Konstanz. Von ihr aus strebte er bald ganz in die Politik. Zunächst übernahm er den stellvertretenden Vorsitz des Arbeitskreises Hochschulgesamtplan. Dazu bezog er ein Arbeitszimmer im Stuttgarter Kultusministerium und stellte den „Dahrendorf-Plan" in einer Parforce-Tour zum 31. Juli 1967 fertig. Zwei Monate später warb ihn die FDP als Landtagskandidaten für den Wahlkreis Stuttgart III an. Im Oktober 1967 trat er in die FDP ein, wurde zum Kandidaten gekürt und erlangte zunehmend Einfluss in seiner Partei. Als brillanter Redner gewann er mit Bravour seinen Wahlkreis im April 1968. Er blieb aber nicht lange in Stuttgart, denn schon im September 1968 übernahm er, als „Senkrechtstarter in die Politik" von der FDP gefeiert, die Kandidatur für den Wahlkreis Konstanz zur Bundestagswahl im Herbst 1969. Wieder befand sich Dahrendorf im Wahlkampfmodus, den er übrigens schätzte. Er genoss die Wahlveranstaltungen als Diskussionsforen und konnte gerade die jungen Wähler für sich gewinnen. Im Wahlkreis Konstanz gewann er mit 16 Prozent doppelt so viele Erststimmen, wie die FDP im Land an Zweitstimmen bekam. Dieser große Erfolg katapultierte ihn in die Regierung Brandt, wo er Ende Oktober 1969 von Walter Scheel als Parlamentarischer Staatssekretär ins Außenministerium geholt wurde. Allerdings konnte Dahrendorf nur schwer unter einem Vorgesetzten arbeiten. So nahm er bereits im Juli 1970 die Chance wahr, in die EG-Kommission nach Brüssel zu wechseln, wo er für Handelspolitik zuständig wurde und die Generaldirektion für Auswärtige Beziehungen übernahm. Während der folgenden fünf Jahre in Brüssel wuchs allerdings seine Enttäuschung über die eingeschränkten Entscheidungsmöglichkeiten der Europäischen Kommission, über die bürokratischen Entscheidungsprozesse, über die Schwerfälligkeit der europäischen Integration. In zwei Artikeln unter dem Pseudonym Wieland Europa kritisierte er in der *Zeit* polemisch die Ineffizienz der EWG-Gremien. Die Kommission und das Parlament waren entrüstet, er verlor an Rückhalt in Brüssel. Dahrendorf konnte offenbar seine Rolle als Intellektueller, der die Realität kritisch kommentiert, nicht loslassen, um bloß noch Politiker zu sein. Rückblickend schrieb er, er sei naiv gewesen, „man muss entscheiden, ob man Akteur oder Kritiker sein will" (zitiert nach Meifort 2017: 196). So war es ein großes Glück, als ihm angeboten wurde, Direktor der London School of Economics in London zu werden. Da ihn auch die mangelnde Anerkennung seiner Arbeit als Kommissar insbesondere durch deutsche Politiker enttäuscht hatte, verließ Dahrendorf den Kontinent in Richtung England gerne, um eine ihn besonders fordernde Aufgabe zu übernehmen.

„Sir Ralf"

Er empfand seine Wahl zum Direktor der LSE als *„coming home"*. Es war die Heimkehr an die Universität, an der ihn die intellektuell aufregendsten Debatten seinerzeit zur Soziologie hingeführt hatten. Und er war wieder zurück in der Wissenschaft. Der exzellente Lehrkörper der LSE verlockte dazu, Brücken zu Wirtschaft und Politik zu bauen. Dahrendorf bemühte sich, einen Thinktank zu etablieren. Doch die Regierung Thatcher kürzte die Mittel für Hochschulen so drastisch, dass er die Hochschule stattdessen gegen Abbau verteidigen musste. Er schaffte es, ihren Rang zu bewahren. Als Direktor einer der angesehenen Hochschulen errang er großes Ansehen. Man berief ihn in diverse Kommissionen, er hielt renommierte Radiovorträge (*Reith Lectures*), hatte eine TV-Sendung „Dahrendorf on Britain", publizierte in vielen Zeitungen, wurde ein viel beachteter Analytiker der wirtschaftlichen und sozialen Probleme von Großbritannien. Für seine Leistungen in der Wissenschaft und die Präsenz im politischen Diskurs wurde er 1982 zum Ritter geschlagen, wurde dadurch „Sir Ralf". Er schaffte es sogar auf die Liste des britischen Schatzamtes *„of the good and the great"*, eine Reserveliste von Personen, die für öffentliche Ämter infrage kommen. Und zwar als Deutscher. Denn die britische Staatsangehörigkeit nahm er erst 1988 an.

Ab 1984 gab es ein kurzes Zwischenspiel an der Universität Konstanz, dann eine Gastprofessur in Basel und ein Jahr als Fellow der Russell Sage Foundation in New York. Von 1987 bis 1997 war Dahrendorf *Warden* (Rektor) des St. Antony's College in Oxford. An der LSE und danach in Konstanz präzisierte Dahrendorf seine theoretischen Ansätze. In *Lebenschancen* (1978) beschrieb er die Wechselbeziehung von Optionen und Ligaturen (sozialen Bindungen) und sah darin ein Verbesserungspotenzial der Lebenschancen. Deren Optimierung sei zugleich Inbegriff von Freiheit. Individuelle Freiheit war Dahrendorfs Lebensthema, das ihn seit seiner Inhaftierung als 15-Jähriger durch die Gestapo 1944 nicht losließ und das er auf dem Hintergrund gesellschaftlicher Ungleichheit und sozialen Wandels immer aufs Neue durchdachte. In seine Amtszeit als *Warden* (1987–1997) fielen der Fall der Mauer und der Zerfall des sowjetischen Herrschaftsbereichs. Das inspirierte Dahrendorf zu *Betrachtungen über die Revolution in Europa* (1991), einem Ratgeber für die wichtigsten Schritte bei der Transformation aus dem realen Sozialismus in eine liberale Gesellschaft. Das Buch wurde in viele Sprachen übersetzt.

Am 15. Juli 1995 wurde Dahrendorf von Königin Elisabeth zum Lord auf Lebenszeit ernannt. Damit wurde er Mitglied des Oberhauses, kontrollierte dort zum Beispiel als Vorsitzender des *Select Committee on Delegated Power on Deregulation* die Gesetzgebung des Unterhauses und wirkte in einer Kommission zur Reform des House of Lords mit. Auch konnte er von dieser herausgehobenen Position seine Lieblingsrolle als Intellektueller spielen, vor allem als Interpret, aber auch Kritiker des politischen Geschehens auf dem Hintergrund seines profunden wirtschaftlichen, historischen und sozialen Wissens. Er insistierte darauf, dass nur der Nationalstaat Garant sein kann für die Gewährleistung der individuellen Rechte, und plädierte dafür, verfassungsmäßig den Bürgern die Optionen zur Verwirklichung der Lebenschancen abzusichern. Dahrendorf war fraglos ein bedeutender deutscher Soziologe, aber auch ein großer Liberaler, ein politischer Intellektueller und intellektueller Politiker, in Großbritannien wie in Deutschland.

Wichtige Quellen: H. Peisert/W. Zapf (Hrsg.): *Gesellschaft, Demokratie und Lebenschancen.* Festschrift für Ralf Dahrendorf, 1994; R. Dahrendorf: *Über Grenzen*, 2002; F. Meifort: *Ralf Dahrendorf.* Eine Biographie, 2017

PROF. DR. KARL F. SCHUMANN
studierte 1962 bis 1967 bei Ralf Dahrendorf in Tübingen und promovierte bei ihm über soziale Sanktionen (*Zeichen der Unfreiheit*, Freiburg 1968). Von 1977 bis 2003 war er Professor für Kriminologie an der Universität Bremen.

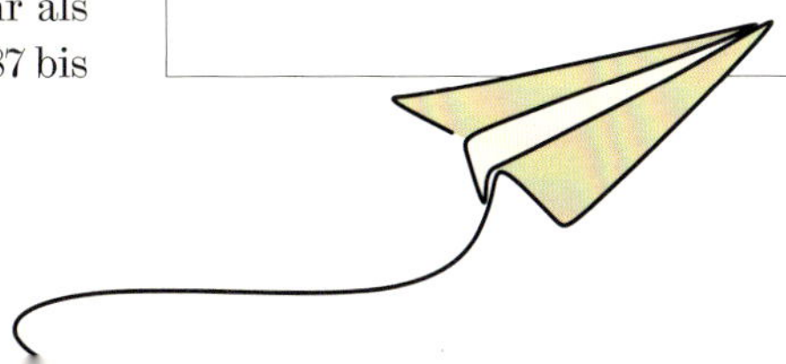

Barkassen mit Hafenarbeitern im Mai 1964 auf der Fahrt zu ihren Arbeitsstätten auf Werften und Schuppen. Im Hintergrund die heute nicht mehr bestehende Kehrwiederspitze

1960 | 1970

ZWISCHEN WIRTSCHAFTSWUNDER UND WELTREVOLUTION – DIE HWP ENTSTEHT IN BEWEGTEN ZEITEN.

STAUEREI GERD BUSS III

AKADEMISCHE ZEITENWENDE

Die Notizen des Werner Krone

Für alle Teilnehmer des 15. Lehrganges dürfte dieses Dokument ein interessanter Blick durch das akademische Schlüsselloch gewesen sein. Volkswirt Werner Krone notierte auf einem Sitzplan offenbar Benotungen und Kommentare zu seinen Schützlingen – darunter auch einer der Herausgeber dieses Buches. Mit der Bestnote „1" knauserte Professor Krone ganz offensichtlich. Zweien und Dreien war ungefähr gleich verteilt, aber auch eine Vier nichts Ungewöhnliches. Zudem wurde die gewerkschaftliche Herkunft notiert (DAG, IG Metall, NGG). Welche Auswirkungen das auf die Benotungen hatte, ist nicht überliefert. Vor „muss nacharbeiten" oder gar „nicht bestanden" schützte aber auch der gewerkschaftliche Stallgeruch nicht. Im Gegensatz zu heutigen Gepflogenheiten saßen die Studierenden noch auf festen Sitzplätzen, was die Feststellung der An- und Abwesenheiten für die Lehrenden recht leicht nachvollziehbar machten.

Bei der Feier zur Übergabe des Rektorats der Universität am 9. November 1967 im Audimax in Hamburg wurden mehr als nur Äußerlichkeiten auf die Probe gestellt. Überraschend treten zwei Studierende vor die in weitärmeligen und knöchellangen Obergewändern einmarschierenden Professoren. „Unter den Talaren Muff von tausend Jahren" steht auf dem vorangetragenen Spruchband – der Auftakt zu einer Jahrzehnte dauernden Auseinandersetzung an den Hochschulen und zu studentischen Massenprotesten, die auch bis in die Mollerstraße reichten. Der Studienalltag an der Akademie verlief dennoch in geregelten Bahnen. Mittlerweile hatte sie sich in „Akademie für Wirtschaft und Politik" umbenannt. Weiterhin mit dem Ziel und Anspruch der Ausbildung von Führungskräften für das mittlere oder höhere Management – was in den 1960er-Jahren mit großem Erfolg gelang. Die Zahl der Studienanfänger erhöhte sich 1967 auf 150 pro Lehrgang. Ab 1968 wurden in jedem Jahr sogar zwei Lehrgänge aufgenommen. Bis in die Mitte der 1960er-Jahre gab es nur einen einheitlichen und keinen fachspezifischen Abschluss. Weiterhin mussten Studierende aber die Fächer Volkswirtschaftslehre, Betriebswirtschaftslehre, Soziologie und Rechtswissenschaft absolvieren.

Bis ins Jahr 1967 bleibt die Studiendauer bei vier Semestern, danach wird sie auf sechs Semester verlängert. Am Ende dieses aufgewühlten Jahrzehnts wurde die Akademie dann zur „Hochschule für Wirtschaft und Politik" – der HWP. Bis 1970 erhielten nur Absolventen mit gutem Abschluss die fachgebundene Hochschulreife für ein Weiterstudium in Wirtschafts- oder Sozialwissenschaften an der Universität. Ab 1970 war das allen Absolventen möglich.

Sitzplan des 15. Lehrgangs

Schmidt Hans-Georg	Schanz Georg 3	Jungnickel Hartmut	Jockisch Georg 3		Voht Walter 3	1.5.63 Goern Wolfgang	Kokocinski Klaus	Schupeta Eckhard DAG	Müller Siegfried
Issen Roland DAG 3	Pleiss Hans-Heinz	Hanisch Rudolf 4	Lötzsch Klaus 3		Fischer Klara 3	IGM Schmitte Heinz 3	Kontny Frau Irene 2	Stiehl Ursel 3	Walter Winfried 3
Bethmann H.-Jürgen 4	Lies Jürgen	Reijinga (1.4.64) Barschow Gabriele	Raschke Ewald		Gröbel Harry 1.11.63	Symanzik Horst	Lering Renate	DAG Brockob Dieter	Bitterlich Hans-Georg
dup Köpke Karl-Heinz 2	dup Schmalz Christian	Albrecht Joachim 3	Rose Heinrich-Peter		Främcke Peter	G-W-A nicht Dehnicke Jürgen bestanden	Richter Rolf 2	G-W-Arbeit nicht bestanden Kempf Harald DAG	IGM Müller Lutz
Schierbaum Günther	Wally Jürgen DAG		1.1.64 Wehmer Frauke		Kempka Winfried 3	1.1.64 Röthke Karin	dup Engholm Björn	Fuchs Georg 4	Greve Wolfgang 4
Kirchner Lothar NGG	Müller Hans-Jürgen	Kohlschmidt Dietrich 2	G-W-Arbeit nicht bestanden Hempel Manfred		Schüler Ulrich	Holz Gerhard 4	Petersen Klaus	1.1.64 Röken Arnold	1.1.64 Schmidt Theoderich
Mehlfeldt Horst	Wendler Gerhard Feb. 64	Schröder Albert DAG	Steinert Jürgen 3 DAG		Bleicher Siegfried 3	Hundesrügge Werner	Böhm Hans	Wittkop Helmut DAG	Barthei-del Heinz
Hahne Horst 3	Dederichs Dieter	Marussi Riccardo			Scheve Gisela	1.5.63 Heim Günther Uni Hmb	Beck Wilfried 3	Kraus Manfred	Walter Helmut
Brodmeier Hans-Jürgen	Bolz Wolfgang	G-W-A dup Hanke Horst	IGM Schuberth Wimfried		Hunger Hermann G-W-A nicht bestanden	Orgaß Gerhard BSE 3	Reichert Egon	Säuberlich Kurt	Reese Knut

„Als zwei Studenten das Banner mit der Aufschrift ‚Unter den Talaren Muff von 1000 Jahren' entrollten, saß ich nur einige Meter daneben. Den Muff- oder Modergeruch einer nicht aufgearbeiteten Nazi-Zeit hatte wohl fast jeder von uns Studenten einmal in der Nase gehabt."

DIETER KOCH (Seite 52)

Ein Skandal mit Folgen
Die Studenten Detlev Albers und Gert Hinnerk Behlmer entrollen am 9. November 1967 ihr mittlerweile ikonisches Transparent im Hamburger Audimax.

Studentenleben
Der Name klang offiziell, das Projekt befand sich aber komplett in studentischer Selbstverwaltung. Das „Internationale Studentenwohnheim" in der Borsteler Chaussee wurde von HWP-Studenten gegründet und stand Studierenden aus aller Welt offen. Vom chinesischen Medizinstudenten (mit Kind, Bild links unten) bis zum tansanischen Geografen – rund 80 Studierende fanden hier preiswerten Wohnraum und manchmal überraschende Einblicke in studentische Lern- und auch Lebensgewohnheiten ...

Auch als Mitglied des Bundestages der Schwarzen Kunst verbunden – Besuch in der Zeitungssetzerei der *Lübecker Nachrichten*

BJÖRN ENGHOLM

IM GEIST DER AUFKLÄRUNG!

Oft sind es die schicksalhaften Einschnitte und Veränderungen in unserem Leben, die uns durchschütteln und unserer Biografie eine neue Richtung geben. Bei mir war dieser Wendepunkt der plötzliche frühe Tod meines Vaters. Mein Vater, Kurt Engholm, war Speditionskaufmann und arbeitete bei den Schwartauer Werken. Kurz nachdem er dort zum Prokuristen ernannt worden war, verstarb er plötzlich – ein großer Schock für die Familie. Ich war gerade 16 Jahre alt. Die Witwenrente, die meine Mutter erhielt, war bescheiden und das Geld entsprechend knapp. So musste ich von einem Tag auf den anderen erwachsen werden und in vielen Dingen meinen Vater ersetzen, um die Familie zu entlasten und meine Mutter zu stützen. Ich besuchte zu dieser Zeit das Johanneum zu Lübeck – ein traditionsreiches, aber sehr konservatives Realgymnasium, das zuvor auch Willy Brandt besucht hatte. Ob es zu Hause Probleme gab, interessierte die Lehrer zu meiner Zeit nicht. Ich hatte, trotz meines großen Kummers, in der Schule nach wie vor perfekt zu funktionieren und übernahm zugleich in der Familie schon die Aufgaben eines Erwachsenen. Eine Situation, die für mich nur schwer auszuhalten war. Und so verließ ich das Johanneum in der Unterprima mit dem Realschulabschluss und begann im Herbst 1959 eine Schriftsetzerlehre beim *Lübecker Morgen*, einer Tageszeitung, für deren Vorgänger, den *Lübecker Volksboten*, schon Willy Brandt geschrieben und Julius Leber als Chefredakteur gewirkt hatten. Erst später erfuhr ich, dass einer meiner Lehrer – und zwar einer von denen, die ich zu meiner Schulzeit nicht mochte (und *vice versa!*) – eine ehemalige Größe im Sicherheitsdienst innerhalb der SS war.

Ausbildung zum Setzer

Meine Lehrzeit war dagegen eine Zeit der Emanzipation. Am Anfang tat ich mich vor allem mit dem akkordgleichen Setzen von Zeilen etwas schwer, doch zugleich entdeckte ich hier meine Neigung zu kreativen Tätigkeiten und die Liebe zur Kunst. Mein Meister hatte nämlich rasch erkannt, dass ich für das effiziente „Zeilenklopfen“ nicht so geeignet war – und zu meinem Glück besaß er die Weitsicht, mir im Satz vor allem Aufgaben zu übertragen, bei denen es um die Grundlagen der Gestaltung ging, wie Layout, Satzspiegel, Seitenraster und Typografie. So durfte ich Anzeigen, Prospekte,

Folder und Buchcover entwickeln und sogar die Jugendseite des *Lübecker Morgen* gestalten. Zeitweilig vertrat ich in Urlaubszeiten den Korrektor. Daneben verfasste ich Texte und verantwortete Gestaltung und Satz der Schülerzeitung der Gewerbeschule, die ich während der Lehrzeit besuchte. Diese Gestaltungsaufgaben waren für mich sukzessive der Einstieg in die Welt der Kunst.

Außerdem verfügte ich durch die Lehre über Geld, wenn auch in bescheidenem Umfang, und konnte meine Familie etwas unterstützen. Und natürlich machte sich auch der jugendliche Drang nach Freiheit und Mobilität bemerkbar: Ich träumte von einem motorisierten Zweirad. Doch Dispokredite für Privatkunden boten die Banken noch nicht an, viele Arbeitnehmer besaßen zu dieser Zeit nicht einmal ein Girokonto und erhielten ihr Geld noch in der wöchentlichen Lohntüte.

Hurra, eine eigene Vespa!

Ich hatte zwar ein eigenes Konto, aber einen Ratenkredit aufzunehmen war für einen Lehrling so gut wie nicht möglich. Trotzdem stellte ich noch während der Ausbildung bei der Bank für Gemeinwirtschaft (BfG) einen Kreditantrag – und wurde zu meiner eigenen Verwunderung vom Direktor der BfG-Niederlassung Lübeck zu einem persönlichen Gespräch geladen. Der Herr Direktor wollte sich ein eigenes Bild von mir machen und im Gespräch feststellen, ob ich verlässlich war und über die notwendige Reife verfügte, einen Kredit regelmäßig zu bedienen. Das Gespräch verlief positiv – und schon bald war ich stolzer Besitzer einer zwar gebrauchten, aber wunderschönen roten Vespa!

Der Weg zur Akademie

Meine Arbeit im Verlag machte mir Spaß und ich nahm sie entsprechend ernst. Ich trat der Gewerkschaft bei und wurde in unserem Betrieb zum Jugendvertreter gewählt. Zum Ende meiner Lehrzeit besuchte mich der Sekretär der IG-Druck Lübeck zusammen mit Ingeborg Sommer in meinem Lehrbetrieb. Ingeborg Sommer war von 1960 an Leiterin „Schule und Bildung" beim DGB Nordmark und betreute in dieser Funktion Studierende an der Akademie für Wirtschaft und Politik. Vielen Lübeckern ist sie noch heute ein Begriff, denn sie war seit 1967 nicht nur Mitglied des Landtags in Schleswig-Holstein, sondern ab 1986 auch Stadtpräsidentin unserer alten Hansestadt. Die beiden waren es, die mich bei diesem Treffen auf die Möglichkeit des Studiums in Hamburg aufmerksam machten. Sie rieten mir dazu, die notwendige Aufnahmeprüfung zu machen, um an der Akademie zu studieren. Diesem Rat folgte ich gern: Ich absolvierte die Prüfung, die mehrtägig verlief und aus einem schriftlichen und mündlichen Teil bestand, mit Erfolg und nahm Ende 1962 mein Studium auf – mithilfe eines Stipendiums der Stiftung Mitbestimmung (Vorläuferin der Hans-Böckler-Stiftung), ohne das mir die langen Studienjahre nicht möglich gewesen wären.

Ein Unfall mit der ersten selbst verdienten Vespa: Vorbereitungszeit für die Aufnahmeprüfung an der Akademie

Studium mit Handstand

Das Studium war damals noch auf vier Semester angelegt. Bevor es richtig losging, musste eine Art Vorsemester absolviert werden, in dem Deutsch, Geschichte und Buchführung unterrichtet wurden. Das eigentliche Studium begann im Anschluss an dieses Vorsemester mit den Fächern BWL, VWL, Soziologie, Politik und Recht. Meinen Interessen folgend wählte ich Soziologie zu meinem Schwerpunkt. Volkswirtschaftslehre und Politik entwickelten sich parallel zu meinen wichtigsten Nebenfächern. Die Studienordnung sah vor, dass aus jedem Fach Kurse zu belegen waren – entsprechend hoch war die Zahl der Prüfungen und Scheine, die wir machen mussten. Kurz: Das Studium an der Akademie für Wirtschaft und Politik und späteren HWP war kein Spaziergang. Man musste sich enorm anstrengen und oft war es eine richtige Plackerei, aber man musste uns damals nicht motivieren, denn fast alle Studierenden hatten, so wie ich auch, eine Ausbildung abgeschlossen und Berufserfahrung gesammelt. Wir waren Erwachsene, wir wurden wie Erwachsene behandelt und wir alle wussten, wofür wir in unserem Studium arbeiteten. Und trotz der hohen Anforderungen des Studienalltags feierten wir auch gemeinsam und hatten viel Spaß!

Die hohe Anzahl der Kurse hatte neben der vielen Arbeit den positiven Effekt, dass wir uns nicht nur mit unseren Schwerpunktfächern beschäftigten, sondern immer wieder intellektuelle Grenzüberschreitungen vollziehen mussten – den berühmten Blick über den Tellerrand, den unsere Dozenten (viel intensiver als heute) zur *conditio* machten.

Professoren, die etwas zu sagen haben

Wir hatten das große Glück, in unserem Studium von einer Vielzahl von Professoren begleitet zu werden, die uns Substanzielles zu sagen hatten. Sie selbst waren von den Kriegsjahren und der Nazidiktatur geprägt und wollten, dass wir, die junge Generation, nicht nur Wissen ansammelten, sondern lernten, selber zu denken. Und so wehte der Spirit der Aufklärung, den vermutlich schon Ralf Dahrendorf der Akademie eingepflanzt hatte, durch unseren Hörsaal. Ich könnte viele Namen von Professoren nennen, die mich geprägt und tief beeindruckt haben; doch stellvertretend für alle möchte ich hier an Eduard Heimann, Janpeter Kob, Bruno Molitor, Karl Martin Bolte und Heinz-Dietrich Ortlieb erinnern.

Eduard Heimann ist heute leider fast vergessen und war doch einer der brillantesten Denker seiner Zeit! Schon 1933 von den Nazis aus dem Land getrieben, fand er an der New School for Social Research in New York eine neue akademische Heimat und kehrte Anfang der 1960er-Jahre zurück nach Hamburg. Hier wirkte er vor allem an der Universität; bei uns an der Akademie hatte er leider keine feste Stelle und war vermutlich als Lehrbeauftragter tätig. Heimann, der unter anderem bei Franz Oppenheimer studiert hatte und eng mit Adolph Lowe (Adolf Löwe) befreundet war, hielt bei uns volkswirtschaftliche Vorlesungen, in denen er spannende Brücken zwischen Ökonomie und Theologie schlug. Seine Vorträge waren von großer wissenschaftlicher Klarheit – und zugleich von christlicher Ethik geprägt. Inspirierend, weit über die Zeit meines Studiums hinaus, war für mich seine Suche nach einem „dritten Weg" innerhalb des damaligen ökonomischen Mainstreams. Später traf ich ihn erneut, als ich von der Akademie an die Universität wechselte. Auch hier besuchte ich mit großem Gewinn seine Seminare.

Im Fachbereich Soziologie sind mir vor allem Karl Martin Bolte und Janpeter Kob im Gedächtnis geblieben – beide waren als Professoren tätig, Bolte hatte schon damals seine interessante Sozialstrukturanalyse in Form der mittlerweile berühmten Bolte-Zwiebel entwickelt. Janpeter Kob beschäftigte sich unter anderem mit der Soziologie der Automobilgesellschaft sowie der des Essens und Trinkens.

Heinz-Dietrich Ortlieb, der von 1964 bis 1978 Chef des Hamburger Weltwirtschaftsarchivs war, beschäftigte sich mit der Rolle des Geldes und des Kredits in der Geschichte und Bruno Molitor, der 1966 an die Universität Würzburg wechselte und sich dort zu einem der profiliertesten Ökonomen entwickelte, verstand es, uns durch seine Art des Vortrags für volkswirtschaftliche Themen zu begeistern, die sich inhaltlich vor allem um Probleme der Wirtschaftsordnung und Sozialpolitik drehten.

ZUR PERSON
BJÖRN ENGHOLM

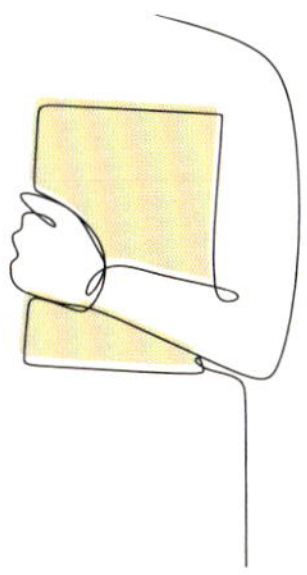

Geboren 1939 in Lübeck

Mittlere Reife, Ausbildung als Schriftsetzer bei der Lübecker Freie Presse, Studium an der AWP von 1962–1964

Ab 1969 Mitglied des Deutschen Bundestages; Bundesminister für Bildung und Wissenschaft; Ministerpräsident von Schleswig-Holstein; Bundesvorsitzender der SPD.

[1] Heimann und Lowe zählten während ihres Studiums zum Kreis der religiösen Sozialisten, der von Paul Tillich gegründet wurde.

[2] Eduard Heimann (Hamburg) gehörte zusammen mit Emil Lederer (Heidelberg) und Adolph Lowe (Kiel) zu den sogenannten Reformökonomen, die für Demokratie eintraten und sich schon früh gegen die Neoklassiker stellten. Wie auch John Maynard Keynes traten sie für eine antizyklische Wirtschaftspolitik ein, vor allem nach der Weltwirtschaftskrise der 1920er-Jahre.

Der Abschied. Letzter Umbruch in der Setzerei vor Beginn des Studiums in Hamburg (Bild links)

Der Politiker: Auf besondere Art verschaffen sich im Jahr 1981 in Bonn die Sprecher der Studentengruppen in der Gewerkschaft Erziehung und Wissenschaft (GEW) Gehör bei ihrem zuständigen Minister Björn Engholm. Sie hängen die rund 20.000 Unterschriften vor dem Wissenschaftsministerium auf Wäscheleinen auf. Mit ihrer Aktion wollen die Studenten ihrer Forderung nach materieller und sozialer Absicherung von Studierenden und Schülern Nachdruck verleihen

Karriere als Politiker

Nachdem ich 1964 mein Studium an der Akademie erfolgreich als graduierter Sozialwirt abgeschlossen hatte, wechselte ich noch im selben Jahr an die Universität und studierte dort Politik. Diesen Studiengang beendete ich im Jahr 1971 erfolgreich als Diplom-Politologe. Parallel zum Studium war ich 1969 in den politischen Betrieb gewechselt, denn ich hatte meinen Lübecker Wahlkreis gewonnen und saß für die SPD bis 1983 im Deutschen Bundestag. In dieser Zeit wurde ich von Bundeskanzler Helmut Schmidt zum parlamentarischen Staatssekretär und schließlich Bundesminister für Bildung und Wissenschaft berufen. 1983 wurde ich erstmals Spitzenkandidat der SPD für die Landtagswahl in Schleswig-Holstein. Nachdem infolge der Barschel-Affäre Neuwahlen notwendig geworden waren, wurde ich im Jahr 1988 zum Ministerpräsidenten des Landes Schleswig-Holstein gewählt, dann, im Mai 1991, als Nachfolger von Hans-Jochen Vogel zum Bundesvorsitzenden der SPD.

Die HWP fehlt in der Hochschullandschaft!

Wenn ich heute auf das Studium an der Akademie und der späteren Hochschule für Wirtschaft und Politik zurückblicke, dann sehe ich vor allem eine sehr fortschrittliche Ausbildung. Viel prospektiver als an den meisten Universitäten unserer Tage. Eine intensive und inspirierende Verbindung aus Neugier, Wissen und Haltung. Besonders die interdisziplinäre Ausrichtung hat mir ein Werkzeug an die Hand gegeben, das mir im späteren Studium an der Universität Hamburg, aber auch im politischen Geschäft immer wieder hilfreich war.

Dass es die Akademie beziehungsweise HWP nicht mehr gibt, ist ein großer Verlust für die Hochschullandschaft in Deutschland, und das Argument, man brauche die HWP nicht mehr, weil man mittlerweile an jeder Uni per Aufnahmeprüfung die Studienzulassung erhalten kann, ist ein Trugschluss. Die HWP war eine echte Einrichtung des zweiten und dritten Bildungswegs. Hier hatte man jahrzehntelange Erfahrung mit Menschen gesammelt, die mit Berufserfahrung studieren wollten, und ein System entwickelt, das auf die Besonderheiten und Stärken dieser Zielgruppe einging. Wer heute nach einer Berufsausbildung über eine Aufnahmeprüfung an die Universität kommt, hat es im klassischen Hochschulbetrieb weitaus schwerer. Dabei brauchen wir gerade heute wieder ein neues Denken an den Hochschulen. Neugier, Wissen und Haltung: ein Denken, wie ich es in meiner Studienzeit an der Akademie erlebt habe – ein Denken im Geiste der Aufklärung, das dazu beflügelt, Alternativen zu denken.

Björn Engholm

ver.di

Die Delegierten des Verschmelzungskongresses der DAG stimmen am 17. März 2001 mit 89,9 Prozent für ver.di. Roland Issen dreht das ver.di-Logo auf die Bühne

ROLAND ISSEN

KEINE FEHLINVESTITION

Am 7. Januar 1938 wurde ich im westfälischen Münster geboren. Mein Vater war Gegner der Nationalsozialisten und flüchtete 1939 zu Verwandten nach Holland. Zurück blieben meine Mutter, meine beiden Schwestern und ich. Nach dem Einmarsch der deutschen Armee in Holland wurde mein Vater von den Nazis umgebracht. Da auch meine Mutter sich und ihre Kinder von den Nazis bedroht fühlte, flüchtete sie mit uns – zunächst ebenfalls nach Holland, nach Enschede, wo ihre jüngste Schwester mit ihrem Mann lebte, später weiter nach Paris. Dort hatte sie einige Jahre ihrer Kindheit und Jugend in einem Mädchenpensionat zugebracht. Sie sprach perfekt Französisch.

Wahrscheinlich aus finanziellen Gründen kehrten wir später nach Deutschland zurück und lebten bis zum Kriegsende auf einem Bauernhof im Allgäu. Dorthin war auch der Vater meiner Mutter mit seiner zweiten Frau geflüchtet. So wurde ich 1945 in Isny im Allgäu eingeschult. Anfangs konnte ich mit der Eisenbahn von Großholzleute nach Isny fahren. Später wurde die Eisenbahnverbindung eingestellt, sodass ich täglich zu Fuß zur Schule gehen musste.

Vom Allgäu ins Münsterland

1946 zog meine Mutter mit uns Kindern nach Telgte bei Münster. Sie musste einige Jahre von der Fürsorge leben, bis sie als politisch Verfolgte anerkannt war. In Telgte besuchte ich die Volksschule und wechselte dann auf die Aufbauschule in Warendorf. Den Weg von Telgte nach Warendorf legte ich im Winter mit der Eisenbahn zurück, im Frühjahr, Sommer und Herbst mit dem Fahrrad: 15 Kilometer Hinfahrt und 15 Kilometer Rückfahrt. Die Monatsfahrkarte kostete damals 7,50 D-Mark – mein Taschengeld. Das Geld für mein Fahrrad hatte ich mir während meines Schulbesuchs in Telgte durch Kartoffellesen bei den Bauern verdient. Ich schloss die Aufbauschule in Warendorf mit der Mittleren Reife ab und besuchte danach in Münster zwei Jahre eine Handelsschule: die Kaufmännische Tagesschule der Deutschen Angestellten-Gewerkschaft (DAG). Sie sollte eine entscheidende Rolle in meinem späteren Leben spielen. 1956 wurde ich Mitglied der DAG.

Kaufmann oder Pilot?

Nach dem Schulbesuch wollte ich zunächst eine kaufmännische Ausbildung machen. Doch nachdem ich in drei Betriebe geschnuppert hatte, entschied ich mich anders: Ich wollte Pilot werden, bewarb mich bei der Luftwaffe der Deutschen Bundeswehr und wurde im Herbst 1956 bei der Luftwaffe als Soldat auf Zeit mit einer Verpflichtungsdauer von sechs Jahren eingestellt – die Mindestverpflichtungszeit für Anwärter des fliegenden Personals. Nach der Grundausbildung begann die fliegerische Ausbildung. Ich war sogar mit einem einmotorigen Flugzeug in der Luft, mit Fluglehrer natürlich. Später sollte ich zur Starfighter-Ausbildung in die USA, musste mich zuvor jedoch eine Woche lang auf Herz und Nieren durchchecken lassen, wobei eine leichte Rotgrünschwäche der Augen festgestellt wurde. Damit fand meine fliegerische Ausbildung ihr Ende. Als ich daraufhin die Bundeswehr verlassen wollte, wurde mir dies mit Hinweis auf meine sechsjährige Verpflichtungszeit verwehrt. Ich wechselte in den Stab meines Ausbildungsbataillons auf dem Fliegerhorst in Uetersen bei Hamburg. Schließlich konnte ich auf der Schreibmaschine mit zehn Fingern schreiben und stenografieren.

1960 verabschiedete der Deutsche Bundestag ein Gesetz, das regelte, dass die einzigen Söhne in Familien, in denen ein Elternteil durch Kriegsereignisse ums Leben gekommen war, vom Dienst befreit wurden. Nun konnte ich die Bundeswehr verlassen. Ich besuchte dreimal in der Woche in Hamburg eine Abendschule und erwarb die Hochschulreife. Meine Mutter unterstützte mich finanziell, außerdem erhielt ich eine staatliche Ausbildungsbeihilfe. Schon während dieser Zeit hatte ich mir Informationen über die Akademie für Gemeinwirtschaft, die spätere Hochschule für Wirtschaft und Politik (HWP), beschafft. Die Abfindung, die ich für meine vierjährige Bundeswehrdienstzeit erhielt, war mein Startkapital für die Aufnahme des Studiums an der Akademie im Jahr 1962.

Die Akademie

In meinem Studiengang waren unter anderen Björn Engholm, später Ministerpräsident in Schleswig-Holstein und SPD-Vorsitzender, Siegfried Bleicher, später Mitglied des Vorstands der IG Metall, Jürgen Steinert, später Senator in Hamburg. Während meines Studiums an der Akademie engagierte ich mich in der dortigen gewerkschaftlichen Studentengruppe und als Vorsitzender des Sozialdemokratischen Hochschulbundes (SHB). Es war die Zeit, in der der Sozialistische Deutsche Studentenbund (SDS) sich spaltete.

Von Kommilitonen, die über die Stiftung Mitbestimmung des Deutschen Gewerkschaftsbundes (DGB) dort studierten, erfuhr ich, dass sie von dieser Stiftung Stipendien erhielten. Daraufhin wandte ich mich an die DAG mit der Frage, ob sie etwas Vergleichbares biete. So etwas gebe es zwar nicht, wurde mir mitgeteilt, in Einzelfällen werde aber schon mal ein Stipendium vergeben. Daraufhin erhielt ich einen Gesprächstermin bei Günter Apel, damals persönlicher Referent des DAG-Vorsitzenden Rolf Späthen, ab 1967 stellvertretender Vorsitzender der DAG und später langjähriger Senator in Hamburg. Das Ergebnis unseres Gesprächs: Ich wurde wohl nicht von vornherein als Fehl-

Roland Issen bei einem entspannten Abend als Dozent in der Bildungsstätte Naumburg

In Saint-Tropez mit Freundin und späterer Ehefrau Anneliese

investition betrachtet. Mir wurde angeboten, ab 1962 eine Art Stipendium in Form eines Darlehens zu bekommen. Für den Fall, dass ich nach erfolgreichem Abschluss meines Studiums hauptamtlich in die Dienste der DAG einträte, würde für jedes hauptamtliche Dienstjahr ein Teil dieser Darlehenssumme getilgt, sodass nach drei oder vier Jahren das Darlehen in ein richtiges Stipendium umgewandelt würde. Eine faire Lösung. In den Semesterferien schnupperte ich bei der DAG hinein.

Einstieg als Gewerkschaftssekretär

Nach dem erfolgreichen Abschluss meines Studiums als Diplom-Volkswirt begann ich meinen Einstieg als Gewerkschaftssekretär der DAG in deren zentraler Jugendbildungsstätte in Nauenburg bei Kassel als Dozent für Wirtschaftspolitik, Tarifpolitik, Arbeitsrecht und Mitbestimmung. Mein Studium an der HWP bot mir dabei unschätzbare Hilfe, weil es für mich eine Art Studium Generale war, mit Volkswirtschaftslehre, Soziologie (meine beiden Schwerpunktfächer), Betriebswirtschaftslehre und Rechtswissenschaft.

Nach knapp zwei Jahren wechselte ich in die Hauptverwaltung der DAG in Hamburg, Abteilung Bildungs- und Berufspolitik. Das war das ideologische Ressort im DAG-Bundesvorstand, damals unter Leitung von Günter Apel. Bildungspolitik wurde dort stärker in Richtung politischer Bildung verstanden, um das Wir-Bewusstsein in der DAG zu fördern. In Zusammenarbeit mit dem Institut für empirische Sozialforschung der Universität Nürnberg-Erlangen setzten wir uns mit der Angestellten-Soziologie auseinander. Wir suchten nach Begründungen, warum sich Angestellte als soziale Großgruppe definieren, die sich durchaus von der Großgruppe der Arbeiter unterschied. Denn es gab zwar übereinstimmende Ziele beider Gruppen, aber eben auch divergierende.

1968, nach knapp zwei Jahren, wechselte ich in das Vorstandsressort Wirtschaftspolitik und Mitbestimmung. Bei mir waren erste Zweifel bezüglich der sogenannten Angestellten-Soziologie entstanden. Und ich dachte: Mach was Handfestes! Auch mein Studium war ja mehr in Richtung Wirtschaftspolitik gegangen. In der Zeit von 1969 bis 1975 im Ressort Wirtschaftspolitik war ich gleichzeitig Betriebsratsvorsitzender in der Hauptverwaltung und Gesamtbetriebsratsvorsitzender der DAG. 1978 wurde ich Mitglied des DAG-Bundesvorstands und Leiter des Ressorts Tarif- und Betriebspolitik Industrie. Zu meinen Aufgabengebieten gehörte auch die Organisation der Betriebsrats- und Aufsichtsratswahlen in den Organisationsbereichen der DAG.

Hamburg und die Welt

1978 wurde ich als SPD-Mitglied in die Hamburger Bürgerschaft gewählt und war über einige Wahlperioden bis 1991 Mitglied der SPD-Fraktion. Während dieser Zeit gehörte ich auch dem Landesvorstand der Arbeitsgemeinschaft für Arbeitnehmerfragen in der SPD (AfA) an und war von 1978 bis 1991 Mitglied des Euro-FIET-Vorstands. Die FIET war der internationale Bund der Angestellten-Gewerkschaften weltweit. 1980 wurde ich außerdem Mitglied des Vorstands der Bundesanstalt für Arbeit (BA) – eine Tätigkeit, die ich bis 2002 ausübte.

Auf all diesen Tätigkeitsfeldern hatte ich vielfachen Kontakt mit Gewerkschaftskolleginnen und -kollegen, die mit dazu beitrugen, dass mir eines bewusst wurde: Auch die Gewerkschaften hatten sich immer wieder auf Veränderungen in der Gesellschaft, im Wirtschaftsgefüge, aber auch auf internationaler Ebene einzustellen und neu zu formieren.

1983 wurde ich zum stellvertretenden Vorsitzenden der DAG gewählt, vier Jahre später zum Vorsitzenden. Nach meiner Wahl zum Vorsitzenden erklärte ich auf dem Bundeskongress der DAG 1987 meine Bereitschaft, über Gewerkschaftsgrenzen hinweg mit dem Deutschen Gewerkschaftsbund und seinen Mitgliedsgewerkschaften in der Verfolgung gemeinsamer gewerkschaftlicher Ziele zusammenzuarbeiten. Die Reaktion seitens des DGB und seiner

ZUR PERSON
ROLAND ISSEN

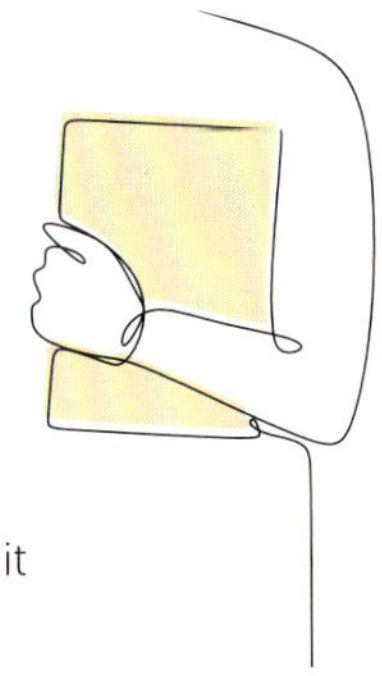

Geboren 1938 in Münster

Mittlere Reife, Hochschulreife an einer Hamburger Abendschule

Studium an der HWP von 1962–1964 mit Abschluss als Diplom-Volkswirt

Von 1978 bis 1991 Mitglied der Hamburger Bürgerschaft, mehr als 20 Jahre Mitglied des Vorstandes der Bundesanstalt für Arbeit, Mitglied im Verwaltungsrat der Treuhandanstalt und von 1990 bis 2001 Mitglied des Exekutivausschusses des Europäischen Gewerkschaftsbundes. Von 1987 bis 2001 Vorsitzender der Deutschen Angestellten-Gewerkschaft (DAG).

Einzelgewerkschaften war zunächst zurückhaltend bis ablehnend. Dies hielt mich jedoch nicht davon ab, dieses Ziel weiterzuverfolgen.

Über Grenzen hinweg

Ein erster Erfolg stellte sich 1990 ein. Mit Unterstützung des DGB wurde die DAG Mitglied im Europäischen Gewerkschaftsbund (EGB). Vorausgegangen waren intensive Gespräche mit dem DGB-Vorsitzenden Ernst Breit, gleichzeitig Vorsitzender des EGB, mit dem Vorsitzenden der IG Metall, Franz Steinkühler, der Vorsitzenden der ÖTV, Monika Wulf-Mathies, und dem Vorsitzenden der IG Chemie, Hermann Rappe Ich wurde Mitglied des Exekutiv-Ausschusses (Vorstand) des EGB von 1990 bis 2001. Als Vorsitzender der DAG war ich nicht nur wie die Vorsitzenden der Mitgliedsgewerkschaften des DBG für die originären Aufgaben einer Gewerkschaft zuständig. Da die DAG auch Spitzenorganisation war wie der DGB und der Deutsche Beamtenbund, war sie zugleich politisches Sprachrohr auf gesamtgesellschaftlichem Feld. Sie hatte für die Belange der Arbeitnehmerinnen und Arbeitnehmer einzutreten und war in allen wichtigen sozial- und berufspolitischen Gremien, zum Beispiel der Bundesanstalt für Arbeit (BA), den Berufsausbildungsausschüssen und der Rentenversicherung, vertreten. Gleichzeitig brachte sie die Interessen ihrer Mitglieder gegenüber den parlamentarischen Gremien, der Bundesregierung, den politischen Parteien und anderen gesellschaftlichen Organisationen ein.

Dies war auch der Grund, warum ich mich bemühte, guten und intensiven Kontakt zu Bundeskanzler Helmut Kohl zu unterhalten. Wir trafen uns regelmäßig im Kanzleramt zum Austausch. Dabei waren wir uns immer darüber im Klaren, dass wir in unterschiedlichen Funktionen agierten. Er als Bundeskanzler, der dem Gemeinwohl verpflichtet war, ich als Vertreter einer Interessenorganisation. Wir sahen aber auch gemeinsame Herausforderungen und Ziele. Ich

Auf internationalem Parkett unterwegs: Roland Issen im Gespräch mit Bundeskanzler Helmut Kohl während des Fluges zu einem Staatsbesuch nach Indonesien 1988. Bild rechts: Roland Issen ist einer der Hauptredner bei der Großdemonstration der Gewerkschaften für Arbeit und soziale Gerechtigkeit mit 400.000 Menschen am 15. Juni 1996 in Bonn

begleitete Bundeskanzler Kohl auf einer Reihe von Auslandsreisen, zum Beispiel nach China, dorthin sogar zweimal, nach Nepal und Tibet, Indonesien, Australien, Chile, Argentinien, Brasilien, in die USA und in die Sowjetunion. Auf allen diesen Reisen nutzten wir die Gelegenheit, uns ausführlich über bewegende Fragen und Probleme auszutauschen. Anlässlich meines 60. Geburtstages im Jahr 1998 betonte Bundeskanzler Kohl in einer Rede ausdrücklich unser gutes Verhältnis.

In meiner Zeit als Vorsitzender der DAG wollte ich auch darauf hinwirken, dass sich die Menschen in der BRD und der DDR nicht immer weiter voneinander fortbewegten. Dies galt besonders für die Jugend in beiden deutschen Staaten. Was lag näher, als zu versuchen, dieses Ziel über Gewerkschaftskontakte zu erreichen? Ich suchte deshalb Kontakt zur Ständigen Vertretung der DDR in Bonn, um den Kontakt zum Freien Deutschen Gewerkschaftsbund (FDGB) herzustellen.

Im August 1988 machte ich in meiner Funktion als Vorsitzender der DAG meinen Antrittsbesuch beim FDGB in Ostberlin. In einem intensiven Gespräch mit dem Vorstandsmitglied des FDGB für Auslandsbeziehungen wurde vereinbart, im Mai 1989 die offizielle Aufnahme von Kontakten zwischen der DAG und dem FDGB zu beschließen. Im Mai 1989 trafen sich die Vorstände von FDGB und DAG in der Zentrale des FDGB in Ostberlin. Unter Leitung der beiden Vorsitzenden, Harry Tisch vom FDGB und mir, wurde ein 10-Punkte-Programm für die künftige Zusammenarbeit der beiden Organisationen beschlossen.

In einem langen abendlichen Gespräch hatte Harry Tisch mir erklärt, die DDR sei wirtschaftlich und gesellschaftlich weiter als die anderen Comecon-Staaten und deshalb bestehe für die DDR kein Anlass, Entwicklungen in diesen Bruderstaaten, wie Perestroika und Glasnost, nachzuvollziehen. Er ging sogar so weit zu sagen: Wenn sich in der DDR Entwicklungen ergäben wie auf dem Platz des Himmlischen Friedens in Peking, würden sich die politisch Verantwortlichen in der Führung der DDR genauso verhalten wie damals die Führung in China. Erst auf mein Entsetzen hin versuchte er diese Aussage zu relativieren.

Im Zuge der deutschen Wiedervereinigung berief mich die Bundesregierung in den Verwaltungsrat der Treuhandanstalt, in den Aufsichtsrat der Treuhand Liegenschaftsge-

Im Mai 1989 kommt es in Ostberlin zu einem Treffen mit FDGB-Vertretern, angeführt von Harry Tisch. Wenige Monate später zerfällt die DDR, der FDGB löst sich 1990 auf. (Issen: Dritter von rechts)

sellschaft und später in die Nachfolgegesellschaft der Treuhandanstalt, in den Verwaltungsrat der Bundesanstalt für vereinigungsbedingte Sonderaufgaben (1990–2002).

In der Rückschau auf meine Zeit in der Treuhandanstalt wurde mir und den anderen Vertretern der Gewerkschaften die Frage gestellt, ob sich das Engagement der Gewerkschaften für die Arbeitnehmerinnen und Arbeitnehmer in der ehemaligen DDR gelohnt habe. Heute, mehr als dreißig Jahre nach der Wiedervereinigung, lässt sich vorurteilsfrei feststellen, dass der Umstrukturierungsprozess in den neuen Bundesländern die notwendige Weichenstellung für ein Wirtschaftsgefüge war, um wettbewerbsfähige Arbeitsplätze zu schaffen und eine Erhöhung des Lebensstandards der Bevölkerung zu ermöglichen. Es waren nicht primär die Entscheidungen der Treuhandanstalt, sondern weitgehend die Erbschaft von vierzig Jahren Planwirtschaft in der DDR, die eine fast aussichtslose Lage der Betriebe und Unternehmen bei ihrer Umstrukturierung in ein marktwirtschaftliches System zur Folge hatten. Allerdings war der Preis, den diese Umgestaltung gekostet hat, für die Arbeitnehmerschaft außerordentlich hoch. Er wäre aber mit Sicherheit noch viel höher ausgefallen, wenn sich die Gewerkschaften einer Mitarbeit im Treuhand-Verwaltungsrat verweigert hätten.

Wertvolle Erfahrungen konnte ich auch in Aufsichtsräten sammeln, unter anderem bei der Deutsche Lufthansa AG, der Deutsche Shell AG, der Gehag AG, einem großen Wohnungsbauunternehmen in Berlin, und anderen.

Zusammenschlüsse

Während meiner Zugehörigkeit zur Hamburger Bürgerschaft entsandte mich die SPD-Fraktion in den Beirat der HWP. Ich begleitete dort ihre Entwicklung von der klassischen Weiterbildungseinrichtung des zweiten Bildungswegs durch Öffnung für Abiturienten ohne berufliche Erfahrungen – und musste in der Folge ihre Integration in die Hamburger Universität erleben. Für mich eine bedauerliche Entwicklung. Mein Studium an der Akademie beziehungsweise HWP hatte mir ein breites Wissen für meine späteren vielfältigen beruflichen und politischen Aufgaben vermittelt. Dafür bin ich dieser Einrichtung für immer dankbar.

Meine Erkenntnis, dass die Deutsche Gewerkschaftsbewegung in ihrer Struktur Anfang der 1990er-Jahre nicht mehr zeitgemäß war, veranlasste mich, die Kontakte zu einigen Mitgliedsgewerkschaften des DGB zu intensivieren. So vereinbarten die DAG und die ÖTV am 6. Juni 1994 eine enge Zusammenarbeit in der Tarifpolitik, der Sozial-, Arbeitsmarkt- und Wirtschaftspolitik. Am 4. Dezember 1995 folgte eine Vereinbarung zur Verbesserung der Zusammenarbeit zwischen der DAG und der Gewerkschaft Handel, Banken und Versicherungen (HBV). Am 2. Dezember 1996 kam es zwischen der DAG und der IG Chemie zu einer Vereinbarung über eine faire Zusammenarbeit. Ziel war eine Bündelung gewerkschaftlicher Kräfte in der Auseinandersetzung mit Arbeitgebern und Politik. Schließlich vereinbarten 1997 die DAG und die IG Medien ihre künftige Zusammenarbeit. Dieser Prozess der Annäherung führte am Ende im März 2001 zur Gründung der „Vereinten Dienstleistungsgewerkschaft“ ver.di in Berlin. Fünf Gewerkschaften vereinten sich zu dieser neuen Großgewerkschaft: DAG, DPG (Deutsche Postgewerkschaft), HBV, IG Medien und die ÖTV mit rund 2,8 Millionen Mitgliedern.

Trotz der großen zeitlichen und physischen Belastung während der Gründungsphase von ver.di vernachlässigte ich auch meine internationalen gewerkschaftlichen Aufgaben nicht. So war ich von 1992 bis 1997 stellvertretender Präsident der Euro-FIET, von 1998 bis 2001 ihr Präsident und Mitglied des Weltvorstands der FIET beziehungsweise Präsident der UNI Europa, eines europäischen Verbands von Dienstleistungsgewerkschaften mit Sitz in Brüssel, der über 7 Millionen Mitglieder in 272 Gewerkschaften in fünfzig Ländern vertritt.

1999 wurde mir das Große Verdienstkreuz des Verdienstordens der Bundesrepublik Deutschland verliehen.

Roland Issen

Koch

Gute Seemannsknoten müssen schnell zu machen und vor allem schnell zu lösen sein – eine derart wichtige Grundfertigkeit lernte „Matrose Koch" deshalb sogar im Schlafanzug vor seinem Bundeswehr-Spind

DIETER KOCH

WENN DER DORFSCHULLEHRER SCHICKSAL SPIELT

Manche Lebensfragen lauern einem scheinbar über Jahrzehnte lang auf. Sie warten auf den passenden oder unpassenden Moment, in dem sie aus dem Hinterhalt plötzlich zuschlagen. Während ich beim Schreiben dieser Zeilen in meinen Erinnerungen krame, bin ich scheinbar in diesen Hinterhalt geraten. Die Frage, die sich unbeantwortet im Kopf einnistet: Was wäre eigentlich aus mir geworden, hätte mein Dorfschullehrer entschieden, dass meine schulische Ausbildung mit dem Besuch der Volksschule abgeschlossen wäre? Wenn er entschieden hätte, mir keine Empfehlung für eine weiterführende Schule zu geben – was nichts Ungewöhnliches gewesen wäre, schließlich hätte ich lediglich das Los der meisten meiner Mitschüler geteilt, die nach dem Besuch der Volksschule dem dörflichen Arbeitsmarkt übergeben wurden. Wäre ich ein erfolgreicher Kleinbauer geworden, geschickter Handwerker, fleißiger Arbeiter? Doch sollte man überhaupt Fragen stellen, denen kein Wissenschaftler der Welt eine glaubhafte Antwort abringen kann? Sicher ist: Meinem Dorfschullehrer gefiel es Schicksal zu spielen. Er schickte mich auf eine lange Reise, deren Ende nicht die zehn Kilometer entfernte Oberrealschule in Hof an der Saale war, sondern nur deren Anfang.

Mit zehn Jahren besuchte ich – durch besagte Fürsprache meines Lehrers – im Jahr 1949 die Schule in Hof – eine industriell geprägte Stadt in der äußersten Nordostecke Bayerns. Das „Sibirien Oberfrankens", wie man es wegen der ärmlichen Verhältnisse und bitterkalter Winter lange Zeit nannte. Mangels eines Rades ging ich zu Fuß und fuhr eine kurze Strecke mit der Bahn. Nach einem halben Jahr wurde ein Fahrrad angeschafft, wegen der Größenverhältnisse mit einem Kindersitz auf der Querstange. Im Winter dann wieder zu Fuß, wenn der Weg durch Schneewehen schlicht unpassierbar geworden war, ans Radfahren war dann nicht zu denken.

Der Vater ist Arbeiter, die Mutter hilft beim Kleinbauernhof des Großvaters mit vier Kühen. Eigenes Zimmer – nein, die Küche ist auch Wohnzimmer für die ganze Familie. In der sechsten Klasse – immer noch ohne eigenes Zimmer – bin ich zwar der Klassenbeste, aber über Abitur und Studium wurde nicht gesprochen. Immerhin: Ich wurde für zweieinhalb Jahre Banklehrling bei der Bayerischen Hypotheken- und Wechsel-Bank. Nach der bestandenen Prüfung folgen zweieinhalb Jahre in der Auslandsabteilung. In Erinnerung sind mir die finanzartistischen Berechnungen für Akkreditive: Ging es um Großbritannien, wurden auf dem Papier Pfund, Schilling und Pence in eine Dezimalzahl verwandelt und dann mit dem Kurs multipliziert, der nach meiner Erinnerung mit 11 begann und sich dahinter noch fünf Kommastellen erlaubte. Die Fragen zur Zukunftsgestaltung beschränkten sich auf die Vorstellung, dass es bis zur Pensionierung noch 45 bis 50 Jahre dauern würde. Eine Karriere als Bankkaufmann war nicht auszuschließen, aber Begeisterung weckte sie nicht.

Dorfleben

Die Anforderungen meines Heimatdorfes Döhlau mit seinen 500 Einwohnern erfüllte ich zumindest. Man war Vereinsmitglied, spielte in Jugend und Mannschaft Fußball und war auch

Als Leutnant zur See nicht nur stellvertretender Kommandant eines Schnellbootes, sondern auch junger Vorgesetzter von manchmal dreißig Jahre älteren Bootsmännern, die noch im Zweiten Weltkrieg kämpften

aktiv in der Abteilung „Gesang". Von der Entschädigung, die der Vater für die Gefangenschaft in Frankreich bekommen hatte, wurde ein Schifferklavier gekauft, ein Akkordeon. Unterrichtsstunden gab ein guter Schifferklavierspieler im Dorf, später ein Musiklehrer in der Stadt Hof. Dadurch wurde ich auch Mitglied der vereinseigenen Unterhaltungsgruppe mit Geige, Klarinette, Mandoline – und halt dem Schifferklavier. Gut erinnere ich mich an die Konkurrenz mit der Musikbox im Wirtshaus. Unsere Musikgruppe konnte allerdings nur schwer mithalten, selbst angesichts der Tatsache, dass die fünfzig Pfennige für die Musikbox für den Erwerb eines halben Liter Bier reichten. Das Wirtshaus bot Raum für einen Frühschoppen am Sonntag, samstags wurde gearbeitet. Hier wurde Karten gespielt, Skat oder Schafkopf. Beim Schafkopf bekam man für gewonnene Spiele fünf Pfennige, später erhöhten wir auch mal auf zehn Pfennige. Mein Großvater, der als kleiner Bauer und Zimmermann selten ins Wirtshaus ging, spielte beim Schafkopf um die Pfennige. Regelmäßiges Fußballtraining war ohne Flutlicht oder Halle gar nicht möglich.

Bemerkenswert ist, dass ich mich an ein Theaterstück erinnere, das ich am Fernsehapparat des Wirtshauses sah, der in der Gaststube stand. Ich muss wohl einer der Letzten gewesen sein, als dort „Ein Traumspiel" von Strindberg lief. Mich faszinierte das Stück und ich habe darüber später oft nachgedacht, passte es doch so gar nicht zu der Umgebung. Man stelle sich vor: noch ein paar Gäste im Wirtshaus, der Fernseher läuft daneben und einer der Biertrinkenden schaut sich einen ganzen Film an. Vielleicht hat mich fasziniert, dass trotz so unterschiedlicher Lebensentwürfe, die im Film Handelnden vergeblich nach dem Sinn des Lebens suchten.

In der Bayerischen Hypotheken- und Wechsel-Bank saß ich nach Abschluss der Lehre neben dem Fernschreiber. Tatsächlich erreichten mich dort die die täglichen Wertpapierkurse, die ich mit Interesse studierte. Mit kleinen Beträgen versuchte ich gelegentlich Wertpapiere zu kaufen. Ich erinnere mich an heute nicht mehr existierende Bergbau- und Stahlunternehmen wie Harpener und Hoesch. Mit 18 Jahren trat ich in die SPD ein, wegen der Textilunternehmen in der Stadt die stärkste Partei im Dorf. Meine Parteikarriere ging bis zum Schriftführer. Ich bin heute noch Mitglied und war in meiner neuen „Heimatstadt" Pinneberg als Vorsitzender des Stadtentwicklungsausschusses auch verantwortlich für zahlreiche kommunale Belange.

Ans Meer

Die Lösung der vorhandenen, aber nicht offen ausgetragenen Zukunfts- und Karriereprobleme schaffte die Bundeswehr. Die Wehrpflicht sollte anderthalb Jahre dauern. Als Suchender überlegt man, was darüber hinaus möglich ist. Für eine Zeitoffiziersprüfung brauchte man kein Abitur. Aber welche Waffengattung? Wenn man noch nie das Meer gesehen hatte, bot die Bundesmarine besondere Reize. Das Meer wartete allerdings lange auf mich. Zuerst ab Oktober 1960 ein halbes Jahr in Glückstadt und Bremerhaven – von wo man nur die Flussmündungen, aber kein Meer ausmachen kann. Für weitere Ausflüge brauchte man eine Ausgangsgenehmigung. Die erste echte Schifffahrt von den Marinehäfen in Kiel zur anderen Seite der Förde wurde wegen Problemen des Antriebs im Schlepp absolviert. Aber wichtiger für mich war die Erkenntnis, dass die Reserveoffiziersanwärter mit Abitur, die über ihr

Studium sprachen, offensichtlich nicht klüger waren als ich. Dass sich bei der vierteljährlichen Auslandsreise Freundschaften mit Henning von Bismarck ergaben, der aus einer südafrikanischen Linie des Adelshauses stammte, war reiner Zufall und zugleich der Grund, dass ich als Bauernsohn vom Dorf zu Gast bei Gesellschaften auf Schloss Glücksburg zugegen sein durfte. Dass ich dabei mit einem Sprössling aus der altadligen Familie Baratta-Dragono zu tun hatte, zeigt, dass es zumindest bei der Ausbildung im Militär keine Klassenschranken gab. Das lag sicher auch daran, dass man bei der Marine nur die Uniform hatte, die Zivilkleidung hatte ich längst in mein Dorf zurückgeschickt.

Nach zwei Jahren wurde ich Leutnant zur See und damit Vorgesetzter, auch von Älteren, zum Beispiel von einem Oberstabsbootsmann, der dreißig Jahre älter war und den Weltkrieg noch selbst erlebt hatte. Ich weiß nicht, was er von dem jungen Mann gehalten hat, der formal sein Vorgesetzter war.

Schließlich wurde ich stellvertretender Kommandant auf einem Schnellboot, eine zweite Berufsausbildung. Nach drei Jahren ist eine Entscheidung über die Zukunft zu fällen, und sie fällt schwer, weil auch der Kommandeur sich positiv äußert. Als Jüngling lag ich mal am Feldrand in der Sonne und dachte darüber nach, was ich eigentlich wirklich werden will. Schon da bemerkte ich, dass etwas fehlte, hatte aber keine Vorstellung, was es sein könnte. Das Nachholen des Abiturs und ein Studium hatten sich in einer kleinen Ecke meines Kopfes festgesetzt. Da half dann ein Prospekt vom Arbeitsamt Wilhelmshaven über die Akademie für Wirtschaft und Politik in Hamburg weiter.

Akademie

Weil ich wegen eines mehrmonatigen Manövers rund um die dänischen Ostseeinseln von Wilhelmshaven nach Flensburg unterwegs bin, darf ich die mündliche Prüfung an einem Mittwoch machen. Großes Erstaunen des Prüflings: Der Soziologie-Professor Karl Martin Bolte stellt keine Fragen zu wissenschaftlichen Themen, sondern möchte wissen, wie man denn an Bord zurechtkommt, wenn man – ich war auf einem Schnellboot – auf See ist und auch als Offizier nur eine halbe Kajüte zum Schlafen hat. Später habe ich mir gedacht, dass es keine Neugier war, sondern eine Frage, wie man sie gern stellt, wenn man unterschiedlichen Lebensbereichen angehört. Die Aufnahmeprüfung wird bestanden, das Studium sogar mit einem „Gut“ abgeschlossen, einschließlich der Hochschulreife. Das galt für 15 bis 20 Prozent aller Studierenden. Der Unterschied zum Bildungssystem der 1970er-Jahre wird einem klar, wenn ich an Hilmar Grundmann, einen guten Bekannten aus meinem Lehrgang, denke. Der bekommt keine Hochschulreife, muss von 1965 bis 1970 in einem wahrscheinlich nicht be-

Gruppenbild von der Auflösungsparty des Internationalen Studentenwohnheims. Vorne sitzend: Rainer Kakuska aus Österreich. Dann stehend von rechts nach links: Werner Scholz, Manne Wenzlaff, aus Indonesien der Student Amir, Dieter Koch, Eckhard Schupeta, NN

„In den 60er-Jahren war ich eigentlich viel zu brav". Dafür wurde viel Protest in den 70er- und 80er-Jahren nachgeholt – hier mit Else Braden auf einer Demonstration der Gewerkschaft Öffentliche Dienste, Transport und Verkehr (ÖTV)

sonders geliebten Beruf arbeiten. Er wird dann nach einem Studium an der Universität ordentlicher Professor.

Das Akademiestudium fiel mir anfangs scheinbar leicht. Buchhaltung hatte ich gut drauf, weil ich früher Nachhilfestunden bei Verwandten geleistet hatte. Aber die ersten Prüfungen gab es schon nach einigen Monaten. Noch heute bin ich Professor Georg Hummel sehr dankbar für ein „Ungenügend" in einer Klausur im Fach Volkswirtschaftslehre: Die Note hatte Wirkung, ich arbeitete nun härter. Mein Interesse lag allerdings eher bei der Soziologie. Professor Helmut Schelskys Definition gesellschaftlicher Schichten und die Ursachen ihrer Entstehung konnte man verstehen. Klassengegensätze lernte ich höchstens bei Professor Hummel in Ansätzen kennen, wenn er bei Gelegenheit und Bitten aus dem Hörsaal an der Ziegelwand des Hörsaales demonstrierte, wo Arbeit geleistet wird. Soziologie, eigentlich mein Lieblingsfach, wurde nach einer Beratung bei einem Soziologie-Professor der Universität Hamburg zum Nebenfach und die Volkswirtschaftslehre mein Studienfach an der Universität Hamburg.

Politik und Karriere

Dort erlebe ich die 68er-Jahre. Ich bin schon etwas älter, habe eigentlich zwei Berufe und ein abgeschlossenes Studium. Bei allen Demonstrationen bin ich dabei und bemerke, dass ich in der Jugend viel zu „brav" war und die Bundesrepublik noch vieles aus der Geschichte Deutschlands ab- und aufzuarbeiten hat. Als zwei Studenten am 09. November 1967 das mittlerweile ikonische Banner mit der Aufschrift „Unter den Talaren – Muff von 1000 Jahren" entrollten, saß ich nur einige Meter daneben im Auditorium Maximum der Universität Hamburg. Den Muff- oder Modergeruch einer nicht aufgearbeiteten Nazi-Vergangenheit hatte wohl jeder von uns damals einmal in der Nase gehabt. Die radikale Entschlossenheit vieler Verantwortlicher bei den Studierenden fehlt mir allerdings.

Nach erfolgreich abgeschlossenem VWL-Studium habe ich schon die Zusage von Professor Konrad Littmann – Vater des heute in Hamburg sehr bekannten Corny Littmann – für einen Job als Assistent. Aber da denke ich doch wieder an die HWP und frage dort nach, ob man nicht einen Assistenten braucht. Das ist der Fall. Ich werde Dr. Harald Schumacher, einem Dozenten, zugeordnet. Dass der Assistentenjob keine Befristung hat, merke ich erst später. Ich bekomme den Vertrag zu einer Zeit, in der sich alte Verhältnisse auflösen und die Assistenten bald eigenständige Lehre fordern und bekommen.

Doch es war nicht nur das Studium, auch das studentische Umfeld zeigten mir als Kind aus bäuerlichem Milieu neue Lebenswelten auf. Nach dem ersten Studienjahr zog ich vom ländlichen Bergedorf in ein Hamburger Studentenheim in der Borsteler Chaussee, das besondere Beziehungen zur Akademie hatte. Sein Gründer Hermann Lübbing war ebenfalls Akademie-Absolvent. Der Name „Internationales Studentenheim" verweist auf die modernen Absichten des interkulturellen Austausches in dieser doch recht alten Villa. Hier wohnten nicht nur Studenten der Akademie, sondern auch zahlreiche

ZUR PERSON
DR. DIETER KOCH

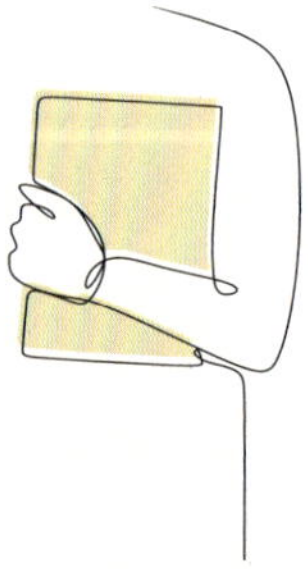

Geboren 1939 in Döhlau

1949–1955 Oberrealschule in Hof an der Saale, Ausbildung zum Bankkaufmann. Bis 1960 Bayrische Hypotheken- und Wechsel-Bank Hof
1960–1963 Bundesmarine „Leutnant zur See"

1963–1969 Studium Akademie für Wirtschaft und Politik und Universität Hamburg, anschließend HWP mit Lehre „Kreislauftheorie", „Konjunkturtheorie und -politik" und „Statistik", ab 1977 Leiter des Prüfungsamtes und Studienberatung.

Mit Prof. Harald Mattfeldt bei einer Veranstaltung der GdFF über das Leben und Wirken von John Maynard Keynes

aus anderen Hochschulen und Fächern. Ich erinnere mich zum Beispiel an den chinesischen Medizinstudenten Sum – mit Frau und Kind. Oder den indonesischen Studenten Amir, dem immer ganz übel wurde, wenn er in die Duftkulisse von ganz normalem deutschem Käse geriet und daraufhin selbst kaum noch weiteressen konnte. (Er ist auf dem Gruppenbild auf der vorherigen Seite zu sehen) Genau wie Rainer Kakuska aus Österreich (vorne sitzend). Er studierte Psychologie – zusammen mit dem langen Werner Scholz (ganz rechts), der Lehrer werden wollte. Mit ihm trank ich im „Nestchen" gerne noch das eine – und meist dann auch das andere – Bier. Eckhard Schupeta (mit Brille) lebt leider nicht mehr. Er studierte im 15. Lehrgang – zusammen mit Roland Issen und Björn Engholm. Das Interesse an der Wissenschaftstheorie, insbesondere die Aufsätze von Hans Albert über die „Unmöglichkeit einer Wahrheit" verband uns. Er arbeitete zuletzt im Vorsitz der Deutschen Angestellten Krankenkasse. Irgendwann wurde das Haus abgerissen und damit unsere Wohngemeinschaft aufgelöst – das Bild stammt von der Auflösungsparty.

Natürlich sollte man Jahrzehnte später die eigene Entwicklung zwischen 1939 und 1970 einmal selbstkritisch betrachten. Ich war für die aktive Teilnahme am Krieg zu jung, lebte auf dem Land in einem Kleinbauernhof und musste nie hungern. Die kritische Frage, wer die gesellschaftlichen Verhältnisse vor 1945 zu verantworten hatte, wurde im Dorf nicht gestellt. Man hätte selbst einmal danach fragen können, doch recht früh begann für mich eine Entwicklung, die recht stetig aufwärts ging. Das zweite Studium nach der Akademie beendete ich in einer Zeit, als die Universitäten umgekrempelt wurden. Sorgen wegen eines Arbeitsplatzes hatte ich nicht, auch die Bayerische Hypotheken- und Wechsel-Bank, bei der ich mich in München 1968 als ehemaliger Banker mit wichtigen zusätzlichen Ausbildungen und Erfahrungen vorstellte, hätte mich wohl wieder eingestellt.

Nach ungefähr acht Jahren als wissenschaftlicher Mitarbeiter, nach der Promotion und einer zunehmenden Unzufriedenheit mit meinen Fähigkeiten bei der Entwicklung eigener wissenschaftlicher Erkenntnisse – es kann auch eine Unzufriedenheit mit der gewählten Wissenschaft gewesen sein – kam der Wechsel vom Lehrkörper in die Prüfungsverwaltung. Die Entscheidung war richtig, wichtiger Teil der Arbeit war die Studienberatung. Hier hatte ich Aufgaben der Exekutive und Beratung zu erfüllen und konnte mit Einblick auf Fristen und Prüfungsergebnisse die – hoffentlich meist richtigen – Ratschläge für akademische Karrieren geben. In manchen Fällen aber auch die Empfehlung, das Studium doch lieber abzubrechen. So geschehen bei Nils Loenicker, der Einzige, der in diesem Buch einen Beitrag, aber keinen Studienabschluss hat. Liest man seine Geschichte, so mag mein Rat nicht ganz falsch gewesen zu sein. Womöglich war ich für ihn das, was mein Dorfschullehrer damals für mich war: Jemand der mit einem kleinen Schubs in die richtige Richtung ein Leben in neue Bahnen lenkt – mit dem kleinen Unterschied, dass mein Lehrer mich damals auf eine Lehranstalt schickte und ich jemanden aus ihren Händen gehen ließ. Eine hübsche Ironie des Schicksals – sofern es so etwas geben mag.

Dieter Koch

Eduard Heimann Mitte der 1960er-Jahre.
In dieser Zeit dozierte er als Emeritus an der Wirtschafts- und Sozialwissenschaftlichen Fakultät der Universität Hamburg

EDUARD HEIMANN

EIN NEUES BILD DES LEBENS

von Heinz Rieter

Eduard Heimann wurde 1889 in Berlin geboren und starb 1967 in Hamburg. Er entstammte einer wohlhabenden jüdischen Kaufmannsfamilie. Sein Vater Hugo Heimann war ein erfolgreicher Verleger und prominenter sozialdemokratischer Politiker, der seine Partei in ihren Wahlkämpfen sogar finanziell unterstützen konnte. Zudem schenkte er der Stadt Berlin eine öffentliche Bibliothek und ließ Häuser für bedürftige Mitbürger bauen. Bereits Abgeordneter der Weimarer Nationalversammlung, wurde er Mitglied des Deutschen Reichstages, in dem er bis zur nationalsozialistischen Machtergreifung dem wichtigen Haushaltsausschuss vorsaß. Seinem Sohn ermöglichte er das Studium an den renommierten Universitäten in Berlin, Wien und Heidelberg, wo sich der junge Heimann gezielt mit den Lehren der drei hauptsächlichen, seit der Mitte des 19. Jahrhunderts in der deutschsprachigen Ökonomie rivalisierenden wirtschaftswissenschaftlichen Schulen – der historisch-ethischen, der klassisch-neoklassischen sowie der marxistisch-sozialistischen – bestens vertraut machen konnte. 1912 promovierte Heimann bei Alfred Weber in Heidelberg, wurde nach dem Ersten Weltkrieg Sekretär der Sozialisierungskommission, habilitierte sich 1922 in Köln und begann an der Universität in Freiburg im Breisgau zu lehren. 1925 folgte er einem Ruf auf das Ordinariat für Theoretische und Praktische Sozialökonomie am Seminar für Nationalökonomie und Kolonialpolitik der Hamburgischen Universität. Er genoss hohes Ansehen in der Fakultät, war als akademischer Lehrer sehr beliebt und in der Fachwelt präsent und anerkannt. Um der Verhaftung durch die neuen Machthaber zu entgehen, musste Heimann 1933 aus Deutschland fliehen. Über die Niederlande gelangte er mit seiner Frau und seinen Zwillingstöchtern in die USA, wo er schon im Oktober 1933 in New York eine Anstellung als Professor für Wirtschafts- und Sozialwissenschaften an der „University in Exile“ der New School for Social Research erhielt. Nach Kriegsende 1945 reiste er mehrfach nach Europa, hielt Vorträge und übernahm Gastprofessuren, unter anderem in Hamburg an seiner alten Wirkungsstätte sowie an der Akademie für Gemeinwirtschaft. Der Hamburger Senat räumte ihm 1953 rückwirkend zum 1. April 1951 die Rechtsstellung eines emeritierten Ordinarius ein, doch erst 1962 kehrte Heimann endgültig mit seiner Familie nach Hamburg zurück.

Antinomien überwinden: Heimanns Doppelrolle

Geschult im ökonomischen Denken divergierender Richtungen und stets mit dem Blick über die eigene Disziplin hinaus, bemühte er sich in vielen seiner Schriften und Vorträge, die Antinomie zu überwinden, die zwischen Theorie und Geschichte, zwischen liberalem und sozialistischem Denken, zwischen Wirtschaft und Gesellschaft bestand beziehungsweise gesehen wurde. So überrascht es nicht, dass ihn einerseits Wirtschaftstheoretiker zu den Ihren zählten, die das marktwirtschaftliche Prinzip entschieden verteidigten; er andererseits aber auch von historistisch oder sozialistisch argumentierenden Wirtschafts- und Sozialwissenschaftlern vereinnahmt wurde.

Diese Doppelrolle hat Heimann in besonderer Weise ausgefüllt. Zum einen war er kein marxistischer Sozialist, sondern ein religiöser Sozialist im Sinne des ihn in seiner Weltanschauung stark prägenden Philosophen und protestantischen Theologen Paul Tillich, von dem er sich 1944 im Exil christlich taufen ließ. Zum anderen hielt er einen „dritten Weg“, einen Kompromiss zwischen Kapitalismus und Sozialismus, zwischen Individualismus und Kollektivismus, zwischen Marktwirtschaft und Zentralplanwirtschaft, zwischen Konkurrenzwirtschaft und Gemeinwirtschaft, nicht nur für möglich, sondern auch für die relativ beste ordnungspolitische Lösung. Im Zusammenhang damit stand seine spezifische Auffassung von Sozialpolitik: Sie dürfe sich nicht auf eine (nachträgliche) Korrektur der Einkommens- und Vermögensverteilung beschränken, sie müsse vielmehr als Programm einer Reform von Wirtschaft und Gesellschaft gestaltet werden, um „den Menschen die in der modernen Arbeitswelt verlorengegangene Freiheit und Würde zurückzugewinnen“.

Von der Nachwelt wurde Eduard Heimann schnell vergessen – in den USA nicht anders als in seiner alten Heimat. Dies gilt für die Wirtschafts- und Sozialwissenschaften ebenso wie für die Kirche und die Politik. Überraschend ist das allemal – gehörte der Sozialdemokrat Heimann doch zu den klugen Vordenkern eines freiheitlich-demokratischen Sozialismus und der Gelehrte Heimann zu jenen, die sowohl soziologisches und wirtschaftstheoretisches Denken fruchtbar miteinander zu verknüpfen wussten als auch der evangelischen Theologie Zugänge zu den modernen Sozialwissenschaften eröffneten. Überdies erkannte und benannte er früh die Schwächen und abträglichen Folgen eines ökonomisierten und technisierten Weltverständnisses. In einem Vortrag im Jahre 1961 verband er damit die mahnenden Worte: „Was uns fehlt, ist ein neues Bild des Lebens, das eine Demokratie anständigerweise für ihre Bürger wünschen muss, wo moralische, ästhetische und technische Überlegungen im Gleichgewicht sind.“

PROF. DR. HEINZ RIETER
studierte Wirtschaftswissenschaft an der Freien Universität Berlin. Nach dem Examen als Diplom-Volkswirt 1962 arbeitete er als Wissenschaftlicher Assistent am Institut für Sozialpolitische Forschung der Freien Universität Berlin. 1965 wechselte er an die neu gegründete Ruhr-Universität Bochum, wo er 1969 zum Dr. rer. oec. promovierte. 1984 nahm er einen Ruf auf eine Professur für Volkswirtschaftslehre an der Universität Hamburg an, die er bis 2004 innehatte. Er forscht und publiziert hauptsächlich auf den Gebieten History of Economic Thought und Monetary Economics.

1962 – eine Bank in der Londoner City: Benno Ohnesorg, Uwe Timm, Karl-Peter Schlüter, Bernd Bieber (v. l.) tauchen ein in die Stimmung der Swinging Sixties – hier bei der Begegnung mit einer Chinesin aus Hongkong

KARL-PETER SCHLÜTER

WAS ICH SCHON IMMER ERZÄHLEN WOLLTE

Das Schwarzweißfoto zeigt vier junge Männer und eine Frau auf einer Bank. Auf der Rückseite der Aufnahme stehen ihre Namen: Benno Ohnesorg, Uwe Timm, Karl-Peter Schlüter, Bernd Bieber – London 1962.

Mehr als vier Jahrzehnte danach sagt Uwe Timm – nach einer Lesung in Stuttgart – zu dem Bild: „Darüber schreibe ich gerade." In der im Folgejahr erschienenen Erzählung *Der Freund und der Fremde* beschreibt er unsere Begegnung mit der Chinesin aus Hongkong. Das Foto kommentiert er gleichfalls in einer RBB-Fernsehdokumentation zu dem Buch mit dem Untertitel *Eine Annäherung an Benno Ohnesorg*. Von ihm, Benno Ohnesorg, war in der Öffentlichkeit kaum mehr bekannt als der Name und das Sterbedatum 2. Juni 1967. Der Mord geschah am Ende einer Studentendemonstration gegen den Besuch des Schahs von Persien in Berlin.

Weichenstellung

Fünf Jahre zuvor hatten sich diese gerade erwachsen, das heißt mit 21 Jahren volljährig gewordenen Burschen des Jahrgangs 1940 auf den „Zweiten Bildungsweg" begeben – wobei drei von ihnen die „Weichenstellung" zum Braunschweig-Kolleg gewählt hatten und einer die zur HWP. Im 1949 gegründeten Kolleg erreichte man über das Abitur die Allgemeine Hochschulreife. Jeder Kollegiat hatte einen Beruf erlernt, zum

1963 – eine Bibliothek in Hamburg. Im Lesesaal der Hamburger Universität herrscht kühles Neonlicht und konzentrierte Ruhe unter den Kommilitonen von Karl-Peter Schlüter

Beispiel Schriftsetzer, Kaufmannsgehilfe, Tischler, Schlosser, Elektriker. Bei unserer Reisegruppe waren es eine Lehre als Dekorateur, als Kürschner, Großhandels- und Industriekaufmann. Sie erkannten bald, dass die Weiterarbeit in diesen Berufen nicht ausreichen würde, um einen sozialen Aufstieg, vielleicht auch eine „Berufung" zu erreichen. Timm schreibt: „Die meisten wurden, was zu werden sie sich wünschten: Wissenschaftler, Ärzte, Theologen, Biologen, Psychologen, Lehrer, Manager." Er selbst sah seine Berufung in einem Leben als Schriftsteller – ebenso wie Benno Ohnesorg. Mein Schulfreund Bernd wurde nach dem Psychologiestudium Psychotherapeut. Meine Weichenstellung – die HWP – führte zu weniger Alternativen, sodass meine Ambitionen vorerst nur auf die Fortsetzung des Studiums der Wirtschaftswissenschaften an der Uni ausgerichtet waren.

Schule und Lehre

Einige Weichen werden auf der Lebensschiene ohne oder mit nur wenig Einflussmöglichkeiten der Betroffenen gestellt. So war mein Vater 1944 als Soldat in der Ukraine gefallen. Andernfalls wäre ich eventuell in seinen Bäckereibetrieb eingestiegen. Wir wohnten in einem Dorf, von dem aus die Oberschule in Hannover schwer zu erreichen war. Deshalb zog ich es vor, entgegen den Empfehlungen der Lehrer, mit meinen Freunden die näher gelegene Mittelschule zu besuchen. Nach dem dortigen Abschluss musste ich dann doch den täglichen Fahraufwand in die Hauptstadt akzeptieren. Unter mehreren Lehrstellenangeboten entschied ich mich für eine Ausbildung zum Großhandelskaufmann bei der hannoverschen Niederlassung des Büromaschinenherstellers Olympia. Weil dort die finanziellen Funktionen fehlten, umfasste meine Ausbildung einen halbjährigen Aufenthalt im Hauptwerk Wilhelmshaven. Beeindruckend waren für mich die Vertriebsaktivitäten in 139 Ländern und die mehr als dreißig Zweigstellen in Deutschland.

Ende der 1950er-Jahre gastierten viele bekannte Künstler im Georgspalast in Hannover – unter ihnen eine Sängerin und Tänzerin, die wegen ihrer sozialen Aktivitäten von unserer Niederlassung eine Kofferschreibmaschine geschenkt bekam. Ich wurde nach ihrem Besuch beauftragt, die Dame mit diesem Geschenk ins nahe gelegene Hotel Luisenhof zu begleiten. Erst später erfuhr ich, wen ich begleitet hatte: die berühmte Josephine Baker, die sich in der Bürgerrechtsbewegung gegen die Rassendiskriminierung in den USA engagierte. Sie war 1963 die einzige offizielle Sprecherin an der Seite von Martin Luther King beim „Marsch auf Washington für Arbeit und Freiheit", berühmt durch seine Rede *I Have a Dream.* Nach meiner Lehrzeit übernahm ich die Verkaufssachbearbeitung von einem Mitarbeiter, der den achten Lehrgang an der HWP absolviert hatte. Von ihm erfuhr ich viel über seine Erfahrungen mit dem dort angebotenen Studium.

Vorlesung bei Prof. Bruno Molitor im Jahr 1963. Er begeisterte viele Zuhörer mit einem anschaulichen Zugang zur Volkswirtschaft. Der Zugang zum Hörsaal lag allerdings ungünstig: Langschläfer mussten direkt am Professorenpult vorbeischleichen

Klausuren waren Einzelleistungen, die notwendige Erkenntnis holte man sich im Team: gemeinsame Klausurvorbereitung mit seinen Studienfreunden Jörg Wente, Hans Schmidbauer und Peter Scharz im Jahr 1964

Auf zu neuen Ufern

Vor Studienbeginn 1963 arbeitete ich noch ein Jahr beim Volkswagenwerk Hannover im Einkauf. Neben einem höheren Gehalt bescherte mir dies einen günstigen Preis für einen VW Käfer, später als Student Arbeit in den Semesterferien und die Basis für meine empirisch-soziologische Arbeit für die HWP im Jahr 1964 über eine Gruppe in diesem Industriebetrieb.

Das Studium genoss nun vier Semester lang Vorrang vor allen anderen Aktivitäten. Das schloss allerdings nicht aus, dass mein Studienfreund Jörg mich überredete, an einem Tag zwischen den Vorlesungen in verschiedenen Kinos die ersten drei (!) James-Bond-Filme anzuschauen. Im Juli 1965 lernte ich dann eine Pädagogikstudentin kennen, die diese „Poleposition" übernahm – 2022 feierten wir mit zwei Kindern und fünf Enkelkindern Goldene Hochzeit.

ZUR PERSON
DR. KARL-PETER SCHLÜTER

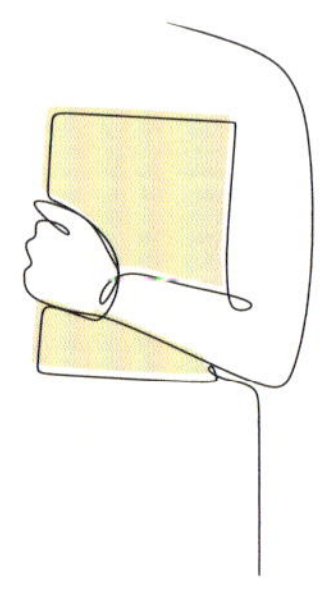

Geboren 1940 in Celle

Mittelschule, Großhandelskaufmann beim Büromaschinenhersteller Olympia; Studium 1963–65 Schwerpunkt BWL an der Akademie für Wirtschaft und Politik; Universität Hamburg Volkswirtschaftslehre. Danach in der Stadtplanung und Wirtschaftsprüfung tätig; Leiter Finanzen in einem mittelständischen Unternehmen.

Von dem Absolventen des 8. Lehrgangs der HWP erhielt ich bereits lange vor Studienbeginn folgenden Rat: Einmal am Studieren sollte man auf alle Fälle versuchen so abzuschließen, dass eine Fortsetzung möglich wird. Denn der Start ins Berufsleben ist dann umso leichter.

Nach dem Examen als Betriebswirt an der HWP setzte ich mir als neues Studienziel den Volkswirt an der Hamburger Universität. Vier Jahre später, während der Abschlussklausuren, erfolgte die erste Mondlandung mit Apollo 11 am 21. Juli 1969. Für mich war die Realisierung dieses Unternehmens vergleichbar mit meinem Ausbildungsverlauf, der gleichfalls in verschiedenen Etappen verlief wie das Apollo-Programm mit dem von John F. Kennedy 1961 vorgegebenen Ziel „landing a man on the moon before this decade is out". Eine mir nicht bewusste Weiche wurde bei der Verlosung der Themen für die volkswirtschaftliche Hausarbeit gestellt. Ich zog ein Los mit einem anspruchsvollen Thema über Wachstumstheorie und -politik, dessen Bearbeitung mir anschließend die Tür zur Dissertation an der Universität Hamburg öffnete.

Lebenslanges Lernen

Meine Tätigkeit nach dem Studium umfasste so unterschiedliche Bereiche wie Stadtplanung und Wirtschaftsprüfung. Dann kam die nächste berufliche Herausforderung in Form eines Angebotes aus Stuttgart, in einer Handelsfirma mit Dichtungs- und Führungselementen den Finanzbereich zu übernehmen. Damit hatte ich die nicht endende Aufgabe zu bewältigen, die Strukturen der ständig wachsenden Firmengröße anzupassen. Das ursprünglich auf den Handel ausgerichtete Unternehmen wandelte sich zum Produktentwickler mit eigener Fertigung. Mit der Übernahme des größten Lieferanten aus den USA erreichte es eine weitgehende Unabhängigkeit von Zulieferern. Letztendlich war der Schlüssel zum

Wiedersehen nach 40 Jahren in Stuttgart: Schriftsteller Uwe Timm und Karl-Peter Schlüter

Im Ruhestand ist Schlüter unter anderem im NABU und bei der Deutsch-Nepalischen Hilfsgemeinschaft aktiv. Beim Besuch des Königs von Nepal im Jahr 1986 vertrat er die Organisation bei dem offiziellen Programm

Erfolg die Zufriedenheit der Kunden, für die oft individuelle Lösungen entwickelt werden mussten. Dazu gehörte als Basis für erfolgreich agierende Betriebe ein produktives Betriebsklima, das etwa durch gemeinsamen Sport, Feiern und Ausflüge gestärkt wurde. „Der Mensch als Produktionsfaktor" war bereits Mittelpunkt meiner betriebswirtschaftlichen Sechswochenarbeit für das Examen bei der HWP. Schon als Lehrling gab ich in den Tätigkeitsberichten Ratschläge – etwa für Vertreter bei Händlerbesuchen –, den säumigen Zahlern „klar zu machen, dass die Olympia Werke AG kein Kreditinstitut ist."

1993 – wieder in London – fand das erste Management Meeting der neu strukturierten Firmengruppe statt, mit fünfzig Führungskräften aus allen Ländern mit eigenen Aktivitäten. Ich hielt einen Vortrag über die Firmengeschichte und die neuen Unternehmensstrukturen. Eine Schwierigkeit bei der Kommunikation: die korrekte Anrede mit Vor- oder Nachnamen entsprechend Nationalität, Aussprache und Bekanntheitsgrad, zum Beispiel bei den Namen Arild, Adamczak, Ewaska, Osamu, Hayashi, Rognerud.

Balance

Neben dem Berufsleben fand ich viele Ausgleichsmöglichkeiten, um Balance mit dem Familienleben und anderen Interessenkreisen zu erreichen. So wurde ich 1979 Vereinsmitgründer und langjähriger Schatzmeister der Deutsch-Nepalischen Hilfsgemeinschaft. Für eineinhalb Jahre kam ein drittes (Pflege-)Kind zu uns, damit die nepalischen Eltern ihre Studien vollenden konnten. Daher rührte ein weiterer Höhepunkt: der Deutschlandbesuch des Königs und der Königin von Nepal im Jahr 1986, die wir in Stuttgart begrüßen konnten. Im Hindu-Königreich galt der Monarch als Wiedergeburt des Gottes Vishnu. Die Königsfamilie kam 2001 durch einen nie aufgeklärten Massenmord um. Mein Interesse an der Natur bescherte mir die Beteiligung an mehreren Umweltpreisen der Landeshauptstadt für den NABU (Amphibienschutz) und unsere Firma (Ökologische Neubaugestaltung). Das Balancieren zwischen den verschiedenen Dimensionen des Lebens erfordert gleichfalls ein Management, das sich erst durch vielseitige Erfahrungen in der Ausbildung, beim Studium und im Beruf entwickelt. Ein wesentlicher Grundstein hierfür bildete sich für mich durch die Bandbreite der Studienfächer, das Engagement der Dozenten und den Kontakt mit gleichgesinnten Kommilitonen an der Hochschule für Wirtschaft und Politik.

Karl-Peter Schlüter

Après-Ski 1967/68 in St. Anton mit Studierenden der Universität München

Chorfreizeit 2012 mit dem Gospelchor der Schlosskirche Ahrensburg

DIETER W. VOGELSANG

DAS VERSÄUMTE NACHHOLEN

„Dieses Flüchtlingsgesindel!" Diesen Schimpf mussten wir uns jeden Tag anhören, nachdem wir 1944, im Zweiten Weltkrieg, nach der Flucht aus Lodz auf dem Umweg über die Tschechoslowakei, wo mein Vater im „Wehrmachts-Lazarett" lag, in einem kleinen Dorf im Kreis Celle angekommen waren, in dem vorher schon meine Großeltern und Tanten gestrandet waren. Unser Wirt, bei dem wir behördlich einquartiert wurden, liebte seine Nutria über alles, die er wegen der Felle züchtete. Dafür hasste er die Menschen umso mehr, insbesondere uns Flüchtlinge. Oft verweigerte er uns sogar den täglichen Eimer Wasser, den mein Vater aus seiner Küche holen musste.

1946 wurde ich dort in der Volksschule eingeschult. Meine Noten waren so ordentlich, dass ich vom Klassenlehrer für das Gymnasium empfohlen wurde. Ich bestand die Aufnahmeprüfung an der Hermann-Billung-Schule in Celle, die in einem 14-tägigen Prüfungsunterricht bestand.

Nun mussten meine Eltern auch noch die Monatskarte für die Bahn nach Celle bezahlen, wo sie doch neben ihrer Flüchtlingshilfe nur ein kleines Zusatzeinkommen durch Hausbesuche als Vertreter für Mausefallen, Blechnäpfe und sonstigen Kleinkram sowie das Umformen alter Hüte verdienten. Sie hatten große Mühe, damit mich und meine zwei jüngeren Schwestern zu ernähren. Wenn mal ein Care-Paket kam, war das ein großes Fest. Abgetragene Kleidung bekamen wir zum Glück von unserer Verwandtschaft aus Kanada geschickt. Ich empfand das eher als Unglück, denn nichts passte so richtig und ich wurde oft deswegen gehänselt. Meine Monatskarte nach Celle und ein kleines Taschengeld verdiente ich mir dann durch Arbeit bei den Bauern: Kartoffelroden und Maikäfer- und Eichelnsammeln.

Schreiben ist mein Ding

Anfangs lief es noch ganz gut auf dem Gymnasium, aber irgendwann setzte der Schlendrian ein, und als ich dann einmal den Gedanken aussprach, später etwas Kaufmännisches machen zu wollen, nahmen meine Eltern mich kurzerhand vom Gymnasium. Danach absolvierte ich die zweijährige Handelsschule in Celle. Da ich mich hier nicht ganz ausgelastet fühlte, schrieb ich als freier Lokalredakteur für die *Cellesche Zeitung*. Ich merkte: Schreiben ist mein Ding! Aber dann blieb ich doch bei meinem ursprünglichen Ziel und machte eine Lehre zum Industriekaufmann, die ich nach zweieinhalb Jahren abschloss.

Danach holte mich die Bundeswehr. Das Aufregendste daran war, dass ich wegen des Mauerbaus gleich darauf eine Wehrübung in Harburg machen musste und in der Flutkatastrophe im Februar 1962 im Einsatz war. Nach der Bundeswehr fand ich eine Stelle als Industriekaufmann in einem mittelständischen Unternehmen in Hamburg. Ich arbeitete in der Korrespondenzabteilung und diktierte den lieben langen Tag Briefe von Angeboten über Auftragsbestätigungen bis hin zu Reklamationen. Irgendwie hatte ich mir meinen Beruf anders vorgestellt ... Was aus meinen ehemaligen Klassenkameraden aus dem Gymnasium, die Abitur gemacht hatten, wohl inzwischen geworden war?

Eine Bereicherung: akademisch und menschlich

Zufällig erfuhr ich von der Akademie für Wirtschaft und Politik, und dass dort demnächst Aufnahmeprüfungen stattfinden würden. Mich packte der Ehrgeiz: Jetzt wollte ich nachholen, was ich im Gymnasium versäumt hatte. Das viersemestrige Studium im 16. Lehrgang war für mich nicht nur eine Quelle akademischen Wissens, sondern bereicherte mich auch menschlich. Obendrein erlangte ich die Hochschulreife und wollte nun weiter studieren. Also sagte ich eine schon vorher vereinbarte Stellung bei Bosch in Südafrika ab.

Nach Abschluss des Studiums in Volkswirtschaftslehre und Politologie an den Universitäten in München und Hamburg arbeitete ich wissenschaftlich am HWWA Institut für Wirtschaftsforschung Hamburg im Bereich Entwicklungspolitik. Mit einer Dissertation über *Die importsubstituierende Industrialisierung als Entwicklungsstrategie am Beispiel Pakistans*, für die ich auch vor Ort recherchierte, wurde ich an der Universität Hamburg promoviert.

Nun standen mir viele berufliche Möglichkeiten offen. Ich entschied mich für Projektarbeit in Entwicklungsländern und war unter anderem für die Friedrich-Ebert-Stiftung insgesamt zehn Jahre in Südostasien und China im Einsatz. Dies waren beruflich und auch privat die bisher interessantesten und besten Jahre meines Lebens. Meine berufliche Tätigkeit endete dann eher bodenständig in der Wirtschaftsbehörde des Hamburger Senats.

ZUR PERSON
DR. DIETER W. VOGELSANG

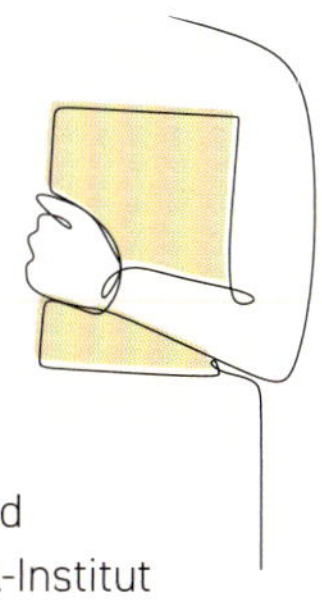

Geboren 1940 in Lodz

Ausbildung zum Industriekaufmann 1958–60, Studium an der AWP 1963–65, Studium an den Universitäten München und Hamburg 1965–1970, wiss. Ang. am HWWA-Institut für Wirtschaftsforschung 1970–74, Doktoranden-Stipendiat der Universität Hamburg (2/1972–4/73)

Projektleiter in Entwicklungsprojekten der FES in Malaysia und Indonesien 1974–1980, 1981–2003 wiss. Ang. in der Wirtschaftsbehörde Hamburg, unterbrochen durch Tätigkeiten als Projektleiter der FES in Shanghai (1992–1995) und China-Veranstaltungen der Hamburg-Messe.

HILMAR GRUNDMANN

DIE ERINNERUNG MALT MIT GOLDENEN BUCHSTABEN

Leben ist Philosophie, heißt es zu Beginn der *Kulturgeschichte der Neuzeit* von Egon Friedell aus den Jahren ab 1922. Leben sind Zahlen, würde Pythagoras sagen, und wahrscheinlich hat er es auch gesagt. Leben ist Bildung, würde zu Wilhelm von Humboldt passen. Ich könnte so fortfahren. Und all das ist unstrittig, aber auch dies: Leben ist Erinnerung. Und wie. Eine Erkenntnis, nicht wie jede andere, sondern offensichtlich von so existenzieller Bedeutung, dass sie zum A und O einer in den 1920er-, 30er-Jahren aufkommenden philosophischen Richtung wurde: der Existenzphilosophie um Jaspers, Sartre, Cassirer, Wittgenstein, Heidegger. Vor allem Letzterer mit seinem bekannten Apriori, dass Philosophieren nur dann ganz gelinge, wenn man auf Erinnerungen setze beziehungsweise auf die Auseinandersetzung mit dem, was war, was gewesen ist, um das Besondere des Gegenwärtigen zu erkennen und fortzusetzen oder auch eben nicht.

Dabei meine ich mit Erinnerung hier nicht, was wir generell unter Erinnerungskultur verstehen, also vor allem Erinnerungen an historische Ereignisse, an die nicht zu erinnern sich keine Generation leisten kann. Frank-Walter Steinmeier (am 11. April 2021 anlässlich des 76. Jahrestages der Befreiung des KZ Buchenwald): „Wer sich nicht erinnert, gerät in Gefahr zu vergessen“, auch das Unvergessliche. Historische Mahnmale, Gedenkstätten und Gedenkfeiern stehen für das hier Gemeinte. Vielmehr meine ich das schier unbegrenzte Bedürfnis, andere an unseren ganz subjektiven, individuellen Erinnerungen teilhaben zu lassen. Man denke an die vielen Selbst-Biografien, mit denen wir überschwemmt werden. Über die Gründe lässt sich streiten, und das wird es denn ja auch. Erinnerungen sind in erster Linie Akte der Selbstbefreiung, sagen die einen. Die anderen: Sie sind notwendig, um mit der Gegenwart besser zurechtzukommen beziehungsweise der Zukunft etwas entgegenzusetzen, wenn uns die Richtung nicht passt, auf die das Gegenwärtige zuzusteuern scheint.

Für mich eine wichtige Erkenntnis, weil es im Folgenden ja darum gehen soll, mich an eine bestimmte – sehr kurze, aber auch sehr wirkungsvolle – Phase meines Lebens so genau wie möglich zu erinnern und aufzuschreiben, was mir dazu rund sechs Jahrzehnte später in den Sinn und wie es mir in den Sinn kommt. Dabei möge ich der Gefahr widerstehen, mich ins Reflektieren oder Spekulieren zu verlieren, eine Gefahr, die ernst zu nehmen ist, malt die Erinnerung ja bekanntlich allzu gern mit „goldenen Buchstaben“. Kurz: Die Erinnerung hat viele Gesichter. Nicht nur das: Sie wechselt auch ständig ihr Gesicht, vergisst vieles, erfindet Neues.

Aber die Erinnerung hat noch einen anderen Vorzug, und auf den setze ich hier: Sie zwingt mich, über mich selbst nachzudenken, genauer herauszufinden, was mich bisher eigentlich nie interessiert hat. Nämlich konkret: welche Bedeutung den zwei Jahren an der AWP für meine Biografie danach zuzuschreiben ist. Das ist ja durchaus nicht ausgemacht, auch wenn alles dafür spricht, dass sie für mich und jeden anderen Absolventen dieser Bildungseinrichtung einer Zäsur gleichkommt. Aber lässt sich dies in der Tat so uneingeschränkt

sagen? War es wirklich eine Zäsur für jeden, der hier vier Semester, zwei Jahre seines Lebens verbracht hat? Oder war es für manche auch eher eine Episode, ein Lebensabschnitt, der sich passgenau einreiht in eine in sich logische Kette von Ereignissen, die am Ende das Leben ausmachen? Das ist eine Frage, die mich mehr als alles andere interessiert, und ich bin gespannt, was dabei herauskommt.
Mein größtes Problem, wenn ich jetzt an die AWP zurückdenke: Meine Erinnerungen an diese Phase meines Lebens fallen nicht gerade über mich her, so viel fällt mir spontan nicht ein, wenn ich versuche, mich daran zu erinnern, was das Besondere gewesen sein mag, das sie mir für das weitere Leben mitgegeben hat. Stattdessen fällt mir Hermann Hesse ein.

„Ich war wohl klug, dass ich dich fand."

Und wie fand ich die AWP? Wie so häufig in meinem Leben, und wahrscheinlich in jedem anderen Leben auch, war es der Zufall, scheint mir im Nachhinein, der die Fäden zog – und nicht meine Klugheit. Und wie er sie zog.

Ich befand mich beruflich wie privat in einer eher unbefriedigenden Situation. Etwas musste sich ändern, grundsätzlich und wesentlich. Irgendwie fiel mir eine Ausgabe der *Welt* in die Hände. Dort las ich zufällig einen Artikel über das zehnjährige Jubiläum der AWP. Was mich faszinierte, war die Information, dass man an dieser Akademie oder Hochschule studieren konnte, sofern man die Aufnahmeprüfung bestand. „Studium ohne Abitur" lautete die Überschrift des Artikels, wenn ich mich richtig erinnere. Am nächsten Tag fuhr ich in die Mollerstraße. Bald darauf fand die Aufnahmeprüfung in einem Hörsaal der Universität Hamburg statt. Ich hatte Glück: Wenige Wochen später konnte ich mit dem Studium beginnen, war einer von rund 90 Studierenden des 16. Lehrgangs. Meine größte Schwierigkeit zu Beginn: als Untermieter ein Zimmer zu finden. Bis ich dann nach vielleicht einem halben Jahr oder auch später in ein privates und sehr überschaubares ‚Studentenwohnheim' einziehen konnte, übrigens von den Bewohnern selbst geführt und unterhalten.
Für mich ein außerordentlicher Glücksfall, was sich aber erst später herausstellen sollte. Denn die Erfahrungen, die ich hier machte, waren bis auf den heutigen Tag wahrscheinlich die wichtigsten Sozialisationserfahrungen, auf die ich zurückblicke – und das Wohnheim in der Borsteler Chaussee meine vielleicht wichtigste Sozialisationsinstanz. Oder im heutigen Jargon: Sie wurden zum Narrativ meiner Sozialität. Schlichter formuliert: zum Maß der Dinge im Umgang mit anderen. Und weil diese Erfahrungen wie nur irgendwas mit meinem Studium an der AWP zusammenhängen, ist es auch legitim, darauf an dieser Stelle hinzuweisen. Die nachhaltigste Erkenntnis für mich aus diesen Tagen: die Wichtigkeit anderer Menschen für das Vertrauen zu sich selbst und das Gelingen potenzieller Lebensentwürfe. Mag sein, dass es späte Sozialisationserfahrungen gewesen sind. Aber ich halte mich hier an ein englisches Sprichwort.

Better late than never

Wenn ich mich einst als Prokurator und später als Protektor von zwei Studierendenwohnheimen und als Vorsitzender des Beirats Wohnen im Studierendenwerk Hamburg bis heute für das Wohl der Studierendenwohnheime in Hamburg und ihrer Bewohner einsetze, dann hat das unmittelbar mit jenen Erfahrungen zu tun, die ich im Zusammenleben mit den anderen im Wohnheim in der Borsteler Chaussee lebenden Studierenden – überwiegend an der AWP – gemacht habe. Eine ganz neue Welt für mich mit Erkenntnissen und Einsichten, von denen ich wahrscheinlich immer noch zehre. Und, um es rund zu machen: Dass ich vor mehr als 40 Jahren für diese Ämter ausgewählt wurde, verdanke ich wesentlich einem Lehrstuhlinhaber für Soziologie an der Universität Hamburg, der zu meiner Zeit an der AWP das Fach Soziologie vertrat. Ein weiterer Grund, denke ich, auf die Bedeutung hinweisen zu dürfen, die die Borsteler Chaussee während meiner Zeit an der AWP für mich hatte.

Zurück zum Eigentlichen. Erinnerungen sind ziemlich autonom, stellen sich nicht ein, wenn sie es nicht wollen. Aber vielleicht bin ich es auch, der sie nicht will. Bin vielleicht immun geworden gegen sie. Auf jeden Fall keine Erinnerungstumulte.

ZUR PERSON
PROF. DR. HILMAR GRUNDMANN

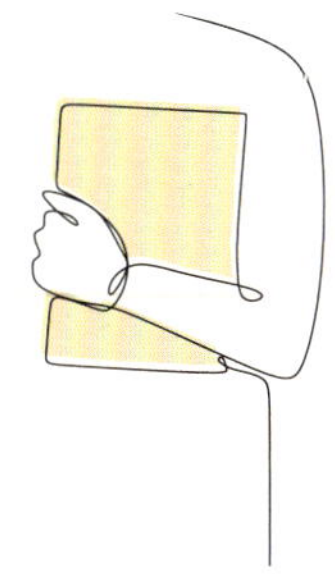

Geboren 1938 in Delmenhorst

Volks- und Mittelschule, Lehre zum Seeschifffahrtsspeditionskaufmann in Bremen

Student an der AWP von 1963–65, anschließend tätig in einem Konzern in Darmstadt, 1969–1972 Student der Uni HH, Dipl.-Handelslehrer, wiss. Assistent im FB Erziehungswissenschaft Uni HH, 1975 Promotion zum Dr. phil., 2. Staatsprüfung für das Lehramt an berufsb. Sch., 1983 Ernennung zum Prof. für Erziehungswissenschaften mit dem Schwerpunkt Didaktik der deutschen Sprache und Literatur an der Uni HH, seit 2003 im Ruhestand.

„Schon unter meinem ersten Deutschaufsatz in der weiterführenden Schule stand: ‚Dieser Aufsatz ist etwas zu phantasievoll für dein Alter.'"

Gründe gäbe es dafür genug. Der vielleicht wichtigste: Ich gehörte am Ende nicht zu den 20 Prozent ‚Erwählten', die mit der Hochschulreife für die Fortsetzung des Studiums an der Universität Hamburg ausgestattet wurden. Im Ergebnis am Ende eine Zweiklassengesellschaft.

Für mich damals kein Malheur. Ich war vielmehr froh, es hinter mich gebracht zu haben, und das ohne allzu große Schäden, ohne wie einst Odin ein Auge geopfert zu haben, um weiser zu werden. Sicher, und daran erinnere ich mich in der Tat, es gab ein paar für mich deprimierende Ereignisse, auf die ich gerne verzichtet hätte. Zum Beispiel, dass ein Dozent mir zweimal eine sehr schlechte Zensur gab, einmal weil er mir unterstellte, eine solche Klausur (in politischer Geschichte), wie ich sie geschrieben hatte, könne ich nur abgeschrieben haben – und zum anderen für ein Referat, von dem er bezweifelte, dass ich der alleinige Autor sei; vielmehr hätte ich das meiste ebenfalls abgeschrieben. Das eine war so falsch wie das andere. Aber mein äußerer Eindruck auf ihn, vielleicht auch auf andere Dozenten der AWP, war wohl so, dass er mir solche Klausur- und Referatsleistungen nicht zutraute. Wer ist frei von Klischees?

Eine ähnliche Erfahrung machte ich später in einem betriebswirtschaftlichen Seminar der Universität Hamburg. Allerdings mit einem ganz anderen Ausgang. Ich hatte über ein Thema in Sachen Unternehmensbewertung ein Referat von zwanzig Seiten abgegeben und zu halten. Zehn Seiten waren aber nur erlaubt und keine Zeile mehr. Das hatte ich vergessen. Ich kam mit einem blauen Auge davon. Begründung des Seminarleiters: „Wer so schreiben kann, kann bei mir schreiben, so viel er will." Keine Genugtuung. Kein Blick zurück … Aber ich will hier auch nicht unterschlagen, dass ich diesem Dozenten der AWP einiges, vielleicht sogar Wesentliches zu verdanken habe. Damit meine ich seine Hinweise auf historisch-politische Literatur, allem voran auf Egon Friedells *Kulturgeschichten*, aber auch *Die Geschichte des 19. und 20. Jahrhunderts* aus dem Jahre 1958 von Golo Mann. Ich habe diese „Geschichten" allesamt eine nach der anderen gelesen und ich gestehe: Nichts mehr hat so sehr meine Persönlichkeitsentwicklung beeinflusst wie die Lektüre dieser Werke während meiner Zeit an der AWP.

„Bücher verändern die Welt, nicht Kriege"*

Und da war es mir auch egal, dass ich eigentlich etwas anderes hätte lesen sollen, zum Beispiel die *Einführung in die Wirtschaftstheorie* von Erich Schneider (1947–1972), bestimmte Lektüren über Zinstheorien, Rechnungswesen und Wirtschaftsrecht von Capelle.

Diese Hinweise auf die erwähnten Schriften von Egon Friedell und Golo Mann waren zweifellos ein Pluspunkt auf der Habenseite meiner Bildungserlebnisse zu dieser Zeit: Die Lektüre war für mich ein großer Gewinn, unmittelbar und viel mehr noch mittelbar und langfristig. Im Übrigen machten mir die Unterstellungen, mich unlauterer Methoden beim Anfertigen einer Klausur oder Hausarbeit bedient zu haben, seinerzeit nichts aus, obwohl ich wusste, dass sie mir sehr schaden würden. Dies lag vor allem daran, dass sich für mich ziemlich schnell herausstellte, dass ich nur sehr bedingt in der Lage war, die Herausforderungen der AWP in mein Leben zu integrieren, ich war sehr unsicher im Umgang mit den Erwartungen des Lehrkörpers an die Leistungsbereitschaft und Leistungsfähigkeit der Studierenden. Da fielen die Vorwürfe dieses Dozenten nicht ins Gewicht. Zudem waren solche Vorwürfe nichts Neues für mich. Schon unter meinem ersten Deutschaufsatz in der weiterführenden Schule stand: „Dieser Aufsatz ist etwas zu phantasievoll für dein Alter." Eine sehr gute Zensur bekam ich trotzdem.

Mehr nicht aus den unteren Gefilden meiner Erinnerungen an die AWP. Aber es gilt ja hier, sich eben zu erinnern, und daran erinnere ich mich nun einmal aus nachvollziehbaren Gründen. Was ich damals noch nicht wusste: Nichts ist so schwierig wie die objektive Bewertung von Leistungen im Unterricht, in welcher Bildungseinrichtung auch immer. Eine unendliche Geschichte bis auf den heutigen Tag und ungelöst. Das gilt erst recht für mündliche Leistungen. Aber gerade auf sie kam es in der AWP an, wenn man die Aufmerksamkeit des Lehrkörpers auf sich ziehen wollte. Mein Pech: Ich hatte auf die schriftlichen Leistungen gesetzt. Und ich wusste auch, warum. Bei dieser Gelegenheit ein Wort zum pädagogisch-didaktischen Niveau des Lehrkörpers aus meiner heutigen Sicht, wobei ich mich aufgrund meiner später erworbenen Profession berechtigt fühle, dies zu beurteilen. Es war, wie wahrscheinlich an allen deutschen Hochschulen auch, sehr unterschiedlich. Allerdings vermute ich, dass pädagogisch-didaktische oder auch methodische Defizite kaum Einfluss darauf hatten, ob

* Stefan Zweig

die Vermittlung der Lerninhalte gelang oder weniger gelang. Womit ich sagen will: Am Lehrkörper hatte es nicht gelegen, wenn ich im Rückblick die AWP als eine äußerst ambivalente Bildungseinrichtung empfand, und nicht nur ich. Sie hat vielleicht in zu kurzer Zeit für ein Studium zu viel gewollt, wenn man heutige didaktisch-methodische Kriterien zum Maß der Dinge macht. Auf jeden Fall kann sich die Fächervielfalt sehen lassen. Einige deutsche Universitäten bieten das nahezu gleiche Programm als staatswissenschaftliches Studium an, haben dafür eine eigene Fakultät installiert, an denen die Studierenden einen Abschluss in Staatswissenschaften sowohl als Bachelor wie als Master erwerben können. Auf jeden Fall gilt: Bildung braucht Zeit, kann man nicht übers Knie brechen. Vor allem wenn man Bildung so versteht, wie schon die alten Griechen sie verstanden haben, nämlich als Entfaltung der individuellen Anlagen, Begabungen und Talente (unter Beherrschung der Leidenschaften), und das geht nicht von heute auf morgen, verläuft bei jedem anders und in einem anderen Tempo.

Da musste bildungspolitisch etwas geschehen. Und das geschah denn auch, und zwar ausgelöst durch die Deklaration der europäischen Bildungsminister, die 1999 in Bologna den Beschluss gefasst hatten, „ein System leicht verständlicher und vergleichbarer Abschlüsse einzuführen". Die Folge dieses Beschlusses: Abschaffung der Einteilung der Studierenden an deutschen (Fach-)Hochschulen in solche und solche, auch am Institut für Sozialökonomie der Universität Hamburg. Aus pädagogischer und bildungspolitischer Sicht zweifellos ein bedeutender Fortschritt. Ich habe in meiner Funktion als Mitglied des Fachbereichs Erziehungswissenschaft der Universität Hamburg immer wieder auch Studierende erlebt, die zuvor an diesem Institut studiert hatten. Ihre Examina in der ersten Lehrerprüfung waren um keinen Deut schlechter als die der Kandidaten und Kandidatinnen, die an einem deutschen Gymnasium oder vergleichbarer Bildungseinrichtung ihre Studienberechtigung erworben hatten. Aber auch nicht besser.

„Fremd bin ich eingezogen, fremd zieh ich wieder aus"

Wer kennt sie nicht, diese berühmten zwei Verse aus einem Gedicht von Wilhelm Müller (1794–1827), weil sie Franz Schubert in seiner berühmten *Winterreise* vertont und 1828 veröffentlicht hat. Zur Freude aller Musikfreunde bis auf den heutigen Tag. Viel ist dran an diesem Text, um mein Verhältnis zur AWP im Nachhinein auf den Punkt zu bringen. Aber es wäre ungerecht, wenn ich es bei diesem Fazit beließe. Keine Frage, dass mir die AWP in vielerlei Hinsicht fremd geblieben, auf jeden Fall nicht zu einem Universum für mich geworden ist. Das blieb einer anderen Bildungseinrichtung vorbehalten. Aber es ist auch keine Frage, dass sie mir viel gegeben hat, sehr viel sogar, mehr auf jeden Fall als alle Bildungseinrichtungen zusammen, die ich zuvor besucht hatte. Mehr noch: Sie hat mein Leben verändert, erheblich und mit weitreichenden Konsequenzen. Das vermutlich Wichtigste, das ich gelernt habe: den Mut zu haben, mich meines eigenen Verstandes zu bedienen. Und in der Tat: Genau das hatte ich zuvor nicht, auch und erst recht nicht an der AWP. Was will man mehr, wenn man das gelernt hat? Und: Was kann man Besseres über eine Bildungseinrichtung sagen? Was man allerdings um alles in der Welt nicht tun sollte, um ihr gerecht zu werden: sie mit einer Universität zu vergleichen, zum Beispiel mit der Universität Hamburg, auch wenn sie genau das wohl wollte.

> „Das vermutlich Wichtigste, das ich gelernt habe: den Mut zu haben, mich meines eigenen Verstandes zu bedienen."

Ich hatte das Glück – aber das hatten alle anderen Absolventen meines Lehrgangs an der AWP auch, soweit ich sie näher kannte und mit ihnen danach in Kontakt geblieben war, auf weitaus höherem Niveau – als graduierter Volkswirt meine berufliche Laufbahn aufs Neue zu beginnen. Und das durchaus erfolgreich. Aber je mehr und je länger ich versuchte, in der Tätigkeit meiner neuen Berufsrolle Lebenssinn stiftende Erfahrungen zu machen, desto mehr wuchs die Erkenntnis, dass ich sie in der Arbeitswelt, die mir aufgrund des AWP-Abschlusses vorbehalten blieb, nicht würde in Gänze verwirklichen können.

Aber genau darauf kam es mir wohl an. Also habe ich nicht eine einzige Sekunde gezögert, als ich die Urkunde der HWP erhielt, auf der mir die Hochschulreife sozusagen im Nachhinein bescheinigt wurde, meine berufliche Karriere abzubrechen und mich im Fachbereich Erziehungswissenschaft der Universität Hamburg einschreiben zu lassen. Späte Gerechtigkeit? So habe ich es nie empfunden. Beleg: Ich habe meine an der AWP erworbene Urkunde als graduierter Volkswirt niemals ausgetauscht gegen eine Urkunde als Diplom-Volkswirt, was ja nach der erwähnten Deklaration von Bologna möglich war. Mehr Identifikation geht nicht. Aber um die ganze Wahrheit zu sagen: Ich konnte es mir aufgrund des Erwerbs anderer

Festakt im Rathaus: Der Hamburger Bürgermeister Peter Tschentscher überreicht Grundmann im Jahr 2018 die „Medaille für treue Arbeit im Dienste des Volkes"

Meriten auch getrost leisten. Auf jeden Fall ist die AWP kein Schatten der Vergangenheit.

Zu verlockend übrigens, an dieser Stelle über meinen Weg an der Universität Hamburg vom Studenten und wissenschaftlichen Assistenten bis hin zum Hochschullehrer zu berichten. Wenn ich dennoch hier darauf verzichte, dann aus gutem Grund. Mein Studium an der AWP war das eine, das Studium zum Diplom-Handelslehrer an der Universität Hamburg ein paar Jahre später das andere. Beides kam zur rechten Zeit. Ein Vergleich verbietet sich. Vielleicht war das der Grund, warum der Vorsitzende des Prüfungsausschusses der Universität Hamburg nicht bereit war, mir für das Studium an der AWP – ganz im Gegensatz zu meiner kaufmännischen Lehre – auch nur ein einziges Semester anzuerkennen. Aber er hatte Größe, entschied zu meinen Gunsten. Die Ergebnisse der Diplom-Prüfung (Erste Staatsprüfung), um einiges besser als der Abschluss an der AWP, waren ihm wichtiger: „Ich will doch Ihrer Laufbahn an der Universität nicht im Wege stehen. Und wenn Sie nichts sagen und ich nichts sage, merkt es keiner." Die Welt zu Beginn der 70er-Jahre. Heute undenkbar.

Kein „Blick zurück im Zorn"

Wie käme ich dazu. Der Lehrkörper der AWP, davon bin ich überzeugt, hatte ganz bestimmt nach bestem Wissen und Gewissen entschieden. Im Übrigen und dies auch nur am Rande, weil in Gender-Zeiten undenkbar, damals aber gesellschaftliche Normalität, die niemand infrage stellte: Dieser Lehrkörper war zu 100 Prozent maskulin, die Studierenden zu nahezu 100 Prozent, von den etwa 90 Studierenden des 16. Lehrgangs waren ganze zwei Studentinnen.

Jede Geschichte hat ihre Pointe. Die Geschichte der AWP auch. Sie hat sich selbst überflüssig gemacht, und zwar dadurch, dass sie ihre Identität aufgegeben hat – um es im erziehungswissenschaftlichen Jargon zu formulieren. Genauer: nicht mehr die Einrichtung sein wollte, die sie als eine auf dem deutschen Bildungsmarkt einzigartige Bildungsinstitution einst sein wollte und die sie auch gewesen ist. Nicht nur eine unglückliche Pointe, sondern auch eine, an der sie zugrunde gegangen ist und dies wohl auch musste. Deutlicher Beleg für diese These war das kontinuierliche Bemühen, sich dadurch aufzuwerten, dass sie ihren Namen geändert hat, nämlich von der Akademie für Gemeinwirtschaft über Akademie für Wirtschaft und Politik und Hochschule für Wirtschaft und Politik bis hin zu Hamburger Universität für Wirtschaft und Politik – und das in einem überschaubaren Zeitraum und in immer kürzeren Abständen, wenn man davon absieht, dass der Name Hochschule für Wirtschaft und Politik am längsten gehalten hat. Und dies zu Recht, wenn ich es zu beurteilen hätte.

Was die Verantwortlichen vielleicht übersehen haben: Eine Universität Hamburg haben wir schon, zudem auf demselben Campus, auf dem auch die Hamburger Universität für Wirtschaft und Politik ihr Zuhause hatte. Da liegt es doch nahe, dass diese Konstellation (Finanz-)Politiker ins Grübeln bringt. Und das ist dann ja auch mit dem bekannten Ergebnis geschehen. Was die hier gemeinten Verantwortlichen übersehen haben: Bedeutung und Prestige einer Bildungseinrichtung kann man nicht herstellen, auch nicht durch immer anspruchsvollere Namen. Sie ergeben sich im Laufe der Jahre. Das Gold der AWP: dass sie nie darauf aus war, Wissen und Kenntnisse zu vermitteln, die verwertungs- beziehungsweise arbeitsmarktorientiert waren, also Qualifikationen, die auf dem Arbeitsmarkt nachgefragt waren und dort unmittelbar verwertet werden konnten. Genau das macht eine Hochschule zu einer Hochschule, eine Universität zu einer Universität. Oder sollte ich sagen: machte?

Nicht alles ist Gold, was golden daherkommt

Das gilt auch für die AWP: zum Beispiel die Auswahl der Studierenden, die mit der Hochschulreife ausgestattet wurden. Die Gründe liegen auf der Hand, jedenfalls aus heutiger – pädagogischer – Sicht. Der wichtigste: Die Kriterien, die über die Ausstattung der Studierenden mit der Hochschulreife entschieden, lagen für die Betroffenen im Dunkeln, es oblag allein dem Lehrkörper zu entscheiden, wer für das Studium an der Universität Hamburg geeignet war und wer nicht. Heute ein undenkbarer Vorgang. Aber dieses Defizit sollte man nicht der AWP anlasten. Auch der pädagogische Fortschritt geht nur in kleinen Schritten voran, bleibt oft zurück hinter den gesellschaftlichen Herausforderungen, die meistens in großen Schritten vorangehen.

Zurück zu dem zuvor Gesagten. Der Trend ist eindeutig: Je mehr die AWP in der bildungspolitischen Landschaft ihre bildungstheoretische und bildungspraktische Bedeutung aus historischen Gründen verloren hat, desto mehr hat sie versucht, wie erwähnt durch immer anspruchsvollere Umbenennungen die Prestigeverluste auf dem Bildungsmarkt wettzumachen. Anders formuliert: Sie hat im Laufe der Jahre immer mehr den Sinn in sich selbst gesehen, und das überlebt keine Bildungseinrichtung. Womit ich sagen will, dass der AWP die Erhaltung als hochschulische Einrichtung auf dem Hamburger Bildungsmarkt, genauer die Erhaltung um ihrer selbst willen, wichtiger war als manches andere, wofür die beschriebene Neigung steht, mehr sein zu wollen, als sie eigentlich sein sollte und sein konnte.

Das hält keine Bildungseinrichtung aus, und das hat sie denn ja auch nicht ausgehalten. Das Ergebnis ist bekannt. Die von Claus von Dohnanyi geleitete und nach ihm benannte Kommission des Hamburger Senats aus dem Jahre 2001 zur Überprüfung der Hamburger Hochschullandschaft sprach sich dafür aus, die Hamburger Universität für Wirtschaft und Politik als eigenständige Hochschule abzuschaffen und sie in die Universität Hamburg als „Institut für Sozialökonomie" zu integrieren. Gegen den Willen des ehemaligen Bürgermeisters, der mehrfach öffentlich erklärt hat, dass er für den Erhalt der HWP votiert habe, sich aber in der Kommission nicht habe durchsetzen können. Eigentlich kaum zu glauben für den, der Claus von Dohnanyi kennt beziehungsweise erlebt hat, zum Beispiel im Umgang mit der Universität Hamburg, von ihm als „Margarine-Universität" diskreditiert – die er meines Wissens nicht ein einziges Mal besucht hat.

Der Zeitgeist war stärker.

„Ein jegliches hat seine Zeit"

... wie man an bekannter Stelle nachlesen kann, ein uraltes Zitat, das immer dann herhalten muss, wenn man bedauert, dass nicht mehr ist, was einst so sehr in die Welt passte. Man kann es auch deutlicher – pessimistischer – formulieren, wie an kaum weniger bekannter Stelle, wenn es dort heißt, dass alles „vergänglich" sei, eben weil es irgendwann „unzulänglich" werde. Das Schicksal alles Irdischen. Man lese die letzten Verse der *Faust*-Tragödie II. Teil.

Ganz anders verhält es sich mit der geradezu kongenialen Idee, jungen Menschen im studierfähigen Alter ohne Abitur ein Studium mit qualifiziertem Hochschulabschluss anzubieten und – sozusagen nebenbei – zur Hochschulreife zu verhelfen. Eine Idee, die bis heute nicht unzulänglich geworden ist, die immer noch „ihre Zeit hat" und auch zukünftig ihre Zeit haben wird. Und solange dies der Fall ist, so meine These, wird niemand auf den bildungspolitischen Gedanken kommen, das Institut für Sozialökonomie an der Universität Hamburg und seine Zulassungspraxis für überflüssig zu erklären. Im Gegenteil: nicht nur eine These, ich bin sogar sicher, dass es mehr als nur dies ist. Gilt bekanntlich: „Doch das Alte stirbt niemals ganz ..." Zumindest sind sich die Literaturen dieser Welt darin einig.

Der Grund für meinen Optimismus: Zu eindrucksvoll ist die historische Leistung dieser wohl einzigartigen hochschulischen Einrichtung in Hamburgs Bildungslandschaft über ein halbes Jahrhundert hinweg. Und zu eindrucksvoll auch ihr pädagogisches Potenzial, das meines Erachtens in erster Linie darin besteht, geeigneten jungen Menschen ohne entsprechenden Schulabschluss systematisch den Weg zu bahnen für einen universitären Abschluss und damit für mehr Lebenssinn stiftende Erfahrungen. Allerdings, ganz sicher ist diese These aufgrund der zunehmenden Rasanz der Veränderungen auf allen gesellschaftlichen Feldern nun auch wieder nicht. Aber was ist schon sicher? Nach Tucholsky bekanntlich nichts. Aber er wusste auch:

Selbst das ist nicht sicher.

Hilmar Grundmann

PAUL SETHE

EINE FRAGE DER HALTUNG

von Christian Wiechel-Kramüller

Neben namhaften Professoren haben auch viele Lehrbeauftragte an der Akademie für Gemeinwirtschaft beziehungsweise HWP gelehrt und Generationen von Studierenden geprägt. Viele sind unbekannt geblieben, einige haben später glänzende Karrieren hingelegt, wie Helmut Schmidt. Andere waren schon Berühmtheiten, als sie im Hörsaal standen. Zu diesen gehörte Dr. Paul Sethe. Das Studienbuch von Harald Meier-Weigand zeigt, dass sich Sethe mit seinen Studierenden im Wintersemester 1960/61 mit dem „Modernen Verfassungsleben" beschäftigte. Ein wichtiges Thema des am 12. Dezember 1901 in Bochum geborenen Publizisten. Geprägt von der Zeit des Nationalsozialismus, wusste er aus eigener Erfahrung, welche Bedeutung eine demokratische Verfassung für die Grundrechte wie Menschenwürde, Freiheit, Gleichheit und Solidarität hat. Als Publizist suchte er, wie Rudolf Augstein in einem Nachruf („Abschied von Paul Sethe") in der *Zeit* vom 30. Juni 1967 schreibt, die deutsche Zukunft, aber es war die Macht der Vergangenheit, die ihm dabei zu Gebote stand und die er beschwor.

Eine Verfassung ist nur so gut wie die Menschen, die sie leben

Am 5. Mai 1965 erscheint im *Spiegel* dieses Zitat von Paul Sethe: „Im Grundgesetz stehen wunderschöne Bestimmungen über die Freiheit der Presse. Wie so häufig, ist die Verfassungswirklichkeit ganz anders als die geschriebene Verfassung."

Zeitgenossen beschreiben Sethe als vernunftgeleiteten, nicht an Ideologien ausgerichteten Demokraten. Sethe war seit 1934 Redakteur bei der *Frankfurter Zeitung*, bis sie von den Nationalsozialisten verboten wurde. Die Reichspressekammer wies ihn an, für den *Völkischen Beobachter* zu arbeiten. Nach dem Krieg war Sethe Gründungsherausgeber der *Frankfurter Allgemeinen Zeitung*. Er plädierte für Verhandlungen mit Moskau und übte in seinen Leitartikeln immer wieder Kritik an der Weigerung der Bundesregierung, eine Wiedervereinigung Deutschlands auch unter Hinnahme einer militärischen Neutralität anzustreben – oder auch nur ernsthaft zu diskutieren. Adenauer reagierte mit Druck auf die übrigen *FAZ*-Herausgeber, mit dem Ergebnis, dass Sethe die *FAZ* 1955 verließ und nach Hamburg ging. Der damalige Chefredakteur Hans Zehrer holte ihn in die Re-

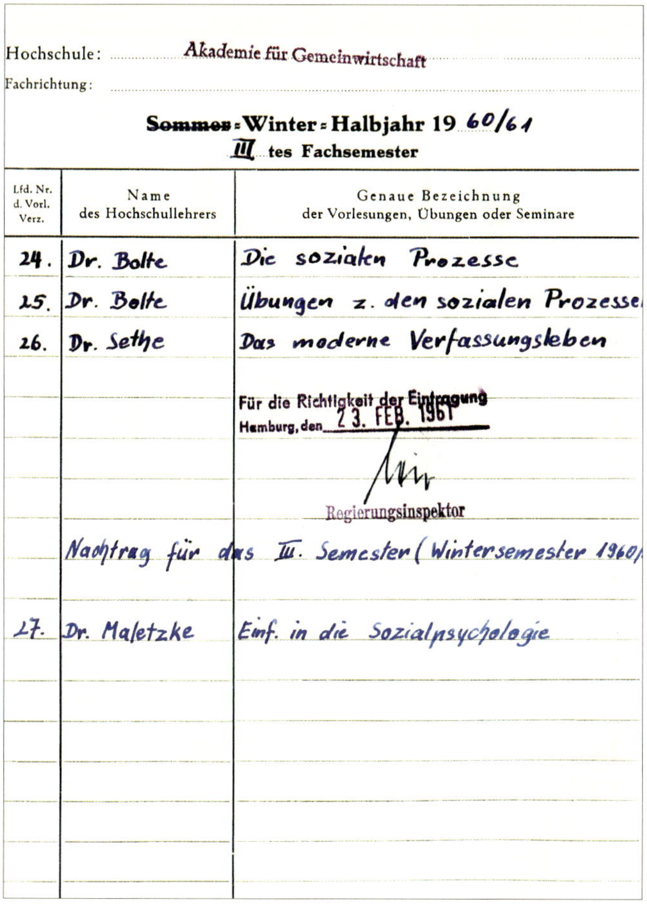

Hochschule: Akademie für Gemeinwirtschaft

Fachrichtung:

~~Sommer~~-Winter-Halbjahr 19 60/61

III tes Fachsemester

Lfd. Nr. d. Vorl. Verz.	Name des Hochschullehrers	Genaue Bezeichnung der Vorlesungen, Übungen oder Seminare
24.	Dr. Bolte	Die sozialen Prozesse
25.	Dr. Bolte	Übungen z. den sozialen Prozesse[n]
26.	Dr. Sethe	Das moderne Verfassungsleben
		Für die Richtigkeit der Eintragung Hamburg, den 23. FEB. 1961 Regierungsinspektor
	Nachtrag für das III. Semester (Wintersemester 1960/[61])	
27.	Dr. Maletzke	Einf. in die Sozialpsychologie

„Als Leser der Zeitung *Die Welt* kannte ich die Artikel von Paul Sethe. Die unmittelbare Nähe zu dem bekannten Redakteur war eine Auszeichnung, nicht nur für mich. Der ältere Herr, gut und dennoch lässig gekleidet, mit der ruhigen Stimme – jeder gesprochene Satz wie gedruckt –, freundlich, uns zugewandt, war für mich Vorbild eines Gelehrten. Seine fast nebenbei gesprochene wichtige Meinung zur ‚Stalin-Note' von 1952 wirkte auf mich nach. Sie war ein Beleg dafür, dass eine abweichende Meinung Gehör finden kann."

Harald Meier-Weigand in Erinnerung an seine Studienzeit 1960.
Bild: Ein Auszug aus dem Studienbuch von Meier-Weigand

daktion der *Welt*. Ab 1960 arbeitete Sethe auch für die *Zeit* und den *Stern* und schrieb Bücher. Von hier war es nur noch ein kleiner Schritt in den Hörsaal der Akademie für Gemeinwirtschaft.

Ein Glücksgriff für die Hochschule

Mit seiner umfassenden Bildung, seiner Ausstrahlung, seiner Weltgewandtheit und seiner demokratischen Haltung zog Sethe die Studentinnen und Studenten in seinen Bann. Sein Ziel: Horizonte weiten und zu selbstständigem Denken anleiten, um die Zusammenhänge zwischen Gesellschaft, Politik und Welt der Wirtschaft besser zu verstehen. Legendär unter den Studierenden waren die Diskussionsrunden, zu denen Sethe hin und wieder kleinere Gruppen auf ein Glas Wein zu sich in sein Haus nach Wellingsbüttel einlud. Die offene und freiheitliche Gesellschaft war seine Richtschnur. Wie ernst er es damit meinte, zeigt ein Statement, das Paul Sethe im Zusammenhang mit der „Spiegel-Affäre" veröffentlichte: „Die besonderen Begleitumstände des Vorgehens gegen den Spiegel waren nur möglich, weil einige mächtige Leute uns noch immer für ein Volk von geborenen Untertanen ansehen. Sie müssen heute einsehen, dass sie sich getäuscht haben."

Gefahren für die Freiheit sah er auch in der zunehmenden Konzentration der deutschen Presse – davon zeugt sein berühmter Leserbrief an den *Spiegel* vom 5. März 1965: „Pressefreiheit ist die Freiheit von zweihundert reichen Leuten, ihre Meinung zu verbreiten. Frei ist, wer reich ist. Das Verhängnis besteht darin, daß die Besitzer der Zeitungen den Redakteuren immer weniger Freiheit lassen, daß sie ihnen immer mehr ihren Willen aufzwingen."

JÜRGEN PROTT

EIN FREITAG IM FRÜHHERBST1963

Wenn ich darüber nachdenke, was die Hochschule für Wirtschaft und Politik für mein Leben bedeutet, komme ich an einem Freitag im Frühherbst 1963 nicht vorbei.

Wie am Ende einer Arbeitswoche üblich, führte mich der Weg zusammen mit vier anderen Kollegen der Setzerei der Firma Kramer-Druck in Bielefeld noch auf einen Sprung in den „Gadderbaumer Krug". Der lag gleich um die Ecke, einen Steinwurf von der Puddingpulverfabrik entfernt. Die Arbeitsplackerei fiel nur langsam von einem ab. An diesem Tag half der verspätet zu uns stoßende kunstsinnige Drucker Heinz Wiese, die eine oder andere Verspannung zu lösen. Gerade hatte sich der Kellner mit dem Tablett voller Herforder Pils auf den Weg zu unserer Herrenrunde gemacht, da belebte Heinz mit ausgebreiteten Armen und seinem Standardspruch auf den Lippen die noch ein wenig düstere Szenerie: „Ich trete ins Zimmer und warte auf dich, denn dies ist der heilige Raum." Ich glaube, er murmelte etwas von ganz großer Operette, Kulturbanausen und Perlen vor die Säue werfen hinterher, aber seine Initialzündung war wieder einmal gelungen. Jetzt konnte man den Feierabend locker angehen.

Etwa eine Stunde später machte ich mich sicheren Schritts auf den kurzen Heimweg. Meine Mutter, eben erst von ihrer Tätigkeit als Bürohilfskraft in unsere kleine Zweizimmerwohnung zurückgekehrt, kam mir ausnahmsweise schon auf der Treppe vor der Wohnungstür entgegen: „Du hast Post aus Hamburg bekommen." Was ich schwarz auf weiß in Händen hielt, signalisierte den Ausweg aus meiner als bedrückend empfundenen sozialen Existenz: Das Studentensekretariat der Akademie für Wirtschaft und Politik unterrichtete mich über die bestandene Aufnahmeprüfung. Für mich war ein Platz im 17. Lehrgang reserviert, der am 1. Oktober 1964 das Studium aufnehmen würde.

Rückblende

Als Kind habe ich am liebsten Fußball gespielt und Bücher gelesen. Mit 15 Jahren war es mit der Bolzerei vorbei, weil mich Kurzsichtigkeit befiel, aber die Freude am Lesen ist geblieben. Wie oft hat mir meine Mutter vom „hölzernen Bengele" vorlesen müssen, wie geduldig wartete ich auf der Treppe der öffentlichen Jugendbibliothek in langer Reihe, bis mir der freundliche ältere Herr endlich einen der geliebten Bände mit den Abenteuern des Indianerhäuptlings Tecumseh aushändigte. Später, den kurzen Hosen bereits entwachsen, wechselte ich zu härterer Kost. *Lohn, Preis und Profit* von Marx, das konnte der Siebzehnjährige noch halbwegs verstehen, aber für die *Phänomenologie des Geistes* von Hegel reichte das intellektuelle Volumen nicht aus. Ich gab das Buch nur flüchtig angelesen zurück.

Gegen Ende der Lehrzeit sehe ich mich in unserer städtischen Badeanstalt mit schwerer Kost in der lauwarmen Wanne liegen, ein Buch in der Hand. Weil wir bei uns zu Hause kein Badezimmer hatten (das Klo war auf halber Treppe), tat ich hier einmal wöchentlich etwas für die vertiefende Körperpflege. Bei einer dieser Gelegenheiten habe ich *Der Linksradikalismus, die Kinderkrankheit des Kommunismus* von Lenin gelesen. Das war verständlich, und es hat mich damals stark beeindruckt. Aber diese Begeisterung konnte dem Ansturm des Wissens, dem ich mich mehr und mehr aussetzte, glücklicherweise nicht lange standhalten.

„Jenseits des Stipendienjungen"

Während ich diese Zeilen im Sommer 2021 schreibe, unterbreche ich die Arbeit an einem soziologischen Projekt, mit dem ich mich seit einigen Monaten beschäftige. Ich habe insgesamt sechzig ehemalige Studentinnen und Studenten

Der Junge und der Student: bange Blicke am ersten Schultag, aber hoffnungsfroh ins Studium des 17. Lehrgangs

der HWP telefonisch befragt, um herauszufinden, was ihnen das Studium für ihr weiteres Leben gebracht hat. Arbeitstitel der geplanten Buchveröffentlichung: „Jenseits des Stipendienjungen“. Viele von ihnen sind längst „in Rente“. Zur Einstimmung in das Interview wollte ich jeweils wissen, was ihnen spontan in den Sinn kommt, wenn sie an die Zeit in Hamburg zurückdenken. Vor allem die heute schon recht Betagten aus meiner Stichprobe riefen sich mehr oder weniger lustige Begebenheiten in Erinnerung. Es steigen Bilder auf von VWL-Professor Hummel, der sich mit Schalk im Gesicht rühmte, „nachts bei Kerzenlicht“ eine große Anzahl Kurven auf Millimeterpapier für jene unverständigen Studenten angefertigt zu haben, die auch nach wiederholten Erläuterungen einfach nicht begreifen wollten, was es mit der Preiselastizität der Nachfrage auf sich habe.

Häufiger noch schimmerten Episoden auf, in deren Mittelpunkt der Juraprofessor Capelle stand. Der provozierte regelmäßig ein tosendes „Nein!!“ des ganzen Hörsaals, wenn er uns mit dieser so harmlos wie möglich vorgetragenen Frage konfrontierte: „Habe ich Ihnen eigentlich schon den Fall erzählt, wie die Stute Bella in die Alster fiel?“ Als Zugabe legte er manchmal den „Blankeneser Vasenfall“ nach, womit er es verstand, einen kurzen Augenblick lang den kalten Schrecken zu vertreiben, den die sogenannte Rechtswissenschaft in vielen von uns dauerhaft auszulösen in der Lage war.

Warum erzähle ich das hier? Lediglich zwei von sechzig Studentinnen und Studenten haben sich auf meine Eingangsfrage nach spontanen Assoziationen an die damaligen Zeiten an das Lesen von Fachbüchern erinnert, etwa in der Staatsbibliothek. Genau das aber hätte ich wahrscheinlich auf eine entsprechende Interviewfrage geantwortet. Auch solche Reminiszenzen können ja das Nachdenken über die HWP in ein recht mildes Licht tauchen.

Ideologie und Wissenschaft

Vor meinem geistigen Auge scheinen die fünf oder sechs Stufen auf, die ich damals, in den 1960er-Jahren, zur Eingangstür der Staatsbibliothek immer mal wieder hinaufgestiegen bin. Beim ersten Mal war das nicht unbedingt ein leichter Gang für den ehemaligen Schriftsetzer. Bestellkarten ausfüllen, an einer Ausgabestelle Bücher aus der Präsenzbibliothek in Empfang nehmen, einen ruhigen Platz im Lesesaal suchen, die umfangreichen Wälzer ausbreiten, die Karteikarten zurechtlegen und hoffen, dass sich bei der Lektüre Geistesblitze einstellen. Das fällt mir spontan ein, wenn ich an mein Studium im 17. Lehrgang zurückdenke.

Meine erste Hausarbeit im Schwerpunktfach VWL hatte das Thema „Komponenten von Angebot und Nachfrage zur Erklärung der säkularen Inflation“. Ich quälte mich durch eineinhalbdutzend Fachbücher hindurch, zumeist Sammelbände. Die Lektüre hat mich gleichzeitig fasziniert und verstört. Am Ende reichte es nur zu einem „Befriedigend“, was mich angesichts der großen Mühe, die ich mir gegeben hatte, ziemlich enttäuschte. Aber der betreuende Assistent Dr. Wilhelm Nölling, der gerade erst von einem USA-Aufenthalt zurückgekehrt war und seinen amerikanischen Akzent wie eine Monstranz vor sich hertrug, erläuterte mir geduldig, was ich falsch gemacht hatte. Im Unterschied zu den von mir bis dahin bevorzugten Büchern, in denen alles klar und eindeutig geordnet schien, war ich, je länger ich dem Geheimnis der Inflation auf die Spur zu kommen gesucht hatte, auf eine verwirrende Fülle von kontroversen Deutungen gestoßen. Ich war ganz durcheinander. Zum ersten Mal

ZUR PERSON
PROF. DR. JÜRGEN PROTT

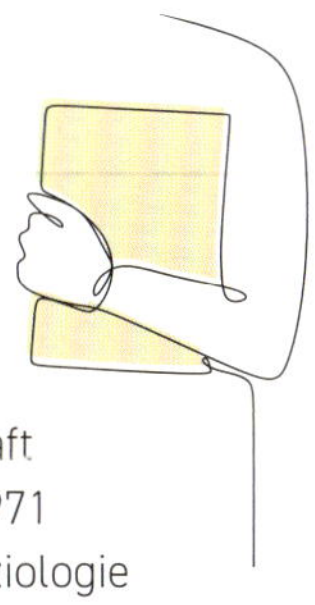

Geboren 1942 in Münster

Ausbildung: Schriftsetzer; Journalist
Studium: 1964–1966 Akademie für Wirtschaft und Politik, mit Schwerpunkt VWL; 1966–1971 Universität Hamburg, mit Schwerpunkt Soziologie

Spätere berufliche Tätigkeit: Wissenschaftlicher Mitarbeiter an der Akademie für Wirtschaft und Politik, Professor für Kommunikationssoziologie an der Freien Universität Berlin; Professor für Industrie- und Betriebssoziologie an der Hochschule für Wirtschaft und Politik.

„Der Sinn der Schule schien zu sein, den Heranwachsenden die Freude am Lernen systematisch und zum Teil mit brutaler Gewalt auszutreiben."

in meinem Leben hatte ich mich dem irritierenden Unterschied von Ideologie und Wissenschaft ausgesetzt.

Einer meiner Mitstudenten, den ich als einen hartleibigen marxistischen Dogmatiker in Erinnerung behalten habe, suchte mich vergeblich in die Herde der allwissenden Kapitalismus-Kritiker zurückzudrängen. Für ihn war die Sache ganz klar: „Eine Lohn-Preis-Spirale zur Erklärung der Inflation gibt es nicht." Und mit überlegenem Gestus fügte er hinzu: „Das ist nichts als Gewäsch der bürgerlichen Wissenschaft." Als mein akademischer Förderer, der Industriesoziologe Siegfried Braun, dessen Assistent an der HWP ich einige Jahre lang war, mir kurz vor seinem Wechsel an die neu gegründete Universität Bremen später sein Leid klagte, es gebe unter den Studenten an der HWP leider zu viele, die sich „auf Marx geradezu niederlassen", kam mir jener stramme Klassenkämpfer wieder in den Sinn.

Schule und Falken

Was hat mich überhaupt auf den zweiten Bildungsweg gebracht? Da ist zunächst die Schule, die ich bis zur Mittleren Reife als Anstalt erlebt habe, deren Sinn es zu sein schien, den Heranwachsenden die Freude am Lernen systematisch und zum Teil mit brutaler Gewalt auszutreiben. Aber selbst dem prügelnden Religionslehrer ist das in meinem Fall am Ende nicht gelungen. Die anschließende Berufsausbildung habe ich als Fortsetzung eines subtilen Terrors mit anderen Mitteln verarbeitet. Aber da gab es ja noch den entscheidenden Lichtblick in Gestalt meiner aktiven Mitarbeit in der Sozialistischen Jugend Deutschlands – die Falken.

Vielleicht waren die frühen beruflichen Erfahrungen besonders ausschlaggebend, weil sie meine Fluchtfantasien überhaupt erst entfachten. Wohin die Reise weg von der proletarischen Existenz gehen sollte, das begriff ich mehr und mehr in der Bildungsarbeit unseres Jugendverbandes. Auf die politischen Impulse will ich hier nicht näher eingehen, wohl aber auf die in meiner Konfrontation mit der Arbeitswelt wurzelnden Aufstiegsenergien.

Keine Herrenjahre

Ende der 1950er-Jahre herrschte in der Bundesrepublik Deutschland Jugendarbeitslosigkeit. Meine treusorgende Mutter hatte als Alleinerziehende vier Kinder schlecht und recht durch Weltkrieg und Nachkriegszeit gebracht. Nun lief sie von Pontius nach Pilatus, um für mich eine Lehrstelle zu ergattern. Ins Büro mochte ich nicht, also blieb nur, einer guten alten Familientradition folgend, das grafische Gewerbe. Von den dreißig Personen des Ausbildungsbetriebs war ich der einzige Gewerkschafter. Was es bedeutet, ohne den Schutz von Gesetzen und eine betriebliche Interessenvertretung als Jugendlicher in Deutschland Ende der 50er-Jahre die Erfahrung zu machen, dass Lehrjahre keine Herrenjahre sind, das erlitt ich vom ersten Tag meiner Lehre an.

Von Ausbildung konnte so gut wie keine Rede sein. Zum Frühstück und zum Mittagessen klapperte ich mit dem Fahrrad die Geschäfte der Nachbarschaft ab, um den Gehilfen ihre Milch, ihre Fleischwurst, ihre Brötchen zu beschaffen (O-Ton eines Buchbindergehilfen: „Habe ich dir nicht schon tausendmal gesagt, dass du die Wurst für mich nicht bei Hill, sondern bei Hülskötter holen sollst?"). Zwischendurch durfte ich Drucksachen zu den Kunden bringen. Abends hatte ich die ganze Bude auszufegen (Originalton meines Ausbildungsleiters: „Du bist offensichtlich sogar zum Fegen zu dumm. Bei dir reicht es ja nicht einmal zu einer Schlosserlehre!") und im Winter trat ich eine halbe Stunde vor Betriebsbeginn an, um die Koksheizung im Keller in Gang zu bringen. Wenn ich in meiner hastigen Ungeschicklichkeit die beiden Papier- und Brennholzschichten beim Anfahren des altertümlichen Ofens durch zu viel Kohle erstickt hatte, traf mich der geballte Zorn von Arbeitskollegen aus allen frierenden Abteilungen. Jeden Tag musste ich die völlig verkohlte Unterwäsche wechseln, was meine berufstätige, finanziell als Bürohilfskraft nicht gerade auf Rosen gebettete Mutter fast zur Verzweiflung brachte. Eine Waschmaschine gab es damals in unserem Haushalt nicht. Und es gab auch noch kein Jugendarbeitsschutzgesetz. Das wurde auf Drängen der Gewerkschaften erst 1960 eingeführt. Ausbildungsfremde Arbeiten und gesetzwidrige Beschäftigung von Jugendlichen zu Putzarbeiten auch an Samstagen waren in unserem Betrieb die Regel, nicht die Ausnahme.

„Ich sollte dem geneigten Gremium erklären, was den Mentalitätsunterschied zwischen Rheinländern und Westfalen ausmache. Konnte ich im Ernst mit einer solchen empörend banalen Frage rechnen?“

Umbruch

Die mangelhafte Ausbildung sollte sich rächen. Mit Mühe und Not durch die Gehilfenprüfung gekommen, schlugen mir die Qualifikationsmängel in der Firma, in der ich nach der Lehre unterkam, brutal ins Gesicht. Zusammen mit einem anderen Handsetzer sollte ich den Seitenumbruch für das *Dr. Oetker Schulkochbuch* machen, ein Werk von mehr als 300 Seiten. Das war durchaus verlockend, denn an diesem Auftrag konnte man sich schon mehr als eine ganze Woche „festhalten“. Ich hatte aber als Handsetzer nicht gelernt, den damals noch unüblichen Maschinensatz zügig zu verarbeiten. Ich schaffte das Pensum nicht, landete bei Kramer-Druck, wo ich einigermaßen durchkam mit meinen invaliden Berufskenntnissen.

Wenn wir damals im Kreis der Falken-Kumpels zu vorgerückter Stunde aus heiserer Kehle sangen „Sie hat an unsrem Fuß geklirrt, die Kette, die nur schwerer wird“, war uns, den wissenshungrigen Arbeiterjugendlichen, natürlich klar, dass die Zeiten über derart martialische Übertreibungen nicht zuletzt dank einer sozialpolitisch erfolgreichen Arbeiterbewegung längst hinweggeschritten waren. Aber das tat unserer tiefen Abneigung gegen den Kapitalismus mit seinen Ausbeuterbetrieben keinen Abbruch.

Aufnahmeprüfung

Am Ostermontag 1963 stand ich, von unserem dreitägigen Ostermarsch von Bielefeld nach Dortmund kommend, reichlich erschöpft am Hamburger Besenbinderhof bei der Abschlusskundgebung des norddeutschen Ostermarsches. Einen Tag später begann meine Aufnahmeprüfung an der Akademie für Wirtschaft und Politik. Im „Kieler Hof“, direkt hinter dem Schauspielhaus, fand ich eine bescheidene Unterkunft. Von Dienstag bis Donnerstag absolvierte ich mit vielen anderen vormittags und nachmittags die schriftlichen Prüfungen im Hörsaal am Von-Melle-Park 9, meiner späteren Wirkungsstätte als Hochschullehrer an der HWP. Im nahe gelegenen Dammtor-Bahnhof gab es damals noch eines dieser altehrwürdigen, großflächigen Bahnhofsrestaurants. Bei Spiegelei mit Bratkartoffeln überbrückten einige von uns Aufnahmeprüflingen die Mittagspause, angstvoll die Erfahrungen mit den jeweiligen Teilabschnitten der Prüfung austauschend. Ob es überhaupt reichte, zur mündlichen Prüfung am Ende der Woche zugelassen zu werden? Bevor es am Freitagnachmittag wieder in den D-Zug nach Bielefeld ging, saß ich in der mündlichen Prüfung noch drei Personen unter dem Vorsitz von Professor Dr. Heinz-Dietrich Ortlieb gegenüber. Nach einem kurzen Blick in meine Akte sollte ich dem geneigten Gremium erklären, was nach meiner Ansicht den Mentalitätsunterschied zwischen Rheinländern und Westfalen ausmache. Konnte ich im Ernst mit einer solchen empörend banalen Frage rechnen? Meine hilflose Redseligkeit brachte mich fast um Kopf und Kragen. Beim gestrengen Professor häuften sich die Anzeichen seines Unwillens von Sekunde zu Sekunde. Mit Ach und Krach kam ich durch.

„Der Lehrstuhl ist abgeschafft!“

Später hatte ich eine flüchtige zweite Begegnung mit dem Herausgeber des *Hamburger Jahrbuchs für Wirtschafts- und Gesellschaftspolitik*. Ich studierte im zweiten Semester an der Universität Hamburg. Ortlieb lehrte hier Volkswirtschaftslehre, Abteilung Ordnungspolitik. Die Studentenrevolte warf ihre Schatten voraus. Das Gerücht machte die Runde, SDSler hätten aus dem Hörsaal am Von-Melle-Park 9 den Professor Dr. Karl Schiller, der sich auf einem Stuhl im Rückraum des Podiums niedergelassen hatte – die Vorlesung überließ er einem diensteifrigen Assistenten – mitsamt seinem Sitzmöbel und unter lautem Grölen („Der Lehrstuhl ist abgeschafft!“) aus dem Raum getragen.
Im Ortlieb-Seminar bearbeitete ich in einer Hausarbeit das Thema „Konsumfreiheit in der Marktwirtschaft“. Bei einem Seminartermin schien alles auf eine ähnliche Szene wie bei Schiller hinauszulaufen. Ortlieb – auch er wie ein Geier aus dem Rückraum von seinem Lehrstuhl aus die Szenerie überwachend, während seine beiden beflissenen As-

„Klausuren können in bestimmten Fällen und unter bestimmten Bedingungen sinnvolle Formen von Leistungsprüfungen sein, aber in ihrer gnadenlosen Häufung an unserer alten ‚Akademie' waren sie gewiss des Guten zu viel."

sistenten die Veranstaltung durchführten – schreckte auf, als ein erregter Sprechchor aufmüpfiger Studenten alles aus der Bahn zu werfen drohte. Dieser Professor aber war aus anderem Holz geschnitzt als Schiller: „Wenn das nicht sofort aufhört", schnarrte er dazwischen, „breche ich die Veranstaltung für das ganze Semester unverzüglich ab!" Diese Einschüchterung wirkte damals noch. Alles konnte wohlgeordnet seinen Gang gehen. Wir hatten erst den Herbst des Jahres 1967.

Schreiben

Manche der von mir befragten Studenten der alten Akademie für Wirtschaft und Politik riefen sich gern jene alte Villa in der Mollerstraße 10 ins Gedächtnis zurück, in deren beiden Hörsälen sie den größten Teil ihres Studiums verbracht hatten. Mir geht es ähnlich. Zweifellos habe auch ich in den vier Semestern bis zum Herbst 1966 in diesen Räumen sehr viele Anregungen für ein vertieftes Verständnis von Wirtschaft und Gesellschaft empfangen. Aber mein durch spätere Erfahrungen angereichertes Gedächtnis legt auch noch etwas anderes frei. Ich meine diese unbarmherzige Vielschreiberei, entweder als Mitschrift in den Vorlesungen (Seminare und Skripten gab es so gut wie gar nicht), als Reinschrift in der Studentenbude auf Schreibmaschine, mit Durchschlagpapier für die Kumpels aus der Mitschriftengemeinschaft und schließlich als Schönschreiben auf vorgefertigtem Klausurpapier. Ich habe in zwei Jahren insgesamt 26 vierstündige Klausuren durchgestanden. Klausuren können in bestimmten Fällen und unter bestimmten Bedingungen sinnvolle Formen von Leistungsprüfungen sein, aber in ihrer gnadenlosen Häufung an unserer alten „Akademie" waren sie gewiss des Guten zu viel. Das sehen übrigens die meisten der von mir befragten Studenten der ganz alten Jahrgänge ähnlich.

Aber wenn ich ehrlich bin, muss ich doch einräumen, dass mir persönlich diese zu blinder Reproduktion kurzzeitig angelesenen Wissens auffordernde Qual in gewissem Sinne auch lag. So schlecht ich als Handsetzer alles in allem gewesen sein mag, in einer Hinsicht konnte mir kaum jemand das Wasser reichen: In der Gehilfenprüfung stellte sich heraus, dass ich in der Teilprüfung „Glatter Satz" der Jahrgangsbeste war. Niemand aus unserer Berufsschulklasse konnte, mit dem Winkelhaken vor dem Setzkasten stehend, in genau sechzig Minuten so viele Zeilen „pinnen" wie ich, und das weitgehend fehlerfrei. Während meine Nebenmänner in vier Stunden häufig mit Mühe und Not zehn Seiten aufs Papier brachten, schaffte ich das Doppelte.

Journalismus und Wissenschaft

Diese flinke Fingerfertigkeit half mir nicht nur im Studium, sondern auch während meines Ausflugs in den Journalismus gegen Ende der 1960er-Jahre. Als ich einmal von der Pressetribüne der Gelsenkirchener Glückaufkampfbahn aus für unsere *Neue Westfälische* in Bielefeld über ein Spiel der Fußball-Bundesliga berichten durfte, konnte ich in Ermangelung irgendwelcher Zeitlupen oder hilfreicher Assistenten an meiner Seite den Anforderungen an eine möglichst faktentreue Berichterstattung nur genügen, indem ich möglichst rasch alles Bemerkenswerte mit meinem Kugelschreiber notierte, den Block auf der schmalen Tischklappe vor mir, fast wie im Hörsaal. So verstand ich meine „soziale Rolle" als möglichst neutraler Reporter. Als Soziologiestudent an der Universität Hamburg hatte ich schließlich beim Betreuer meiner Diplomarbeit, Professor Dr. Janpeter Kob, gelernt, dass sich als „Person" zurücknehmen sollte, wer in bestimmten sachlichen Zusammenhängen auf eine distanzierte Haltung zu den Ereignissen angewiesen ist.

Ein paar Plätze neben mir auf der wackeligen Pressetribüne saß damals Heinz Kottek, der Leiter der örtlichen Sportredaktion der *Westdeutschen Allgemeinen*, umgeben von zwei devoten Mitarbeitern. Als Reinhard Libuda in seiner unnachahmlichen Art das erste Tor der Begegnung schoss, flitzte mein Kugelschreiber diensteifrig über das Papier (Wer hatte die Vorlage gegeben? Welchen Abwehrspieler des VfB Stuttgart hatte Libuda „aussteigen“ lassen, bevor er mit rechts „abzog“? Hätte der Torwart den Ball halten können?). Nicht so Heinz Kottek. Beide waren wir Mitglied beim FC Schalke 04, aber nur er gab sich hemmungslosem Jubel hin, warf Block und Bleistift in die Luft, und fast riss es ihm noch die Brille von der Nase. Wohl dem, der hilfreiche Geister um sich weiß und es deshalb mit dem Berufsethos nicht so genau nehmen muss. Wie gern hätte ich es dem Kollegen gleichgetan, aber die langjährig eingeübte eiserne Disziplin und eine situationsabhängig gebotene Rollendistanz hinderten mich daran.

An meiner Akademie für Wirtschaft und Politik und später dann im Studium an der Universität Hamburg konnte ich, bei aller Mühseligkeit im Einzelnen, jene Freude am Lernen lebendig halten, die mir Volksschule, Realschule und Berufsausbildung fast ausgetrieben hatten. Bei der *Neuen Westfälischen* bot man mir nach dem Studium eine entwicklungsfähige Stelle als politischer Redakteur an. Mich aber zog es stärker an die damals gerade aufblühende Hochschule für Wirtschaft und Politik, wo eine Stelle als wissenschaftlicher Mitarbeiter ausgeschrieben war.

Glück

Zurück zu jenem denkwürdigen Freitag im Herbst 1963. Der Brief aus Hamburg steckte in meiner Reisetasche, mit der ich mich im Lauf des Abends auf den Weg zu einem Wochenendseminar der Falken machte. Zunächst mit der Straßenbahn, dann mit dem Linienbus musste ich zum „Haus Neuland“, einer Bildungsstätte der SPD in der Nähe von Bielefeld. Wir hatten den marxistischen Philosophen Leo Kofler zu einem Seminar über sein Buch *Geschichte der bürgerlichen Gesellschaft* eingeladen. Der Bus endete in Oerlinghausen. Das ist jener Ort auf dem Kamm des Teutoburger Waldes, in dem Niklas Luhmann zehn Jahre später begann, Buch um Buch zu schreiben in seinem beharrlichen Bemühen, die deutsche Soziologie systemtheoretisch aufzurüsten. Von Oerlinghausen aus hatte ich noch einen kurzen, wegen des Höhenunterschieds jedoch beschwerlichen Fußweg zu meinem Zielort zu bewältigen.

Es muss wohl schon fast Mitternacht geworden sein, als ich am Ende eines ereignisreichen Tages im Kreis der Freunde landete. Mehr als ein halbes Dutzend von ihnen, zumeist junge Facharbeiter wie ich, folgten mir in den kommenden Jahren auf meinem Hamburger Weg nach. Das wusste ich natürlich damals nicht, aber an ihre Namen erinnere ich mich gern: Jürgen Simoleit und Ulrich Künstler, Dieter Grimme und Wolfgang Vahle, Helga und Peter Gießelmann. Mit etwas wackeligen Füßen segelte ich in die Bierstube unserer Bildungsstätte hinein: An der Endstation des Busses in Oerlinghausen hatte ich im immer noch anhaltenden Überschwang meines Glücksgefühls, den der Brief in meiner Tasche ausgelöst hatte, der Versuchung nicht widerstehen können, an der Theke jenes freundlichen Gasthauses gegenüber für das letzte Teilstück meines Weges noch eine kleine flüssige Stärkung zu mir zu nehmen.

Jürgen Prott

Referat auf hoher See: Assistent Peter Wunsch (rechts) lauscht den Worten seines Chefs Prof. Karl-Hermann Capelle – hier auf der Abschlussfahrt des Lehrgangs. Heiner Aumeier und Kommilitonen schipperten auf einem Ausflugsdampfer von Travemünde nach Kopenhagen

HEINER AUMEIER

DIE ZEIT IN HAMBURG HAT MICH SEHR GEPRÄGT

Ich wurde 1941 im beschaulichen Regensburg an der Donau geboren. Die kleine Großstadt an der Donau hat eine imposante Geschichte. Sie war die erste bayerische Hauptstadt und über fast zwei Jahrhunderte auch deutsche Hauptstadt, als unser Land noch drei Hauptstädte hatte. In Frankfurt wurden die Kaiser gekrönt, in Wien regierten Habsburger das Reich und in Regensburg war der Sitz des immerwährenden Reichstages des Heiligen Römischen Reichs Deutscher Nation. Aufgewachsen bin ich im oberpfälzischen Amberg in einem Arbeiterhaushalt. Mein Vater hatte in der kleinen Stadt einen Job in einem Montanbetrieb. Nach dem Besuch der Volksschule, dann der Wirtschaftsaufbauschule und einer anschließenden Ausbildung zum Industriekaufmann in einer mittelständischen Brauerei wechselte ich zu einer Tochtergesellschaft des Salzgitterkonzerns, die in Amberg ansässig war. Ich konnte zunächst nicht glauben, dass für mich ein Studium an der HWP infrage käme. Hatte ich doch inzwischen einen interessanten und verantwortungsvollen Job als Controller erreicht.

Bereit für die Welt der Wirtschaft: Heiner Aumeier kurz nach seinem Examen an der HWP im Jahr 1966

Im August 1964 habe ich geheiratet. Mit meiner Frau, die die Zeit in Hamburg durch mehrere Besuche in guter Erinnerung hat und einige Mitstudenten auch heute noch namentlich kennt, bin ich nunmehr im sechsten Jahrzehnt verheiratet. Diese Heirat hatte mich zunächst in starke Zweifel an meinem Schritt, nach Hamburg zu gehen, versetzt. Letztlich aber vollzogen wir das lange Getrenntsein, zumal meine Frau in dieser Zeit auch noch teilweise im Studium war.

Es war eine Riesenzäsur

Im Sommer 1963 hatte ich ein langes Gespräch mit einem Bekannten, der in den 1950er-Jahren einen großen Schritt wagte und von der bayerischen Provinz in die große Hansestadt Hamburg ging, um an der Akademie für Gemeinwirtschaft zu studieren. Er war inzwischen der Wahlkreisabgeordnete der SPD für das oberpfälzische Amberg zum Deutschen Bundestag. Ich hing an seinen Lippen, wenn er von seinen Begegnungen mit Ralf Dahrendorf erzählte und stolz hinzufügte, dass er in Dahrendorfs Standardwerk *Homo sociologicus* in einer Fußnote erwähnt sei. Ich konnte damals nicht ahnen, dass ich Jahrzehnte später die Assistentin Dahrendorfs und deren Mann, der bis zuletzt Direktor der University of Mount Eliza in Melbourne war, treffen würde. Mit den Eheleuten hat sich in den letzten Jahrzehnten eine tiefe Freundschaft über die Kontinente hinweg entwickelt. Dieser Akademieabsolvent, der mir zum Freund wurde, hat mich dann nicht nur überredet, sondern nachhaltig überzeugt – sodass ich meinen beschaulichen Job als Controller bei der Tochtergesellschaft eines bundesdeutschen Konzerns der Montanindustrie aufgab.

Wenn man zurückdenkt, muss man den Wechsel von einer kleinen Stadt in der Oberpfalz in die größte Stadt der Bonner Republik als Abenteuer sehen. Ich kaufte mir damals einen alten Volkswagen, Baujahr 1951. Er hatte noch das berühmte „Brezenfenster", also ein geteiltes Rückfenster, und die Motorisierung war ein 18-PS-Motor. Mit diesem Gefährt habe ich mich auf den Weg ins 700 Kilometer entfernte Hamburg gemacht, um dort die Aufnahmeprüfung zu absolvieren. Der Weg führte teilweise über Bundesstraßen, sodass eine Reisegeschwindigkeit von gerade einmal fünfzig Stundenkilometern schon gut war. Auf der Rückfahrt gab es wieder eine Verzögerung, da in der Gegend von Hildesheim die gerade vor ein paar Wochen eröffnete neue Autobahn teilweise weggebrochen und gesperrt war. Als ich dann zum Wintersemester 1964 an der Akademie für Wirtschaft und Politik mein Studium beginnen durfte, machte ich – mit einigen Habseligkeiten – die Reise mit der Bahn.

Hamburg im Regen

In den ersten Wochen erwischte ich in Hamburg eine echte Regenzeit. Ein Wetter, das in meinem Heimatstädtchen voll öde gewesen wäre, war hier hingegen sehr abwechslungsreich: Konnte man doch auch bei diesem Wetter das große Hamburg wunderbar erkunden! Dieses Erkunden war leicht möglich, weil es damals die Monatskarte für Studenten für sage und schreibe sieben D-Mark gab. Diese berechtigte zum Fahren mit S-Bahn, U-Bahn, Straßenbahn und Bussen. Es war der erste Verkehrsverbund in unserer jungen Republik. Wenn man in den Ferien zu Hause vom großartigen neuen „Karstadt" in der Mönckebergstraße schwärmte, galt man manchmal schon als Aufschneider.

Meine Studienzeit habe ich dann als frischgebackener Ehemann sehr umfangreich durch mehrere Briefe wöchentlich an meine Frau dokumentiert. Den Briefwechsel habe ich bis heute aufgehoben, und so kann ich sagen, dass rund 1400 Seiten an detaillierten Informationen aus meiner Studienzeit überlebt haben.

Als Stipendiat der Stiftung Mitbestimmung war ich in den ersten Wochen des Studiums in der Pension Röseler am Zentralen Omnibusbahnhof untergebracht. Der Inhaber saß meistens selbst an der Rezeption und begrüßte jeden Gast persönlich. Ohne seine sicher wertvolle Briefmarkensammlung aus den Augen zu lassen. Er fixierte mich kurz, um dann festzustellen: „Krause Haare, krauser Sinn." Er war schon ein versierter Alltagspsychologe. Ich meinte dazu lakonisch: „Aber vielleicht gut fürs Studium."

Sprache und Alltag

Der Beginn des Studiums war spannend. Der Volkswirtschaftsprofessor fragte mich gleich nach meiner Herkunft. Da bei allen Bemühungen, hochdeutsch zu sprechen, der bayerische Dialekt doch stark „durchschimmerte", fragte mich der – für meine Verhältnisse – betagte Lehrer, wo ich genau herkomme. Ich antwortete etwas verschämt: „Aus Regensburg", meiner Geburtsstadt. Die Einschätzung kam prompt: „Oh Gott, da sind ja die Messerstecher zu Hause!" Ich konnte Professor Georg Hummel – der auch an der Donau, in Ulm, geboren worden war – aber beruhigen. Wir hatten keinen Messerstecher in der Familie und es kam auch keiner aus meiner Familie bei einer Messerstecherei ums Leben. Gefahrengeneigter war bei uns schon der Sprung von der Steinernen Brücke in Regensburg in den Donaustrudel. Das hat zwei meiner Vettern das Leben gekostet.

Die Zeiten damals waren so anders, dass man mit den Schilderungen heute teilweise auf Unverständnis stößt. Wir hatten damals – was das Mittagessen betraf – einige Sponsoren. Diese Möglichkeiten nahmen wir auch intensiv wahr. Wir liefen von der HWP mittags zur S-Bahn und fuhren dann nach Barmbek. Von dort ging es zum Mittagstisch bei Heidenreich und Harbeck. Das Essen war meistens sehr gut und für uns eine große Hilfe. Nach dem Essen ging es wieder zurück zur S-Bahn und von dort zum Dammtor und anschließend in die Nachmittagsvorlesung. So war man im Schnitt fast 40 Minuten zu Fuß und 30 Minuten mit der Bahn unterwegs. Bei den vielen Nachmittagsvorlesungen musste die Kalorienzufuhr daher zeitlich stark begrenzt werden, denn zum Essen blieben gerade einmal 15 Minuten. Das hatte aber auch seine guten Seiten: Am Ende meiner Zeit in Hamburg hatte ich immerhin fast 15 Kilo weniger auf den Rippen.

ZUR PERSON
HEINER AUMEIER

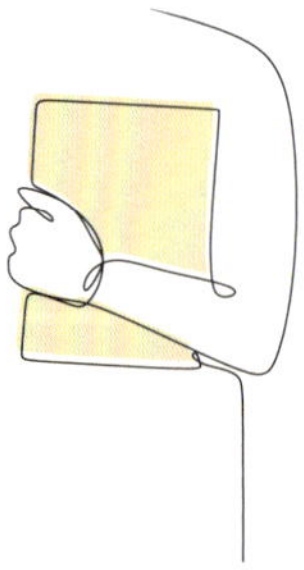

Geboren 1941 in Regensburg

Schulabschluss : Mittlere Reife
Industriekaufmann Luitpoldhütte Amberg (Salzgitter-Konzern)

Studium: 1964–1966 Hochschule für Wirtschaft und Politik Hamburg; Abschluss: Diplom-Volkswirt

1979: Direktor BfG Niederlassung Weiden,
1989: Direktor BfG Niederlassung Fürth,
1991: Direktor BfG Niederlassung Regensburg,
1993: Direktor und Leiter Gebiet Leipzig/Halle BfG Niederlassung Leipzig; 1995 bis heute: Geschäftsführer AUMEIER GmbH Regensburg.

Aumeier im Gespräch mit Professor Georg Hummel (l.) und Egon Sutter, Personalchef der Neuen Heimat Baden-Württemberg

Im Studium merkte ich bald, dass die gemeinsame Muttersprache im Süden und im Norden der Republik doch einige Besonderheiten aufweist. Nach einer Volkswirtschaftsklausur nahm mich ein „Oberassistent" diskret beiseite und fragte mich, was ich denn mit „Heuer ist das Sozialprodukt ..." ausdrücken wolle. Ich wusste erst nicht, was er meinte, da „heuer" im Süden der Republik das gängige Wort für „dieses Jahr" ist. Der Korrektor sagte mir dann aber: „‚Heuer' ist bei uns ein Seemannslohn." Seitdem verwende ich dieses Wort nicht, wenn ich an der Nord- oder Ostsee bin.

1400 Seiten Erinnerung

Diese Kurzbiografie hat mich veranlasst, in meinem zweibändigen Briefwechsel nach nunmehr fast sechs Jahrzehnten die Zeit an der HWP Revue passieren zu lassen. Da ich schon zwei Monate nach meiner Hochzeit zum Studium nach Hamburg aufbrechen musste, habe ich jedes Erlebnis in der und um die HWP detailliert geschildert. Vergnüglich und besonders heiter waren die Vorlesungen bei Professor Karl-Hermann Capelle, wenn er bei der Erklärung eines Schuldrechtsfalls zum wiederholten Male die Stute Bella in die Alster fallen ließ. Auch wenn Professor Hummel seine Liaison (aus der dann aber keine Hochzeit wurde) mit der (linksorientierten) Tochter des Reichsbankpräsidenten Hjalmar Schacht schilderte, hingen wir an seinen Lippen.

Meine Schilderungen des Hamburger Wetters lösten bei meiner Frau oft Erstaunen aus. War es doch zum Beginn des ersten Semesters sehr nass. Es regnete einige Wochen durch. Genau genommen: bis Weihnachten. Dadurch kam es auch in Hafennähe zu größeren Überschwemmungen. Ganz anders war es im Winter 1965/66. Da blieben selbst in der Stadt die Fahrzeuge in den Schneeverwehungen stecken.

Als ich 1966 einen Job suchte, fragte mich ein ehemaliger Gewerkschafter, der auch Bundesminister war, ob ich ins Ausland gehen wolle. Das Angebot, in Genf beim Internationalen Arbeitsamt zu arbeiten, war sehr interessant. Ich entschied mich aber doch für eine Traineestelle bei der Bank für Gemeinwirtschaft.

Die kleine und die große BRD

In diesem Bankhaus habe ich dann bis zu meinem Ruhestand gearbeitet. Dadurch habe ich den wirtschaftlichen Aufbau der kleineren Bonner Republik, aber auch noch den Aufbau in der ehemaligen DDR miterleben können. Ich war zunächst in Frankfurt und Nürnberg im Trainee tätig, um danach als Kreditprokurist und Niederlassungsleiter in meiner oberpfälzischen Heimat in Weiden zu arbeiten. Die weiteren Städte waren dann Fürth und Regensburg, meine Geburtsstadt. Durch die Wiedervereinigung bekam ich das Angebot, die Niederlassungsleitung des Gebietes Leipzig/Halle der BfG-Bank zu übernehmen. Ich nahm an. Zurückblickend war dies wohl meine interessanteste und erfolgreichste Zeit in meinem Arbeitsleben. Konnten wir doch in dieser Zeit fast 6000 Häuser und Wohnungen finanzieren, und das bei einer sehr guten Risikoquote.

Nach der Wiedervereinigung gab ich meine spezifischen Kenntnisse bei Seminaren des gesamtdeutschen Ministeriums für Existenzgründer in den neuen Bundesländern weiter. Und in der jungen Tschechischen Republik konnte ich über vier Jahre lang mein Wissen über das Rechnungswesen in der Marktwirtschaft durch Vorträge mit dem Schwerpunkt Bilanzanalyse weitergeben.

Während meiner Zeit in der BfG-Bank widmete ich mich besonders der Ausbildung junger Bankkaufleute und Bankfachwirte. So war ich über drei Jahrzehnte Prüfungsausschussvorsitzender bei den Kammern in Regensburg, Nürnberg und Leipzig. Die Möglichkeit, nach meiner Leipziger Zeit wieder im Westen der Republik eine Bankfiliale zu leiten, nutzte ich nicht. Ich machte mich vielmehr als geschäftsführender Gesellschafter einer kleinen Finanzanlage- und Immobiliengesellschaft selbstständig. Die Arbeit macht mir – trotz fortgeschrittenen Alters – noch sehr viel Spaß, vor allem durch das Feedback des langjährigen Kundenstamms.

Weltoffen: Vorbild Hamburg und HWP

Während meines Berufslebens konnte ich mich auch in verschiedenen Ehrenämtern bewähren. In den 1970er-Jahren hob ich das damals wichtige Dritte Vermögensbildungsgesetz mit aus der Taufe. Es war für mich eine große Ehre, mit bekannten Größen der „Bonner Republik", wie den Bundesministern Georg Leber oder Herbert Ehrenberg sowie dem Unternehmer Philip Rosenthal, in einem Beratergremium zu sein.

Über mehrere Jahrzehnte war ich Dozent an der Franken-Akademie. Hier behandelte ich aktuelle Themen der Wirtschafts- und Finanzpolitik vor erwachsenen Hörern. Schwerpunktthema war über mehrere Jahre die Einführung der neuen europäischen Währung. Bis vor Kurzem war ich noch Schatzmeister des ältesten bayerischen Geschichtsvereins, des Historischen Vereins für Oberpfalz und Regensburg. Auch in der bescheidenen Funktion als Revisor ist man als ehemaliger Bankmitarbeiter immer noch gerne gesehen. Ich finde es grundsätzlich schade, dass das Ehrenamt in unserer heutigen Zeit sehr leidet.

Abschließend kann ich mit großer Zufriedenheit sagen, dass mich die Zeit in Hamburg für mein berufliches wie privates Leben sehr geprägt hat. Das Studium und auch das Leben in der weltoffenen Hansestadt können auch heute noch für viele Menschen Vorbild in unserem Land sein. Ich blicke – gemeinsam mit meiner Frau, mit der ich jetzt 57 Jahre verheiratet bin und die bis heute begeisterter Hamburg-Fan ist – mit Stolz auf diesen Lebensabschnitt zurück.

Heiner Aumeier

HUBERTUS SCHMOLDT

ICH VERDANKE UNSERER HWP SEHR VIEL

Im Gespräch mit Jürgen Prott

Mein Interview mit Hubertus Schmoldt an einem verregneten Vormittag im August 2021 war eigentlich schon zu Ende, da drängte es meinen wie immer hanseatisch zurückhaltenden Gesprächspartner zu dieser abschließenden Bemerkung, die ich in ganz ähnlicher Form in einer Serie von Interviews mit HWP-Absolventen immer wieder gehört habe: „Mir ist wichtig, noch zu sagen, dass ich ohne die Hochschule für Wirtschaft und Politik nicht das geworden wäre, was ich geworden bin. Ich verdanke unserer HWP sehr viel. Wir können, du ja auch, denjenigen, die damals die Akademie für Gemeinwirtschaft auf den Weg gebracht haben, und auch denen, die sie später auf der Höhe der Zeit gehalten haben, dafür nur dankbar sein."

Weil ich Hubertus bei verschiedenen Gelegenheiten als einen sympathisch unaufgeregten Zeitgenossen erlebt habe, überraschte mich der Nachdruck doch ein wenig, mit dem er diese Aussage vortrug. Sie kam fast einem Bekenntnis gleich.

Der Weg zum Studium an der HWP

Hubertus Schmoldt: Ich bin am 14. Januar 1945 in Posen geboren. Am 19. Januar wurde die Klinik evakuiert, und da ist meine Mutter mit mir zu ihrer Schwiegermutter nach Jarmen gegangen, damals im Gebiet der späteren DDR. Dort blieben wir ungefähr ein Jahr und dann ging es weiter nach Walsrode. Im Frühjahr 1946 landeten wir dort. Hier lebte ich bis zum Beginn meines Studiums in Hamburg. In Walsrode besuchte ich zunächst die Volksschule. Wenn man zu einer weiterführenden Schule wollte, musste man damals noch eine Aufnahmeprüfung bestehen. Ich bestand die Aufnahmeprüfung für die Realschule. Meine Mutter hatte das Abitur, und sie wollte unbedingt, dass ich das auch erreiche. Nach zwei Jahren auf der Realschule stellte ich mich der Prüfung für das örtliche Gymnasium. Außer mir waren noch zwei Mädchen aus unserer Volksschulklasse für die Prüfung zugelassen. Ich habe mich da wohl nicht besonders intelligent angestellt. Ich erinnere mich noch daran, dass wir einen Aufsatz zu diesem Spruch schreiben sollten: „Wenn es dem Esel zu wohl wird, geht er aufs Eis". Ich saß davor und dachte: Was soll ich denn damit anfangen? Na gut. Das Ende vom Lied war, dass ich auf der Realschule blieb und dort meine Mittlere Reife machte.

Prott: Und danach ging es dann wahrscheinlich direkt in den Betrieb?

Schmoldt: So ist es. Der größte Arbeitgeber bei uns am Ort war damals die Firma Wolff. Die hatten immerhin fast 4000 Beschäftigte. Das war also eine große Firma. Nun habe ich schon als Kind immer sehr gern technisch herumgefummelt. Und so landete ich bei Wolff. Dort gab es zeitweilig mehr als 400 Ausbildungsplätze. Einige meiner Klassenkameraden wurden Elektriker, einige Mädchen gingen in den kaufmännischen Bereich, ich machte eine Lehre zum Maschinenschlosser. Das dauerte dreieinhalb Jahre. In dieser Zeit habe ich eine Menge gewerkschaftliche Jugendarbeit gemacht, war zunächst Jugendvertreter und später Vorsitzender der Jugendvertretung.

Anfangs gab es allerdings etwas Ungewöhnliches. Mein bester Freund war der Sohn eines kleinen Unternehmers aus der Umgebung. Nur er und ich weigerten sich, mit Beginn der Ausbildung in die IG Chemie einzutreten. Wir waren die Einzigen. Damals war es üblich, dass die neuen Lehrlinge in den Frühstücksraum eingeladen wurden, wo der für die Jugendarbeit zuständige Betriebsrat auf uns wartete. Der hatte die Aufnahmeformulare für die Gewerkschaft dabei. Gut, mein Kumpel und ich hielten das ein Dreivierteljahr durch. Aber dann begann ich mich für die Jugendvertretungsarbeit zu interessieren. Und so bin ich dann doch noch zur Gewerkschaft gestoßen. Ich wurde bald Vorsitzender

der Jugendvertretung und hatte das Glück, auf einen sehr engagierten Betriebsratsvorsitzenden zu treffen. Das war ein großgewachsener Mann, Helmut Schlüter. Der spielte damals schon in der IG Chemie auf allen Ebenen, bis zur Bundesebene, eine große Rolle. Wir verstanden uns gut. Er hat meinen weiteren Weg beeinflusst. Ich hatte damals zunächst ein Ingenieurstudium als Traum im Hinterkopf, aber aufgrund meiner Arbeit in der Jugendvertretung und meines Interesses an der Bildungsarbeit stellte er mir die Frage, ob nicht ein Studium an der HWP für mich das Richtige sei.

Prott: Warum bist du auf einer Art Umweg in die betriebliche Gewerkschaftsarbeit gekommen?

Schmoldt: Ich komme aus einer konservativen Familie. Meine Mutter und ihr Bruder, die waren stockkonservativ. Ich glaube, die standen alle einer Vertriebenenpartei nahe, Bund der Heimatvertriebenen. Während der Lehre merkte ich schnell, dass die etablierte Jugendvertretung nicht genug tat für die Verbesserung der Ausbildung. Dabei gab es eine Reihe interessanter Betätigungsfelder. Die Firma veranstaltete für den Nachwuchs Ferienzeltlager in verschiedenen Regionen und die Jugendvertretung wurde bei der Planung und Durchführung mit einbezogen. Wir waren in Bayern, an der Ostsee. Drei Durchgänge pro Jahr. Einer von der Jugendvertretung war immer dabei. Diese Erfahrungen formten meine Fähigkeiten, mit Menschen umzugehen, weckten auch politisches Interesse. Später begleitete ich Helmut Schlüter sogar in einem Wahlkampf. Er kandidierte ja für den Bundestag.

Prott: Aber warum hast du dich zusammen mit dem Kumpel der Aufnahmezeremonie in die Gewerkschaft widersetzt?

Schmoldt: Wir beide waren die Einzigen, die aus einer konservativen familiären Umgebung kamen. Die meisten anderen Lehrlinge waren Kinder von Handwerkern oder Kinder von Beschäftigten der Firma Wolff. Für die war das ganz selbstverständlich, den Zettel zu unterschreiben. Mir ging das gegen den Strich. Warum sollte ich das so einfach unterschreiben? Ich war einfach aufmüpfig. Später, das muss ich zugeben, habe ich als Vorsitzender der Jugendvertretung das Ritual mit den Aufnahmeformularen bei der Neueinstellung von Lehrlingen übernommen, das ich selbst abgelehnt hatte.

Prott: Warum hat sich der Traum vom Ingenieur mit der Zeit verflüchtigt?

Schmoldt: Ich hatte Feuer gefangen für die Gewerkschaftsarbeit. Nicht nur im Betrieb, sondern bald auch in der Bildungsarbeit auf der überregionalen Ebene. So kam ich mit Hustedt (Bildungszentrum Heimvolkshochschule Hustedt e.V.) in Berührung, der Heimvolkshochschule. Und dann ging ich noch während der Ausbildung erst zum Sechsmonatskurs und dann zum Fünfmonatskurs nach Hustedt. Im Betrieb lief natürlich nicht alles immer glatt. Ich muss da eine kleine Begebenheit erzählen, die man mir vielleicht gar nicht zutraut. Bei uns im Betrieb war es damals üblich, dass die Lehrlinge in der Vorweihnachtszeit einige Lieder einstudierten, die sie dann den Beschäftigten verschiedener Abteilungen am letzten Tag vor Weihnachten vorsangen. Zum Üben wurden wir zeitweilig von der Arbeit freigestellt. Das war natürlich nicht schlecht. Für die Sängerinnen und Sänger gab es kleine quadratische Schokoladentafeln als Dankeschön. Der Juniorchef sagte uns nach einem Auftritt so gegen 9 Uhr morgens, wir sollten uns vor unserem zweiten Auftritt am frühen Nachmittag in einem anderen Werksteil wieder umziehen und zur normalen Arbeit in den Betrieb zurückgehen. Ich habe dann die ganze Sängertruppe aufgestachelt, die Zeit bis zum nächsten Auftritt stattdessen in einer Kneipe zu überbrücken. Einer büxte durch das Lokusfenster aus. Wir wurden erwischt. Die Suche nach dem Schuldigen ging los. Ich wurde als Rädelsführer überführt. Die Firma wollte mich rausschmeißen, aber der Betriebsratsvorsitzende bewahrte mich davor. Meine Mutter kriegte einen schlimmen Brief von der Firma und war völlig aus dem Häuschen. Das Ganze war im letzten Jahr meiner Tätigkeit bei Wolff. Das war damals die Zeit, als es von manchen aus der älteren Generation keine Gnade gegenüber Jugendstreichen gab.

Das Studium an der HWP

Im Frühjahr 1966 war die Aufnahmeprüfung und im Herbst des gleichen Jahres trat ich in Hamburg an. Direkt aus dem Arbeitsverhältnis bei Wolff wechselte ich nach Hamburg. Möglicherweise hätte ich bei Wolff wieder einsteigen können, aber dann wäre das ein Verwaltungsjob geworden. Vielleicht hatte ich auch im Hinterkopf, dass ich mal der Nachfolger von Schlüter als BR-Vorsitzender werden könnte. Das weiß ich aber nicht genau. Ich kam mit dem Stipendium der Stiftung Mitbestimmung an die HWP. Zunächst waren wir einige Wochen in der berühmten Pension Roeseler gegenüber dem Gewerkschaftshaus. Dann war ich zwei Jahre lang in einem Zweibettzimmer im Barmbeker Studentenwohnheim des DGB, bevor ich dort ein Einzelzimmer bekam.

Prott: Gab es, vor allem in der ersten Zeit des Übergangs, hilfreiche Geister, wenn Schwierigkeiten im Studium auftraten?

Schmoldt: Ich hatte, wie viele andere Kommilitonen auch, Schwierigkeiten mit allem Mathematischen. Aber es gab im

Studentenwohnheim einige Kollegen, die immer eine offene Tür hatten, zu denen man hingehen konnte, wenn eine schwierige Klausur bevorstand. Vor allem einer übte geduldig mit uns. Das war einfach nur ein netter und hilfsbereiter Mensch. Leider habe ich ihn völlig aus dem Auge verloren. Und dann half uns unser ehrenamtlicher Heimleiter Werner Tegtmeier, der später Staatssekretär wurde, in manchen Dingen.

Prott: Hattest du Zeit und Lust für politisches Engagement im Studium, vielleicht auch mit beruflichen Hintergedanken?

Schmoldt: Ich gehörte dem SDS an. Wir setzten uns für eine Art Auflockerung des ganzen Studienplans ein. Erst später kam das nach uns folgenden Studentengenerationen zugute. Aber hauptsächlich kümmerten wir uns von der gewerkschaftlichen Studentengruppe aus darum, die Gewerkschaften in der Bildungsarbeit auch mit unserem neu gewonnenen Wissen zu unterstützen. Das hatte natürlich auch finanzielle Gründe: Aufbesserung des Stipendiums. Auf die Art und Weise habe ich den Kontakt zu unserer Organisation nie unterbrochen. Ich erinnere mich an einige Seminare als Teilnehmer in unserer Bildungsstätte in Bad Münder. Damals gab es bei Seminaren für Fortgeschrittene noch sogenannte Beurteilungen. Später, als ich schon Vorsitzender war, bekam ich mal meine damalige Akte in die Hand. Da stand über mich der Satz: „Hubertus könnte mehr, wenn er wollte." Wahrscheinlich hatte der Beurteiler schon recht. Ich habe nicht immer alles zu ernst genommen. Es war ja auch eine schöne Zeit, die wir in der Bildungsarbeit verlebten.

Prott: Hast du das Studium inhaltlich möglichst eng mit der gewerkschaftlichen Arbeit verzahnt oder nicht?

Schmoldt: Das lief bei mir mehr oder weniger nebeneinanderher. Mein Schwerpunkt war Volkswirtschaftslehre. Da achtete ich aber nicht darauf, ob mir der Stoff irgendwie mal ausdrücklich für eine Gewerkschaftstätigkeit nützlich sein könnte. Mich interessierten einige Themen, andere nicht. Ich ging das ganz pragmatisch an. Ich erinnere mich gern an Wilhelm Nölling. An dem konnte man sich reiben. Und er ging auch auf ein Thema ein, das mich von Anfang an im Studium stark interessierte: Wie kann man diese Gesellschaft gerechter gestalten? Was muss man tun, um die Armut zu überwinden, um den Abstand zwischen Arm und Reich zu verringern? Bei vielen anderen Themen habe ich mir, ehrlich gesagt, die Haltung angewöhnt: Das muss nun mal sein, das kann mal in der gewerkschaftlichen Bildungsarbeit hilfreich sein, mal auch nicht.

Prott: Was vor allem hat dir das Studium gebracht?

Schmoldt: Ich habe überhaupt erst im Studium gelernt, selbstständig zu arbeiten. Das hatte ich ja vorher überhaupt nicht gelernt. Nicht in der Realschule und auch nicht in der Ausbildung. Da ging es nur um Abfragen. Jetzt hatte ich die Chance, mir gezielt Wissen anzueignen und das Gelernte zu Papier zu bringen. Das war für mich eine ganz neue und aufregende Erfahrung. Und ich habe gelernt, dass man offen bleiben muss für unterschiedliche Positionen, dass man andere Sichtweisen anerkennen und überhaupt erst zur Kenntnis nehmen muss. In negativer Hinsicht waren unsere Auseinandersetzungen zwischen SDS und SHB wichtig. Da legten wir nämlich gerade nicht diese Fähigkeit an den Tag. Das war für mich ein abschreckendes Beispiel. Aber unterschiedliche Meinungen lernte ich auch bei den Professoren kennen. Das hat mir viel gegeben und mir bei der späteren beruflichen Tätigkeit sehr geholfen, dass man offen bleibt und nicht so zugenagelt ist in seinem Weltbild. Wilhelm Nölling habe ich in dieser Hinsicht als angenehm in Erinnerung behalten. Der war politisch, aber nicht dogmatisch. Und er konnte interessant vortragen. Meine Abschlussarbeit in VWL habe ich über „Grenzen der Staatsverschuldung" oder so ähnlich geschrieben.

Prott: Was hat das HWP-Studium bewirkt? Und was ist davon geblieben?

Schmoldt: Mir ist das HWP-Studium in meiner späteren Berufstätigkeit bei der Gewerkschaft in mehrfacher Hinsicht zugutegekommen. Bei Tarifverhandlungen musste man auf die Argumente der Gegenseite detailliert eingehen können. In der Gegenrede musste man mindestens einen Teil der Argumente der anderen Seite argumentativ entkräften. Und dann müssen ja auch deine eigenen Kollegen, die neben dir sitzen, verstehen können, was du sagst. Man darf da nicht diese halbwissenschaftlichen, unausgegorenen Gedanken vortragen, die keiner der eigenen Leute versteht. Man muss also schon genau darauf achten, wie man seine Gedanken in die richtige Form bringt. Ich glaube, ich habe durch das Studium an der HWP gelernt, meine eigenen Gedanken einigermaßen strukturiert vortragen zu können, in der mündlichen Rede ebenso wie im schriftlichen Ausdruck. Was will ich sagen? Wie will ich das sagen? An welcher Stelle meiner Rede will ich das unterbringen? Viele Gewerkschaftssekretäre, die ich kennengelernt habe und die keinerlei akademischen Hintergrund hatten, standen immer vor Schwierigkeiten, wenn sie sich auf einen Auftritt in einer Betriebsversammlung vorbereiten mussten. Sie hatten oft Mühe, sich auf die spezielle Situation einzustellen. Zum Beispiel auch noch das spontan aufzunehmen und zu kontern, was vor dir der Geschäftsführer gesagt hatte.

Prott: Hast du dich gelegentlich mal bei der Einsicht ertappt, dass du von den Lernmöglichkeiten des Studiums nicht im ausreichenden Maße Gebrauch gemacht hast?

Schmoldt: Ja, das ist die Sache mit den Englischkursen. Ich habe das unbedingt Notwendige gemacht, mehr nicht. Später, in internationalen Zusammenhängen der Gewerkschaftsarbeit, habe ich sehr bedauert, dass ich immer auf Dolmetscher angewiesen war.

Prott: Hättest du von der späteren HWP-Studenten offenstehenden Möglichkeit Gebrauch gemacht, zum Beispiel ein Semester an der London School of Economics zu studieren?

Schmoldt: Das hätte ich sofort gemacht! Ich bewundere heutige Studenten, die diese Möglichkeiten nutzen. Der Mensch muss charakterlich geformt werden, er muss sich Wissen aneignen, aber er muss sich auch in fremden Umgebungen bewegen lernen. Und dazu gehört unbedingt Auslandserfahrung.

Prott: Wie ging es nach deinem Studium im Jahr 1969 weiter?

Schmoldt: Es gab keine Anfrage für mich. Ich bewarb mich bei der ÖTV und bei meiner IG Chemie auf freie Stellen. Ich hatte nicht die Chance, irgendwo einen privilegierten Zugang zu bekommen. Die IG Chemie in Hamburg suchte einen Sekretär für ihre Verwaltungsstelle. Fünf Bewerber. Ich wurde zum Vorsingen eingeladen. Der damalige Betriebsratsvorsitzende von Beiersdorf, der eine wichtige Rolle am Ort spielte, fragte mich: „Sag mal, Kollege, du bist mal gerade 25 Jahre alt. Traust du dir eigentlich zu, vor einer Betriebsversammlung zu sprechen? Bei uns sind das so etwa 1200 Leute. Traust du dir zu, in einer solchen Situation einen Konflikt durchzustehen?“ Diese Frage habe ich nicht vergessen, und auch die zweite Frage nicht: „Traust du dir die Arbeit als Sekretär überhaupt zu, obwohl du kaum Erfahrung in der betrieblichen Arbeit mitbringst?“ Ich machte das Rennen. Und dann war ich fast zwanzig Jahre in Hamburg Gewerkschaftssekretär, danach ging ich nach Hannover zum Hauptvorstand. Ich war zwischendurch Geschäftsführer geworden und war der Erste in unserer Organisation, der direkt von der örtlichen Ebene in den Hauptvorstand gekommen war.

Prott: Hat dir bei deiner Karriere das Studium an der HWP eher im Wege gestanden oder hat es eher geholfen?

Schmoldt: Es hat mir nicht im Wege gestanden. Es hat mir eher geholfen. Natürlich gab es unausgesprochen eine Aversion gegen Akademiker. Siehe das Beispiel mit dem Betriebsratsvorsitzenden von Beiersdorfer. Das gab es mit Sicherheit! Damals wurden bei den Gewerkschaften sehr wenige Akademiker eingestellt. Beim Vorstand der IG Chemie hatten wir nur einen Einzigen, der war Diplomvolkswirt und arbeitete in der Wirtschaftsabteilung. Wenn überhaupt, dann hatte jemand aus der HWP eine Chance. Der wurde etwas milder betrachtet als jemand, der mit einem Doktortitel kam. Das hat sich glücklicherweise geändert. Die alten Fuhrleute mit ihrer Skepsis gegenüber Akademikern sind praktisch ausgestorben. Selbst in den Stäben der Betriebsräte tummeln sich immer mehr Akademiker. Nur mit deren Wissen können die überhaupt der anderen Seite in Verhandlungen gewachsen sein.

Prott: Als langjähriger Vorsitzender deiner Gewerkschaft hast du viel mit HWP-Absolventen zu tun gehabt. Wie hast du sie in ihrer Rolle als Gewerkschaftssekretärinnen und Gewerkschaftssekretäre generell in Erinnerung?

Schmoldt: HWP-Absolventen traten in der Regel anders auf als andere Bewerber. In Betriebsversammlungen, in Vertrauensleuteversammlungen, in Seminaren, in Tarifverhandlungen konnte man merken, dass sie ihre betrieblichen Erfahrungshintergründe in Verbindung mit dem an der Hochschule Gelernten situationsgerecht einsetzen konnten. Und zwar so, dass andere sich nicht zurückgesetzt fühlten. Diese Kollegen sind eigentlich immer gut akzeptiert worden. Es hat unserer Gewerkschaft gutgetan, dass wir viele Personen aus dem Kreis der Absolventen eingestellt haben.

ZUR PERSON
HUBERTUS SCHMOLDT

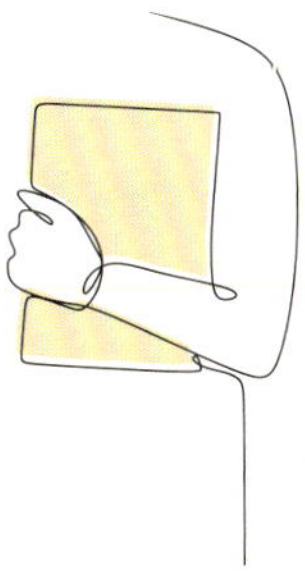

Geboren 1945 in Posen

Ausbildung zum Maschinenschlosser, Studium von 1966–1969 (19. Lehrgang)

1969–1995: Gewerkschaftssekretär bei der Industriegewerkschaft Chemie, Papier, Keramik (IGCPK) in Hamburg

1995–2009: Vorsitzender der IGCPK bis 1997 und anschließend Vorsitzender der aus einer Fusion von IGCPK, Industriegewerkschaft Bergbau und Energie sowie der Industriegewerkschaft Leder hervorgegangenen Industriegewerkschaft Bergbau, Chemie, Energie.

SCHUHE
FÜRA

Gerhard Glogowski und der ehemalige SPD-Vorsitzende Willy Brandt im Jahr 1981 in Braunschweig. Brandt besuchte die niedersächsische Stadt anlässlich der bevorstehenden Kommunalwahl

GERHARD GLOGOWSKI

MIT DEN MENSCHEN SEIN

Ich bin in Hannover-Linden geboren. In meinem Wahlbezirk bekam die SPD in der ersten Wahl nach 1945 91 Prozent. Obwohl wir in der Großstadt lebten, genossen wir die Sicherheit fester sozialer Beziehungen. Die Menschen halfen einander – im Krieg und in der Nachkriegszeit. Eine resolute Frau – wir nannten sie alle, obwohl nicht mit ihr verwandt, Oma Lotte – organisierte das soziale Leben. Wenn zum Beispiel meine Mutter krank war, sorgte Oma Lotte dafür, dass wir drei Kinder fürsorglich betreut wurden.

Mein Vater war Fahrer von Kurt Schumacher und Erich Ollenhauer. So zogen wir mit dem Parteivorstand der SPD 1950 nach Bonn. Dort lebten wir in einer nach dem Krieg gebauten Siedlung, in der auch viele bekannte Sozialdemokraten wohnten, darunter Ollenhauer, Herbert Wehner, Carlo Schmid, Egon Franke und weitere, sodass ich in meiner Jugend – auch durch die Tätigkeit meines Vaters – viele führende Sozialdemokraten persönlich kannte.

Die Sozialdemokratie war eine Familie

In Kurt Schumachers Garten, hinter seiner Villa auf dem Venusberg, durften meine Brüder und ich regelmäßig Johannisbeeren und andere Früchte ernten. Überhaupt war Kurt Schumacher zu uns Kindern in seiner Art liebenswürdig. Bei seiner Beerdigung in Hannover, die von Tausenden Menschen begleitet wurde, war ich anwesend.

Nie vergaß Erich Ollenhauer unsere Geburtstage! Und zur Konfirmation erhielten wir von ihm eine Uhr mit Widmung, die ich bedauerlicherweise verloren habe.

Bei der Frau von Herbert Wehner machte ich meine Schularbeiten. Herbert Wehner, zu dem mein Vater eine gute Beziehung hatte, brachte jedes Weihnachten für meinen Vater eine Flasche Wein und für uns Kinder Gebäck zu uns nach Hause. Er war ein liebenswerter Mensch im persönlichen Umgang, auch wenn sein Auftreten in der Öffentlichkeit vielleicht anderes vermuten ließ. Als Erich Ollenhauer gestorben war, wurde mein Vater in die Fahrbereitschaft des SPD-Parteivorstandes versetzt, was ihn außerordentlich belastete. Bei einem Zusammentreffen mit Greta Wehner erzählte er ihr davon – ihre Antwort: „Da kümmert sich Herbert drum!“ Und einige Zeit später wurde mein Vater Chef des Postversands der Partei, mit sieben Mitarbeiterinnen. Wehner kümmerte sich einfach um jeden Menschen, der mit einer Bitte an ihn herantrat.

Auch Egon Franke hatte eine Wohnung in unserer Siedlung. Meine Mutter hielt diese Wohnung in der Zeit, in der er in Hannover war, in Ordnung. 1950 wurde ich Mitglied der Roten Falken und dann auch Gruppenleiter. Als Mitarbeiter des

SPD-Parteivorstandes einen Arbeitersportverein gründeten, trat ich dem ebenfalls bei. Sport, vom Tauchen bis zum Bergsteigen, wurde mein Hobby: Unter anderem bestieg ich den Mont Blanc, den Kilimandscharo, den Aconcagua und ‚meinen' höchsten Berg mit 7200 Metern, den Pic Lenin. Ein weiteres sportliches Hobby, das mein Leben begleitet hat, ist der Fußball – bis heute in meiner Funktion als Ehrenpräsident der Braunschweiger Eintracht.

Die Sozialdemokratie war eine Familie, in der jeder sich um den anderen kümmerte und im katholisch-konservativen Bonn füreinander bereitstand. So war es für mich und meine Brüder selbstverständlich, mit 18 Jahren in die SPD einzutreten. Mit unserem Ortsvereinen fuhren wir zu Pfingsten und anderen Gelegenheiten in den Wald. Die Frauen backten Kuchen und die Männer zogen den Wagen mit Kaffee, Bier und Limonade, und wir sangen in Gemeinschaft Arbeiterlieder. Die Erinnerungen daran bereiten mir heute noch ein gutes Gefühl.

Mein Leben vor der HWP

Ich ging in die Volksschule, wie man damals sagte, und machte hier nach der achten Klasse den Abschluss. Aufgrund einer langen Krankheit in der vierten Klasse bekam ich kein Zeugnis, wurde aber versuchsweise dennoch versetzt. Der Besuch des Gymnasiums war mir damit nach damaligen Regeln nicht möglich. Nach der Volksschule besuchte ich zwei Jahre lang ganztags eine Aufbauschule und anschließend drei Jahre die Abendschule zur Vorbereitung eines Ingenieurstudiums. Gleichzeitig begann ich eine Lehre als Werkzeugmacher bei den Vereinigten Leichtmetallwerken Bonn.

Für mich war es selbstverständlich, in die IG Metall einzutreten. Ich engagierte mich im Betrieb und wurde als Jugendvertreter gewählt. In der Gewerkschaft leitete ich eine Jugendgruppe. Wir hatten einen sehr engagierten IG-Metall-Bevollmächtigten, der mich sehr förderte, und so machte ich während meiner Lehre viele Fortbildungsmaßnahmen der IG Metall mit. Auf Anregung dieses Gewerkschaftssekretärs ging ich nach Hannover und besuchte ein Jahr lang die

Hannover 1948: Arbeiterkinder aus der Steigerthalstraße in Hannover-Linden – ehemals Arbeiterviertel, heute Szenestadtteil (Gerhard Glogowski: Untere Reihe, Dritter von links)

Abendschule, um mich dann anschließend in der Heimvolkshochschule Springe auf eine Aufnahmeprüfung an der HWP vorzubereiten, die ich mit Bravour bestand.

An der HWP

Schon in Springe wurde ich von der Hans-Böckler-Stiftung unterstützt. Nach dem Beginn des Studiums an der HWP erhielt ich ein Stipendium, das an die Auflage geknüpft war, die halbjährliche Prüfung mit einem Notendurchschnitt von 3 zu bestehen. Für dieses Stipendium bin ich der Hans-Böckler-Stiftung sehr dankbar. Im Rückblick bin ich sicher: Wesentliche Impulse, mich weiterzubilden, habe ich aus meiner Zeit als Falke, in der Kinder- und Jugendorganisation der SPD, und bei der gewerkschaftlichen Arbeit erhalten. All dies hat mich sehr darin bestärkt, den zweiten Bildungsweg konsequent durchzustehen, obwohl Beruf und Abendschule sehr belastend waren.

Die HWP war das Ziel meines persönlichen zweiten Bildungswegs. Sie hatte einen besonderen Charakter in der damaligen Bildungslandschaft. Ihren Bildungsauftrag beschrieb Dr. Heinz-Dietrich Ortlieb 1958 mit den Worten: „Bildung liegt in der Erziehung zu sachlicher Haltung, zur kritischen Urteilsfähigkeit, zur Fähigkeit, sich gleicherweise in einen Stoff vertiefen und von ihm distanzieren zu können, sich bewusst zu werden, auf welchen Voraussetzungen ein Urteil beruht und unter welchen es allein Gültigkeit haben kann, und vor allem: Bildung gilt als geknüpft an die Fähigkeit, sich liebgewordener, aber fragwürdiger Voreingenommenheiten zu enthalten." Dieses Bildungsverständnis hat mich auf meinem beruflichen Weg stets begleitet.

Fragen über Fragen

Besonders beeinflusst hat mich während meines Studiums Professor Dr. Bruno Molitor, der seine Vorlesungen immer mit dem Satz begann: „Fragen über Fragen, Theorie der Wirtschaftspolitik". Er war auch mein Vertrauensdozent. Mein – durch die Falkenzeit marxistisch geprägtes – Denken wurde durch Professor Georg Hummel, einen glühenden Anhänger von Sir John Maynard Keynes, ergänzt. So wurde auch ich überzeugter Keynesianer.

Besonders gute Beziehungen hatte ich zu Professor Dr. Wilhelm Nölling, der aus Amerika zu uns kam und mein Denken nachhaltig beeinflusst hat. Wir hielten über die Jahre einen guten Kontakt aufrecht, sodass er auch meine Auffassung zur Einführung des Euros beeinflusste, als ich bereits Minister war. Während meines Studiums wurde ich Landesvorsitzender des Sozialdemokratischen Hochschulbundes (SHB).

Als Innenminister des Landes Niedersachsen: Teilnahme am Europäischen Polizei-Leistungsabzeichen im Jahr 1994

ZUR PERSON
GERHARD GLOGOWSKI

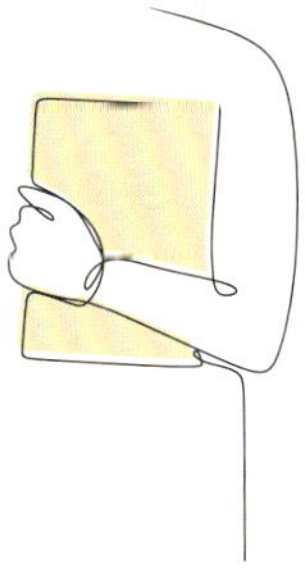

Jahrgang: 1943

Ausbildung:
Volksschule, Lehre
als Werkzeugmacher,
Abitur an der Abendschule

Studium an der HWP: 1964–1966

Spätere Tätigkeiten:
1978–2003 Mitglied des Niedersächsischen Landtags
1990–1998 Innenminister des Landes Niedersachsen
1998–1999 Ministerpräsident des Landes Niedersachsen

Oberbürgermeister der Stadt Braunschweig;
Ehrenpräsident von Eintracht Braunschweig;
Ehrenbürger der Stadt Brauchschweig.

Dem Himmel ganz nah: Mit Freunden erklomm Glogowski 1993 den Gipfel des Kilimandscharo – das höchste Bergmassiv Afrikas. Rund acht Tage dauerte der Aufstieg auf den 5895 Meter hohen Gipfel

Dem himmlischen Vater ganz nah: Obwohl Glogowski kein Katholik war, ergab sich im Jahr 1997 auf dem Eucharistischen Kongress die Gelegenheit zu einem kurzen Gespräch mit Papst Johannes Paul II.

Ich organisierte zahlreiche Veranstaltungen – und in einer dieser Veranstaltungen war einer der Hauptredner Helmut Schmidt, obwohl dies in der Studentenschaft damals schwierig war. Der Saal war brechend voll. Schmidt wurde jedoch mit den Unruhen in der Veranstaltung fertig.

Politik: Hobby und Beruf

Nach meinem Studium wollte die IG Metall mich in ihre Bildungsabteilung holen. Doch Herbert Wehner riet mir, Bildungssekretär der SPD im Bezirk Braunschweig zu werden. Diesem Rat folgte ich – und wurde so 1966 Sekretär der SPD und 1972 Bezirkssekretär, 1982 stellvertretender Landesvorsitzender und 1989 Bezirksvorsitzender. Heute bin ich Ehrenvorsitzender der SPD im Bezirk Braunschweig.

Bereits 1967 wurde ich Ortsvereinsvorsitzender in der Gemeinde Waggum und 1968 Ratsherr und Fraktionsvorsitzender. Durch die Eingemeindung der Gemeinde Waggum in die Stadt Braunschweig wurde ich Ratsherr der Stadt und stellvertretender Fraktionsvorsitzender. 1975 war ich Oberbürgermeisterkandidat der SPD in Braunschweig und wurde 1976 – mit 33 Jahren – Oberbürgermeister der Stadt Braunschweig. Dies blieb ich mit einer fünfjährigen Unterbrechung bis 1990.

1978 wurde ich in den Niedersächsischen Landtag gewählt und blieb Mitglied des Landtags bis 2003. In der Landtagsfraktion wurde ich 1982 stellvertretender Fraktionsvorsitzender und später Sprecher der Innenpolitik. Als wir 1990 die Wahl in Niedersachsen gewannen, wurde ich Innenminister und stellvertretender Ministerpräsident, 1998 dann Ministerpräsident.

Rückblickend hat mir der zweite Bildungsweg, insbesondere das Studium an der HWP geholfen, meine politischen Vorstellungen zu artikulieren. Eine meiner politischen Haltungen war immer: Mit den Menschen sein. Das bin ich nun in Braunschweig als Ehrenbürger der Stadt und Vorsitzender von Stiftungen, und da ich 2000 Präsident der Braunschweiger Eintracht geworden bin, dort auch als Ehrenpräsident. Apropos Braunschweig: In Bonn sozialisiert, wuchs ich mit dem Karneval auf. Karneval war immer Teil meines Lebens – und so gelang es mir 1977, die Braunschweigerinnen und Braunschweiger zu überzeugen, einen Karnevalsumzug zu organisieren. Heute ist er mit bis zu 250.000 Menschen der größte in Norddeutschland.

Gerhard Glogowski

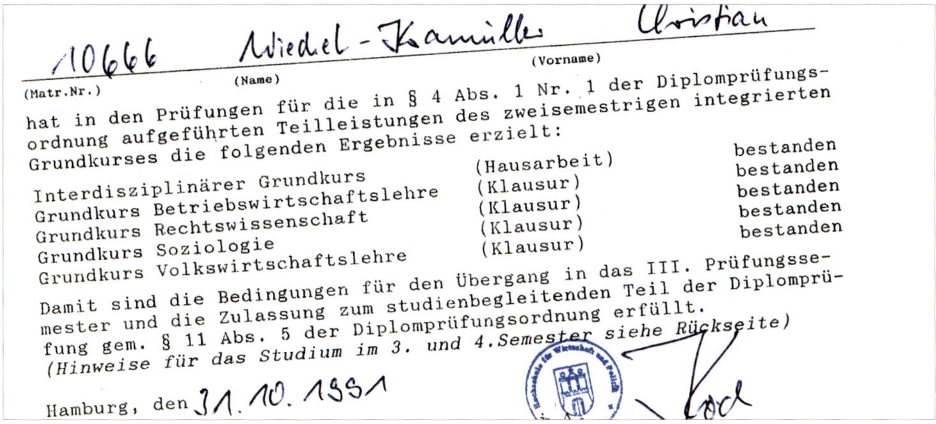

/10666 Wiedel-Kamille Christian
(Matr.Nr.) (Name) (Vorname)

hat in den Prüfungen für die in § 4 Abs. 1 Nr. 1 der Diplomprüfungsordnung aufgeführten Teilleistungen des zweisemestrigen integrierten Grundkurses die folgenden Ergebnisse erzielt:

Interdisziplinärer Grundkurs	(Hausarbeit)	bestanden
Grundkurs Betriebswirtschaftslehre	(Klausur)	bestanden
Grundkurs Rechtswissenschaft	(Klausur)	bestanden
Grundkurs Soziologie	(Klausur)	bestanden
Grundkurs Volkswirtschaftslehre	(Klausur)	bestanden

Damit sind die Bedingungen für den Übergang in das III. Prüfungssemester und die Zulassung zum studienbegleitenden Teil der Diplomprüfung gem. § 11 Abs. 5 der Diplomprüfungsordnung erfüllt.
(Hinweise für das Studium im 3. und 4.Semester siehe Rückseite)

Hamburg, den 31.10.1991 Koch

VOM ZERTIFIKAT ZUM DIPLOM

TITELGESCHICHTEN

von Dieter Koch

Leser dieses Buches werden beim Studieren der kurzen Info-Kästen „Zur Person“ möglicherweise kleine, aber feine Unterschiede bemerken. Neben unterschiedlichen Hochschulbezeichnungen (Akademie für Gemeinwirtschaft, AWD, HWP) variieren gelegentlich auch die akademischen Titel. Daher kurz zur Erklärung:

Von 1948 bis 1963

Die Akademie vergab bis ins Jahr 1963 keine Titel, sondern lediglich Zertifikate.

Von 1963 bis 1979

Ab dem Jahr 1963 wurden die Absolventen und Absolventinnen graduiert, das heißt, sie durften sich beispielsweise als *Betriebswirt (grad.)*, *Volkswirt (grad.)* oder *Sozialwirt (grad.)* bezeichnen. In einigen der Beiträge in diesem Buch sind diese Bezeichnungen zu finden.

Ab 1979

Mit dem Jahr 1979 wurde an der HWP ein Diplom vergeben. Der Abschluss als *Diplom-Volkswirt* an der HWP war seit diesem Jahr nicht mehr von vergleichbaren Abschlüssen anderer Universitäten zu unterscheiden. Der HWP-Abschluss des *Diplom-Betriebswirts* konkurriert seitdem (erfolgreich) mit dem weit verbreiteten *Diplom-Kaufmann*, Soziologen trugen nun den Titel *Diplom-Sozialwirt*. Problem: Mit der Möglichkeit der Diplomvergabe an der HWP meldete sich eine Vielzahl ehemaliger Absolventen und Absolventinnen, die vor 1979 ihren Abschluss gemacht hatten und nun auch das „Diplom“ in ihren Lebensläufen verewigt haben wollten. Man fand eine unbürokratische Lösung: Gegen eine Gebühr konnte ein Antrag auf Nachdiplomierung gestellt werden. Für damals 50 D-Mark konnte man sich recht anstrengungslos ein akademisches „Upgrade“ erkaufen. Viele versäumten das, führen aber heute trotzdem den *Diplom-Volkswirt* als akademischen Titel – ohne Reue oder schlechtes Gewissen. Zu Recht, möchte man meinen, schließlich blieben die Studienleistung gleich gut (oder schlecht) – egal, welche Gebühr man nun entrichtete.

Übrigens: Auch der Weg zum Titel war schon damals ein anderer als an „normalen“ Universitäten. In gewissem Maße war die Prüfungsordnung der HWP in den frühen 1970er-Jahren ihrer Zeit voraus. Schließlich flossen alle Prüfungsleistungen des HWP-Hauptstudiums vom dritten bis sechsten Semester in die Abschlussnote ein – zum Erschrecken des staatlichen Hochschulamts. Dieses legte damals noch größten Wert auf wuchtige Abschlussprüfungen und weniger auf kontinuierliche Studienleistungen. Die Prüfungsordnung der HWP wurde deshalb auch nur mit staatlichem Zähneknirschen und nur als „Modellversuch“ genehmigt. Um die Ansprüche des Hochschulamtes zu erfüllen, wagte die HWP einen einfachen Kniff: Die Kurse des fünften und sechsten Semesters wurden kurzerhand als Abschlussprüfungsleistungen umdeklariert und etwas höher gewichtet – ganz unbürokratisch. Das fand dann auch die Zustimmung des Hochschulamts, das sich aber bald mit einer neuen Wirklichkeit konfrontiert sah: den Anforderungen des Bachelor- und Mastersystems. Nicht so die HWP, denn die damalige Prüfungsordnung der HWP war fast vollständig kompatibel mit den Regeln für die Bachelor- und Master-Vergabe – einige Sätze neu in die Prüfungsordnung, dann passte alles wieder.

VON UNTEN UND NICHT NUR VON OBEN

BEZIEHUNGEN ZWISCHEN HWP UND GEWERKSCHAFTEN

von Jürgen Prott

Als zu Beginn der 1980er-Jahre in Hamburg die „Kooperationsstelle Hochschule/Gewerkschaften" ins Leben gerufen wurde, war es für die Akteure der ersten Stunden keine Frage, dass diese Einrichtung ihre Büros im ehrwürdigen Gewerkschaftshaus am Besenbinderhof beziehen würde. Unter den schrägen Wänden des Dachgeschosses untergebracht, war diese als Drehscheibe zwischen Wissenschaft und Arbeitnehmerorganisationen gedachte Institution zwar nicht gerade im Mittelpunkt des Geschehens platziert, aber immerhin. So unbedeutend sie im Vergleich zur Universität Hamburg auch erscheinen mochte, so wichtig wurde die Hochschule für Wirtschaft und Politik von Anfang an für die Aktivitäten, die unter dem Dach des Besenbinderhofes angestoßen wurden. Es hat etwas von einem naturwüchsigen Prozess, dass sich die hier hauptamtlich Beschäftigten vor allem aus dem Kreis der Absolventinnen und Absolventen der HWP rekrutierten. Die ursprünglich fest geknüpften Bindungen zwischen der Akademie für Gemeinwirtschaft und ihren Nachfolgerinnen sowie der organisierten Arbeiterschaft mögen über die Jahre und Jahrzehnte hinweg brüchiger geworden sein, gerissen sind sie nie.

Wer die wechselvolle Geschichte der Beziehungen zwischen der HWP und den Gewerkschaften überblickt, ist gut beraten, nicht nur den Aspekt der Institutionalisierung ins Auge zu fassen. Gewiss hat es immer Zusammenarbeit von Repräsentanten beider Seiten in Beiräten und diversen anderen Gremien gegeben. Hin und wieder, wenn auch selten genug, traf man sich bei Konferenzen, tauschte Grußworte aus, sprach Einladungen zu Jubiläumsfeierlichkeiten aus. Das hat dem Image der Hochschule sicher nicht geschadet. Bedeutsamer als diese Kooperation „von oben" waren wohl die Beziehungen „von unten", also die Berührungspunkte von Lehrkräften und Studierenden über einen langen Zeitraum hinweg. Wenn sie nicht wieder und wieder aufs Neue von Personen mit Leben erfüllt werden, laufen bloß institutionelle Verklammerungen Gefahr, zur gestaltlosen Hülse, zur blutleeren Tradition zusammenzuschrumpfen.

Die Rolle der Stipendiaten

Dass der HWP eine derartige schleichende Erosion erspart geblieben ist, hat sie vor allen Dingen den Stipendiatinnen und Stipendiaten der Hans-Böckler-Stiftung zu verdanken. Sie verkörperten als quirlige Minderheit zu allen Zeiten buchstäblich das Wechselspiel von bürgerschaftlicher Einsatzbereitschaft und akademischen Lernprozessen. Viele von ihnen fanden den Weg an die Mollerstraße oder an den Von-Melle-Park überhaupt erst durch die Erfahrung, dass sie als betrieblich engagierte Gewerkschafter ihrer Gegenseite auf Dauer nur mit wissenschaftlich fundierten Kenntnissen würden Paroli bieten können. Für die meisten von ihnen, das zeigt meine kürzlich abgeschlossene Serie von Intensivinterviews mit einer Zufallsstichprobe vor allem älterer Jahrgänge von Studentinnen und Studenten (Titel des geplanten Buchprojekts: *Solidarisch lernen*), war von Anfang an klar, durch ein Studium auf dem zweiten Bildungsweg nicht die Seite wechseln, sondern ihrem Herkunftsmilieu politisch verbunden bleiben zu wollen. Viele der an der HWP produktiv Verunsicherten sind hauptamtlich zu den Gewerkschaften oder zu Institutionen in deren engerem Umfeld gegangen.

Unübersehbar sind aber auch die Ermüdungserscheinungen, die sich im Verhältnis der beiden ungleichen Partner im Lauf der Zeit immer deutlicher bemerkbar machten. Wissenschaftlicher Sachverstand, wie ihn die HWP jederzeit anzubieten in der Lage war, wurde von Gewerkschaften als etablierten Verbänden noch am ehesten nachgefragt, wenn ihnen die Erkenntnisse in den Kram passten. Umgekehrt stieß mancher HWP-Professor erst dann auf die Gewerkschaften, wenn sie ihm ein Feld für empirische Forschung bereitstellen konnten, zum Beispiel in dem einen oder anderen Lehrprojekt im Rahmen des Sozialökonomischen Studiengangs. Wie zunehmend schwer es wurde, HWPler und Gewerkschafter jenseits solcher wechselseitigen Instrumentalisierungen zu kontinuierlicher Zusammenarbeit „auf

Die HWP und die Gewerkschaften blicken auf eine wechselvolle Geschichte ihrer Beziehungen zurück. Bei der 30-Jahres-Feier der HWP im Jahr 1978 wurde Solidarität zumindest plakativ zum Ausdruck gebracht

Augenhöhe“ zu animieren, davon konnten die Mitarbeiterinnen und Mitarbeiter der Kooperationsstelle Hochschule/Gewerkschaften ein Lied mit vielen Strophen singen.

Vielleicht hatten die unübersehbaren Erschöpfungszustände der HWP in ihren letzten Jahren auch damit zu tun, dass man in ihrer imponierend gewachsenen Zahl von Studierenden immer weniger Stipendiatinnen und Stipendiaten der Hans-Böckler-Stiftung antraf. Zwar bliesen bis zuletzt studentische Aktivistinnen und Aktivisten kräftig in die Posaune der „gewerkschaftlichen Orientierung“, aber da sollte man sich nach Ansicht einer der von mir interviewten Stipendiatinnen, die die HWP im ersten Jahrzehnt dieses Jahrhunderts absolviert hat, nicht täuschen lassen. „Diejenigen, die in Vollversammlungen andere auf die gewerkschaftliche Orientierung einzuschwören versuchten“, erinnerte sich die langjährige Gewerkschaftssekretärin, „die hast du selten im Betrieb gesehen, wo die praktischen Probleme zu lösen waren.“ Die zitierte ehemalige Industriearbeiterin, die sich wie so viele „Altstipendiaten“ gern an die Hamburger Jahre zurückerinnert („Das war mit die wichtigste und schönste Zeit meines Lebens“), konstatierte aber auch selbstkritisch und achselzuckend zugleich: „Als unsere gute alte HWP ihren Geist aufzugeben gezwungen wurde, da hätte ein Aufschrei durch die Gewerkschaftsbewegung gehen müssen.“

PROF. DR. JÜRGEN PROTT

Geboren 1942 in Münster. Prott absolvierte eine Lehre als Schriftsetzer und studierte von 1964 bis 1966 an der Akademie für Wirtschaft und Politik mit Schwerpunkt Volkswirtschaftslehre. Prott war Professor für Kommunikationswissenschaft der FU Berlin und für Industrie- und Betriebssoziologie an der Universität in Hamburg. Er hat über Fragen der Arbeitszufriedenheit und Betriebsorganisation, der Berufs- und Gewerkschaftssoziologie geforscht und publiziert.

Schlechte Bezahlung, tolles Freizeitprogramm: Als Auszubildender bei der Gütersloher Druckerei Mohn & Co. (heute Bertelsmann) kam man in den Genuss zahlreicher Aktivitäten. Hier Reinhard Crusius (links unten) 1957 im Segelflugzeug während einer der für die Lehrlinge regelmäßig organisierten Ferienfreizeiten auf Juist

REINHARD CRUSIUS

HALLO, FLIEG MIT!

Mit 25 Jahren kam ich 1966 als gelernter Schriftsetzer aus Gütersloh nach Hamburg. Das Aussterben meines traditionsreichen Berufes durch die beginnende Automatisierung der Buchdruckerkunst war bereits absehbar. Umso glücklicher war ich über die Chance, nach zwölf Jahren handwerklicher Arbeit am Setzkasten ein Studium an der Akademie für Wirtschaft und Politik (AWP, später HWP) beginnen zu dürfen. Was für eine Freude empfand ich, nun den ganzen Tag damit zubringen zu dürfen, Wissen zu erwerben, Zusammenhänge verstehen zu lernen, Wissenschaft studieren zu können!

Mein Studium wurde durch die Stiftung Mitbestimmung des DGB gefördert. Wie bereits als Lehrling und Industriearbeiter in Gütersloh engagierte ich mich auch als Student in Hamburg politisch. Zeitweilig war ich AStA-Vorsitzender der Akademie sowie im Landesvorstand des Sozialdemokratischen Hochschulbundes (SHB) und maßgeblich an der Einführung der studentischen Mitbestimmung beteiligt. Ich wurde Mitglied der Gewerkschaftlichen Studentengruppe (GSG) an der Akademie, da mich das Thema Gewerkschaftspolitik als ehemaliger Werktätiger besonders faszinierte. Dort traf ich ein Jahr später auf Manfred Wilke, der als gelernter Einzelhandelskaufmann ebenfalls über den zweiten Bildungsweg einen AWP-Studienplatz erhalten hatte. Manfred war Vorsitzender des Sozialistischen Deutschen Studentenbundes (SDS) an der Akademie.

Lehrlingsbewegung

Obwohl wir unterschiedlichen Studentenbünden angehörten, hatten wir ähnliche gewerkschaftspolitische Vorstellungen und begannen eine erfolgreiche Zusammenarbeit, nach dem Motto „Gemeinsam sind wir stark!“. Ein Ziel war, die Probleme von Lehrlingen und jungen Arbeitern gewerkschaftlich aufzugreifen. Wir konnten den Hamburger DGB-Vorstand von der Dringlichkeit überzeugen und gründeten mit seiner Unterstützung den „Jour fix der Gewerkschaftsjugend“ – ein offenes Lehrlingszentrum, an dem einmal wöchentlich bis zu achtzig Lehrlinge, junge Arbeiter und Angestellte sowie gewerkschaftlich aktive Studenten teilnahmen. Der Jour fix wurde schnell zum Zentrum der sogenannten „Lehrlingsbewegung“, jenem westdeutschen Protest gegen die ausbeuterische und autoritäre Ausbildungspraxis der Betriebe, der – angeregt durch APO und Studentenbewegung – seinen Ursprung im Herbst 1968 in Hamburg hatte. Manfred und ich nahmen dort eine impulsgebende Rolle ein, waren die politischen Organisatoren vieler öffentlichkeitswirksamer Protestaktionen der Gruppe. Nach dem Vorbild unseres Jour fix wurden bald in der ganzen Bundesrepublik Lehrlingszentren gegründet.

1969 schloss ich das Studium an der AWP als Diplom-Volkswirt (grad.) ab. Meine Examensarbeit mit dem Titel „Kritik des Berufsbildungs-Gesetzes“ veröffentlichte der DGB im Folgejahr in seinen *Gewerkschaftlichen Beiträgen zur beruflichen Bildung*, und die Jungsozialisten in der SPD druckten die Schrift als Broschüre zum Düsseldorfer Lehrlingskongress im November 1970 in einer Auflage von 50.000 Exemplaren nach. So wurde meine Examensarbeit gleichzeitig auch zu meiner ersten größeren Publikation.

Nach der Akademie setzte ich mein Studium an der Uni Hamburg im Fach Volkswirtschaftslehre fort, doch meine intensiven gewerkschaftspolitischen Erfahrungen führten zum Wechsel in den Diplom-Studiengang Berufspädagogik, den ich 1974 abschloss. Auch während des Studiums war ich in der Lehrlingsbewegung sehr aktiv, so als Gründer und Mitherausgeber der bundesweit vertriebenen, aus dem Jour fix entstandenen, *LZ – Zeitung für Lehrlinge und Jungarbeiter*. In den Jahren 1970 bis 1974 war ich Initiator, Organisator und Mitverfasser der *Hamburger Lehrlingsstudie*, eines umfangreichen Forschungsprojekts im Auftrag der HWP und des Deutschen Jugendinstituts München (DJI).

Reinhard Crusius fertigte 1958 noch Druckvorlagen im Bleisatz als Auszubildender bei Mohn & Co. in Gütersloh

Warum haben die Jugendlichen protestiert?

Mitte der 60er-Jahre war die Berufsausbildung noch durch völlig veraltete Gesetze aus der Kaiserzeit geregelt. Die Gestaltungshoheit über Form und Inhalt der betrieblichen Ausbildung unterlag allein den „Lehrherren", die diese Machtposition häufig missbrauchten, indem sie Lehrlinge zu ausbildungsfremden Tätigkeiten wie Bierholen für den Meister oder stundenlangem Ausfegen von Werkhallen abkommandierten, anstatt ihnen berufsbezogene Fertigkeiten beizubringen. Nach meiner eigenen Erfahrung als Lehrling produzierten die damaligen Bedingungen unter den Auszubildenden ein hohes Maß an Unzufriedenheit, Kritik und Wut.

Als 1968 die Studenten auf die Straße gingen und sich gegen die Autoritäten auflehnten, ließen sich die Lehrlinge zunächst jedoch kaum anstecken, sondern gingen weiter brav in ihre Betriebe. Damalige Antworten deuteten diese Zurückhaltung mit fehlender Förderung des „vorpolitischen Bewusstseins" an den Berufsschulen und starker Autoritätsbindung vieler Jugendlicher, bedingt durch die Abhängigkeit von Elternhaus, Lehrherr und Schule. Weil die Ausbildung in Schule und Betrieb selbstständiges, solidarisches Denken und Handeln nicht förderte, wurden die Lehrlinge in ihrer Unmündigkeit gehalten, und ihr Wunsch nach Veränderung blieb ungehört.

„Ausbildung statt Ausbeutung" – dieses System musste aufgebrochen werden! Das hatte ich mir zusammen mit Manfred Wilke und den anderen Mitstreitern der Lehrlingsbewegung zum Ziel gesetzt. Dabei hatte ich immer Erich Kästner im Hinterkopf. Sein Zitat „Es gibt nichts Gutes, außer man tut es!" wurde für mich zum Leitmotiv meiner politischen Arbeit und meines ganzen weiteren Lebens. Professor Wilhelm Nölling, bei dem ich an der Akademie mein volkswirtschaftliches Examen ablegte und mit dem mich bis zu seinem Tode eine enge Freundschaft verband, präzisierte dieses Sprichwort noch mit einem sehr treffenden, lebenspraktischen Zusatz: „Es gibt nichts Gutes, außer man tut es – und zwar vor Ort und wenn möglich sofort!"

Mein akademischer Weg geht weiter

Nach Abschluss unseres Hochschulstudiums begleiteten Manfred Wilke und ich ab 1975 als wissenschaftliche Mitarbeiter gemeinsam eine mehrjährige Studie der Deutschen Forschungsgemeinschaft (DFG) zum Thema „Gewerkschaftliche Berufsbildungspolitik". Geleitet wurde das Projekt von Prof. Dr. Gerhard Scherhorn, ehemals unser VWL-Professor an der AWP und seit 1974 Mitglied im „Sachverständigenrat zur Begutachtung der gesamtwirtschaftlichen Lage" – also einer der fünf „Wirtschaftsweisen".

1976 promovierten Manfred Wilke und ich kooperativ, kumulativ und extern an der Universität Bremen bei den Professoren Ulrich Boehm, Claus Offe, Friedrich Edding und Wolfgang Lempert zum Thema „Gewerkschaftliche Berufsausbildungspolitik". Mit der bestandenen Prüfung erhielt ich den akademischen Grad des Doktors der Wirtschafts- und Sozialwissenschaften (Dr. rer. pol.). Im Anschluss begannen Manfred und ich eine fünfjährige Tätigkeit als wissenschaftliche Assistenten des Berufspädagogen Professor Wilfried Voigt am Institut für Berufliche Bildung und Arbeitslehre der Technischen Universität (TU) Berlin. Die Fortführung des in Hamburg begonnenen DFG-Forschungsprojekts wurde uns in Nebentätigkeit erlaubt, sodass wir die Studie 1981 abschließen und veröffentlichen konnten.

1983 habilitierte ich mich an der TU Berlin bei den Professoren Helga Thomas, Wolf-Dietrich Greinert, Friedrich Edding und Wolfgang Lempert mit der Arbeit „Gewerkschaftliche Berufsbildungs- und Jugendpolitik 1945–1981" (als Neufassung und Erweiterung des DFG-Projektes). Mein 1985 daraus entstandenes Buch *Krise von Jugend, Ausbildung und Beruf: Was sagt die Wissenschaft dazu?* ist für mich bis heute das handlungsleitende Ergebnis meines Habilitationsverfahrens.

Nun folgten Lehraufträge an verschiedenen Hochschulen, und wissenschaftliche Tätigkeiten für mehrere Landes- und

Als Student organisierte Crusius zahlreiche Lehrlingsdemos – hier die „Fege-Aktion" im Dezember 1969 in Hamburg

Rede beim Düsseldorfer Lehrlingskongress der Jusos im November 1970

Bundesministerien. So war ich Privatdozent für „Berufsbildungspolitik" an der Uni Hamburg, „Beauftragter für Arbeitssicherheit und Umweltschutz an den Hamburger Hochschulen" in der Wissenschaftsbehörde und Mitglied im „Ausschuß für Gefahrstoffe" beim Bundesarbeitsministerium. Ich blieb kontinuierlich politisch und gewerkschaftlich aktiv, engagierte mich in der Anti-Atomkraft-Bewegung (Gorleben) sowie als Vorsitzender des Vereins Kinder- und Jugendzentrum Bahnhof Göhrde e. V. bei Lüneburg, einem durch Björn Engholm – den damaligen Bundesbildungsminister – geförderten Bildungsprojekt.

Anfang der 80er-Jahre lernte ich auf mehreren Reisen durch Peru bittere Armut kennen und gründete einen Hilfsfonds, aus dem Projekte im Raum Cusco gefördert wurden: So unterstützten wir eine Blindenschule, ein Heim für Gehörlose, Straßenkinder und eine Dorfbibliothek, die auch als Schule genutzt wird. Obwohl ich aus gesundheitlichen Gründen zuletzt nicht mehr dorthin reisen konnte, bestehen die Projekte dank engagierter Freunde und Helfer weiter. Vor allem die Entwicklung der Dorfbibliothek von Tambomachay bereitet mir große Freude: Als ab März 2020 wegen Corona alle Schulen für zwei Jahre geschlossen wurden, fand hier täglich Unterricht in drei Altersgruppen statt, was in ganz Peru ziemlich einmalig war und von der Regierung ausdrücklich genehmigt wurde.

In insgesamt 25 Büchern, über 90 Aufsätzen und Artikeln – viele davon gemeinsam verfasst oder herausgegeben mit meinem Kollegen und Freund Manfred Wilke, mit dem mich über Jahrzehnte eine im akademischen Betrieb viel beachtete, ebenbürtige und vorbehaltlose Zusammenarbeit verband – publizierte ich zu Themen wie Berufsbildungspolitik, Jugendarbeitslosigkeit, Arbeitsmarktpolitik, Mitbestimmung in der Berufsausbildung, Gewerkschaftspolitik, Geschichte des Kommunismus, Arbeitssicherheit und Umweltschutz, Finanz- und Eurokrise, Wirtschaftspolitik Lateinamerikas (Peru) und die europäische Parkgeschichte. Das hört sich recht problemlos an ...

Doch die Wirklichkeit war anders

In Gütersloh wuchs ich als Sohn der ungelernten Arbeiterin Johanna Crusius (1911–2000) und des Gelegenheitsarbeiters Bruno Crusius (1915–1989) auf. Meine Eltern trennten sich kurz nach meiner Geburt und ich lernte meinen Vater erst 1953 kennen, als dieser aus Berlin zurückkehrte.

Der Wunsch, eine weiterführende Schule zu besuchen, scheiterte an den ärmlichen Verhältnissen: Das Schulgeld konnte meine Mutter nicht aufbringen. So musste ich die Schule verlassen und begann 1955 mit 14 Jahren eine Ausbildung zum Schriftsetzer bei der Firma Mohn & Co., heute Mohn Media/Bertelsmann Printing Group, die ich nach dreijähriger Lehrzeit abschloss.

Währenddessen machte ich meine ersten politischen Schritte bei der Sozialistischen Jugend Deutschlands (SJD) – Die Fal-

„Zettelwirtschaftswissenschaft": 1976 in der Forschungsstelle der HWP, als wissenschaftlicher Mitarbeiter von Professor Gerhard Scherhorn

Crusius war schon als Lehrling und Student publizistisch aktiv – von der *Bertelsmann-Illustrierten* bis zur selbst herausgegebenen bundesweiten *Zeitung für Lehrlinge und Jungarbeiter*

ken. Ich wurde Mitglied der SPD und der Industriegewerkschaft Druck und Papier sowie Vorsitzender der Gesamtjugendvertretung bei Mohn. Nach der Lehrzeit blieb ich dort weitere acht Jahre als Schriftsetzer tätig. Die benachteiligte Situation von Auszubildenden sowie die Ungleichbehandlung von Männern und Frauen waren für mich prägende Erfahrungen dieser Zeit.

Mein Erststudium an der AWP fiel mit dem Entstehen der Außerparlamentarischen Opposition (APO) zusammen und wurde zum Schlüsselerlebnis nach langjähriger Industriearbeit und fehlender Oberschule: Das Studentenleben, das ganztägige Lernen, die Unabhängigkeit und Gestaltungsmöglichkeit waren ganz neue Erfahrungen. Meine frühe Politisierung führte zu einer speziellen Bewertung des Hochschulwesens, des Akademikertums und auch der Systematik der bürgerlichen Wissenschaften.

ZUR PERSON
DR. HABIL. REINHARD CRUSIUS

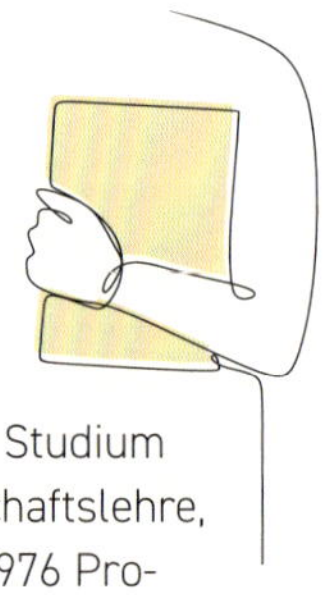

Geboren 1941 in Gütersloh, gestorben 2022 in Hamburg; Volksschule, Schriftsetzerlehre; Studium AWP 1966–69 (Diplom-Volkswirt); Studium Universität Hamburg 1969–74 (Volkswirtschaftslehre, Soziologie und Erziehungswissenschaft); 1976 Promotion Universität Bremen; 1983 Habilitation TU Berlin. Berufliche Tätigkeiten u. a. als wiss. Mitarbeiter, Privatdozent, Publizist zu Themen wie Finanz- und Eurokrise.

Die verkrusteten Strukturen an den Hochschulen, die eine studentische Mitbestimmung nicht vorsahen, mit Professoren, die konstruktive Gremienarbeit und überhaupt jegliche Veränderung verweigerten, empfand ich als große Ungerechtigkeit. Daran wollte ich etwas ändern! Im Sozialdemokratischen Hochschulbund (SHB) traf ich auf eine Gruppe gleichgesinnter Studenten und wir beschlossen, im Herbst 1967 zum feierlichen Rektorenwechsel im Audimax „etwas zu machen". Am 9. November war es so weit: Gert Hinnerk Behlmer und Detlev Albers aus unserer SHB-Gruppe trugen ein Banner mit der Aufschrift „Unter den Talaren – Muff von 1000 Jahren" vor den würdevoll schreitenden Professoren her. Damals nicht ahnend, dass diese spektakuläre Aktion als ein Symbol der Studentenbewegung in die Geschichte eingehen sollte.

Mit Rudi Dutschke und auch Wolf Biermann war ich persönlich bekannt. Während ich Dutschke anfangs kritisch gegenüberstand, entwickelte sich über das gemeinsame Engagement innerhalb der Lehrlingsbewegung eine freundschaftliche Beziehung zu ihm und seiner Familie.

Als Autor des Buchs *Rettet Europa, nicht nur die Banken!* auch als Referent gefragt: Crusius hier in Ratzeburg zum Streitthema TTIP (Transatlantisches Freihandelsabkommen)

Während meiner Zeit bei Mohn & Co. hatte ich mit amateurhaftem Journalismus begonnen: Zuerst gelegentlich in der *Bertelsmann-Illustrierten*, dann im neu herausgegebenen Jungen-Jahrbuch *Überall dabei*, zum Beispiel 1961 mit dem Aufsatz „Hallo, flieg mit!" über die Segelflugschule auf Juist.

Jahrzehnte später schrieb ich für die *Gütersloher Beiträge zur Heimat- und Landeskunde* den Text „Eine Nachkriegs-Kindheit in der Friedenstraße. Notizen zu einem historisch einzigartigen sozialen Biotop". Dabei bemerkte ich, dass der Umzug in die Gütersloher Friedenstraße einer der glücklichsten Zufälle meines Lebens werden sollte, weshalb ich ihn zum Schluss noch einmal ausführlicher schildern möchte.

Einzigartige Kindheit

Wir befanden uns dort in einer glücklichen, möglicherweise einzigartigen Einheit aus Zeit, Ort und Struktur, die uns trotz traumatischer Erfahrungen im Krieg und großer materieller Not danach eine überwiegend schöne und für das spätere Leben hilfreiche Kindheit bescherte. Sie ist so heute nicht wiederholbar, aber es gibt einige Anhaltspunkte, was Kindern und Jugendlichen heute beim Aufwachsen vielleicht fehlt, warum vieles bei den Heranwachsenden nicht so läuft, wie es laufen sollte – und doch könnte, wenn wir stärker uns Menschen in den Mittelpunkt unserer persönlichen und politischen Anstrengungen stellen würden!

Die Straße war seinerzeit kein „aufgereihter Blechhaufen", sondern ein Spielparadies. Gleich um die Ecke an der Gutenbergstraße lag zum „Bolzen" der ungenutzte Acker von Bauer Meier. Nun ist die Welt von Kindern klein. Aber für uns war sie groß. Denn im Winter verließen wir unser Revier zum „Schlindern" oder Schlittschuhlaufen auf den zwecks Eisgewinnung gefluteten Barkeys Wiesen, auf dem Teich bei Meiers Mühle oder auf den damaligen sogenannten „Rieselfeldern". Im Herbst ging es oft auf die Wapelwiesen mit meist selbstgebauten Drachen. Und es gab „Püffken" machen auf dem Bolzacker, mit Äpfeln an Stangen reinhalten oder mit in Stanniol (vom Pumpernickel) eingewickelten Kartoffeln in der Glut garen. Und wenn's ganz mies war draußen, saßen wir – oft gemeinsam – zu Hause, spielten Karten (wie Elfer raus, Schwarzer Peter) oder Brettspiele (Tipp-Kick, Stille Post, Schiffe versenken, Stadt-Land-Fluss, Domino oder Mikado), machten Laubsägearbeiten oder gemeinsam (!) Schularbeiten. Wir bastelten mit dem „Stabilbaukasten" und mit Knetgummi oder für Weihnachten. Außerdem wurde viel gelesen: Die Leihbücherei am Wasserturm hatte viele kleine „Kunden". Die weitverbreitete Überängstlichkeit heutiger Eltern kannten wir nicht. Eine, wie man weiß, auch lernphysiologisch sehr fruchtbare Sache: Bewegung vor der Schule! Viele von uns hatten schon einen „Kinderjob": Fahrradwache, Straße fegen und Austragen von Brötchen, Blumen oder Zeitungen. Im Rückblick kann ich über diese Zeit heute sagen: Eine rundum glückliche Kindheit als Auftakt zu einem spannenden und erfüllten Leben!

Reinhard Crusius verstarb kurz vor Fertigstellung dieses Buches mit 81 Jahren am 1. Mai 2022 in Hamburg; sein Freund, Mitstreiter und Kollege Manfred Wilke nur eine Woche zuvor im Alter von 80 Jahren in Berlin. Dieser Beitrag entstand unter Mitarbeit seines Patensohns Jan Precht.

Reinhard Crusius

LUTZ FREITAG

LERNEN FÜR EIN LANGES LEBEN

Am 16. Oktober 1943 wurde ich in Mährisch-Ostrau im von der Reichswehr besetzten Böhmen-Mähren geboren. Meine Mutter hatte ein Engagement am dortigen Theater. Die Flucht vor der vorrückenden Sowjetarmee endete bei Verwandten in Dargun, Vorpommern. Dort wuchs ich auf einem Bauernhof auf, bis wir, meine Mutter, Großmutter und ich, 1949 nach West-Berlin flüchteten. In der Vier-Mächte-Stadt begann ich 1950 meine Schulausbildung.

Kindheit und Jugend in prekären sozialen Verhältnissen

Wir lebten in sehr ärmlichen Verhältnissen und wegen der Wohnraumknappheit äußerst beengt. Allgemein verbesserten sich die Lebensverhältnisse im Laufe der Zeit; aber leider nicht für uns. 1956 verließ ich die Grundschule und wurde in die Oberschule Praktischen Zweiges (OPZ) umgeschult. Dies entsprach meinen bisherigen schulischen Leistungen, wurde aber vor allem durch die Prognose meines Klassenlehrers begründet, dass ich wegen der beengten Wohnraumverhältnisse und der fehlenden Unterstützung meines Elternhauses in schulischen Fragen wohl keine Chance hätte, die Mittlere Reife zu erreichen.

ZUR PERSON
LUTZ FREITAG

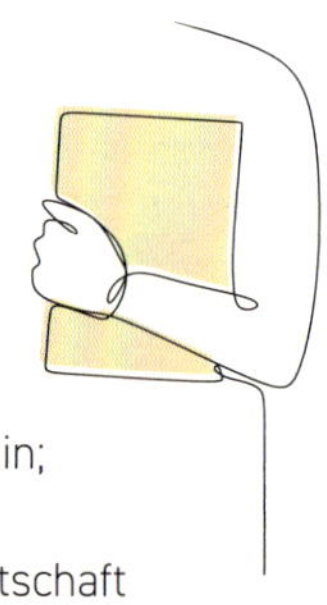

Geboren 1943 in Mährisch-Ostrau

1956–59 Oberschule Praktischer Zweig;
Ausbildung bei der Arbeitsverwaltung Berlin;
1962 hauptamtlicher Mitarbeiter DAG;
1966–69 Studium an der Akademie für Wirtschaft und Politik;
1978 Leitung DAG Landesverband Hamburg und Abgeordneter der Hamburger Bürgerschaft;
2000 Präsident Bundesverband deutscher Wohnungs- und Immobilienunternehmen.

Während der Zeit auf der OPZ von 1956 bis 1959 verschlimmerte sich meine familiäre Situation so sehr, dass ich mit 15 Jahren zu meiner Großmutter zog, die allerdings ebenfalls nur zur Untermiete wohnte und wegen Krankheit nicht berufstätig war. Sie war eine sehr gebildete und politisch interessierte Frau. Schon vorher war sie stets mein Anker gewesen und hatte mir Halt gegeben. Sie stammte aus einer gut situierten Lübecker Kaufmannsfamilie und bewirtschaftete vor dem Weltkrieg mit ihrem Mann eine renommierte Gastwirtschaft in der Hansestadt. Leider verstarb er sehr früh und hinterließ seine Frau und seine Tochter, meine Mutter, in prekären wirtschaftlichen Verhältnissen. Meine Großmutter hatte in meiner Kindheit und Jugend einen wesentlichen Einfluss auf meine persönliche Entwicklung, insbesondere auch auf meine politische Haltung und gesellschaftliche Orientierung.

Berufswahl als Glücksfall

Vor Abschluss meiner Schulausbildung ging ich zur Berufsberatung mit der Absicht, Koch zu werden. Der Berufsberater meinte jedoch, das wäre nicht der richtige Beruf für mich, und schickte mich zum berufspsychologischen Dienst. Das Testergebnis bestätigte seine Auffassung und er fragte, ob ich nicht eine Ausbildung bei der Arbeitsverwaltung beginnen wolle. Ich bestand das Aufnahmeverfahren und wurde am 1. April 1959 Angestelltenlehrling beim Arbeitsamt IV in Berlin. Das war ein Glücksfall für mich. Die Ausbildung war exzellent und der praktische Teil wurde durch eigene theoretische Maßnahmen ergänzt; vor allem auch durch internatsmäßige Schulungen außerhalb Berlins.

Und: Die Arbeitsverwaltung als Teil der Sozialversicherung schickte ihre Lehrlinge in Berlin nicht in die Berufsschule für Verwaltung, sondern in die für Bank- und Versicherungskaufleute. Das war für viele meiner Kolleginnen ein Fluch, weil sie sich auch mit Fächern auseinandersetzen mussten, die nichts mit der Tätigkeit beim Arbeitsamt zu tun hatten. Für mich war es ein Segen! So erfuhr ich noch mehr über Volks- und Betriebswirtschaftslehre als in den Seminaren der Arbeitsverwaltung und lernte zum Beispiel auch die doppelte Buchführung – statt der behördlichen Kameralistik. Nächtelang löste ich freiwillig schwierige Buchhaltungsaufgaben und

Abschiedsfeier als DAG-Gewerkschaftssekretär im Jugendclub am „Checkpoint Charlie" im Oktober 1966 kurz vor Studienbeginn

Leidenschaftlicher Redner: Lutz Freitag als DAG-Landesverbandsleiter im Jahr 1981

freute mich riesig, wenn die Bilanz nach vielen komplizierten Buchungsvorgängen am Ende stimmte. Da ich in Deutsch bisher schwach war, besuchte ich einschlägige Volkshochschulkurse. Später war ich in der Rechtschreibung und speziell in der Kommasetzung so gut, dass ich meine Lehrerinnen und Ausbilder korrigieren konnte, war aber so umsichtig, das nicht häufig zu tun. Von meiner ersten Auszubildenden-Vergütung kaufte ich mir auf Abzahlung eine Reiseschreibmaschine, um meine Tätigkeitsberichte in der Ausbildung und meine Arbeiten für die Berufsschule damit anzufertigen. Weil ich jetzt die Rechtschreibung so gut beherrschte, machte mir das Schreiben viel Spaß. So gab ich eine Zeitung für die Auszubildenden der Arbeitsverwaltung heraus, für die ich viele Artikel selbst verfasste. Seit ich bei meiner Großmutter lebte, hatte ich begonnen, viel zu lesen, vor allem Fachbücher sowie politische und zeitgeschichtliche Literatur.

Die Berufsschule für Bank- und Versicherungskaufleute in Berlin wurde zu 80 Prozent von Abiturientinnen und Schülern mit Mittlerer Reife besucht. Ich war dort einer der wenigen Berufsschüler mit lediglich OPZ-Abschluss. 1962 bekam ich das beste Abschlusszeugnis meines Jahrganges mit dem Notendurchschnitt 1. Ich erinnere mich noch, dass mein Klassenlehrer sagte: „Herr Freitag, Sie sind der schlagende Beweis für die Mängel in unserem Schulsystem." Auch meinen Ausbildungsabschluss in der Arbeitsverwaltung beendete ich mit dem Notendurchschnitt 1 als Jahrgangsbester und sollte gleich in den Vorbereitungsdienst zum Inspektoren-Anwärter übernommen werden, der eigentlich Abiturienten vorbehalten war.

Gewerkschaftsarbeit: Impuls und Stabilisator

Seit 1. Mai 1959 war ich Mitglied der Deutschen Angestellten-Gewerkschaft (DAG) und aktiv in deren Jugendarbeit. Ich gründete eine Betriebsjugendgruppe, veranstaltete politische und fachbezogene Gruppenabende und Wochenendseminare mit interessanten Referentinnen. Aber auch Unterhaltung und Musik kamen nicht zu kurz. Sehr beliebt waren unsere Discoveranstaltungen. Bald waren über 90 Prozent der Nachwuchskräfte in der Berliner Arbeitsverwaltung Mitglied der DAG und so war es nicht überraschend, dass ich darauf angesprochen wurde, ob ich nicht hauptamtlich für die DAG tätig werden wollte.

Zur großen Enttäuschung meines Ausbildungsleiters bei der Berliner Arbeitsverwaltung und auch meiner Großmutter entschied ich mich gegen die voraussehbare Beamtenkarriere und wurde mit 19 Jahren hauptamtlicher Mitarbeiter der DAG Berlin. Ich gründete viele Betriebsjugendgruppen und einen landesweiten Arbeitskreis für junge Vertreter aus allen Behörden, veranstaltete Wochenendseminare in Berlin und einwöchige Seminare in der DAG-Jugendbildungsstätte „Haus Naumburg". Bald war die DAG die Gewerkschaft mit dem weitaus größten Organisationsgrad unter den Nachwuchskräften in der Berliner Verwaltung. In dieser Zeit besuchte mich Jürgen Steinert, früherer Landesjugendleiter der Berliner DAG und jetzt Mitarbeiter von Günter Apel, im Bundesvorstand der DAG zuständig für Bildungs- und Berufspolitik und später langjähriger Hamburger Senator und Präses der Schulbehörde. Jürgen Steinert, Absolvent der Hamburger Akademie für Gemeinwirtschaft, hatte mich schon früher zum Besuch dieser einmaligen Institution des zweiten Bildungsweges motiviert. Er kündigte einen Besuch seines Chefs bei mir an, der mich kennenlernen und die Möglichkeiten eines Studiums an der AWP mit mir erörtern wollte. Das Treffen mit Günter Apel endete mit seiner Zusage, mich auf dem zweiten Bildungsweg zu unterstützen. Vor der Vergabe hatte sich jedoch der damalige Vorsitzende der DAG, Diplom-Volkswirt Rolf Spaethen, vorbehalten, mich in einem persönlichen Gespräch „auf Herz und Nieren" zu prüfen. Meine Aufregung vor dem Treffen mit dem weithin respektierten und – damals einzigartig – akademisch gebildeten Gewerkschaftsvorsitzenden war groß. Das Treffen verlief dann aber sehr angenehm und endete mit der Zusage für ein Stipendium der DAG als Darlehen, das entweder nach dem Studium zurückgezahlt oder durch eine Tätigkeit bei der DAG getilgt werden konnte.

Das Studium als Weichenstellung für mein weiteres Berufsleben

Ich bewarb mich bei der Akademie für Wirtschaft und Politik – AWP – in Hamburg und nahm – wiederum recht aufgeregt; aber mit großer Freude – an der Aufnahmeprüfung teil. Deren Inhalte und Verlauf bestätigten mir noch einmal, dass dies die richtige Wahl für meinen zweiten Bildungsweg war. Die Zulassung zum Studium war die entscheidende Weichenstellung für meine weitere persönliche und berufliche Entwicklung. Das Studium begann in Hamburg jedoch erst einmal mit einer Frustration: Ich hatte mit einem zweijährigen Studium gerechnet und meine weitere persönliche und berufliche Lebensplanung darauf aufgebaut. So hatte mir der damalige Berliner Landesverbandsleiter der DAG, Erich Gießner, bei meinem Abschied angedeutet, dass er mich gerne nach dem Studium in Berlin zurückerwarte und mich dann als seinen Nachfolger aufbauen wolle. Nach Abschluss eines dreijährigen Studiums war das aber nicht mehr möglich, weil er dann bereits im Ruhestand war.

Das Studium im 19. Lehrgang der AWP ab Oktober 1966 übertraf meine Erwartungen weit. Ich erfuhr viel Neues und bisher Unbekanntes, meine Kenntnisse von Wirtschaft, Gesellschaft und Politik reicherten sich in ungeahntem Umfang an und meine Sicht auf viele sozioökonomische Sachverhalte und Entwicklungen veränderte sich wesentlich. Vor allem die wissenschaftlich-analytische Herangehensweise an die Alltags- und Zukunftsfragen unseres Zusammenlebens faszinierte mich. Die erlernte wissenschaftliche Methodik und der kritische Rationalismus prägten mein Studium und meine spätere berufliche Entwicklung. Meine im Studium erworbene Problemlösungskompetenz und wissenschaftliche „Verfahrenstechnik" ermöglichten mir in meinem gesamten späteren Leben, immer neue berufliche Herausforderungen zu bewältigen und eine Vielzahl von Ämtern und Mandaten – häufig parallel – wahrzunehmen. Mit dem AWP-Studium in den vier Fachbereichen konnte ich meine persönliche und berufliche Effektivität und Effizienz enorm steigern.

Viele Dozenten und Professoren begeisterten mich: der weise und verschmitzte Rechtsprofessor Capelle, der vom sozialistischen Humanismus beseelte Professor Hummel, die Soziologieprofessoren Kob, Neidhardt und Nolte, bei den Volkswirten vor allem Wilhelm Nölling, mit dem ich in meiner späteren gewerkschaftlichen Tätigkeit in Hamburg guten Kontakt hatte, und – vor allem – Professor Gerhard Scherhorn, gleichzeitig

Duell der Bürgermeister-Kandidaten Hartmut Perschau (CDU) und Klaus von Dohnanyi (SPD) bei der DAG Hamburg im Jahr 1987

mein Vertrauensdozent, der mir eine erfolgreiche akademische Laufbahn prognostizierte und mir ein Stipendium der renommierten Studienstiftung des Deutschen Volkes verschaffte. In einem persönlichen Gespräch mit dem DAG-Vorsitzenden Hermann Brandt verwendete er sich erfolgreich dafür, mich von der Verpflichtung, nach dem AWP-Studium in die Dienste der DAG einzutreten, zu entbinden.

Das Fach BWL sagte mir am wenigsten zu. Deswegen schloss ich mein Studium in BWL wohl auch nur mit 2 ab, während meine Leistungen in den Fächern Recht, Soziologie und VWL jeweils mit der Abschlussnote 1 bewertet wurden. In der Zeit meines Studiums erfasste auch die AWP die Unruhe an den Universitäten als Reflex auf gesellschaftliche und politische Stagnation und Fehlentwicklungen. Ich arbeitete in der gewerkschaftlichen Studentengruppe aktiv mit. Als die studentische Selbstverwaltung geschaffen wurde, wählten mich meine Kommilitonen zum ersten Konventsvorsitzenden der AWP.

Zurück in die Praxis der Gewerkschaftsarbeit mit neuen Qualifikationen und Stärken

Nach Abschluss meines Studiums entschied ich mich dann doch gegen eine akademische Laufbahn und ein weiteres Studium. Ein berufliches Wirken im „Elfenbeinturm" der Wissenschaften empfand ich nicht als erstrebenswert. Ich wollte mein neues Wissen praktisch anwenden und direkt gesellschaftspolitischen Nutzen stiften. Und ein weiteres Studium hielt ich nicht für erforderlich, da das nach dem sechssemestrigen Studium in den vier Fächern der AWP erreichte Qualifikationsniveau mir ausreichend erschien, um die denkbaren beruflichen Herausforderungen in der Zukunft bewältigen zu können.

Bereits im Oktober 1969, einige Tage nach dem Ende des Studiums, wurde ich Dozent am Seminar für Gewerkschaftspolitik der DAG in Walsrode und wenige Wochen später zum Leiter der zentralen Jugendbildungsstätte „Haus Naumburg" bestellt. 1971 wählte mich die Bundesjugendkonferenz zum Bundesjugendleiter und damit in meine erste gewerkschaftspolitische Führungsposition. Ab 1973 leitete ich das neue DAG-Bildungszentrum in Walsrode. Sowohl in der gewerkschaftlichen Jugend- als auch in der Erwachsenenbildungsarbeit konnte ich die Erkenntnisse aus dem AWP-Studium in erheblichem Umfang einsetzen. Gleichzeitig haben diese Tätigkeiten in besonderer Weise meinen Führungsstil und mein kommunikatives Verhalten sowie vor allem meine politische Rhetorik beeinflusst. 1978 übernahm ich die Leitung des DAG-Landesverbandes Hamburg. In dieser Zeit wurde ich auch als SPD-Abgeordneter in die Hamburger Bürgerschaft, das Landesparlament der Hansestadt, gewählt, der ich fast zehn Jahre angehörte. Seit 1980 und bis 2008 war ich Mitglied im Verwaltungsrat des NDR und die meist Zeit – im Wechsel mit Dr. Christiane von Richthofen aus Hannover – Vorsitzender dieses Gremiums. In den Aufsichtsräten unter anderem von „Deutscher Ring", Philips GmbH und Aachen-Münchener Versicherung war ich langjährig als Arbeitnehmervertreter tätig.

Meine Wahl in den Bundesvorstand der DAG erfolgte 1987 für das Ressort „Industrie". Dann, 1991, übernahm ich das Ressort Sozialpolitik, das meinen Neigungen und Fähigkeiten besonders entsprach und dessen vielfältigen Anforderungen ich vor allem auch durch meine Kenntnisse und Erfahrungen aus dem AWP-Studium entsprechen konnte.

Im Zusammenhang mit der Verantwortung für die Sozialpolitik der DAG wurde ich aufgrund der Sozialwahlen alternierender Vorstandsvorsitzender der BfA – Bundesversicherungsanstalt für Angestellte – und Vorstandsvorsitzender des VdAK – Verband der Angestelltenkrankenkassen. Gleichzeitig war ich Mitglied im sozialpolitischen Beirat der Bundesregierung sowie in vielen weiteren Gremien. In dieser Zeit widmete ich mich – neben der Bewältigung der vielen tagesaktuellen sozialpolitischen Fragen und Probleme – vor allem der Abwehr der politisch geförderten Entsolidarisierung der Gesellschaft und der Privatisierung der sozialen Risiken, insbesondere in der Alterssicherung. 1998 übernahm ich zusätzlich die Leitung des Bundesvorstandsressorts Bildung und damit die Aufsicht über eine der größten privaten Erwachsenenbildungseinrichtungen der Bundesrepublik.

Beruflicher Neubeginn in der Wohnungswirtschaft mit 57

Mit dem Zusammenschluss der DAG mit vier weiteren DGB-Gewerkschaften zu ver.di verlor die DAG ihre Stellung als gewerkschaftliche Spitzenorganisation, weil sie Teil der neuen DGB-Fachgewerkschaft wurde. Damit hätte ich meine Kompetenzen als Sozialpolitiker nur noch rudimentär in die zivilgesellschaftlichen und politischen Diskussions- und Entscheidungsprozesse einbringen können. So suchte ich mir mit 57 eine neue Herausforderung. Als Aufsichtsratsvorsitzender der GAGFAH-Wohnungsbaugesellschaft hatte ich bereits gute Kontakte zum Bundesverband der früher gemeinnützigen Wohnungsunternehmen – GdW – geknüpft, in dem mein langjähriger Freund und Weggefährte Jürgen Steinert Präsident war, der nun in den Ruhestand treten wollte. Er empfahl mir, mich für seine Nachfolge zu bewerben. Nach einem längeren Auswahlverfahren wählte mich die Mitgliederversammlung des GdW im Oktober 2000 zum Präsidenten. Dieses Amt hatte ich von 2001 bis 2011 inne. Mein Studium an der AWP half mir auch bei diesem Wechsel in eine andere Führungsposition und bei der Wahrnehmung meiner fachlich neuen Aufgaben sehr.

Ein Schwerpunkt meiner Tätigkeit war die Bekämpfung des seit Mitte der 1990er-Jahre zunehmenden Wohnungsleerstands in den neuen Bundesländern sowie der politischen Bestrebungen, kommunale und öffentliche Wohnungsgesellschaften an private Investoren – meist aus dem Ausland – zu veräußern. Ab 2011 war ich in vielen Aufsichtsräten und Gremien der Wohnungswirtschaft und als selbstständiger Berater tätig. Auch heute, im Alter von 78 Jahren, habe ich noch den Vorsitz in einigen wichtigen wohnungswirtschaftlichen Gremien und setze immer wieder die Qualifikationen und Stärken ein, die ich im Studium an der AWP erworben und entwickelt habe.

Es war Lernen für ein langes Leben.

Lutz Freitag

DIE ETWAS ANDERE AKADEMIE

HWP – MOLLERSTRASSE 10

von Friedhelm Neidhardt

Martin Bolte war mir bei meinem Kieler Soziologiestudium mit dem Talent aufgefallen, mit dem er später auch die Akademiestudenten fesseln konnte, nämlich das Fach immer so darzustellen, als halte er es selber für interessant. Als er 1960 den Ruf auf eine Akademieprofessur bekam, bot er mir an, in Hamburg sein Assistent zu werden. Schnell lernte ich dann die Besonderheiten der Akademie kennen und schätzen. Ich nahm deshalb nach meiner Münchner Habilitation 1968 sehr gern die Chance wahr, auch eine Soziologieprofessur an der Akademie zu übernehmen. Vieles hat mir gefallen.

Gefallen hat mir natürlich nicht nur das schöne Akademiegebäude in der Mollerstraße, wo man selten ein Auto, am Wochenende aber hören konnte, wenn der HSV im damals benachbarten Rothenbaum-Stadion mal wieder ein Tor geschossen hatte. Entscheidend aber war, dass ich mich sowohl als Assistent als auch als Professor in der Akademie politisch wichtig und nützlich fühlen konnte bei dem Unternehmen, jungen Leuten, die überwiegend aus sozialen Gründen auf dem ersten Bildungsweg das Abitur verpasst hatten, eine sinnvolle sozialökonomische Ausbildung auf dem zweiten Bildungsweg zu vermitteln.

Qualität der studentischen Lehre

Die Akademiearbeit unterschied sich von den vergleichbaren Universitätsausbildungen nicht in den wissenschaftlichen Ansprüchen ihrer Lehre, wohl aber darin, dass sie mit ihren Strukturen nicht auf die humboldtsche Idee einer sogenannten Einheit von Forschung und Lehre verpflichtet war; unter anderem Karl Schiller und vor allem Heinz-Dietrich Ortlieb hatten früh dafür gesorgt. Den Unis hat das bis heute gefeierte humboldtsche Programm einen schwer lösbaren Widerspruch eingetragen. Sie sahen sich einerseits an eine zunehmende Kleinschaltung und Eigensinnigkeit ihrer einzelnen Fächer gebunden, um den in der Forschung bewährten Prinzipien von Arbeitsteilung und Spezialisierung genügen zu können. Eine wachsende finanzielle Abhängigkeit vom Vertrieb ihrer Forschungserfolge hat jedoch dazu geführt, dass die Lehre an den Universitäten zunehmend zweitrangig wurde. Die Qualität der studentischen Lehre ist nämlich daran gebunden, die Studierenden mit den Dingen dieser Welt auch deren Bedingungen und Zusammenhänge zu lehren, um diese verstehen und vielleicht auch gestalten zu können; das führt über die einzelnen Forschungsgegenstände hinaus. Der Erfolg von Dozenten wird aber in den Unis nicht an der Qualität ihrer Lehre, sondern vorrangig an ihren Forschungsleistungen gemessen – zuerst bei der Promotion, dann bei der Habilitation und anschließend vor allem bei den Berufungen und materiellen Ausstattungen der Professoren.

Die Akademie war auf mehrfache Weise darauf eingerichtet, den Ausbildungsinteressen ihrer Studierenden relativ gut genügen zu können. Da das Abitur keine Voraussetzung ihrer Aufnahme zum Studium war, konnten Abiturzeugnisse für die Zulassungen auch nicht entscheidend sein; ausschlaggebend war neben dem Nachweis einer Berufsausbildung das Bestehen einer sowohl schriftlichen als auch mündlichen Aufnahmeprüfung, die durchzuführen alle Dozenten der Akademie jährlich verpflichtet waren. Aufgenommen wurde dann nur eine begrenzte Zahl an Bewerbern, nämlich lange Zeit jeweils nur etwa achtzig Studierende – also so viele, dass sie den Dozenten persönlich erkennbar und die Dozenten den Studierenden erreichbar bleiben konnten. Zudem war für die angestrebte sozialökonomische Ausbildung vorgeschrieben, dass mehrere Fächer (nämlich Volks- und Betriebswirtschaft sowie Soziologie und nicht zuletzt auch die Rechtswissenschaft) mit Professuren ausgestattet und nebeneinander zu studieren waren. Als ich im Zuge der deutschen Wiedervereinigung bei der Umwandlung der Berliner Humboldt-Universität dafür zuständig war, die Sozialwissenschaften neu einzurichten, war es nicht möglich, auch Wirtschafts- und Rechtswissenschaften ins Studienprogramm von Soziologie und Politikwissenschaft zu integrieren; jeder Fachbereich war bei der Verteilung knapper Stellen damit beschäftigt, sich selber zu befrieden.

Natürlich gab es trotz aller Bemühungen von Werner Krone, dem guten Geist des Hauses, in der alten HWP immer wieder Probleme. Als ich 1970/71 ihr Rektor war, hatte ich es auch mit Beschwerden der Studierenden zu tun. Aber die Besonderheiten der Akademie zeigten sich auch auf der Ebene ihrer Studierenden. Der Studentenprotest war bei ihnen, die Berufs- und nicht wenige von ihnen auch Gewerkschaftserfahrungen mitbrachten, nicht harmloser, aber handhabbarer als an Universitäten. Es ging nicht um Vietnam und

Außen gedieh der Efeu, im Inneren wuchs ein Novum in der deutschen Bildungslandschaft heran – die Mollerstraße im Jahr 1948

die Amerikaner, sondern um den eigenen Betrieb – zum Beispiel: dass eine bestimmte Professur nun endlich besetzt werden müsse, dass sie selber im Akademierat zu gering vertreten seien, dass ein bestimmter Assistent in seiner Vorlesung kaum zu verstehen sei. So etwas ließ sich meistens ordentlich verhandeln. An Studentenstreiks kann ich mich nicht erinnern.

Akademie – Hochschule – Universität

Zwei Vorgänge waren in meiner Amtszeit für die Akademie folgenreich. Der deutsche Wissenschaftsrat, dem ich später selber einige Jahre angehörte, belohnte die Akademieleistungen mit der förmlichen Anerkennung als Hochschule. Daraus ergaben sich keine unmittelbaren Veränderungen in unserem Betrieb, aber vielleicht hat die Auszeichnung den Hamburger Senat veranlasst, die Akademie zu drängen, sich auch zu einer normalen Fachhochschule zu erweitern. Es war natürlich absehbar, dass dies die bewährten Strukturen der Akademie gewaltig aufblähen und deren Lehrsystem stark verändern würde. Deshalb diskutierten wir in unseren Gremien strittig darüber und holten auch die Einschätzungen des Vereins der Freunde und Förderer ein, in dem viele ehemalige Absolventen vertreten waren – unter anderem mischte Heinz Kluncker, der zu ihnen gehörte, dabei manchmal mit. Es ging vorrangig um die Frage, ob die Akademie als Fachhochschule in der Lage bleiben würde, mit ihren eingewöhnten Praktiken auch ihrer politische Selbstverpflichtung zu genügen. Seit ihrer Gründung in der Nachkriegszeit verfolgte sie das Ziel, sowohl die sozialen wie auch die wissenschaftlichen Schlagseiten des deutschen Bildungssystems zu vermeiden. Ließ sich das bewahren?

Wenn am Ende von den Akademiegremien auch mit meiner Unterstützung entschieden wurde, den Wünschen des Hamburger Senats zu folgen, war nicht entscheidend, sich vordergründig dessen wohltätige Zuneigung zu erhalten. Entscheidend war die Sorge, der von der sozialliberalen Koalition angestoßene und seit Langem überfällige Bildungsaufbruch würde die politischen Geschäftsbedingungen der Akademie abbauen: Könnte denn die Akademie für den Bildungsnachwuchs auch dann attraktiv bleiben, wenn ihre anspruchsvolle Aufnahmeprozedur durch die Vervielfältigung allgemeiner Abiturchancen obsolet und der Semesterverlust vor einer Universitätszulassung vermeidbar würde?

Da ich selber abseits des Umbruchs der Akademie zuerst nach Tübingen, später nach Köln und zuletzt nach Berlin wechselte und im Übrigen immer wieder andere Engagements im Bildungssystem wahrgenommen habe, konnte ich ihre fortschreitende Eingemeindung in die Hamburger Universität und die damit verbundenen Konflikte nicht aus der Nähe verfolgen. Ich weiß deshalb nicht genau, ob die Entwicklung der Akademie als Verfallsgeschichte beschrieben werden muss. Was ich von den späteren Entwicklungen höre, klingt nicht so gut. Sind wir damals vielleicht nicht selbstbewusst und hartnäckig genug gewesen?

PROF. DR. DR. FRIEDHELM NEIDHARDT

Prof. Dr. rer. pol. Dr. phil. h.c. Friedhelm Neidhardt studierte Volkswirtschaftslehre, Philosophie, Psychologie an den Universitäten Hamburg und Kiel, Soziologie an der Indiana University in Bloomington und promovierte in diesem Fach 1962 in Kiel. Er ist Professor emeritus für Soziologie an der Freien Universität Berlin. Von 1994 bis 2000 war er Präsident des Wissenschaftszentrums Berlin für Sozialforschung (WZB), von 1969 bis 1971 Rektor der Akademie für Wirtschaft und Politik Hamburg.

1970 | 1980

MEHR BILDUNG WAGEN – DER ZWEITE BILDUNGSWEG UND DIE HWP WERDEN ZUM ERFOLGSMODELL.

Helmut Schmidt mit seiner Ehefrau Hannelore „Loki" Schmidt im Jahr 1979 nach einem Segeltörn

ERFOLGSMODELL IM WACHSTUM

„Die Entwicklung der HWP in den 1970er-Jahren war wohl ein Glücksfall aus Personen und Strömungen", so Udo Reifner, ein stets unbequemer Soziologe und seit 1981 Professor für Wirtschaftsrecht. Die Hamburger Politik stellte in den 1970er-Jahren die Weichen für mehr Hochschulabsolventen. Die HWP war weiterhin eine wissenschaftliche Hochschule mit acht Stunden Lehrverpflichtung für Professoren. Bis zum Ende des Jahrzehnts entwickelte die HWP die Regeln für einen zweiten Studienabschnitt. Schon jetzt wird das spätere Bachelor-Master-System sichtbar, der Sozialökonomische Studiengang entsteht. Dabei bleibt die Hochschule für Wirtschaft und Politik mit der Vorstellung eines Studiums in mehreren gleichberechtigten Disziplinen nach 1970 nicht allein. Auch andere Hochschulen, so zum Beispiel Kaiserslautern und Lüneburg, verfassten Prüfungsordnungen, die mehrere Fachdisziplinen bespielten – die Sozialökonomie wurde salon- und zukunftsfähig.

Der entstehende und relativ junge Lehrkörper fördert und fordert eine umfassende Studienreform an der HWP. Die Kurse im viersemestrigen Hauptstudium sind meist vierstündig, nach den Vorstellungen der Studienreformer soll die Hälfte auf Übungen verwandt werden. Auch weiterhin gibt es „Luxuskurse", so zum Beispiel „Gewerkschaftswesen". Empirische Hausarbeiten werden nur noch von Schwerpunktsoziologen geschrieben. In der BWL und VWL wird die „Große Hausarbeit" zum Standard.

Mit zunehmender Größe wandelte sich die Institution nicht nur vom Namen her. Der familiäre Rahmen, der in der alten Villa in der Mollerstraße existierte, gehörte zunehmend der Vergangenheit an. Immerhin hatte noch bis in die 1960er-Jahre jeder Studierende einen festen Sitzplatz im Hörsaal, wodurch Lehrende die Anwesenheit recht bequem feststellen konnten. Die Anmeldungen bei der HWP stiegen mit dem Erfolg des Modells „zweiter Bildungsweg". Die Gesamtstudierendenzahl wächst bis Ende der 1970er-Jahre auf bis zu 900. Entsprechend wächst die Zahl der Lehrenden.

Datenverkehre
Das Deutsche Elektronen-Synchrotron (DESY) beschleunigte in den 1970er-Jahren nicht nur Elektronen, sondern auch die Studienverwaltung der HWP. Diese betrieb moderne Datenerfassung und -übermittlung via Lochkarten. Dafür nutzte man die Dienste des DESY, dessen IBM-Rechenmaschinen Mitte der 1970er-Jahre zu den leistungsfähigsten Rechnern in ganz Deutschland gehörten. Regelmäßig wurden deshalb Lochkarten vom HWP-Gebäude ins DESY-Rechenzentrum nach Hamburg Bahrenfeld geschickt.

„Im Bildungssystem schätzte Helmut Schmidt alles, was zu einer engen Verbindung von Praxis und Theorie beitrug. Und das war für ihn vorrangig der zweite Bildungsweg, dessen Grundstein die Akademie und spätere Hochschule für Wirtschaft und Politik gelegt hatte."

BJÖRN ENGHOLM (Seite 38), von 1981 bis 1982 Bundesminister für Bildung und Wissenschaft im Kabinett Schmidt

30-Jahres-Feier
Was in den Trümmerjahren Nachkriegsdeutschlands gegründet wurde, hatte sich dreißig Jahre später zu einer angesehenen Institution entwickelt. Die „HWP" war in der deutschen Bildungslandschaft zu einer Marke mit hohem Alleinstellungsmerkmal geworden. Zum dreißigjährigen Bestehen gab es gute Gründe zu feiern. Ein großes Plenum mit politischen und Politiker-Reden gab den Ton an. (Bild: Björn Engholm, damals Staatssekretär im Bundesbildungsministerium). Die abendlichen Feierlichkeiten von Studierenden, Verwaltung und Lehrkörper endeten erst am Morgen – dabei ging es deutlich weniger formell zu.

Demonstrieren – ja, bitte!
Empirisch ist es nicht belegt, aber dennoch wahrscheinlich: Die Neigung zum Demonstrieren war bei den Studierenden der 1970er-Jahre deutlich ausgeprägter, als es heute der Fall ist. Auch für die Einführung des Sozialökonomischen Studiengangs gab es zahlreiche Aktionen. Unter dem Motto „Unser Hausrat hier als Pfand für den neuen Studiengang" sammelten Studierende Geld, indem sie Teile ihres Hausrats öffentlichkeitswirksam in Leihhäusern zu Geld machten oder – wie oben im Bild – mit Straßenmusik Bares für die Bildung mobilisierten.

HEINZ-WERNER DICKHAUT

VON DER BAUMSCHULE IN DEN HÖRSAAL

„Der Jung soll sich später nicht die Hände schmutzig machen müssen." So oder ähnlich habe ich die Worte meiner Eltern in Erinnerung. Sie wussten, wovon sie sprachen. Eine Flüchtlingsfamilie, Mutter aus Danzig mit Oma und drei Kindern geflüchtet, Vater 1911 als Wolgadeutscher geboren. Er verlor als Kind früh beide Elternteile, wuchs bei einem Onkel auf, musste von klein auf mitarbeiten. Insgesamt nur drei Jahre Schulbesuch wurden ihm gewährt. Schreiben fiel ihm bis ins Alter schwer. Trotzdem wurde er nach der Zwangskollektivierung Traktorist in den Kolchosen vor Odessa und eignete sich eine Vielzahl von Fähigkeiten an. Nach Aussiedlung circa 1942 noch zur Wehrmacht eingezogen, landete er nach Kriegsende bei einem Bauern aus Tangstedt. Sie waren gemeinsam in Gefangenschaft in Frankreich gewesen.

Er begann als Landarbeiter, wurde Treckerfahrer und Arbeiter in einer Baumschule. Und nahm sich der geflüchteten Familie aus Danzig an. Mit sieben Personen kamen wir 1952 in der Baumschule in einer Werkswohnung mit zwei Zimmern unter. Auf dem Flur des Wohnhauses wohnten noch zwei weitere Familien. Häufig gab es Lärm und Streit in den Nachbarwohnungen, meist war der Alkohol im Spiel. Wir Kinder bekamen alles mit und ich wartete zitternd auf das Ende des Geschreis. Wir blieben dort bis 1967, der Komfort verbesserte sich im Lauf der Zeit, es gab zusätzliche Zimmer, bessere Sanitäranlagen, ruhigere Nachbarn. Das Vorhaben, nach Amerika auszuwandern, scheiterte in den 1950ern daran, dass plötzlich vorab nur meine beiden ältesten Geschwister abgeholt werden sollten. Die schwarze Limousine wartete bereits. Unsere Eltern waren sich einig: Entweder fahren alle oder keiner.

ZUR PERSON
HEINZ-WERNER DICKHAUT

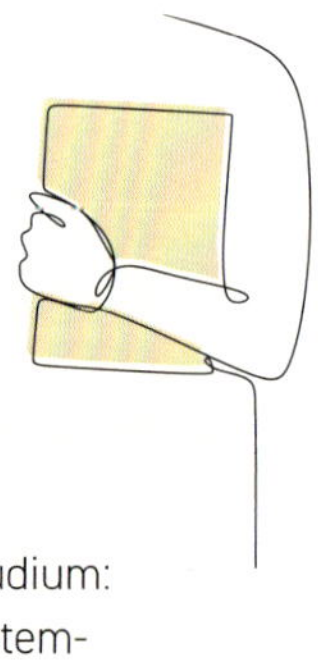

Geboren 1950 in Pinneberg

Mittlere Reife, Ausbildung zum Finanzbeamten, Studium an der HWP 1972–75; Uni Hamburg 1975–78 Diplom-Volkswirt; Tätigkeiten nach dem Studium: Verwaltungsleiter Jugendhilfezentrum, Systemberater im RZ für Steuerberater, Steuerberater.

Saubere Hände

Um Ersparnisse zu bilden, sich ein Eigenheim zu schaffen, begann die Familie, im Nebenerwerb sogenannte Kostpflanzen für die Baumschule aufzuziehen. Das funktionierte so: Die Baumschule gab uns einjährige Forstpflanzen zur Aufzucht, wir pflanzten sie auf selbst gepachteten Feldern, pflegten sie für zwei oder drei Jahre und gaben sie dann zum Verkauf an die Baumschule zurück. Unser Lohn: ein Anteil (circa 30 Prozent) vom Listenpreis der Pflanzen. Meine Brüder und ich mussten mit aufs Feld – ich erinnere, dass wir das WM-Finale 1966 am Kofferradio auf dem Feld verfolgten. Es war Pflanzzeit – Hände schmutzig machen ...

Ich besuche die Grundschule in Rellingen, es läuft gut. Nach vier Jahren gibt es eine Empfehlung für die Oberschule. Für die Eltern nicht denkbar: „Was soll der Jung denn da? Muss immer gut angezogen sein! Woher nehmen?" In die Oberschule gehen aus unserer Klasse Arzt-, Lehrer- und Kaufmannskinder. Drei an der Zahl. Also Realschule in Pinneberg. Mit Kurzschuljahren aufgrund der Umstellung des Schuljahresbeginns erreiche ich im November 1966 die Mittlere Reife. Zeugnis ist gut, welche Ausbildung soll ich nun machen? Banklehre ist möglich, oder Versicherungskaufmann? Saubere Hände ...

Ein Verwandter empfiehlt: „Geh zum Finanzamt, da hast du was Sicheres!" Das überzeugt auch die Eltern – und die Vergütung ist okay. Es ist selbstverständlich, fast den gesamten Verdienst als Kostgeld abzugeben.

Mit Realschulabschluss erreicht man die mittlere Laufbahn in der Verwaltung, wird Anwärter, Steuerassistent, -sekretär, -obersekretär und so weiter. Die Ausbildung dauert nur achtzehn Monate, ich absolviere sie mit guten Noten. Nun prüfe ich Steuererklärungen am laufenden Band – dann kommt die Musterung zur Bundeswehr. Tauglich! Meine Brüder hatten beide ihren Wehrdienst geleistet, auch für mich war Kriegsdienstverweigerung damals kein Thema. Diese Gedanken reiften erst später.

Im Oktober 1969 beginnt meine Grundausbildung in Goslar. Der Wehrsold ist nicht sehr üppig. Meine Freundin, ebenfalls Beamtin, stolpert über den Begriff „Besitzstandswahrung" aus dem Beamtenrecht. Sie findet heraus, dass ich im Falle einer Verpflichtung auf zwei Dienstjahre Anspruch auf Weiterzahlung meines Gehalts habe. Aber was ist mit der Karriere beim Finanzamt? Bei guten Leistungen und Beurteilungen kann man in den sogenannten „Aufstieg" gelangen, das heißt, in die nächsthöhere Laufbahn wechseln. Ich frage in Elmshorn nach, ob ich eine Zusage für die Inspektoren-Laufbahn erhalten könnte. Ist nicht möglich. So fällt die Entscheidung: zwei Jahre Bundeswehr mit altem Gehalt. Nach der Grundausbildung werde ich in Hohn in der Zahlstelle des Regiments eingesetzt und habe nichts auszustehen.

Weiße Villa

Aber was wird danach? Meine Freundin überzeugt mich, weiter zu lernen – Abendschule? Abitur nachholen? Was gibt es noch? Wir entdecken den sogenannten zweiten Bildungsweg und hören von der Möglichkeit, ohne Abitur ein Studium zu beginnen. Die Schule nennt sich Hochschule für Wirtschaft und Politik und sitzt in Hamburg. Sie liegt in einer edlen Wohngegend zwischen Mittelweg und Rothenbaum Chaussee in der Mollerstraße, eine weiße Villa. Zum Studium zugelassen werden Fachoberschüler, eine weitere Möglichkeit ist die erfolgreiche Teilnahme an einer Aufnahmeprüfung. Mit schriftlicher und mündlicher Prüfung.

Ich melde mich an. Habe ich eine Vorstellung davon, was in dieser Prüfung verlangt wird? Nein! Wirtschaft, Politik, was kommt an Themen auf mich zu? Mit der Zeit war zwar mein Interesse an der Politik gestiegen, mit der ersten Stimmabgabe zur Landtagswahl in Schleswig-Holstein wurde ich Fan von Jochen Steffen. Aber reicht das? In Hamburg gibt es Vorbereitungsseminare für die Aufnahmeprüfung. Aber ich bin in der Kaserne in Hohn. Gibt es eine Möglichkeit, in der Nähe einen Kurs zu besuchen? Ja. Am Kanalufer in Rendsburg bietet die Heimvolkshochschule Rendsburg ab November 1970 einen Vorbereitungskurs an. Aber wie der Name der Schule sagt, sind die Teilnehmer dort untergebracht und haben tagsüber Unterricht. Wieder habe ich Glück. Ich bekomme von meinem Vorgesetzten die Erlaubnis, zweimal in der Woche stundenweise den Kurs zu besuchen. Wir kombinieren dies mit den routinemäßigen Fahrten zur Standortverwaltung in Rendsburg. Ich sitze in Uniform als Exot im Lehrgang. Aber ich bekomme so wenigstens eine Vorstellung davon, welche Inhalte die Aufnahmeprüfung aufweisen könnte.

Februar 1971: Prüfungstag! Nicht in der Mollerstraße, dort reicht der Platz nicht aus. Wir werden im Hörsaal A des Hauptgebäudes der Universität Hamburg mit riesigem Abstand in die Sitzreihen verteilt. Schon der Eingang in das Gebäude und den Hörsaal flößt mir Respekt ein. Papiere werden verteilt, Regeln erläutert, dann kommen die Themen. Erster Schreck: Was weiß ich über die Gründerzeit? Wie steht es mit dem Recht auf Gewalt für Befreiungsbewegungen? (Beispiele, die exakten Themen erinnere ich nicht). Langsam beginne ich, die Gedanken zu sortieren und aufs Papier zu bringen. Die Zeit bis zur Abgabe der Bögen drängt! Wird es reichen? Haben die Frauen in den Bänken vor und neben mir nicht viel mehr Seiten geschafft als ich? Mit erheblichen Zweifeln fahre ich zurück nach Hohn. Mitte März 1971 liegt ein Schreiben der HWP im Postkasten ...

Bestanden! Hurra!

Aber erst im April 1972 wurde ein Studienplatz frei, endlich ging es los! Betriebswirtschaft, Volkswirtschaft, Soziologie, Recht. Alle Themen aufregend und neu, insbesondere die Lehrsätze und verschiedenen Richtungen der Soziologie und die Welt der Rechtswissenschaft. So manche einfache Vorstellung geriet ins Wanken. Fern von rhetorischen Auseinandersetzungen und Debatten groß geworden, bewunderte ich die Kommilitonen, die selbstbewusst ihre Meinungen gegenüber den Dozenten vertreten konnten. Bis mir klar wurde, dass viele aktive Gewerkschafter waren und bereits entsprechende Schulungen genossen hatten. Leider nervten sie auch manchmal ...

Unsere Hörsäle waren im ganzen Uni-Viertel verstreut, außer zur Mollerstraße wanderten wir ins Amerikahaus an der Moorweidenstraße, in den schönen Hörsaal des Museums für Völkerkunde, und auch im Abaton-Kino fanden Vorlesungen statt.

Übrigens ...

Ich hatte nun den Weg in den Hörsaal geschafft, jedoch die treibende Kraft, die Freundin, war weg. Schmutzige Finger habe ich auch weiterhin nicht gescheut. Gemeinsam mit einem Kommilitonen habe ich noch einmal Kostpflanzen angepflanzt – ein Feld mit Kiefern. Das BAföG reichte halt nur für das Nötigste.

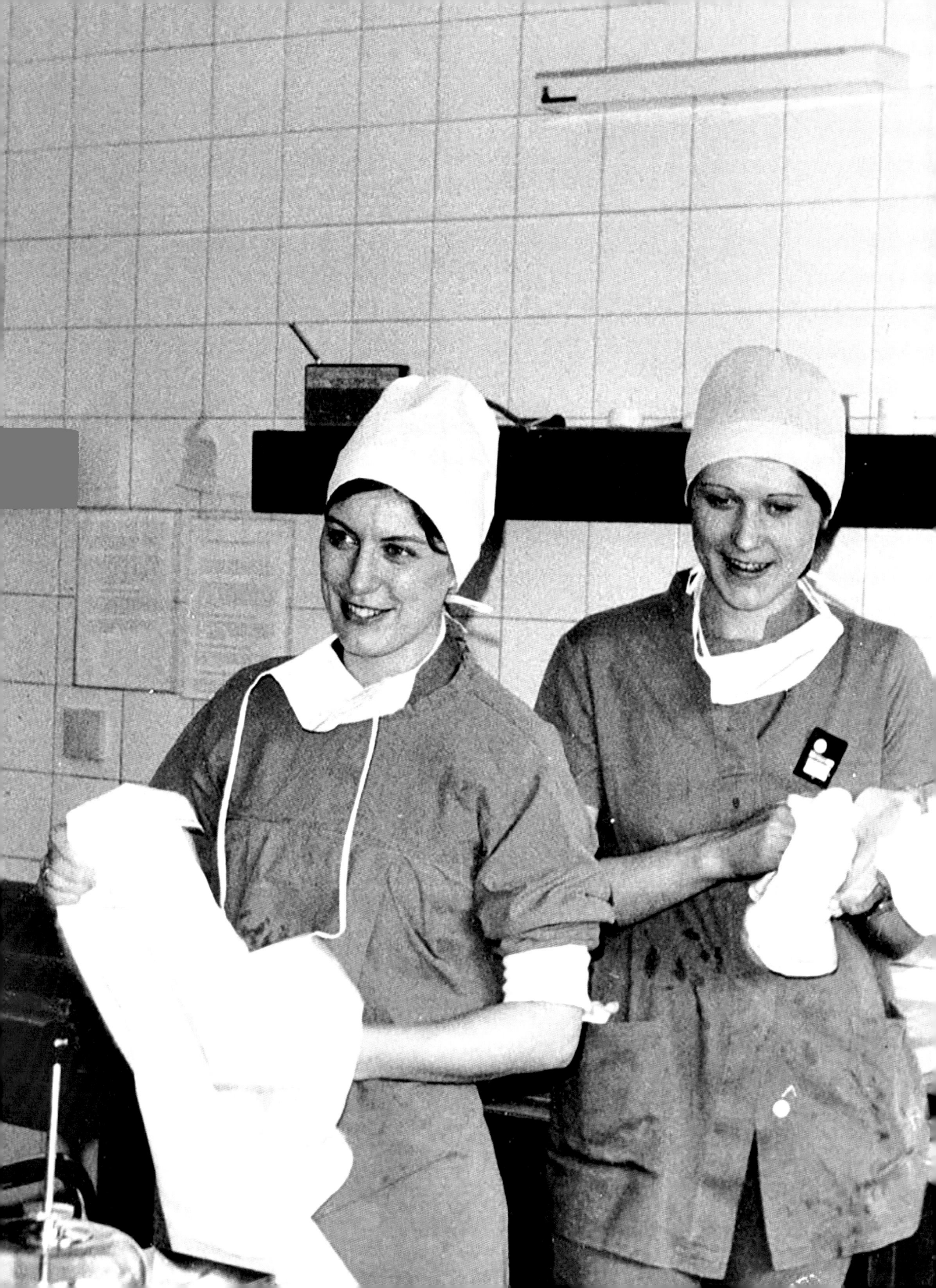

OP-Alltag Anfang der 70er-Jahre: Nach einem arbeitsreichen Tag im Operationssaal mussten die Anästhesiepflegekräfte die Geräte, Beatmungsschläuche und Tuben im Reinigungsraum manuell reinigen und aufbereiten. Eine unschöne, aber notwendige Tätigkeit, die heute weitestgehend durch Einmalartikel ersetzt wird. Rechts: Kathrin Offen-Klöckner

KATHRIN OFFEN-KLÖCKNER

DAS HAT MIR SEHR VIEL KRAFT GEGEBEN

Die soziale Herkunft bestimmt den schulischen Werdegang und den weiteren Lebensweg, wie die Diskussion zum Klassismus erneut zeigt.

Als katholisches Arbeitermädchen vom Lande war ich bildungssoziologisch eine zu vernachlässigende Größe. Mit dem achtjährigen Schulbesuch der Volksschule in NRW waren die Möglichkeiten der Berufsausbildung eingeschränkt und ich hatte eine leidvolle Schulerfahrung hinter mir: Als dritte von vier Töchtern hatte ich immer die gleichen Lehrer wie meine beiden älteren Schwestern und musste mir diese dauernd als leuchtende Vorbilder vorhalten lassen. Ich bekam ständig zu hören, dass sie besser und artiger seien – was natürlich auch stimmte. Also wollte ich nur noch da raus und bestimmt keine Handelsschule oder Ähnliches besuchen.

In der Berufsschule machte ich eine positive Erfahrung, als die dortige Lehrerin, eine junge großstädtische Frau, sich darüber wunderte, dass ich in ihrer Klasse sitze, wo ich doch so viele Interessen und Fähigkeiten hätte. Auch meine Ausbildungsfirma, ein Familienbetrieb mit drei Geschäften, zeigte sich von meinen Fähigkeiten überzeugt und holte mich in die Verwaltung, sodass ich überwiegend kaufmännisch ausgebildet wurde. 1967 war die Ausbildung erfolgreich abgeschlossen – und in Düsseldorf gingen die Student*innen auf die Straße. Die politischen Diskussionen fanden auch in der Firma statt, klandestin wurde mir die Zeitung der deutschen Kommunisten zum Lesen gegeben, während andere Betriebsangehörige sich Sorgen um ihren Besitzstand machten und Angst vor den Student*innen zeigten. In diesem Spannungsfeld, das zu Hause keine Entsprechung fand, sozialisierte ich mich langsam zu einer politisch interessierten Frau. Ganz stimmt es nicht mit der fehlenden familiären Diskussion: Da mein Patenonkel immer den *Spiegel* und die *Blauen Bände* las, hatte ich eine Vertrauensperson, die andere Denkmodelle präsentierte.

Ich wollte weg!

In dieser Zeit machte ich viel Leichtathletik und auch schon unbezahlte Sonntagsarbeit in einem Krankenhaus. Über das Deutsch-Französische Jugendwerk war ich – obwohl ich kaum Französisch sprechen konnte – in Frankreich und knüpfte dort Kontakte in die Schweiz. 1969 ging ich dann für 13 Monate als Haushaltshilfe in die Schweiz. Ich wollte mir darüber klar werden, was ich in meinem Leben machen wollte und welche Perspektiven sich für mich eröffnen konnten. Klar war für mich zu dieser Zeit: Ich wollte weg ...

Also entschloss ich mich, Krankenschwester zu werden. Meine Vorstellung war: Da kannst du überall qualifiziert arbeiten. Über einen Kontakt aus der Frankreichreise kam ich zur Freien Schwesternschaft Hamburg, eine nicht verbandgebundene Organisation.

Im April 1970 konnte ich meine Ausbildung beginnen, obwohl mindestens der Realschulabschluss Voraussetzung war. Als Volksschülerin mit einer abgeschlossenen Berufsausbildung war mir die Ausbildung zur Krankenschwester dennoch möglich. Dabei hatte ich kaum Kenntnisse in Chemie, Physik und Fremdsprachen. Aber auch hier hatte ich das große Glück, einerseits auf eine junge Schulschwester und eine tolerante Oberin und andererseits auf eine „brodelnde“ politische Szene zu stoßen. In Bergedorf waren BALZ und SALZ (Bergedorfer Arbeiter- und Lehrlingszentrum und Sozialistisches Arbeiter- und Lehrlingszentrum) aktiv und in Hamburg gingen die Student*innen auf die Straße. Relativ schnell trat ich als erstes Familienmitglied in eine Gewerkschaft ein, wurde Klassen- und Schulsprecherin und war in der betrieblichen ÖTV-Gruppe und im AK Gesundheit der ÖTV-Jugend aktiv. Im Zuge meiner Mitarbeit dort wurde ich zur Bezirksjugendvorsitzenden gewählt. Eine Position, die Heinz Kluncker, Lehrgang 3, viele Jahre zuvor auch mal innegehabt hatte. Es waren politisch interessante Zeiten: einerseits die von uns, der ÖTV-Jugend, mitgetragene Kampagne „Willy wählen", andererseits, gewerkschaftsintern, die Auseinandersetzung mit den sich bildenden „K-Gruppen".

Gewerkschaft und Hochschule

Über die gewerkschaftliche Bildungsarbeit, deren Teamer sich hauptsächlich aus HWP-Studenten zusammensetzten, bekam ich Kontakt mit der Hochschule. Nach erfolgreichem Abschluss meiner Ausbildung bewarb ich mich um eine Funktionsstelle im A. K. Altona, fast gleichzeitig bekam ich die Zulassung, die Fachausbildung zur Intensiv- und Anästhesiepflegekraft zu machen, parallel hatte ich die Aufnahmeprüfung an der HWP bestanden und bekam auf der Nachrückerliste einen Studienplatz. Da alles auf einmal so schnell ging, änderte ich meinen Arbeitsvertrag im A. K. Altona auf eine halbe Stelle und machte ausschließlich Nachtdienste in der zentralen Aufnahme. Ich musste meinen Status als Erwerbstätige zunächst beibehalten, um während des Studiums finanziell abgesichert zu sein – ein Spagat. Die Situation änderte sich, als ich BAföG erhielt, ab jetzt konnte ich die Festanstellung kündigen; aber gearbeitet habe ich während des gesamten Studiums.

Dabei war für mich klar: Diese neue Situation hat nur Zukunft, wenn ich mich mit Kommiliton*innen in Arbeitsgruppen vernetze. Diese Arbeitsform hatte ich schon während der Ausbildung zur Krankenschwester präferiert und eingeübt.
Im Wintersemester 1974 fing das neue, aufregende Leben an: Wir kamen in eine Umbruchsituation der Hochschule. Einerseits war das Hauptgebäude noch in der Mollerstraße und ganz heimelig. Andererseits waren unsere Vorlesungen über den gesamten Campus verteilt. Vom Völkerkundemuseum über das Unihauptgebäude bis zum Abaton-Kino, wo wir in kuscheligen Sesseln den Ausführungen von Dr. Volker Maack in politischer Geschichte folgten. Mit großer Empathie schilderte er uns die Leiden der englischen Bergarbeiter und ihrer Kinder. Leider hat Volker Maack sich nur kurze Zeit später selbst getötet. Für mich ein schwerer Verlust. Mit Professor Krone, allgemein „Papa Krone" genannt, hatte die Hochschule noch einen Direktor, der seine Student*innen persönlich kannte.

Selbstorganisation und Geborgenheit

Der Lehrkörper selbst bestand zum Teil aus sehr jungen, engagierten Wissenschaftler*innen, bei denen der persönliche Umgang und das vertrauliche „du" selbstverständlich waren. Relativ schnell fand ich Anschluss an eine Gruppe, die wir „die Weiher Stiftung" nannten, nach den drei Kommilitonen, die „Am Weiher" in einer Wohngemeinschaft zusammenlebten. Über diesen Kontakt organisierten wir große Teile unseres Studiums und vermittelten uns Jobs. In der Gruppe bestand ein großes Unbehagen, das einerseits auf der Diskrepanz zwischen dem Anspruch der HWP auf selbstbestimmtes Lernen und dessen unzureichender Umsetzung beruhte und andererseits auf unserer Rolle als studierende Erwachsene, das heißt unsere individuellen Erwartungen ans Studium vor dem Hintergrund der vor dem Studium erlebten Sozialisation. Unzufrieden mit diesem Stand der Dinge beschlossen wir, uns auf eigene Faust Dozenten zu suchen, die unsere Situation und die daraus resultierenden Spannungen ernst nahmen – mit dem Ziel, daraus ein studienrelevantes Projekt zu konzeptionieren.

Unter der Anleitung von Dr. Harry Friebel und Dr. Hans-Gerwin Burgbacher gelang es ab dem dritten Semester, dieses Projekt zu realisieren. Es wurde als eigene Studienveranstaltung anerkannt und wir gingen mit viel Elan an die Realisierung der Aufgaben. Unsere Gruppe nannte sich: LLP – Lern-Leistung und Partizipation. Wir erarbeiteten Methoden, Fragestellungen, Fragebögen und führten Interviews. Zum dreißigjährigen Bestehen der HWP konnten wir nach erfolgreichem Abschluss des Studiums unsere Arbeiten im Westermann-Verlag veröffentlichen. Die Publikation trug den Titel *Studierende Erwachsene im zweiten Bildungsweg*. In dieser Arbeitsgruppe fühlten wir uns aufgehoben, trafen uns nach der Projektarbeit zur „Jam-Session" und impro-

ZUR PERSON
KATHRIN OFFEN-KLÖCKNER

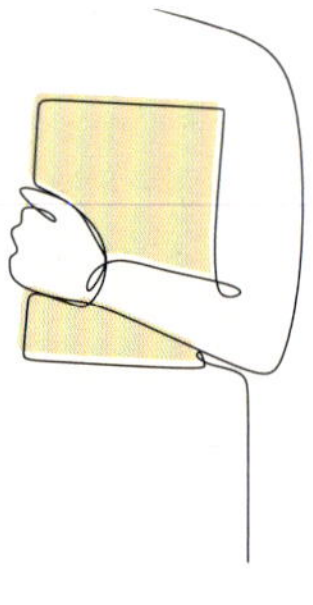

Geboren 1950 in Kettwig/Ruhr
(heute Essen)
Ausbildung: Einzelhandelskaufmann, examinierte Krankenschwester;
Studium: 31. Lehrgang vom WS 1974 bis SS 1977; Uni Hamburg WS 1977 Soziologie; Uni Bremen SS 1978 bis WS 1989 Sozialwissenschaften.

visierten eine Art „Free Jazz", bei dem Hans-Gerwin mit seiner klassischen Geige sich wohl manches Mal fragte: „Was geht hier ab?" Ich empfand in diesem Projekt eine Geborgenheit, die die Hochschule sonst nicht bieten konnte. Der Umzug während des Studiums in den Von-Melle-Park, wo alles in einem Gebäude versammelt war, verbesserte die Zusammenarbeit unter den Studierenden.

Da ich auf dem Land aufgewachsen war, war Fahrradfahren für mich von klein auf üblich, ich hatte auch nach Hamburg ein Rad mitgenommen. An der HWP waren wir anfänglich drei Menschen, die mit dem Rad kamen, zwei aus dem Lehrkörper und ich. Schnell entwickelte sich die Radfahrer-Community – an der Sternfahrt für mehr Raum im Straßenverkehr 1980 nahm ich natürlich teil! Aber heute ist die Situation an der Uni/HWP so, dass kaum noch Raum für das Rad da ist.

Freischwebende Intellektuelle

Während des Studiums waren politische Auseinandersetzungen alltäglich. Eine zunehmende Zersplitterung der politischen Gruppen und Grüppchen erschwerte den Diskurs. „Freischwebende Intellektuelle" war eine diffamierend gemeinte Bezeichnung für Menschen wie mich, die sich nicht einer politischen Gruppe zuordnen ließen. Hochschulpolitisch waren wir sehr aktiv, so manches Transpi wurde gemalt und getragen – Hochschulbehördenbesetzung in der Hamburger Straße und immer wieder die Auseinandersetzung mit alten und neuen Nazis. Ein großer Teil der politischen Aktivitäten ging in die Auseinandersetzung um den Bau des AKWs Brokdorf, zu den Demos gingen wir teilweise auch als Gruppe.

Ich selber hatte seit meinem Wegzug in die Schweiz 1969 immer auch das Bedürfnis nach Rückzug und Reflexion, sodass ich mich phasenweise separierte und aus gruppendynamischen Prozessen raushielt.

Nachdem wir mit vielen Studenten – hier wähle ich extra die maskuline Form, da ich nur noch eine Kommilitonin erinnere, die mit nach Bremen wechselte – unseres Lehrgangs zum Sommersemester 1978 an die Uni Bremen gegangen waren, brachten wir dort unsere Erfahrungen mit dem selbstbestimmten Projektstudium ein und bestimmten Inhalte, Arbeitsstil und Zeiten mit. Mit Aufnahme des Universitätsstudiums verzichtete ich auf die Förderung durch BAföG und damit auf eine weitere Verschuldung. Stattdessen arbeitete ich mit halber Stelle als Krankenschwester. Durch persönliche Umstände versäumte ich, nach sechs Semestern meine Abschlussarbeit zu schreiben und verlor mich im „Alleingelassen-Sein". Nach einigen Semestern der alleinigen Immatrikulation nahm ich mein Studium wieder auf und suchte mir an der Uni Bremen eine Dozentin, bei der ich meinen Abschluss machen konnte. Mit Professorin Marlies Krüger fand ich eine verständnisvolle Begleiterin, wenn auch mit einer emotional schwierigen Persönlichkeitskonstellation, und machte endlich im Januar 1989 mein Diplom.

Frauengeschichte

Durch die Projektarbeit sowohl an der HWP als auch an der Uni Bremen hatte ich gelernt, kritisch Texte zu lesen oder auch selber zu schreiben. Nach dem Abschluss des Studiums versuchte ich, im sozialwissenschaftlichen Bereich eine Anstellung zu finden, aber da ich nun schon 39 Jahre alt war und der Arbeitsmarkt relativ ausgedünnt war, entschloss ich mich, im Stadtteilarchiv Ottensen e. V. in der Frauengeschichtsgruppe mitzuarbeiten. Persönliche Umstände veranlassten uns zu dem Entschluss, mit einem sogenannten Familieneinkommen zu leben und meine intellektuelle Kraft in viele unbezahlte Arbeit einfließen zu lassen. Seitdem habe ich dann auch überwiegend unbezahlt beziehungsweise ehrenamtlich in der Lokalgeschichtsarbeit mitgearbeitet.

Vom Land in die Großstadt, das allein war für mich schon ein befreiender Akt. Von einer für dumm gehaltenen Volksschülerin – heute würde ich sagen, ich hatte Legasthenie, ein Befund, den es damals an meiner Schule nicht gab – zur Uniabsolventin, das hat mir sehr viel Kraft gegeben.

Ja, die HWP hat meinen Lebensweg positiv beeinflusst und ich bin ihr deshalb über all die Jahre mit der „Gesellschaft der Freunde und Förderer der HWP" gerne verbunden geblieben.

Kathrin Offen-Klöckner

INTERDISZIPLINÄRER GRUNDKURS UND SOZIALÖKONOMIE

MARKENKERN DER HWP

von Karl-Jürgen Bieback

Von Anfang an war es Ziel der Akademie und der HWP, eine breite Ausbildung zu gewährleisten. Und selbst im Gesetz zur Eingliederung der HWP in die Uni Hamburg von 2004/2005 wurde festgehalten, dass die beiden wesentlichen Besonderheiten, Zugang auch für Nichtabiturienten/Berufstätige und interdisziplinäres Studium, in einem gesonderten Fachbereich erhalten bleiben sollten.

Die Anfänge: paralleles Lernen in vielen Fächern

Im ersten Jahrzehnt der Akademie studierten alle die vier Fächer BWL, VWL, Recht und Soziologie nebeneinander. Die Schwerpunktbildung war eher eine Vertiefung der breiten Ausbildung denn eine Spezialisierung. Die vier Fächer und ihre Kurse waren aber in kein umfassenderes Konzept eingebunden, außer der Vorstellung, es sollte das vermittelt werden, was Leitungskräfte der mittleren Ebene in wirtschaftlichen und politischen Organisationen brauchten. Dennoch gelang die Zusammenführung der Fächer wohl teilweise. Einmal in den Köpfen wissbegieriger Studierender, die mehr lernen mussten, als eines der traditionellen Fächer hergab. Und auch durch die Inhalte, die viele Fachdozenten vermittelten, die selbst als große Spezialisten in der „Konkurrenz" mit den anderen Fächern den Studierenden die Besonderheiten ihres Fachs und ihrer Fragestellungen und Herangehensweisen und die Verbindungen zu den anderen Fächern deutlich machen mussten. Hier war der Druck, über den Tellerrand des Fachs zu gehen, größer als an den damaligen in Fakultäten zerklüfteten Universitäten, von den sich gerade bildenden „Fachhochschulen" ganz zu schweigen. Und in dieser Breite gab es Multidisziplinarität noch nicht in den Diplom- und Magisterstudiengängen der deutschen Hochschulen der 50er- bis 70er-Jahren des zwanzigsten Jahrhunderts.

Der Bildungsauftrag der Akademie und HWP kam auch in der Eingangsphase zum Ausdruck, die allgemeines Basiswissen und Fertigkeiten vermitteln sollte. Zusätzlich war aber ein anderes Element entscheidend, das lange das Studium an der Akademie/HWP prägen sollte: das Lernen in kleinen Gruppen. Es ermöglichte mehr Austausch mit den Dozierenden und den Mitstudierenden, ermutigte, Fragen zu stellen, und machte das Lernen weniger frustrierend. Da (fast) alle schon eine Ausbildung absolviert hatten, merkten sie, dass so etwas wie „lebenslanges Lernen“ nicht nur notwendig, sondern auch befriedigend war und dass man es lernen konnte.

Mit der Entwicklung der HWP zur (Fach-)Hochschule mit einem Fachdiplom nach sechs Semestern blieb die für eine Fachhochschule ungewöhnliche Multidisziplinarität der HWP erhalten. Es kamen zwei weitere Elemente hinzu: 1977 der Interdisziplinäre Grundkurs und nach langer Planung ab 1981 das Sozialökonomische Studium im Anschluss an das sechssemestrige Studium, das in Projekten stattfand, begleitet von Methodenkursen und fachspezifischen Kursen.

Interdisziplinärer Grundkurs

Der Interdisziplinäre Grundkurs (IGK) lief in den ersten Jahrzehnten ab 1977 über zwei Semester mit je vier Stunden. Teams von je zwei Lehrenden aller vier Fächer einigten sich auf ein Konzept mit gleichen Texten (aus allen vier Fächern) zu drei Gebieten: Arbeit und Produktion, Markt und Konsum sowie Staat und Gesellschaft. Die Kurse liefen in Kleingruppen, denen sich die Studierenden nach ihrer Wahl zuordnen konnten, parallel mit ähnlicher inhaltlicher Abfolge. Alternativ dazu gab es später auch IGK mit einem gemeinsamen Thema, wie „Risikogesellschaft“ oder „Nachhaltigkeit“. Der IGK wurde mit einer gemeinsamen Klausur abgeschlossen, die sehr bald durch eine Hausarbeit ersetzt wurde. Sie hatte ausdrücklich zum Ziel, nach eigener Wahl wissenschaftliche Fragestellungen zu entwickeln und zu bearbeiten. Zu dieser Eingangsphase zählte auch der Kurs „politische Geschichte“. Inhaltlich sollte immer das „herrschende“ Wissen, aber auch seine Kritik und Grenzen vermittelt werden – zum Beispiel die begrenzte empirische Relevanz des Modells eines *homo oeconomicus*, der seinen individuellen Nutzen maximiert. Parallel dazu lief und läuft immer die Funktion, gemeinsam in kleinen Gruppen in regem Austausch untereinander wie mit den Lehrpersonen sich an der Hochschule einzuleben, sich in ein wissenschaftliches Studium einzudenken und einzuarbeiten. Neben den Orientierungseinheiten in den ersten Wochen des Anfangssemesters hat der IGK eine nicht zu unterschätzende Funktion wissenschaftlicher, universitärer Sozialisation.

So intensiv gab es bisher kaum gemeinsame wissenschaftliche Lehre zu zentralen gesellschaftlichen Themen. Geburtshelfer war der Zeitgeist. Seit den 1970er-Jahren konnte sich überall in der Bundesrepublik ein ähnliches Verständnis zur Eingangsphase durchsetzen. Getragen war es von der Idee der „Gesamthochschulen“, die vor allem im Norden der Bundesrepublik gegründet wurden und mit einer gemeinsamen Eingangsphase aller Studierenden das Fundament für eine breite Kooperation der Einzelwissenschaften und spezialisierten Ausbildungen legen wollten – von der ersten Gründung der Universität Bremen bis zuletzt der Universität Lüneburg.

Der Aufwand war für die Studierenden und die Dozierenden immens, sodass sich allmählich immer schlankere Formen durchsetzten, die keine große Kooperation zwischen den Lehrenden mehr brauchten: Es gab nur noch Einzelkonzepte individueller Dozierender, die zuerst auf vier Stunden im ersten und zwei Stunden im zweiten Semester, später nur noch auf das erste Semester reduziert wurden und sich inhaltlich breit auffächerten. Die traditionelle Orientierung an Einzelfächern setzte sich wieder durch. Aber immer noch ging es um eine Einführung in das wissenschaftliche Arbeiten, zusätzlich teilweise noch um das breite gesellschaftswissenschaftliche Grundwissen im Sinne der alten Skripte, bei anderen Lehrpersonen um übergreifende Themen, wie Umweltschutz, bei einigen nur noch um die Abfassung der Hausarbeit zu einem Thema der Wahl der Studierenden.

Der IGK an der HWP litt seit der Jahrtausendwende verstärkt an der gleichen Missachtung, mit der der Universitätsbetrieb insgesamt die Eingangsphase des Studiums behandelte. Man erkannte zwar, dass Kleingruppen und intensive Betreuung notwendig sind. Aber man überließ dies den Anfängern in der Hierarchie der Lehrenden, obwohl es um die schwierige Aufgabe geht, die Basis der Wissenschaft und des Fachs, die Zusammenhänge mit anderen Fächern und die Grundlagen wissenschaftlicher Methoden zu vermitteln. Die klare Vorstellung, was im IGK gelehrt und gelernt werden sollte, ging verloren. Nunmehr ist davon 2021 nur noch ein zweistündiger „IGK“ im ersten Semester übriggeblieben

Studiengang Sozialökonomie

Eine weitere besondere Ausprägung der Interdisziplinarität kam mit der Einführung des Studiengangs Sozialökonomie in drei Semestern ab 1979. Er machte die HWP zu einer „richtigen“ Universität. Auf das sechssemestrige Studium folgten drei, später vier Semester, die mit einem Universitätsdiplom in Sozialökonomie abschlossen. Im Zentrum stand das dreisemestrige Projekt zu einem Thema, das die Studierenden zum Teil schon im sechssemestrigen Studiengang mit Lehrenden gemeinsam erarbeiteten. Immer bildeten zwei Lehrende aus unterschiedlichen Disziplinen mit jeweils vier Semesterwochenstunden die Leitung. Abgeschlossen wurde es durch eine Hausarbeit nach dem zweiten und die große Hausarbeit sowie mündliche Prüfung nach dem dritten Semester. Gegenstand der Projekte sollten nicht nur „praxisrelevante“ Probleme sein, sondern es sollte auch intensiv in und mit der Praxis kooperiert werden. Die Themenauswahl war groß. So hat der Verfasser zum Beispiel von seinen acht Projekten zweimal ein Projekt zum neuen Arbeitsschutz zusammen mit einem Soziologen und in enger Kooperation mit dem Amt für Arbeitsschutz, Betriebsräten, leitenden Angestellten, Gewerkschaften und Berufsgenossenschaften durchgeführt. Und nach der „Wende" versuchte ein Projekt zusammen mit einem Betriebswirt die Eignung einer (Weiter-)Führung von Betrieben durch Arbeitnehmer als Alternative zur Treuhand zu untersuchen. Alle Projekte endeten mit einer wissenschaftlichen Tagung an der HWP und einer Publikation, die auch stark von den Studierenden getragen wurden.

Zur Auswahl standen pro Jahrgang meist drei Projekte. Nicht alle hatten einen engen Praxisbezug, sondern vertieften alternative wissenschaftliche Ansätze in der Wirtschaftstheorie und -politik oder der Ökologie. Die Projekte wurden getragen von einem neuen Zug in der allgemeinen pädagogischen Praxis: das exemplarische Lernen, das aus der Reformpädagogik des 19. und 20. Jahrhunderts stammte und erst spät von einigen Hochschulen übernommen wurde. Diese problemorientierte Interdisziplinarität sollte sich auf die Anforderungen der Praxis einlassen, die Studierenden zur Kooperation untereinander und mit der Praxis bewegen und sie befähigen, den „Praxisschock" nach der üblichen akademischen Ausbildung zu meistern oder, noch besser, gleich zu vermeiden. Fast alle Projekte waren politisch orientiert auf Veränderungspotenziale in der Praxis und sollten nicht zuletzt auf den Beruf vorbereiten, eine Einmündung in das Erwerbsleben erleichtern.

Allerdings lassen sich auch in Fachstudiengängen Ansätze von Projekten realisieren. Eine große Gruppe von Studierenden trat 1978 an mich und einen BWL-Kollegen heran, gemeinsam im fünften und sechsten Semester je einen Kurs in Recht und BWL auf ein großes Praxisproblem zu fokussieren: den Abbau von Arbeitsplätzen in der Hamburger Werftindustrie. Bei mir waren es die Kurse betriebliche Mitbestimmung und Sozialrecht, beim Kollegen die Kurse Personalpolitik und ein freier BWL-Kurs.

Die zweite Säule des Projektstudiums waren der Pflichtkurs zu wissenschaftlichen Methoden und einige fachspezifische Kurse, die, wenn es gut ging, auf einige Themen der Projekte abgestimmt waren. Hier hat die zwingende Einführung des Systems „Bachelor" und „Master" ab 2000 langsam grundlegende Änderungen gebracht. Jetzt gibt es nur noch fünf Masterstudiengänge am Fachbereich Sozialökonomie: „Arbeit, Wirtschaft, Gesellschaft – Ökonomische und Soziologische Studien", „Health Economics and Health Care Management", „Interdisziplinäre Public und Nonprofit Studien", „Human Resource Management – Personalpolitik" und „International Business and Sustainability". Sie alle beinhalten auch breite und diverse wissenschaftliche Zugänge und konnten an vorher etablierte Strangbildungen im Angebot der Projekte anknüpfen.

Fazit

IGK und Sozialökonomie hatten mehrere Gemeinsamkeiten im Erwerb allgemeiner Qualifikationen, die man für das spätere Studium und die sich ständig ändernden Anforderungen der späteren beruflichen Praxis braucht:

- Alle lernen, wie man lernt und was die „wissenschaftliche Herangehensweise" ist und welche praktisch-berufliche Relevanz sie hat.
- Es soll ein übergreifendes Wissen über Gesellschaft vermittelt werden, aus dem sich historisch die einzelnen Wissenschaften entwickelt haben und auf das sie auch heute noch zurückgreifen. Was ist allen Wissenschaften gemeinsam an Methoden und Inhalten und was ist der jeweils spezifische Zugang des Fachs?
- Das Studium soll auch „Bildung" vermitteln. Es stehen übergreifende Fragen im Zentrum, wie die unterschiedlichen Konzepte von Gerechtigkeit oder die Verantwortung eines Fachs für das Allgemeinwohl, auf das jede gesellschaftliche Praxis als „Ressource" zurückgreifen und, so die Annahme, zu dessen Erhaltung jede wissenschaftlich basierte Tätigkeit beitragen muss.
- Wissenschaft ist „Produktivkraft" und soll (auch) praxisrelevant sein; es soll gleich die kritische Reflexion beruflichen Handelns erprobt werden (was tue ich eigentlich und warum und zu welchem Nutzen?).

PROF. DR. KARL-JÜRGEN BIEBACK

Geboren 1944. Bieback studierte Rechtswissenschaften in Marburg, Göttingen und Poitiers. Er promovierte 1974 in Marburg bei Dietrich Pirson zum Dr. iur. Anschließend arbeitete er bis 1979 als Dozent an der Hamburger Universität für Wirtschaft und Politik. 1979 wechselte er als ordentlicher Professor auf einen Lehrstuhl für Öffentliches Recht und Sozialrecht an der Universität Hamburg und kehrte 1985 als ordentlicher Professor für Arbeits- und Sozialrecht an die HWP zurück. Von 1997 bis 1999 war er dort der Sprecher des Fachbereichs Recht, von 2000 bis 2002 Vizepräsident der HWP.

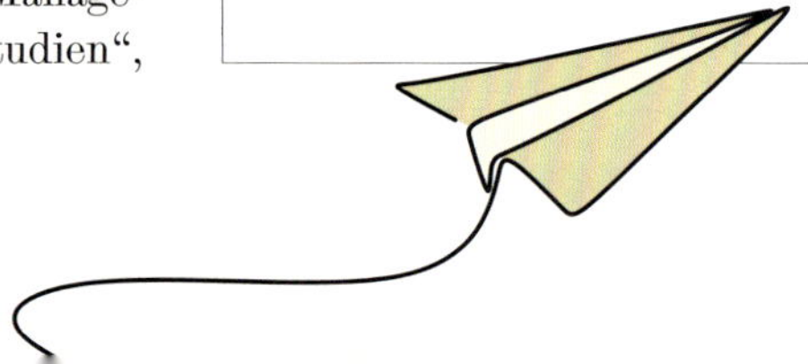

WALTER W. LANGHINNERICH

UNTERWEGS AUF VIELEN WEGEN

Das Leben fängt wie immer klein an und wächst sich dann auf vielfältigen, krummen und manchmal – zur allgemeinen Überraschung – auch geraden Wegen zur vollen Länge aus ...

Das richtige Werkzeug finden

Mein „akademischer" Werdegang startete mit einem Volksschulabschluss und einer Lehre als Werkzeugmacher mit dem Abschluss Facharbeiter. So wurde mein Start in das Berufsleben zunächst von „normaler Arbeit" als Werkzeugmacher geprägt. Persönliche Veränderungen – Familie und Ehe – führten, rückwirkend betrachtet, zu beruflichen Veränderungen und neuen Erfahrungen: Ich fand einen neuen Job in der mechanischen Werkstatt, in der Entwicklungsabteilung einer transnationalen Firma in Eimsbüttel. Diese neue Tätigkeit entwickelte sich für mich zu einem Traumjob. Man durfte denken als Handwerker („Graukittel"), das Anfertigen von Werkzeugen und Vorrichtungen erforderte das Entwickeln und Umsetzen neuer Ideen. Abwechslung und viele neue Erfahrungen standen im Vordergrund, weniger die Routine und gleichförmige Arbeitsabläufe.

Der Betrieb war gewerkschaftlich organisiert und ich wurde Mitglied der IGM. Erste Schritte in den organisierten Politikbereich folgten. Mein ausgeprägtes Interesse am Organisieren und Engagieren führte dazu, dass ich in meiner Abteilung zum Vertrauensmann gewählt wurde – ein wichtiger neuer Abschnitt meines Arbeitslebens hatte damit begonnen. Als nächster großer Einschnitt in das Leben kam jedoch der Schock der Entlassung: Ich musste Platz machen für einen langjährig beschäftigten Kollegen, der zurück in den Betrieb kam. Für mich stellte sich erneut die Frage nach der weiteren beruflichen Entwicklung und neuen Perspektiven.

Weiter lernen: neue Perspektiven

Durch die Zusammenarbeit mit den Ingenieuren aus den Laboren hatte ich schon während meiner Arbeit als Werkzeugmacher großes Interesse an Weiterbildung entwickelt. Dies führte zu meiner Entscheidung, an der Staatlichen Technikerschule weiter zu lernen und noch einmal zwei Jahre die Schulbank zu drücken, um zum Maschinenbautechniker ausgebildet zu werden. Meinen bisherigen Lebensstil musste ich nun als BAföG-Empfänger verändern, aber als Handwerker konnte ich die Ausbildung durch Nebenjobs gut finanzieren. Nach dem erfolgreichen Abschluss war ich mit einer schwierigen Arbeitsmarktlage konfrontiert: Die in den 1970er-Jahren erfolgten Werftenschließungen führten dazu, dass keine Stellen für junge Maschinenbautechniker zur Verfügung standen. Erneut ging es für mich darum, mich zu orientieren, neue Perspektiven zu entwickeln – diesmal mithilfe eines Studiums.

Unterwegs auf vielen Wegen – in den Semesterferien 1980 Kanada

Auf dem zweiten Bildungsweg: Studieren ohne Abitur

Freunde hatten mir von der Möglichkeit erzählt, an einer Hochschule – der HWP – nach einer Aufnahmeprüfung ohne Abitur studieren zu können. Nach der erfolgreich überstandenen und bestandenen Aufnahmeprüfung begann ich im 39. Lehrgang – dem ersten „großen" Lehrgang mit 250 Studierenden – zu studieren. Mit einer großen Schultüte im Arm. Zum Beginn des Studiums hatten sich im Hörsaal 250 Studierende mit den unterschiedlichsten Lebens- und Berufserfahrungen versammelt und warteten gespannt darauf zu erfahren, was Studieren und Leben in Hamburg bedeutete. Es galt also, das Studieren zu lernen und ... sich zu engagieren, zu organisieren. Es waren die kleinen logistischen Dinge zum Studienbeginn, die mich in die politische Studentenvertretung der HWP einbanden und auch zur Gründung der AG Orientierungseinheit führten.

Studium und Politik

Als studentischer Vertreter der Fachschaft Recht übernahm ich eine spannende neue Aufgabe. Neben vielen studentischen Aktivitäten entwickelten sich weitere Projekte, zum Beispiel der Kampf um die Einführung des Sozialökonomischen Studienganges. Als ASTA-Referent für Öffentlichkeitsarbeit konzentrierte sich auch mein Engagement – in Zusammenarbeit mit vielen anderen Studierenden – auf öffentliche Aktionen, die die Forderungen zur Finanzierung eines Modellversuches unterstützen sollten.

Ergänzend zum Studium konnten wir als Studierende direkte, praktische Erfahrungen mit den parlamentarischen Strukturen machen, da wir unsere Ziele zunächst nicht erreichten. So waren auch ungewöhnliche Maßnahmen notwendig, um die Bürgerschaftsabgeordneten mit den notwendigen Informationen zu versorgen, die ihnen eine positive Entscheidung ermöglichten: nächtliche, kurzfristige Kopieraktionen an der HWP im großen Umfang und die persönliche, direkte Verteilung der Infomappen in der Bürgerschaft. Was auch in einer eher zufälligen Begegnung mit dem damaligen Bürgermeister und seinem Personenschützer im Rathaus mündete – so konnten die Unterlagen direkt übergeben werden. Wir müssen ziemlich wild ausgesehen haben, gar nicht „rathauskonform". Das interdisziplinäre Studium an der HWP motivierte mich bereits nach vier Semestern, mich mit dem Thema Entwicklungsländer und internationale Politik zu beschäftigen und trotz meines Alters an der Uni Hamburg zusätzlich politische Wissenschaften zu studieren.

Auf dem Weg ins Ausland: international studieren und arbeiten

Nach der – zunächst schwierigen – Klärung der Anerkennungsfragen zwischen Universität und HWP konnte ich mit anderen HWP-Studierenden das Studium als höheres Fachsemester aufnehmen. Das Feld internationale Politik wurde zu einem Schwerpunkt meines Studiums und eröffnete mir nach meinem Abschluss neue berufliche Perspektiven. Durch meine Studienaufenthalte in Costa Rica und Guatemala entwickelten sich auch erste berufliche Ziele für die Zeit nach dem Studium. Vor dem Abschluss in Hamburg erweiterte ich mein Studium in einem internationalen Rahmen: Ein Jahr an der University of East Anglia (UEA) ermöglichte mir den Abschluss „post-graduate diploma" mit dem Post-graduate-Kurs in Development Economics. Zur Bewerbung für dieses Auslandsstudium musste ich englische Fassungen der HWP-Abschlussdokumente vorlegen, die die HWP damals zum ersten Mal ausstellte.

Nach Abschluss des Studiums ergaben sich leider nicht die gewünschten Projekte in Lateinamerika und im sonstigen Ausland. Aber in Deutschland übernahm ich nach der Wiedervereinigung neue Aufgaben als Abteilungsleiter und Dozent im Bereich berufliche Bildung und Weiterbildung in Schwerin. Meine eigene Berufsbiografie erleichterte mir den Einstieg in den Bereich der beruflichen Qualifizierung sehr. Die Arbeit in einem internationalen Bereich beziehungsweise im Ausland blieb jedoch weiterhin für mich ein Ziel. Als Teamleader eines neuen EU-Projektes „TACIS" (Technical

ZUR PERSON
WALTER W. LANGHINNERICH

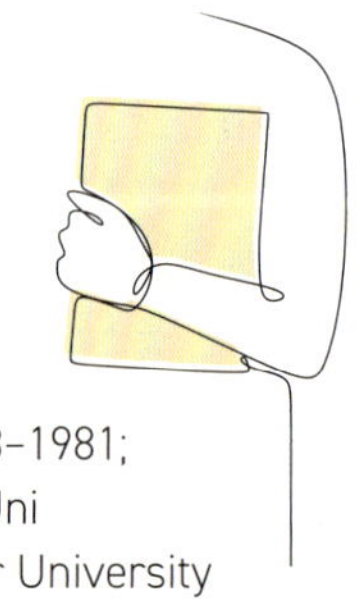

Geboren 1946 in Hamburg

Werkzeugmacherlehre; Maschinenbau Techniker; Studium an der HWP von 1978–1981; Studium der Politikwissenschaft an der Uni Hamburg von 1981–1990; Studium an der University of East Anglia, GB, Postgrad Diploma of Development Economics (1986–1987)

Spätere Tätigkeiten: Bildungs- und Projektmanagement unter anderem in Deutschland, der Russischen Föderation, der Ukraine und in Südafrika. 2007 Partner bei Gründung und Management einer Modellagentur in Johannesburg, RSA.

Schon damals einen Blick für den Fotografen:
Walter W. Langhinnerich im Jahr 1978 im Hörsaal

Assistance for the Commonwealth of Independent States) führte mich mein Weg für mehrere Jahre nach Moskau und in andere Regionen der Russischen Föderation – bis nach Sibirien. Nach Abschluss dieses Projektes ging ich für zwei Jahre als Teamleader für ein weiteres großes EU-Projekt in die Ukraine, um „sozialökonomische Konsultanten" auszubilden. Anschließend nochmals für eine kurze Zeit wieder nach Moskau für ein TACIS-Projekt. Diese Auslandsphase hat mir eine solide Berufserfahrung für das Projektmanagement in Umbruchländern mitgegeben.

Richtungswechsel: Aufbruch in ein Land voller Umbrüche

Nach einer Pause und einem Aufenthalt in Deutschland konnte ich erneut eine Tätigkeit im Ausland aufnehmen – in einem für mich völlig neuen Land: in Johannesburg in Südafrika, damals wie heute ein Land im Umbruch. Ich wurde als Integrierter Experte der CIM (Centre for International Migration and Development) von der Research Organisation COSATU's NALEDI eingestellt, um das Projektmanagement zu unterstützen. Nach zwei Jahren wechselte ich als Projektmanager zu einer öffentlichen Berufsbildungsorganisation der ESETA (Energy Sector Education and Training Authority, vergleichbar mit der Ausbildungsabteilung einer Handelskammer). Nach fünfeinhalb Jahren als CIMler wechselte ich zu einem privaten Trainings-Provider und leitete die Ausbildung von jungen Menschen zum Elektriker und Boilermaker. Ein weiteres Arbeitsfeld entwickelte sich durch ein südafrikanisches Kulturfestival, das mir ungewohnte, spannende Einblicke in eine ganz andere Branche ermöglichte. Gefragt war klassisches Projektmanagement. Ich betreute dieses Projekt dann für zweieinhalb Jahre – von der Planung bis zur Durchführung. Aufgrund fehlender Mittel konnte dieses Kulturprojekt leider nicht fortgeführt werden.

Nun habe ich seit einiger Zeit das Rentenalter erreicht, kann mich damit allein aber nicht abfinden. Mit einer Partnerin – der kreative Kopf! – habe ich 2007 begonnen, eine Modellagentur aufzubauen. Heute bin ich als operativer Manager des kleinen Unternehmens neben der Fotografie verantwortlich für die nicht kreativen Aufgaben – Finanzen, Management etc. Es hält mich auf Trab und es macht Spaß, mit jungen Leuten zu arbeiten.

Was war besonders wichtig in diesen Lehr- und Studienjahren?

Meine Lehre als Werkzeugmacher hat mir strukturiertes Denken in geplanten Abläufen vermittelt. Die Mitgliedschaft in der IGM hat mir ein grundlegendes Verständnis für politisches Handeln und Sich-Einmischen mitgegeben. Die HWP eröffnete mir den Zugang zu Theorien, zu der hilfreichen Verbindung von Theorie und Praxis und dem interdisziplinären Denken. Mit dem Kennenlernen anderer politischer Organisationen konnte ich mich auch in diesem Feld bewegen und wertvolle Erfahrungen machen. Darüber hinaus sind in dieser Zeit lebenslange Freundschaften entstanden, die bis heute aktiv sind. Mit dem Studium an der Universität Hamburg konkretisierten sich meine neuen Berufsperspektiven. Die Gestaltung meines Studien- und Lebensweges wäre nicht ohne die umfassende Unterstützung der Hans-Böckler-Stiftung zustande gekommen, an dieser Stelle herzlichen Dank!

Das Leben hat mir einige Wege abrupt versperrt und mich gezwungen, in neue Richtungen zu gehen. Aus diesen erzwungenen Kurswechseln entwickelte sich immer wieder Neues, Spannendes – und schöne Lebensabschnitte. Man könnte auch sagen: Ich habe einfach GLÜCK GEHABT!

Walter W. Langhinnerich

GUDRUN KIPP

CHANCE UND ENTWICKLUNG

Mit meinem Geburtsjahr 1945 wurde ich in instabile Zeiten hineingeboren. Meine Eltern stammten aus Ostpreußen und Pommern und lebten in Posen. Im Januar 1945 musste meine Mutter von dort flüchten. Die Flucht meiner schwangeren Mutter von Osten nach Westen dauerte sechs Wochen und endete in Pinneberg, weil dort ihre Schwester als Diakonisse im Krankenhaus arbeitete. Das war der einzige Anlaufpunkt im Westen. Sie war von da an als Alleinerziehende – mein Vater war im Krieg vermisst – verantwortlich, für ihre Mutter, mich und sich zu sorgen. Das war nicht leicht in der Zeit. Zum Glück hatte sie eine Ausbildung und konnte als Sekretärin im Krankenhaus arbeiten.

Schule und Ausbildung

Ich besuchte nach der Grundschule das Gymnasium. Damals musste ich dafür noch eine Prüfung bestehen. Ein Praktikum im Labor des Krankenhauses weckte meinen Berufswunsch, medizinisch-technische Assistentin zu werden. Nach der Mittleren Reife absolvierte ich die Ausbildung an der Dr.-Gillmeister-Schule in Heide und arbeitete anschließend in diesem Beruf in verschiedenen Städten Deutschlands. 1968 heiratete ich in Hannover. Mein Mann und ich wurden durch die 68er-Bewegung und Willy Brandt politisiert. Wir engagierten uns bei den Jusos und traten 1972 in die SPD ein.

ZUR PERSON
GUDRUN KIPP

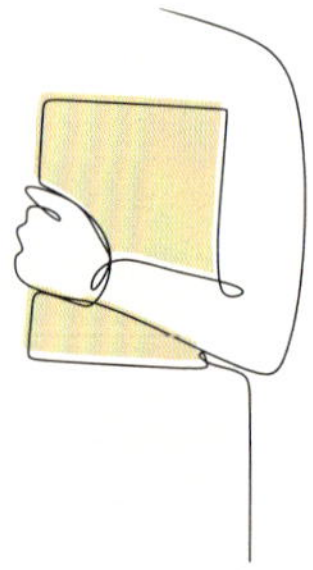

Geboren 1945 in Pinneberg

Mittlere Reife am Gymnasium, Ausbildung zur medizinisch-technischen Assistentin

Studium an der HWP 1979–1984
Tätigkeit als Sozialbetreuerin einer Gruppe junger Mädchen ohne Ausbildungsplatz (AWO), Mitarbeiterin im Frauenhaus, Aufbau und Tätigkeit in einer Frauenberatungsstelle – Vorstandsarbeit noch bis 2022.

Auf kommunalpolitischer Ebene wurden wir Mitglied in verschiedenen Ausschüssen (Sozial- und Schulausschuss). 1972 und 1973 kamen unsere beiden Kinder zur Welt. Mein Mann arbeitete als Ingenieur in verschiedenen Firmen, fühlte sich aber in seinem Beruf gar nicht wohl. Durch einen Zufall erfuhren wir, dass es für ihn die Möglichkeit gab, durch ein ergänzendes Studium für das höhere Lehramt Berufsschullehrer zu werden.

Die Frauenbewegung in den 70er-Jahren faszinierte mich und ich wollte, als sein zweites Studium beendet war, unbedingt auch studieren. Das war nicht so einfach mit zwei kleinen Kindern und ohne Abitur. Ich hörte durch Freunde von der HWP, an der ich durch eine Aufnahmeprüfung zum Studium gelangen konnte.

Das war meine Chance!

Für die Vorbereitung auf die Prüfung gab es ein Kursangebot, das ich gern annahm. Nach bestandener Prüfung begann ich 1979 das Studium mit dem Schwerpunkt Soziologie. Unsere Töchter waren zu der Zeit sieben und fünf Jahre. Mein Studienplan war zeitlich sehr eng getaktet; wenn andere sich nach den Vorlesungen in Arbeitsgruppen oder zum Kaffee trafen, raste ich zur S-Bahn, um rechtzeitig die Kinder aus dem Kindergarten abzuholen. Es war nicht einfach für mich: hin- und hergerissen zwischen der Freude des Studiums und dem schlechten Gewissen, die Kinder zu vernachlässigen. Gelernt habe ich abends und nachts, wenn die Kinder schliefen.

Meine erste Diplomarbeit für den Abschluss Diplom-Sozialwirtin schrieb ich in den Sommerferien, während der Rest der Familie am anderen Ort in den Urlaub fuhr. So war es möglich. Mein Thema war „Frau und Familie“ bei der Dozentin Helga Milz. Sie war die erste Dozentin, die an der HWP Frauenthemen anbot. Das war 1982.

Projektstudium

Ich hatte das Glück, dass genau zu dieser Zeit das Studium durch den Sozialökonomischen Studiengang erweitert wurde. 1981 begann der erste Modellversuch und 1982 konnte ich nahtlos weiterstudieren. Das Konzept war ein Projektstu-

Examenslerngruppe im heimischen Garten: Heike Helms, Gudrun Kipp, Sabine Timm und Gisela Utesch im Jahr 1982

dium, die Einrichtung eines wissenschaftlichen wie praxisbezogenen Studiengangs. Damit erhielt die HWP den Status einer Universität.

Ich wäre gern in einen Studiengang mit einem Genderthema eingestiegen, denn ich suchte eine Antwort auf die Frage, wann sich die Geschlechterordnung in eine männliche und weibliche Hierarchie entwickelt hatte. Das wurde derzeit aber noch nicht angeboten. So wählte ich im Fachbereich VWL bei dem Dozenten Heinz Spilker das Thema: „Ist die Hamburger Elbvertiefung notwendig?“

Dieses Projektstudium, das wissenschaftliches Arbeiten auf ein konkretes Ziel hin ausrichtete, war sehr innovativ. Viele der anstehenden Arbeiten fanden in Form von Gruppenarbeit statt, die sich jedoch durch die heterogene Arbeitsweise der Studierenden ziemlich kompliziert gestaltete. Es war ein interessantes Thema – und übrigens war schon damals das Ergebnis, dass die Vertiefung der Elbe nur Nachteile bringt. Viele Methoden aus dem ersten Teil des Studiums konnten

Anerkennung für die Tätigkeit in der Frauenhilfe und Beratung: Verleihung des Bundesverdienstkreuzes durch den schleswig-holsteinischen Ministerpräsidenten Daniel Günther

hier angewendet werden, zum Beispiel das Erstellen von Statistiken, das Herausfinden wissenschaftlicher Details und deren Auswertungen.

Ein zweites Diplom

Der Abschluss dieses Sozialökonomischen Studienganges erforderte erneut eine Diplomarbeit, ich wählte wieder ein Frauenthema: „Die Zukunft der Frauenarbeit“ bei Sibylle Raasch. Wie bei der ersten Abschlussarbeit konnte ich in den Sommerferien daran arbeiten, die Familie war in den Ferien.

Ich habe an der HWP die Fähigkeiten erlangt, mich in neue Themen und Herausforderungen einzuarbeiten. Mein Bewusstsein für das Geistige, Politische und Menschliche erweiterte sich deutlich. Das hat mir später sehr geholfen. Es war für mich aber auch eine große Herausforderung, das alles im fortgeschrittenen Alter mit zwei kleinen Kindern angemessen zu bewältigen. Und diese erworbenen Fähigkeiten brauchte ich dann auch, um einen angemessenen Arbeitsplatz zu finden. Da mir dies nach dem Studium nicht sofort gelang, studierte ich an der Uni noch vier Semester Soziologie, Psychologie und Erwachsenenpädagogik.

Schon während meiner Studentenzeit hatte ich begonnen, in der Frauengruppe des entstehenden Museums der Arbeit mitzuarbeiten, in der es um die Kulturgeschichte der Geschlechterverhältnisse ging. Auf der Basis von „Oral History“ (erzählte Geschichte von unten) führten wir Interviews zu den unterschiedlichsten Frauenthemen, beispielsweise für die allererste Ausstellung des Museums: Hausarbeit am Beispiel „Große Wäsche 1920 gegenüber 1985“. Oder zum 800. Hafengeburtstag ging es um die Frauenarbeitsplätze im Hamburger Hafen. Das Ergebnis war ein Buch mit dem Titel: *... nicht nur Galionsfigur.* Zu beidem trug ich mehrere Interviews bei.

Frauenarbeit

Parallel suchte ich ständig nach einem Arbeitsplatz mit meinem Schwerpunkt Frauen- und Mädchenarbeit. Das klappte nicht unmittelbar. Zuerst trat ich eine ABM-Stelle als Bildungsreferentin in einem Dritte-Welt-Laden an. Dort gestaltete ich unter anderem Informationsabende für die ehrenamtlichen Mitarbeiter*innen und ging in Schulen, um über einzelne Projekte aus Dritte-Welt-Ländern zu informieren.

Ich fand eine Stelle bei der AWO: die Leitung einer Gruppe junger Mädchen ohne Ausbildungsplatz. Darauf war ich nicht wirklich vorbereitet; es galt dort, sich den Aufgaben einfühlsam zu stellen. Gleichzeitig engagierte ich mich in einer politischen Frauengruppe in Pinneberg mit dem Ziel, eine Gleichstellungsbeauftragte für den Kreis einzusetzen. Die erste Institution im Landkreis, die sich um Frauen in Krisensituationen kümmern sollte. Das klappte dann nach jahrelangem zähen Ringen und geänderten politischen Verhältnissen auf Landesebene in Schleswig-Holstein. Angeregt durch diese neue Situation, steigerten wir unser Engagement, bildeten eine neue Frauengruppe und gründeten einen Verein für ein Frauenhaus in Pinneberg. Es ist sehr schwierig, die finanziellen Mittel für eine derartige Einrichtung zu erwerben und ein passendes Gebäude zu finden. Aber all das gelang uns: 1988 wurde das Pinneberger Frauenhaus eröffnet. Wir hatten es geschafft. Zuerst war ich nur im Vorstand, aber nach einem Personalwechsel stieg ich als Mitarbeiterin ein. Im Zuge meiner Tätigkeit im Frauenhaus stellte ich fest, dass betroffene Frauen noch viel mehr brauchen als eine sichere Unterkunft und Begleitung während ihres Aufenthaltes. Auch nach dieser Zeit müssen sie besonders unterstützt werden.

Also gründete ich 1992 mit mehreren Frauen einen neuen Verein, das Pinneberger Frauennetzwerk. Wir verfolgten das Ziel, eine Beratungsstelle für Frauen in Krisensituationen zu eröffnen. Dort sollten Beratungen, Veranstaltungen, Selbsthilfegruppen und ein wöchentliches Café speziell für diese Gruppe von Frauen angeboten werden. Dieses Vorhaben konnten wir 1994 realisieren. Vier Jahre leitete ich diese Institution ehrenamtlich, erst dann gab es ausreichende finanzielle Mittel für eine halbe hauptamtliche Stelle. Zusätzlich richtete ich zusammen mit der Diakonie ein Frauennotruftelefon ein, das von 18 bis 8 Uhr erreichbar war. Dies boten wir ehrenamtlich an, da es zu der Zeit noch keinen bundesweiten Notruf gab, so wie heute.

Frauengeschichte

Im Jahr 2000 feierte die Stadt Pinneberg ihr 125-jähriges Stadtjubiläum. Als Beitrag der Frauenberatungsstelle erarbeitete ich einen Frauenstadtrundgang, in dem ich 14 interessante Pinneberger Frauen vorstellte. Um diese Recherchen zu bewahren, verfasste ich daraus eine Broschüre. Da Frauengeschichte in der Vergangenheit eine zu geringe Bedeutung hatte, ich dies aber für sehr wichtig und bedeutsam erachtete, entschied ich mich, daran weiterzuarbeiten. So entstanden in meiner Freizeit vier weitere historische Stadtrundgänge: „Klosterrundgang Uetersen", „Frauenspuren auf dem Ohlsdorfer Friedhof" und zwei Hamburger Frauenstadtrundgänge, einer zum Frauenleben im 18. Jahrhundert und ein weiterer zum 19./20. Jahrhundert. Diese Rundgänge führte ich dann für die VHS und verschiedene Frauengruppen durch.

2006 ging ich in den Ruhestand und war deshalb nicht mehr hauptamtlich in der Frauenberatung beschäftigt. Bis heute bin ich jedoch als Vorstandsfrau noch mitverantwortlich für das dortige Geschehen. Für mein jahrelanges Engagement für Frauen wurde mir im Oktober 2020 das Bundesverdienstkreuz verliehen.

Das Studium an der HWP war eine große Chance und eine Möglichkeit zur persönlichen Weiterentwicklung. Dafür bin ich sehr dankbar.

Gudrun Kipp

KARIN ROBINET

AUCH UMWEGE SIND WEGE

Ich habe schon immer gerne gelernt. Lernen, das war mein Element und hat mir geholfen, mich zu behaupten. In der Schule holte ich mir die Erfolgserlebnisse, die ich brauchte, um in einer Schar von zehn Kindern nicht unterzugehen. Ich wollte immer mehr lernen, und es war nur der Unterstützung durch ehemalige Grundschullehrer zu verdanken, dass ich als Erste in der Familie durchsetzte, wenigstens den qualifizierten Hauptschulabschluss machen zu dürfen. Dazu musste ich noch einmal den Schulstandort wechseln, denn eine Klasse 10 gab es nur an ausgewählten Hauptschulen, in diesem Fall der Prinz-Ferdinand-Schule in Krefeld-Mitte. Dort wurden wir vom Rektor mit folgenden Worten empfangen: „Ach, vom Inrath seid ihr. Ihr werdet hier scheitern."

Mein Weg zur HWP: von Krefeld-Inrath nach Dortmund und Hamburg

Krefeld-Inrath liegt im Norden von Krefeld. Ein Stadtteil, in dem im Sommer der Müllberg brannte und der als sozial schwach galt. Gescheitert bin ich dennoch nicht, doch meine Schulkarriere endete mit Klasse 10 und der Mittleren Reife. Denn mein Vater stand auf dem Standpunkt: „Du bist ein Mädchen, das heiraten wird, und dann haben wir das ganze Geld umsonst herausgeschmissen" – womit er mein Interesse an ökonomischen Zusammenhängen und gesellschaftlichen Entwicklungen weckte. Der direkte Weg zum Abitur war mir also versperrt. Während mein Vater mir eine Lehrstelle in einem Optikerladen besorgen wollte, wollte ich das Gelernte anwenden und bemühte mich um eine Ausbildung zur Industriekauffrau, die ich in der Textilindustrie absolvierte und nach zweieinhalb Jahren Lehrzeit beendete.

Und bereits früh wusste ich, dass mein Lernweg nicht zu Ende war. Da war es ein Glück, dass ich mich in der Gewerkschaft und als Jugendvertreterin engagierte und auf diesem Weg auf Menschen traf, die meinen Bildungshunger erkannten. Der erste Schritt war eine Empfehlung für die Sozialakademie Dortmund, die neben der Akademie der Arbeit in Frankfurt am Main für eine Tätigkeit in der Gewerkschaft qualifizierte. Das war 1978 und ich war zwanzig Jahre jung, die Jüngste im Lehrgang. Das Bestehen einer Aufnahmeprüfung war die Voraussetzung – und wie der Zufall es wollte, waren zwei Absolventen der Sozialakademie bei meiner Aufnahmeprüfung dabei, die mir von der HWP und der dortigen Aufnahmeprüfung erzählten. Und damit mein Interesse an der HWP weckten. Eine wichtige Rolle spielte hier auch das Otto-Speckter-Heim in Hamburg-Barmbek als Anlaufstelle: Hier erhielt ich wichtige Ratschläge und eine Übernachtungsgelegenheit für die Zeit der Aufnahmeprüfung im April 1979. Als ich diese bestanden hatte, war es für mich keine Frage mehr, dass ich auch studieren wollte, während der Weg der meisten Absolventinnen und Absolventen der Sozialakademie direkt in die hauptberufliche Gewerkschaftsarbeit führte. Ich wollte einfach noch mehr wissen, es war die Zeit der eigenen Identitätsfindung. Sicherlich kein Zufall, dass ich mir als Thema meiner Abschlussarbeit an der Sozialakademie „Geschichte der Frauen in der Gewerkschaft" auswählte.

Meine HWP-Zeit: Hamburg – Norwich – Hamburg

Im Oktober 1979 nahm ich in Hamburg im 41. Lehrgang an der HWP das Studium Diplom-Sozialökonomie auf. Zugleich zog ich in eine zehnköpfige WG in Hamburg-Wandsbek, in der ich eine Freundschaft schloss, die bis heute Bestand hat. Norbert Aust, der damalige HWP-Präsident, begrüßte uns Studienanfängerinnen und -anfänger und ermunterte uns ausdrücklich zu hochschulpolitischem Engagement. Das war das Erste, was mir auffiel: viele studentische Gruppen, Jusos, SHB, MSB-Spartakus. Immer hing irgendeine Wandzeitung im Foyer.

Das machte neugierig. Die ersten Tage waren turbulent, viele Informationen stürmten auf uns ein, viele neue Abkürzungen wie zum Beispiel Integrierter Grundkurs (IGK) und viele Anforderungen an Scheine, die zu bestehen waren. Statt der großen Lernfreiheit erwartete uns ein strammes Studienprogramm. Früh schon schloss ich mich mit anderen zu einer Arbeitsgruppe zusammen, unter anderem mit Anton aus Nordhorn, einem gelernten Bauzeichner, der nach dem HWP-Studium Architektur studierte und heute erfolgreich als Architekt arbeitet. Am intensivsten habe ich die Auseinandersetzungen im Rahmen des Grundkurses Geschichte in Erinnerung. Die „Grünen", die sich selbst als „Bewegungspartei" verstanden, wurden 1979 gerade gegründet. Sie waren für uns Anlass, uns im Rahmen der ersten Hausarbeit im Grundkurs Geschichte mit der Geschichte der Rätebewegung auseinanderzusetzen. Hier hatte ich mein erstes „Aha-Erlebnis": Gestartet mit einer eher positiven und romantischen

„Embrace the Base": Im Jahr 1982 „umzingelten" rund 30.000 Frauen auf verschlammten Wiesen den britischen NATO-Stützpunkt Greenham Common. Den 14 Kilometer langen Zaun drapierten sie mit Tausenden von Kinderfotos, Kinderkleidern, Windeln, Schals und Teddybären

Vorstellung einer Räterepublik, führte mich das Studium der einschlägigen Veröffentlichungen zu einem sehr viel nüchterneren Urteil. Peter von Oertzen verdankte ich die Erkenntnis, dass es keine „Bewegung in Permanenz" geben kann.

Besonders nachhaltig beeindruckte mich die Mitarbeit bei der ersten Sommerhochschule der HWP, die Ende September 1982 durchgeführt wurde. Wir alle – Studierende verschiedener Jahrgänge und Dozierende – empfanden uns als so etwas wie Pioniere und entwickelten auch einen solchen Geist. Heike Budde, Anton Ratering, Anita Nufer, Heinz Spilker, Nina Laatsch-Nikitin, Joachim Lohse und Matthias Burisch, um nur einige wenige zu nennen, wir alle tüftelten anderthalb Jahre an Veranstaltungsprogramm und -organisation für 400 Teilnehmende. Das Motto war „Leben in der Stadt" – und die Sommerhochschule (SHS) war die erste Veranstaltung an der HWP, die sich auch mit ökologischen Fragestellungen wie der Elbverschmutzung und Energieverschwendung befasste. Ich selber war in der Arbeitsgruppe „Wohnen in der Stadt", in der wir uns mit Fragen der Gentrifizierung und des Zusammenlebens – auch des generationenübergreifenden – befassten. Unvergessen die Begegnungen im Feld, zum Beispiel mit einem Verwalter einer Siedlung im sozialen Wohnungsbau, der sich Gedanken machte, wie man die soziale Mischung gestalten muss. Themen, die mich bis heute als Vorsitzende des Aufsichtsrats einer städtischen Wohnungsbaugesellschaft in Bonn beschäftigen.

In den ersten beiden Semestern mussten wir unsere Studierfähigkeit unter Beweis stellen, Englisch und Mathematik waren die beiden Stolperstellen, die vielen von uns zu schaffen machten. Und die wir oftmals nur gemeinsam durch Lerngruppen umgehen konnten. Mit gefiel das unterschiedliche Altersspektrum. Mit Anfang zwanzig gehörte ich zu den Jüngeren, die meisten hatten eine längere Berufs- und Lebenserfahrung vorzuweisen. Und das war mein Glück, denn als Stipendiatin der Hans-Böckler-Stiftung – ich erhielt ein elternunabhängiges Stipendium – lernte ich auch über diesen Zusammenhang viele Mitstudierende kennen, darunter auch meinen heutigen Mann. Die Hans-Böckler-Stiftung ermöglichte ihren Stipendiaten auch sprachliche Ausbildung und Auslandsaufenthalte. Anita Nufer, die damals 37 Jahre alt war, ermunterte mich, mit ihr einen Sprachkurs in Brighton zu absolvieren. Wir fuhren einen Tag früher, weil sie in London eine alte Freundin aus Au-pair-Zeiten besuchen wollte. Und ich konnte mitfahren. Als wir so durch London streiften, macht sie mich auf die London School of Economics (LSE) aufmerksam und sagt: „Hier könntest du doch auch studieren, du bist so jung." Damit hatte sie mir einen „Floh ins Ohr" gesetzt. Nachdem ich in Brighton die mich beglückende Erfahrung gemacht hatte, mich in einer fremden Sprache ausdrücken zu können, wollte ich unbedingt weiterlernen und tatsächlich von der Möglichkeit eines Auslandsaufenthalts Gebrauch machen. 1981 absolvierte ich meinen ersten Sprachkurs, dem im Februar 1982 ein siebenwöchiger Intensivkurs folgte, an dessen Ende ich den British Council Test absolvierte, dessen Bestehen im Level 7 die Voraussetzung für ein Studium war (um das Level 7 zu erreichen, musste ich diesen Test wiederholen, was möglich war, denn das British Council hatte auch einen Sitz in Hamburg). Ich bewarb mich an der LSE und der University of East Anglia (UEA). Neben der Sprachprüfung musste ich ein Interview bestehen, um zugelassen zu werden. Bis heute fällt es mir schwer, den Begriff *equilibrium* korrekt auszusprechen. Letztendlich klappte es: Ich erhielt einen Studienplatz für drei Trimester 1982/83. Diese Zeit nutzte ich in erster Linie, um meine englischsprachigen Fähigkeiten weiterzuentwickeln und Hochschule und Gesellschaft besser kennenzulernen. Das verschulte britische Studiensystem ähnelte dem der HWP, sodass ich mich dort recht schnell zurechtfand. Die Einteilung zwischen BA und MA lernte ich dort kennen. Das Leben auf einem Campus fand ich bald zu eng, sodass ich mir eine Unterkunft außerhalb suchte und die Landschaft, die viel Ähnlichkeit mit Schleswig-Holstein aufwies, mit dem Fahrrad erkundete – eine Leidenschaft, die ich bis heute pflege.

Unvergessen bleibt mir der Besuch des „Greenham Common Women's Peace Camp" im Dezember 1982. Tausende Frauen umrundeten die Basisstation der Royal Air Force in Berkshire. Als ich mich als Deutsche zu erkennen gab, wurde *Lili Marleen* auf Deutsch angestimmt. Überhaupt war der England-Aufenthalt für mich ein wichtiger Meilenstein, um mich mit dem Deutschsein auseinanderzusetzen. Erst durch den Blick von außen konnte ich erkennen, was mich in meinem Deutschsein ausmachte – und dazu gehörte beispielsweise auch mal, deutsche Gerichte für britische Freunde zu kochen. Vorbereitet hatte ich mich auf diesen Aufenthalt durch eine Diplomarbeit für den ersten Abschluss als Diplom-Volkswirtin, die ich bei Günter Elsholz schrieb. Sie befasste sich mit der Geld- und Wirtschaftspolitik unter Margret Thatcher. Günter Elsholz stand mir mit Rat und Geduld zur Seite und bestärkte mich darin, eigene Denkansätze zu verfolgen. Auch noch während des Aufenthalts in England tauschten wir unterschiedliche Einschätzungen aus. So freute ich mich denn auch, nach meiner Rückkehr 1983 das Projektstudium zum Thema „Migration und Emigration" aufzunehmen, das von Günter Elsholz und dem viel zu früh verstorbenen Jürgen Hoffmann geleitet wurde. Damals beschäftigte ich mich mit den Folgen eines „Weltarbeitsmarktes" für das soziale Gefüge, und wir führten wichtige Auseinandersetzungen um Grenzregimes und die Rolle der Nationalstaaten – aktuelle Themen bis zum heutigen Tag. 1985 endete mein Studium und eine Zeit der Verunsicherung begann. Zum Ende des Studiums wurde mir bewusst, dass ich gerne wissenschaftlich arbeiten würde, und ich befasste mich mit dem Gedanken, eine Doktorarbeit zu schreiben. Gleichzeitig war ich jedoch in Sorge vor einer wirtschaftlich unsicheren Situation, weswegen ich einen Berufseinstieg suchte.

Mein Berufsweg: Hamburg – Berlin – Bonn

Das Suchfeld waren Gewerkschaften und NGOs, denen ich durch Praktika verbunden war. Beispielsweise schrieb ich eine Anleitung für Betriebsratswahlen in privaten Sprachinstituten im Praktikum bei der Gewerkschaft Erziehung und Wissenschaft (GEW) Hamburg. Unmittelbar nach dem Studium begann ich ein Praktikum bei der HBV Hamburg. Während dieser Zeit ergab sich die Möglichkeit, in ein über die Technologie- und Beratungsstelle des DGB initiiertes Drittmittelprojekt einzusteigen. Es befasste sich mit dem Umwelttechnikmarkt, genauer dem Markt für Abwassertechnik und den Möglichkeiten, hier neue Märkte für Hamburger Werften zu erschließen. Damit begann meine Lernreise in die Umwelt- und Naturschutzökonomie, die mich bis zum Ende meines Berufslebens begleitete. Kein Thema, das wir an der HWP im Studium behandelt hatten, jedoch die Möglichkeit zu beweisen, dass die Ausbildung uns befähigte, auch neue und bislang nicht bearbeitete Themen und neue Berufsfelder zu erschließen. Damit bewahrheitete sich, was einer der Dozenten mir mal mit auf den Weg gab: Man solle sein Abschlussthema nicht nach Arbeitsmarktchancen, sondern nach Neigung und Interesse aussuchen.

So kam es dann mit Abschluss meines Studiums zu einem kompletten Themenwechsel. Befasste sich meine Abschlussarbeit mit der Weltverschuldenskrise und der Rolle der Nationalstaaten, sprang ich nun in das Feld der Umweltökonomie. Ein Feld, das bis dato in Deutschland kaum besetzt war. Die entsprechende Literatur im Hamburger Weltwirtschaftsarchiv umfasste Mitte der 1980er-Jahre gerade einmal fünf *Blaue Bände* des Umweltbundesamtes, zurückgehend auf die 1975 angestoßene Auseinandersetzung um den Umweltschutz und vermeintliche Beschäftigungseinbußen, sowie das Grundlagenwerk von Bruno S. Frey zur *Umweltökonomie*. Für meine Forschungsarbeit maßgebend waren die damaligen Arbeiten von Rolf-Ulrich Sprenger vom ifo Institut in München, für den ich 1988 in Berlin im Werkvertrag arbeitete, gemeinsam mit Michaele Schreyer, spätere EU-Kommissarin für Haushalt und Finanzen.

Nach dem Reaktorunfall von Tschernobyl erhielten die neu entstandenen Institute wie das Öko-Institut Freiburg und

Heike Budde, Heinz Spilker und Karin Robinet als Teilnehmende des Vorbereitungsteams zur Sommerhochschule im Jahr 1982

das 1988 gegründete Institut für ökologische Wirtschaftsforschung (IÖW) Auftrieb, ein Netzwerk von interessierten Wissenschaftlerinnen und Wissenschaftlern bildete sich. Für mich und meine Forschungsarbeit prägend waren die Erfahrungen, die ich im Projekt „Ökologisch-ökonomische Perspektiven für Berlin 2010“ machen durfte, das von IÖW beim DGB Landesbezirk Berlin akquiriert und von Martin Jänicke geleitet wurde. Es startete im Mai 1989 – wir ahnten nicht, dass uns im November 1989 der Raumbezug abhandenkommen würde, und mussten demütig erkennen, dass die Prognosefähigkeiten sehr begrenzt sind. Mit dem Mauerfall hatte keiner von uns in der zehnköpfigen Forscherinnen- und Forschergruppe gerechnet. So ging es denn letztendlich darum, Szenarien denkbarer Raumentwicklungen nebst den dazugehörigen Wirkungen auf Umwelt und Beschäftigung zu beschreiben.

Mein Lebensmittelpunkt war und blieb jedoch Hamburg, auch wenn ich viel Zeit in Berlin verbrachte. Hier wohnte ich gemeinsam mit meinem späteren Mann, den ich an der HWP kennenlernte, und hier wollte ich am liebsten auch bleiben. So begann ich denn eine Tätigkeit bei einem Beratungs- und Forschungsinstitut, die circa drei Jahre umfasste. In dieser Zeit lernte ich professionelles Moderieren und Akquise. Letzteres empfand ich als sehr anstrengend, und es war nicht immer einfach, Anschlussaufträge zu erhalten, sodass die Arbeit in den Forschungsinstituten auch immer ein Arbeiten in wirtschaftlicher Unsicherheit war. Etwas mehr wirtschaftliche Sicherheit konnte ich dann 1995 durch die Aufnahme einer Tätigkeit als wissenschaftliche Koordinatorin bei der Bundestagsfraktion der Grünen erlangen. Hier erlernte ich das parlamentarische Handwerkszeug und war mit dafür verantwortlich, die parlamentarische Arbeit in den Feldern der Wirtschafts- und Finanzpolitik zu planen. Das war so interessant, dass ich dafür gerne – mit meinem Mann – nach Bonn umgezogen bin. Eines der ersten Projekte, das ich verantwortlich mit vorantrieb, war der Ökosteuerkongress 1995 im Uniclub in Bonn. 1996 hatte ich die Chance, an einem Mitarbeiteraustausch zwischen dem amerikanischen Kongress und dem Bundestag teilzunehmen und zum ersten Mal in die USA, Washington DC, zu reisen. 1998 konnte eine Bundesregierung erstmals durch Wahlen (und nicht durch Koalitionswechsel) vollständig abgelöst werden – und ich war dabei und habe mit dafür gearbeitet.

Meine letzten „Lernreisen“

In Bonn sind wir geblieben, auch als der Bundestag 1999 nach Berlin umgezogen ist. Denn im November 1999 begann eine neue „Lernreise“. Ich erkrankte an Brustkrebs. Operation, Chemo, Bestrahlung und eine fünfjährige Anti-Hormontherapie schlossen sich an und stellten mich vor neue Herausforderungen. Mit dem Krebs wuchs die Erkenntnis der Wichtigkeit von Familie, Freundschaft und Liebe. Meine politischen Interessen wechselten von der Bundesebene zur Kommunalebene und hier insbesondere zur Sozialpolitik. Immer war es auch mein Bestreben, ökologische und soziale Herausforderungen zusammenzudenken, wohl wissend, dass es Zielkonflikte gibt. Ich wechselte vom Bundestag in eine Bundesoberbehörde als Referentin für Forschungsförderung, mit dem Schwerpunkt Umwelt- und Naturschutzökonomie im ländlichen Raum. In einem Bewerbungsverfahren setzte ich mich auch gegen hausinterne Bewerber und Bewerberinnen durch, nicht wissend, welche „Ringeltaube“ ich mit einer

ZUR PERSON
KARIN ROBINET

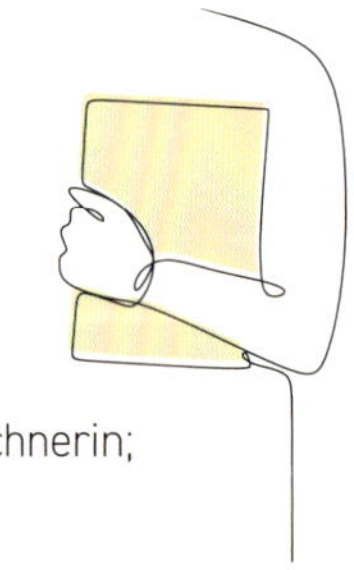

Geboren 1958 in St. Tönis
Schulabschluss/Ausbildung:
Mittlere Reife, Ausbildung zur Industriekauffrau; Tätigkeit als Kostenrechnerin; Sozialakademie Dortmund

Studium an der HWP 1979–1985

Spätere Tätigkeiten: Wirtschaftswissenschaftlerin in diversen Forschungsprojekten und Instituten, Bundestagsfraktion von Bündnis 90/Die Grünen 1995–2001. Leitung Arbeitskreis Wirtschaft und Finanzen Bundesamt für Naturschutz 2001–2019: Forschungsreferentin, Schwerpunkt Naturschutzökonomie, europäische Agrarpolitik, Personalratsvorsitzende 2012–2019.

„Planstelle“ gezogen hatte. Denn rund ein Drittel der wissenschaftlichen Mitarbeitenden hatte nur einen befristeten Vertrag, der beständig verlängert wurde.

Ich freute mich sehr. Gleichwohl war zum ersten Mal in meinem Leben der Beruf und das berufliche Fortkommen nicht mehr mein Hauptfokus. Zwar war ich wieder gesundet, ich erlaubte mir aber mehr Auszeiten und eine verringerte Wochenarbeitszeit, die ich für Kommunalpolitik und Hausumbau nutzte. Auch verringerte Arbeitszeiten ermöglichten ein gutes Berufsleben. Zwischen 2007 und 2017 leitete ich ein europäisches Netzwerk von Forscherinnen und Forschern im Feld der nachhaltigen Landnutzung und europäischer Agrarpolitik sowie die sogenannte „DACH-Kooperation“ (Deutschland-Österreich-Schweiz) mit Forschungsaufenthalt in Wien und Treffen in den Partnerländern. Das „European Network of Nature Conservation Agencies“ agierte als Informationsplattform und verstand sich auch als Interessengruppe zur Verankerung ökologischer Belange in der gemeinsamen europäischen Agrarpolitik. Parallel war ich seit 2012 Vorsitzende im Personalrat und knüpfte damit auch an meine Ursprünge im gewerkschaftlichen Engagement und Einsatz für die Belange der Kolleginnen und Kollegen an. Ein wichtiges Thema war mir der Kampf gegen die Befristungspraxis im öffentlichen Dienst, die längst nicht nur die Akademiker und Akademikerinnen traf.

Im Oktober 2017 machte der Personalrat von der Möglichkeit der Freistellung Gebrauch und wählte mich erneut als Vorsitzende. Diese Funktion übte ich bis zum Mai 2019 aus, als mich erneut der Krebs, dieses Mal weitaus gefährlicher und leider unheilbar einholte. Von jetzt auf gleich endete mein Berufsleben. Heute beziehe ich eine Erwerbsunfähigkeitsrente. Ich engagiere mich im Rahmen meiner Möglichkeiten unter anderem in der Kommunalpolitik und in der Online-Frauenselbsthilfe. Digitalisierung erlebe ich zunehmend als Segen, denn sie ermöglicht mir Partizipation und gesellschaftliche Teilhabe in Zeiten, in denen ich aufgrund der Schwäche meines Immunsystems meine Kontakte einschränken muss.

Fazit

„Keine Schuld ist dringender als die, Danke zu sagen“, soll Cicero gesagt haben. Mein erster Dank geht hiermit an Dieter Koch, der die Initiative zu diesem Buchprojekt ergriffen hat und mir damit die Chance gab, meinen Lernweg zu reflektieren. Mich hat das Studium an der HWP zu einer Generalistin gemacht – das Gegenteil von dem, was in der Wissenschaft gefordert wird. Und das Studium hat mir ein reiches, abwechslungsreiches Berufsleben beschert.

Ich hätte nicht studiert und das Studium wäre auch nicht so verlaufen, wären mir nicht Menschen begegnet, die mir diesen Weg ermöglicht hätten. Einige habe ich hier erwähnt. Und ich hoffe, dass ich niemanden Wichtiges vergessen habe. Meine Eltern waren dagegen, dass ich studierte. Dennoch bin ich ihnen dankbar. Ihnen und meinen vielen Geschwistern, denn sie haben mir diese Zähigkeit mitgegeben, meinen Weg auch gegen Widerstände zu gehen. Insbesondere meine ältere Schwester Vera unterstützte mich, indem sie vertraute Grundschullehrer dazu brachte, mit meinen Eltern zu reden, sodass ich wenigstens die zehnte Klasse besuchen konnte. Meine Eltern waren nicht „bildungsfern“, wir waren eine arme Familie und zu stolz, Hilfe anzunehmen. Mit Bitterkeit erinnerte sich meine Mutter an Amtsgänge, in denen sie um Schüler-BAföG für mich fragte und als Bittstellerin behandelt wurde. Etwas, was sie in ihrem Stolz kränkte. Umso mehr erfüllt mich mit großer Dankbarkeit, dass ich ein materiell sorgenfreies Studium hatte und auch keine Rückzahlung leisten musste. Dankbarkeit gegenüber den Kolleginnen und Kollegen in den mitbestimmten Aufsichtsräten, deren Abführungen das Büchergeld und die Sprachkurse der Hans-Böckler-Stiftung mitfinanzierten.

Das Studium hilft mir auch, mit meiner schweren Krebserkrankung umzugehen und mich nicht so ausgeliefert zu fühlen. *Wissen gegen die Angst* lautet der Titel eines populären Sachbuches von Lilo Berg. Durch das Studium erlangte ich das Vertrauen, dass man in neue Situationen hineinwachsen kann. Darauf verlasse ich mich auch auf dieser existenziellen, wahrscheinlich letzten Lernreise.

Karin Robinet

HELGA GIESSELMANN

MEIN HWP-STUDIUM: RÜSTZEUG FÜRS LEBEN

Geboren bin ich 1949 im westfälischen Werther, einer Kleinstadt bei Bielefeld. Als Mädchen vom Land und Arbeiterkind ging ich wie viele meiner Generation „nur" acht Jahre zur Volksschule. Nach der vierten Klasse machten viele Schulfreundinnen und -freunde eine Aufnahmeprüfung am örtlichen evangelischen Pro-Gymnasium. Ich wollte auch mit – durfte aber nicht, weil wir uns das nicht leisten konnten (Schulgeld, Kleidung, Bücher ...) und auch nicht „was Besseres" sein wollten.

1964 kam ich aus der Schule und machte bis 1967 eine Ausbildung als Industriekauf-„mann", wie das damals auch für Mädchen hieß. Nach der Lehre – ich war da 17 Jahre alt – wurden die Jungen Sachbearbeiter und die Mädchen Sekretärinnen. Das waren die ersten Ungerechtigkeiten, die ich spürte. Aber ich spürte auch die „Enge" in dieser Kleinstadt, in der alles bestimmt schien durch die evangelische Kirche. Kindergarten, Jugendarbeit, Krankenhaus bis letztlich zum Friedhof – alles gehörte der Kirche, und die Flüchtlinge, die auch nach dem Krieg nach Werther kamen und manchmal katholisch waren, wurden schlecht angesehen. Ich sollte mit denen lieber nicht spielen.

Prägung durch den Arbeiterjugendverband

Über ein Jugendzeltlager kam ich mit 15 Jahren zur Sozialistischen Jugend Deutschlands „Die Falken" und arbeitete dort mit, ging zu Seminaren, auch zu Gewerkschaftsseminaren, nahm am Ostermarsch und an Demonstrationen teil und gründete eine Falkengruppe in meinem Heimatort. Diese Arbeit im Arbeiterjugendverband hat mich politisiert. Dort war eine Aufbruchstimmung: Wir wollten unsere Gesellschaft verändern, demokratischer, antifaschistisch und gerechter machen. Und es gab einen Hunger nach Bildung. Die meisten von uns hatten wie ich die Volksschule oder eine Realschule besucht und dann eine Lehre gemacht. Aber wir wollten mehr, wir wollten gestalten, Macht zur Gestaltung haben und es war allen klar: Dazu brauchten wir mehr Wissen, mehr Bildung. Aus den Jugendgruppen meiner Generation sind viele über den zweiten Bildungsweg weitergegangen: Ich besuchte berufsbegleitend in Abendform eine Berufsaufbauschule, manche gingen zum Westfalen-Kolleg und machten ihr Abitur. Andere gingen zur Sozialakademie in Dortmund, einige machten die Begabtensonderprüfung an der Pädagogischen Hochschule und studierten dort und viele gingen auch an die HWP nach Hamburg. Zur Vorbereitung auf das Studium und die Aufnahmeprüfung besuchten viele einen Kurs an der HVHS Jägerei Hustedt (Celle).

Berufliche und persönliche Stationen

Ein Bekannter von den Falken in Bielefeld bot mir eine neue Stelle an. Er war gerade Unterbezirksgeschäftsführer der SPD Bielefeld-Halle geworden und ich wurde seine Sekretärin. Diese Stelle war für mich viel interessanter als die in der Industrie. Ich lernte Strukturen politischer Arbeit und verschiedene Gremien kennen und konnte viel diskutieren mit interessanten Menschen. Zum Beispiel mit Heinz Junker, der viele Jahre Bezirksvorsitzender der SPD in Ostwestfalen-Lippe (OWL), MdB und viele Jahre im Parteivorstand der SPD war. Er und seine Frau Hilde Junker-Seeliger studierten in einem der ersten Jahrgänge an der HWP.

Von 1970 bis heute bin ich mit Peter Gießelmann verheiratet, den ich bei den Bielefelder Falken kennengelernt habe und der auch an der HWP studiert hat (im 22. Jahrgang). Im September 1970 kam unsere erste Tochter zur Welt und 1971 zog ich mit ihr zu meinem Mann nach Hamburg.

Vom 1. Oktober 1971 bis April 1974 arbeitete ich als Angestellte für Textverarbeitung an der HWP, im Fachbereich Soziologie in der Moorweidenstraße. Da schrieb ich viele interessante Texte, entwickelte Interesse an der Soziologie und erlebte Diskussionen mit Kolleginnen und Kollegen, Professoren, wissenschaftlichen Mitarbeitern und Studierenden. Besonders in Erinnerung geblieben sind mir Professor Braun, Karlheinz Messelken, Professor Dr. Manfred Wetzel, Professor Dr. Harry Friebel, Stefan Mitzlaff und natürlich

Demonstrieren war schon damals Familiensache. Helga Gießelmann mit Tochter (rechtes Bild) auf einer Kundgebung gegen städtische Planungen in Altona

Professor Dr. Jürgen Prott. Bei dem hatte ich eines meiner ersten Seminare bei den Falken in Bielefeld besucht – und viele Jahre später schrieb ich meine Abschlussarbeit an der HWP bei ihm.

Unser Kinderhaus in Ottensen

In Hamburg lebten wir in Ottensen, einem alten Arbeiterviertel in Altona mit alter Bausubstanz und bezahlbaren Wohnungen. Hier sollte viel abgerissen werden und nach den Vorstellungen des Senats ein großes sogenanntes City-Entlastungs-Einkaufszentrum entstehen. Mitten durch den Stadtteil zwischen engen Häuserschluchten war ein Autobahnzubringer zum neuen Elbtunnel geplant. Wir Jusos in unserem SPD-Distrikt Ottensen und auch in einer Bürgerinitiative kämpften dagegen. Ich würde heute sagen: Der Kampf war sehr erfolgreich. Mithilfe der sozial-liberalen Bundesregierung wurde schließlich ein Sanierungsmodell mit einem der ersten Sanierungsbeauftragten geschaffen. Der Stadtteil hat sich sehr gut entwickelt!

Wir hatten unsere einjährige Tochter mit in Hamburg. Sie war eine Zeit bei einer Tagesmutter, die pro Stunde bezahlt wurde, und wir mussten scharf kalkulieren, wie viele Stunden Betreuung wir uns leisten konnten. Ansonsten musste mein Mann übernehmen, und auch von den vielen Freunden aus Ostwestfalen-Lippe, die in Hamburg lebten und zum Teil studierten, etliche davon auch an der HWP, bekamen wir viel Unterstützung. Wir suchten aber einen Kindergarten- oder Kinderladen-Platz! Gemeinsam mit Freunden aus dem Kinderladen in der legendären „Fabrik" in Hamburg-Altona suchten wir nach Möglichkeiten für ein Kinderhaus in Ottensen – und fanden sie schließlich in der Chocoladenfabrik in der Winterstraße, für 66 Kinder aus dem bunten Stadtteil. Wir setzten das Kinderhaus politisch durch, bauten um, entwickelten die Konzeption und betrieben es als Elternverein! Das klingt so banal – war aber eine ungeheure Kraftanstrengung, die uns noch enger mit dem Stadtteil verband und aus der viele neue Freundschaften für uns und unsere Tochter entstanden!
1973 bestand ich meine Aufnahmeprüfung an der HWP und nahm 1974 mein Studium auf. Durch meine Tätigkeit und die vielen Bekannten an der HWP wusste ich, was auf mich zukam, und die Umstellung war nicht so groß. Aber die ersten propädeutischen Fächer waren schon eine Herausforderung: Mathematik hat mir niemand so nahebringen können wie Professor Krone. Neben dem Studium, der Arbeit im Stadtteil und mit unserer Tochter tippte ich immer noch vie-

ZUR PERSON
HELGA GIESSELMANN

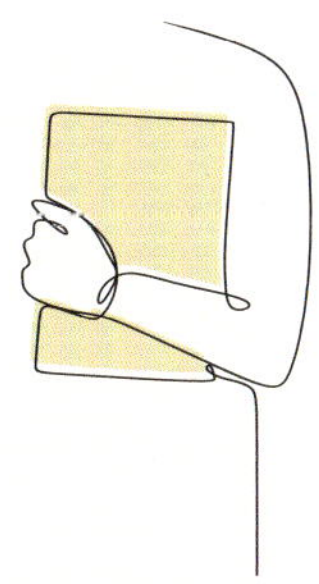

Geboren 1949 in Werther

1971–1974 Angestellte für Textverarbeitung an der HWP im Fachbereich Soziologie

1974–1977 Studium an der HWP im 30. Lehrgang, anschließend Soziologie an der Universität Bielefeld.

le Sachen, um unser Familieneinkommen aufzubessern – ich bekam BAföG und mein Mann Stiftung Mitbestimmung von der Hans-Böckler-Stiftung. 1977 schloss ich mein Studium ab (Sozialwirt grad.).

Nach dem HWP-Studium

Ich hatte das Gefühl, gerade erst mit dem Studium angefangen zu haben, und wollte auf jeden Fall weiterstudieren. Einige unserer Freunde gingen nach dem HWP-Studium an die gerade entstandene Reform-Universität Bielefeld. Die hatte eine gut ausgebaute Fakultät für Soziologie und interessante Hochschullehrer. Kurz vor der Einschulung unserer Tochter zogen auch wir nach Bielefeld und mein Mann und ich studierten hier an der Universität Soziologie. Meine 16 Jahre jüngere Schwester musste schulisch unterstützt und begleitet werden, das erforderte von uns viel Zuwendung und Zeit. 1980 wurde unsere zweite Tochter und 1981 unser Sohn geboren. In Bielefeld gab es noch weniger Krabbel- und Kitaplätze als in Hamburg. Darum gründeten wir erneut mit anderen Eltern eine Krabbelgruppe und dann mit anderen Krabbelgruppen-Eltern eine Elterninitiative, die in einem ehemaligen Aufbau- und Verfügungsgebäude der Uni Bielefeld eine Kita für vier Kindergruppen gründete und betrieb. Auch darum hat sich mein Studium hingezogen und ich schloss es erst 1984 mit der Diplom-Prüfung ab. Danach erlebte ich bei der Stellensuche Diskriminierungen. Wie wollen Sie mit drei Kindern arbeiten? Fragen, die meinem Mann nicht gestellt wurden.

Frauenbewegung

Neben der Arbeiterjugend und der SPD hat mich die Frauenbewegung der 70er-Jahre geprägt, deren zentrale Themen in Theorie und Praxis die geschlechtsspezifische Arbeitsteilung und die Verfügung über den weiblichen Körper waren. In Bielefeld und an der neu gegründeten Universität war diese Bewegung stark; schon am 1. Januar 1977 wurde das erste Frauenhaus in unserer Stadt gegründet, bundesweit war das eine der ganz frühen Gründungen. Es folgten ein Frauenbuchladen und ein Frauenkulturzentrum und an der Uni eine interdisziplinäre Frauenforschungsstelle. Mit Pro Familia kämpfte ich gemeinsam mit vielen anderen gegen den Paragrafen 218 und für ein Familienplanungszentrum in Bielefeld. Zur gleichen Zeit arbeitete ich in der Arbeitsgemeinschaft sozialdemokratischer Frauen für eine Feminisierung unserer Politik. In der HVHS Haus Neuland in Bielefeld besuchten wir viele Frauenseminare und führten auch selbst Seminare durch. Schon während des Studiums hatte ich eine Hausarbeit über Gleichstellungsarbeit geschrieben und die Forderung nach der Einrichtung kommunaler Gleichstellungsstellen und deren Arbeit und Kompetenzen entwickelt, in meiner Partei und einigen Publikationen dafür geworben und diese Forderung auch in Bielefeld durchgesetzt.

Ich wurde 1985 Leiterin der Gleichstellungsstelle der Stadt Herford. Das war ich, bis ich 1990 in den Landtag von Nordrhein-Westfalen gewählt und für die Zeit der Wahrnehmung dieses Mandats beurlaubt wurde. Ich habe meinen Wahlkreis dreimal direkt gewonnen und bin ein weiteres Mal über die Liste in den Landtag gekommen. In diesen zwanzig Jahren war ich immer im Ausschuss für Frauenpolitik und im Wirtschaftsausschuss. Diese Kombination fand ich spannend und sah da viele Aufgaben. Daneben war ich auch im Wissenschafts- und im Hauptausschuss, im Ältestenrat, in Enquete-Kommissionen „Zukunft der Erwerbsarbeit“ und „Frauengerechte Gesundheitspolitik“ und in unserem Fraktionsvorstand.

Ehrenamtlich war ich immer aktiv in der SPD, fast dreißig Jahre im Unterbezirksvorstand in Bielefeld, neun Jahre als Vorsitzende. Daneben engagierte ich mich in der Arbeitsgemeinschaft sozialdemokratischer Frauen, im Unterbezirk, Bezirk OWL und im Landesverband NRW, viele Jahre auch im Bundesausschuss und natürlich bin ich bis heute Mitglied in der AWO, der Gewerkschaft und vielen weiteren Vereinen. Beim Kreisverband des Deutschen Paritätischen Wohlfahrtsverbands (DPWV) war ich viele Jahre Vorsitzende, heute bin ich noch im Ehrenrat des DPWV-NRW. Für all diese Tätigkeiten hat mir die HWP wichtiges Rüstzeug mit auf den Weg gegeben.

Helga Gießelmann

GERD DUPONT

DRITTELPARITÄT WAR MACHBAR!

Nach zehn Schuljahren absolvierte ich von 1966 bis 1969 eine kaufmännische Lehre in der Grundstücks- und Wohnungswirtschaft. Der Eintritt in die Gewerkschaft Handel, Banken und Versicherungen war verbunden mit aktiver Jugendarbeit. Die Gewerkschaftsarbeit informierte mich dann auch über das Studium an der Hochschule für Wirtschaft und Politik, wo man kein Abitur benötigte, sondern den Zutritt über eine Aufnahmeprüfung bekam. Die bestand ich im Frühjahr 1971 und begann dann das Studium zum 1. Oktober 1971.

Ich machte die ersten Erfahrungen mit der neuen Prüfungs- und Studienordnung, da ich mich sofort nach Studienbeginn an der studentischen Interessenvertretung beteiligte. Im Dezember 1971 wurde ich studentischer Vertreter im Hochschulrat und im Fachschaftsrat. Diese hatten eine drittelparitätische Zusammensetzung: Professoren, der sogenannte Mittelbau der Lehrenden und Studierende hatten den gleichen Einfluss in den Gremien. Das gilt heute nicht mehr, das Bundesverfassungsgericht hat den Professoren die absolute Mehrheit gegeben.

Bessere Argumente – höhere Akzeptanz

Kann man die seinerzeitige Situation trotzdem bewerten? Ich meine, dass dies möglich ist. Nicht eine gesetzlich festgelegte Mehrheit einer Gruppe konnte letztendlich entscheiden. Es musste mit guten Argumenten für eine Mehrheit bei allen Gruppen geworben werden. Das war manchmal mühevoll, führte aber oft zu besseren und von einer größeren Mehrheit der Beteiligten getragenen Entscheidungen.

Dazu einige Beispiele: Bei der Berufung von Professoren waren die Studierenden in der Berufungskommission mit zwei von sechs stimmberechtigten Mitgliedern vertreten. Es ging deshalb nicht nur um die fachlich-wissenschaftliche Qualität, sondern auch um die pädagogische Ausrichtung der Lehre für Studierende. Von denen kamen dann – zumindest war es an der HWP so – auch Fragen, die sich mit der Berufswelt beschäftigten und um die Einbeziehung der betrieblichen Praxis in die Lehrtätigkeit drehten. Der Vorstellungsvortrag fand meistens nicht in kleinem Kreise statt, sondern unter Anwesenheit zahlreicher Studierender, die den*die Bewerber*in auch nach den eigenen Motiven und Zielsetzungen für die Bewerbung an der HWP befragen konnten. Die wissenschaftlichen Mitarbeiter mussten sich im jeweilig drittelparitätisch besetzten Fachbereich vorstellen. Es gab dann häufig intensive Diskussionen, danach wurde über den*die Bewerber*in abgestimmt.

Auch die Änderungen von Studien- und Prüfungsordnungen wurden im Hochschulrat ausführlich diskutiert. Wegen der drittelparitätischen Aufteilung der Mandate wurden Interessen und Belange der Studierenden besser gewürdigt und berücksichtigt als heute. Denn die gelebte und praktizierte Drittelparität führte meistens auch zu einer Akzeptanz bei den Betroffenen, also den Studierenden. Sie fühlten sich durch die gewählten studentischen Vertreter*innen in den Hochschulgremien angemessen vertreten. Natürlich wurden Konflikte bei gegensätzlichen gesellschaftspolitischen Auffassungen ausgetragen, aber es entstand eine Art Gemeinschaftsgefühl, weil alle Gruppen sich beteiligt fühlten. Nach meiner Meinung hat die HWP von vielen dieser Entscheidungen lange profitiert, auch wenn die Mehrheitsverhältnisse längst nicht mehr existieren.

Wissen weitergeben

Diese politischen Erfahrungen haben sich auch in der Arbeit während meines folgenden Studiums an der Universität Hamburg niedergeschlagen. Von 1975 bis 1983 habe ich zusammen mit meinem Mitstudenten Hans Schmidt fast 1000 Frauen und Männer in Abendkursen, Wochen- und Wochenendseminaren mit Erfolg auf die Teilnahme an der Aufnahmeprüfung der HWP vorbereitet. Diese Kurse und Seminare wurden später von erfolgreichen Kurs-Teilnehmern weitergeführt. Die Weitergabe von Wissen wurde auch Gegenstand meiner späteren beruflichen Tätigkeit – Dozent in der beruflichen Qualifikation von Rehabilitanden. Die Mitgliedschaft bei der Fördererergesellschaft und die Mitarbeit in deren Vorstand von 2004 bis 2018 passten dazu.

ZUR PERSON
GERD DUPONT

Geboren 1948 in Rostock

Realschule, kaufmännische Lehre in der Grundstücks- und Wohnungswirtschaft

Beruf/Tätigkeiten nach dem Studium: Dozent in der beruflichen Rehabilitation.

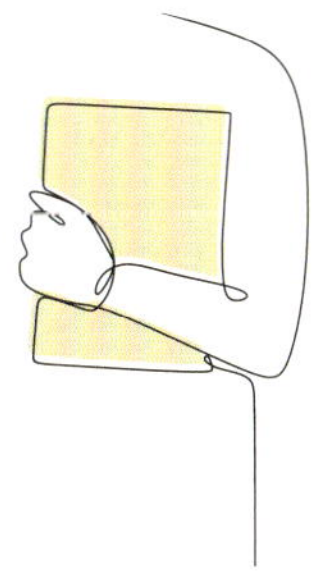

VWL AN DER HWP

EINFÜHRUNG IN DIE VOLKSWIRTSCHAFTSLEHRE IM „KLEINEN GALLISCHEN DORF"

von Harald Mattfeldt

Das ökonomische Gesetz setzt sich langfristig und überall durch!

Für den Verfasser ist es im gegebenen Rahmen nicht möglich, über das Fach „Volkswirtschaftslehre" beziehungsweise „Politische Ökonomie"[1] , wie es früher hieß, an der Akademie für Gemeinwirtschaft, später der Hochschule für Wirtschaft und Politik (HWP) umfassend zu berichten, wie es gelehrt wurde, welche Forschungsschwerpunkte es gab, wie sich das im Laufe der Jahre verändert hat und wie die Diskussionen dazu in den Gremien und unter Kolleginnen und Kollegen abliefen. Jede Dozentin, jeder Dozent wird ihre, wird seine eigene Art der Vermittlung gehabt und seine persönlichen Akzente in Forschung und Lehre gesetzt haben. Die in unserer Verfassung verbriefte Freiheit von Forschung und Lehre ermöglicht dies glücklicherweise. Der Verfasser kann deshalb lediglich eine Skizze seiner Akzente dazu anfertigen, wie er ab der zweiten Hälfte der 1970er-Jahre versucht hat, dieses Fach und seine zentralen Inhalte den Studierenden näherzubringen. Dabei geht es nicht darum, den „Stoff" dieses Faches (Mikro- und Makroökonomie, Geld und Währung, Verteilung und Arbeitsmarkt etc.) darzustellen, sondern die wesentlichen Zielsetzungen, das Verständnis und Verstehen von Ökonomie als Teil einer sozialökonomischen wissenschaftlichen Ausbildung zu umreißen. Einer der Mittelpunkte seiner volkswirtschaftlichen Lehrveranstaltungen war die Frage: Sind ökonomische Prinzipien und Gesetzmäßigkeiten allgegenwärtig, wie das für physikalische, chemische, biologische, soziologische und andere Prozesse und Wirkungsketten gilt? Im Folgenden soll besonders auf diesen Aspekt eingegangen werden.

Diese Skizze beansprucht in keiner Weise Allgemeingültigkeit für das Fach und seine Lehr- und Forschungsaktivitäten an der HWP. Die gewählte Überschrift soll allerdings ein Hinweis sein, dass es in einer der kleinsten Hochschulen des Landes anders herging als in den wirtschaftswissenschaftlichen Fachbereichen der Unis und deren Vorgehensweise („Mainstream-Ökonomie"). Für die drei anderen Hauptfächer an der HWP gilt Ähnliches. Das hängt mit der Geschichte der Institution als „Hochschule des zweiten Bildungsweges", insbesondere mit ihren Studierenden zusammen. In der längsten Zeit der Existenz der HWP erfolgte der Zugang zum Studium über eine Aufnahmeprüfung, mit schriftlichen und mündlichen Teilen. Die Bewerber*innen dafür waren vor dem Studium größtenteils berufstätig gewesen. Das war ein Grund dafür, dass die Studierenden schon vor den entsprechenden Reformen an den Universitäten („Der Muff von tausend Jahren ...") größere Mitgestaltungsmöglichkeiten hatten.

In früheren Veröffentlichungen über die HWP beziehungsweise die Akademie für Gemeinwirtschaft stand ihr Bildungsauftrag im engeren Sinne im Mittelpunkt („zweiter Bildungsweg"), weniger der Erkenntnisauftrag von Wissenschaft für die Studierenden und für die Gesellschaft. Der Band zum zehnjährigen Bestehen der Akademie für Gemeinwirtschaft ist ein Beispiel dafür.[2] Hier soll nun einmal der zweite Aspekt im Vordergrund stehen.

1 Auf die Entwicklung dieser beiden Begriffe kann hier nicht eingegangen werden. Vgl. dazu z. B. Lutz Köllner: *Wirtschaftswissenschaft versus politische Ökonomie*, Stuttgart u. a. 1973

2 Vgl. Ralf Dahrendorf, Heinz-Dietrich Ortlieb (Hrsg.): *Der Zweite Bildungsweg im sozialen und kulturellen Leben der Gegenwart*, Heidelberg 1959

Die Volkswirtschaft gibt es gar nicht!

Wer Studierenden und anderen die Wissenschaftsdisziplin „Volkswirtschaftslehre" näherbringen will, steht vor dem Problem, dass es das Untersuchungsobjekt Volkswirtschaft real nicht gibt. Es ist ein gedachtes, ein abstraktes Gebilde. Es gibt nur Haushalte, Unternehmen und Betriebe, den Staat und seine Institutionen, außenwirtschaftliche Beziehungen, Lohnempfänger und Unternehmer, Rentner und Rentnerinnen, Arbeitslose, Versicherungen und Finanzämter, Menschen, die von ihrer Arbeit, ihrem Vermögen oder von Ererbtem leben oder von illegalen Betätigungen.

Die zentrale Aufgabe von Wissenschaft besteht darin, die Gesetzmäßigkeiten, die für ihr Untersuchungsobjekt gelten, herauszufinden, auf deren Grundlage dann bewusstes menschliches Handeln zur Erreichung angestrebter oder erwünschter Ziele erfolgen kann. Hier also die Gesetzmäßigkeiten, die das Zusammenwirken der oben genannten „Wirtschaftssubjekte" bestimmen und die berücksichtigt werden müssen, um erfolgreich zu sein. Physiker*innen, Chemiker*innen, Biolog*innen, Mediziner*innen, Astronom*innen haben es in dieser Hinsicht einfacher. Ihre Untersuchungsobjekte kann man sehen, schmecken, fühlen, wenn nicht unmittelbar, dann mit einfachen oder ausgefeilten Instrumenten. Experimente lassen sich durchführen, aus deren Beobachtung Hypothesen formulieren und mit geeigneten Methoden objektive und allgemeingültige zeitunabhängige Gesetzmäßigkeiten formulieren und überprüfen. Können diese Ansprüche auch an die Wissenschaft von der Ökonomie, der Ökonomik, diesem abstrakten Gebilde gestellt und erfüllt werden? Für ein abstraktes Gebilde, das nur in der Vorstellung vorhanden ist? Vergleichbare Experimente wie in den Naturwissenschaften kann es kaum geben für ein Objekt, das es nicht real gibt, oder? Vielleicht so etwas wie Gedankenexperimente wie etwa bei den Versuchen, Gott zu beweisen. Bei Letzterem ist man bisher jedenfalls auf keinen grünen Zweig gekommen. Zumindest gibt es keine für alle nachvollziehbaren Antworten darauf, keine objektiven, intersubjektiv überprüfbaren, keine allgemein anerkannten Methoden zur Beantwortung der Frage, ob es einen Gott oder sogar mehrere Götter tatsächlich gibt, nicht nur in der Vorstellung der Gläubigen. Und so etwas soll nun im Gewand einer Wissenschaft an Hochschulen gelehrt werden? Allerdings, Theologie ist ein seit Jahrhunderten anerkanntes Universitätsstudium, dessen Erkenntnisobjekt auch nicht immer so ganz klar ist. Die Volkswirtschaftslehre dagegen ist ein sehr junges Universitätsfach, etwas älter als die Betriebswirtschaftslehre, die aber ein real existierendes Erkenntnisobjekt besitzt. Was lässt sich da machen?

Die didaktische Aufgabe für einen Anfängerkurs in Volkswirtschaftslehre (VWL), der im Folgenden als Illustration für das Herangehen an dieses Fach in den ersten Sitzungen einer VWL-Lehrveranstaltung an der HWP vom Verfasser gewählt wurde, unterschied sich von der sonst üblichen Vorgehensweise an den erwähnten Fachbereichen anderer Unis. Können ökonomische Sachverhalte, also solche, bei denen es um Aufwand und Ertrag geht, trotz der skizzierten Ausgangslage mit Hausmitteln „erlebbar", erfahrbar gemacht werden? Üblicherweise beginnt ein VWL-Kurs mit der Bekanntgabe eines durchmathematisierten Lehrbuchs oder Skriptes, das die Grundlage des Kurses bildet. Das Hinterfragen von in der Realität vorhandenen ökonomischen Prozessen und den dahinterstehenden Kausalitäten („den Kräften") bildet gemeinhin selten den Ausgangspunkt, sondern eher eine Art „Käseglockendidaktik".

Viele Studierende der HWP hatten als bereits im Wirtschaftsleben gestandene Menschen Vorstellungen entwickelt, die nicht – das sei vorausgeschickt – notwendigerweise erkenntnisfördernd im wissenschaftlichen Sinne sein würden. Die Phänomene, die Prozesse in der erlebbaren Realität offenbaren in der Regel nicht unmittelbar ihre Gesetzmäßigkeiten, ihre Ursache-Wirkungszusammenhänge in einer nachvollziehbaren, verständlichen Weise. Dies kann zu einer Art Aberglauben, Vorurteilen etc. führen. Das unterscheidet den Gegenstand der Ökonomik nicht von dem der Physik, Chemie, Biologie. Deshalb ist es wichtig, schon zu Beginn eines Studiums zu versuchen, diese „Vorkenntnisse" auf ihre empirische Stichhaltigkeit abzuklopfen. Schließlich gehören die ökonomischen Gesetze zu den wichtigsten, nämlich „härtesten", unter denen Gesellschaften existieren.

Ein Bild sagt mehr als tausend Worte

Ende der 1970er-Jahre gab es am Hinterausgang des HWP-Gebäudes im Von-Melle-Park eine kleine Wiese, ein Rasenstück mit einem Baum in der Mitte, von einem niedrigen Zaun umgeben. Drumherum standen Pkw von Angestellten der Hochschule. Durch diesen Ausgang gelangte man zu Fuß auf die Grindelallee und zu anderen umgebenden Straßen mit ihren zahlreichen Lokalen und Restaurants sowie zu einigen Bushaltestellen. Der Verfasser ging mit mehreren kleineren Gruppen seines Anfängerkurses VWL zu diesem Hinterausgang und ließ die Studierenden danach im Kurs selbst das Bild beschreiben, das sich ihnen dargeboten hatte. Die meisten wussten erst nicht, auf was dies hinauslaufen sollte. Die Frage, ob sie etwas gesehen hatten, was möglicherweise mit dem Gegenstand des VWL-Kurses in Zusammenhang stehen könnte, vielleicht mit einer möglichen wirtschaftlichen Gesetzmäßigkeit, stieß auf ziemliches

Unverständnis – bis jemand meinte, dass ihm der ausgetretene Pfad quer über die kleine Wiese aufgefallen sei. Trotz des niedrigen Zaunes um das Rasenstück, der offenbar darauf hinwirken sollte, die Wiese nicht zu betreten, hatten sich im Lauf der Zeit viele Benutzer des Hinterausgangs über dies „Verbot“ hinweggesetzt. So war der Trampelpfad entstanden. Die Ursache dafür war jetzt schnell gefunden: Es war offenbar „bequemer“, nämlich kürzer, „billiger“, quer über die Wiese zu gehen, statt den kleinen Umweg entlang des Minizaunes zu wählen. Die anschließende Diskussion, wie das besser, also verbotsgerechter zu verhindern gewesen wäre, verlief unproblematisch: ein höherer Zaun, Schilder, Bewachung etc. wurden genannt. Kurz, den Aufwand zur Verhinderung des Niedertrampelns des Rasens und/oder die „Kosten“ für die Nichtbeachtung zu erhöhen. Auf dieser Grundlage konnte klargestellt werden, dass es offenbar ein an ökonomischen Kalkülen ansetzendes Verhalten gibt, den Trampelpfad zu erklären: Aufwandsminimierung, hier im Sinne von Kraft und Zeit, um die Straße zu erreichen. Um die unerwünschten Folgen dieser ökonomisch bestimmten Handlung zu verhindern, bedarf es zusätzlicher Aufwendungen, höherer Zaun, zusätzliche Schilder, Bußgeldandrohung und Durchsetzung. Um die Wirkung eines ökonomischen Gesetzes nicht eintreten zu lassen – die Analogie zu juristischen Verbotsgesetzen ist offensichtlich –, müssen zusätzliche Ressourcen (Kosten) eingesetzt werden. Das Strafgesetzbuch kann problemlos mit Ökonomenaugen gelesen werden.

Die Diskussion darüber, dass es offenbar Sachverhalte im täglichen individuellen Leben wie in gesellschaftlichen Zusammenhängen gibt, die mit ökonomischen Gesetzmäßigkeiten gedeutet werden können, selbst wenn das nicht immer bewusst wahrgenommen wird, war sehr lebhaft und weckte das Interesse bei den Studierenden an weiteren Beispielen. Die vorläufige Hypothese aus der ersten Sitzung des Kurses Volkswirtschaftslehre an der HWP lautete also:

Ökonomische Prinzipien und Gesetzmäßigkeiten sind überall in der Gesellschaft erkennbar und können deshalb eine (nicht die einzige!) wichtige Grundlage für die Erklärung der Entwicklung von Gesellschaften und ihrer Teilsysteme sein.

Auf dieser Basishypothese sollten die nächsten Sitzungen aufbauen. Bewusst wurde noch nicht auf den üblichen VWL-Lehrbuchstoff eingeschwenkt mit seinem starken formalen, mathematischen und grafischen Bias. Die Kurse zu den mathematischen und statistischen Grundlagen der Ökonomik hatten ja ebenfalls gerade erst begonnen, zeitlich parallel zum VWL-Kurs.

Zwischen Aufklärung und moralischen Tabus

Kaum jemand nimmt Anstoß an der Aussage, dass überall in der Lebensumwelt von Menschen physikalische, chemische und biologische Prozesse auf der Grundlage der Gesetze dieser Disziplinen ablaufen, die beobachtbar und erklärbar sind. Die Auswirkungen des Gravitationsgesetzes oder der Chemie im menschlichen Körper sind Bestandteile des Lebens auf der Erde und gehören zum Allgemeinwissen. Viele der dahinterstehenden Kausalzusammenhänge sind erfahrbar, bekannt und erforscht. Bei der Behauptung aber, dass in vielen Erscheinungen in unserer Umgebung ökonomische Prinzipien allgegenwärtig sind („herrschen“), ohne dass sie per se als ökonomische im Bewusstsein der Menschen vorhanden sind, scheiden sich die Geister. Die Grundthese der Darwin'schen Evolutionstheorie, *the survival of the fittest*, wird schon im Biologieunterricht in der Schule gelehrt. Aber ist diese Annahme nicht ebenfalls ökonomisch deutbar, ist sie nicht in ihrem Kern ökonomisch, also bringt das Verhältnis von Aufwand (unter bestimmten und sich ändernden Bedingungen) und Ertrag („Survival“) zum Ausdruck? Ohne sich dabei auf Darwin zu berufen, hat diese Formel Eingang in die Markt- und Wettbewerbstheorie, aber ebenso in die Marx'schen und Schumpeter'schen Theorien der wirtschaftlichen Entwicklung des Kapitalismus gefunden. Ohne allzu viel Aufwand lässt sich diese Überlegung ebenfalls auf den Aufstieg und Fall von Gesellschaften, nicht zuletzt auf den Untergang der realen Sozialismen anwenden.

Die beiden ökonomischen Grundprinzipien, unter den vorhandenen und/oder sich verändernden Umständen mit gegebenen Mitteln das maximal mögliche Ergebnis („Maximalprinzip“) oder mit den geringsten Mitteln ein Ziel („Minimalprinzip“) anzustreben, stecken im Darwin'schen Ansatz. Die Gültigkeit dieser Prinzipien im gesellschaftlichen wie im Wirtschaftsleben zu behaupten, nicht nur zu fordern, wird oft genug zum Sündenfall als „Wirtschaftsdarwinismus“ oder „Sozialdarwinismus“ stilisiert. Beide werden als Schimpfworte verwendet. Die Entdeckung einer im realen Leben tatsächlich herrschenden Gesetzmäßigkeit wird diskreditiert. Das könnte dem Gravitationsgesetz nicht geschehen. Es ist nicht „böse“. Ein tatsächlich beobachtbares Gesetz ist nicht gut oder böse. Es gibt immer wieder Verwechslungen und Umdeutungen: aus gesellschaftlichen Hypothesen und Theorien, insbesondere ökonomischen. Hier werden objektive Ursache-Wirkungs-Beziehungen in Werturteile transformiert, in Ursache-Schuld-Aussagen. Dabei besteht die eigentliche Aufgabe doch darin, die ethisch-moralisch oder anderweitig negativen Auswirkungen eines bestehenden, sei es eines naturgesetzlichen

> „Die Leugnung des Gravitationsgesetzes verhindert nicht, dass ein Mensch in die Schlucht stürzt. Das verhindert der Bau einer Brücke über die Schlucht."

oder ökonomischen Gesetzes, seine unerwünschten Folgen durch die Bereitstellung und den Einsatz technischer beziehungsweise wirtschafts-, sozialpolitischer, juristischer und anderer Instrumente zu verhindern oder auf ein erträgliches Maß zu begrenzen. Notwendige Voraussetzung dafür ist allerdings die Kenntnis der zugrundeliegenden Gesetze. Die Leugnung oder Beschimpfung des Gravitationsgesetzes verhindert nicht, dass ein Mensch in die Schlucht stürzt. Das verhindert der Bau einer Brücke über die Schlucht. Die Reparatur der Sprache durch konsequentes Gendern führt nicht dazu, dass die unterschiedliche Entlohnung von Männern und Frauen für die gleiche Arbeit verhindert wird. Dazu bedarf es der Kenntnis der diese Diskriminierung bewirkenden Gesetzmäßigkeiten und des Einsatzes juristischer und anderer konkret ausgestalteter Instrumente. Der entsprechende Artikel des Grundgesetzes hat offenbar diese gesellschaftlich-ökonomische Ungleichheit in den Jahrzehnten nach der Verabschiedung des Grundgesetzes nicht verhindert.

Das Spannungsverhältnis zwischen tatsächlich vorhandenen Auswirkungen von bestehenden Gesetzmäßigkeiten auf der einen und der bewerteten Deutung ihrer Wirkungen auf der anderen Seite aufzuzeigen, sollte eine zentrale Zielsetzung eines Anfängerkurses in den ökonomischen (wie in allen anderen) Wissenschaften sein. Wer allerdings das Vorhandensein von objektiven Gesetzmäßigkeiten in Gesellschaften einschließlich ihres ökonomischen Teilsystems leugnet, hat dieses Problem nicht. In den Naturwissenschaften ist es sehr viel leichter, die Verwechslung von Begründungs- und Verwendungszusammenhägen zu vermeiden.

Der Verfasser konnte insbesondere in seinen Weiterbildungsaktivitäten mit Naturwissenschaftler*innen, Jurist*innen, Soziolog*innen und akzentuiert bei Pfarrer*innen feststellen, dass vielen von ihnen der „Glauben" an das Vorhandensein und die Wirkungen ökonomischer Gesetzmäßigkeiten und Prinzipien hinter vielen Alltagserscheinungen unbehaglich ist. Es ist in der Tat nicht immer einfach. Aber ist es deshalb falsch oder sogar unzulässig? Lässt sich das, insbesondere in Akademikerkreisen, einfach und billig als „ökonomischer Imperialismus" abtun? Um es noch einmal nachdrücklich zu wiederholen: Es geht nicht darum, etwas nur aus der ökonomischen Perspektive zu erkennen, zu deuten, sondern um den Versuch, es auch ökonomisch zu erklären.

Religion und Ökonomie

Motiviert durch die erste Sitzung und seine Diskussionen im VWL-Anfängerkurs schlugen die Studierenden vor, einmal die genannte These auf zunächst völlig den ökonomischen Kalkülen nicht unterliegende Gebiete anzuwenden. Ausgewählt wurde der Bereich der Religion. Lohnt es sich im Sinne einer weiteren Erkenntnis, religiöse Aussagen auf den ökonomischen Prüfstand zu stellen? Einige Aussagen, meist in Form von Ver-, nicht Geboten, sind bekannt wie zum Beispiel das Zinsverbot im Alten und Neuen Testament sowie im Koran. Schon Platon und Aristoteles haben sich dafür ausgesprochen. Die Begründungen waren sowohl moralischer wie ökonomischer Natur. Eingehalten wurde und wird es bis heute von den Anhängern der zugehörigen Glaubensgemeinschaften kaum. Laufend wird es offen oder mit allerlei Tricks umgangen. Ein ökonomisches Gesetz lässt sich eben nicht moralisch oder religiös aufheben, früher nicht und heute nicht. Aber schauen wir noch etwas genauer auf die Beziehung zwischen Religion und Ökonomie und nicht nur oberflächlich, etwa auf die ökonomisch handfesten Gründe für die Vernichtung der Templer oder den Ablasshandel oder den Zehnten oder die Kirchensteuer oder, oder.

Viele der zehn Gebote im Alten Testament (2 Mose 20 und 5 Mose 5), die weiterhin als zentrale Teile der Tora im Judentum wie der Bibel als Grundlage des christlichen Glaubens und Handelns aller Konfessionen gelten, enthalten explizit ökonomische Regeln. Glaubensaussagen und Ökonomie sind in den wichtigsten monotheistischen Religionen eng verzahnt. Hier kann leider nicht im Einzelnen darauf eingegangen werden. Wir wollen einen nicht in der Bibel oder anderen Schriften monotheistischer Glaubensrichtungen explizit behandelten Themenkomplex ansprechen.

Ist es religionswissenschaftlich illegitim zu fragen, ob es ökonomische Gründe für den Übergang von der Vielgötte-

„Ist es religionswissenschaftlich illegitim zu fragen, ob es ökonomische Gründe für den Übergang von der Vielgötterei zum Monotheismus gibt?"

rei, die es immer noch gibt, zum Monotheismus gibt? Die Diskussionen der Studierenden hierzu waren außerordentlich interessant. Um es abzukürzen: Monotheismus ist billiger! Die Anbetung vieler Götter verlangt mehr Opfergaben als nur für einen Gott. Bei nomadischen Völkern müssen die verschiedenen Götzenbilder nicht nur angefertigt, sondern beim „Umzug" transportiert werden. Hier werden also knappe Ressourcen für die Ausübung des Glaubens benötigt. Ein einzelner Gott, dazu noch ein abstrakter („Du sollst Dir weder Bildnis noch Gleichnis machen ..."), nur in der Vorstellung vorhandener kann problemlos überallhin mitgenommen werden usw. usw. Ist das Blasphemie? Rütteln solche ökonomischen Überlegungen wieder einmal an Tabus?

Die Stabilitätsthese

Ökonomische Theoriebildung findet nicht im „luftleeren Raum" statt. Die Gründungsgeschichte der HWP und die enge Verbindung vieler Studierender zu den Gewerkschaften, zumindest in den ersten Jahrzehnten der unabhängigen Existenz[3] dieser besonderen Hochschule, lassen, vermuten, dass die Studierenden besonders an den Theoriesegmenten interessiert waren, die tatsächlich oder vermeintlich die Interessen der Arbeitnehmer*innen einbeziehen beziehungsweise einbeziehbar machen. Für die VWL scheinen dies, oberflächlich betrachtet, marxistische oder sozialistische Theorieansätze zu sein. Aber gibt es eine „arbeitnehmerorientierte" und eine „unternehmerorientierte" beziehungsweise „kapitalorientierte" VWL? Natürlich nicht, so das allgemeine Verständnis von Wissenschaft überhaupt, welches hier geteilt wird. Allerdings gab und gibt es unterschiedliche Bereitstellungsräume in den einzelnen Theorieansätzen für wirtschaftspolitisches Handeln, das die Einbeziehung der Interessen der abhängig Beschäftigten ermöglicht.

Ein Theorieansatz geht davon aus, dass sich ein am Gewinn orientiertes marktwirtschaftliches Wirtschaftssystem mit Privateigentum völlig selbst reguliert und nur so die optimalen wirtschaftlichen und gesellschaftlichen Ziele langfristig erreicht werden können. Störungen, Abweichungen vom langfristigen Entwicklungspfad seien kurzfristiger Natur und würden durch die Marktgesetzlichkeiten selbst wieder beseitigt. Solch ein Theoriegebilde beziehungsweise Hypothesenportfolio impliziert eine dem marktwirtschaftlichen Wirtschaftssystem inhärente Stabilitätsthese. Prozesspolitische Eingriffe würden danach die immanenten Stabilitätsmechanismen nur stören, so die Quintessenz dieser Stabilitätsansätze. Die Theoriemengen der einzelnen Fächersegmente der Volkswirtschaftslehre (Markttheorie, Geld und Währung, Außenwirtschaftslehre etc.) dieser Position werden als Neoklassik bezeichnet. Dieser Ansatz kann allerdings kaum Ausgangspunkt für eine Wirtschafts- und Gesellschaftspolitik sein, die sich den gesellschaftlich kurz- wie langfristig unerwünschten Folgen eines unregulierten marktwirtschaftlichen Systems (Arbeitslosigkeit, Massen- und Altersarmut) entgegenstemmt. Die Geschichte der wirtschaftlichen Entwicklung solcher Ökonomien hat gezeigt und zeigt bis heute, dass eine unregulierte Ökonomie weder kurz- noch langfristig Arbeitslosigkeit und andere nicht erwünschte Auswirkungen immanent beseitigt oder verhindert.

Die Gegenposition zur Neoklassik vertritt der Keynesianismus, benannt nach dem englischen Ökonomen John Maynard Keynes. Die Auseinandersetzung zwischen diesen beiden Positionen ist ein wichtiger Bestandteil der Geschichte der volkswirtschaftlichen Theoriebildung und der jeweils daraus ableitbaren Wirtschaftspolitiken in den 1970er-Jahren und danach. Die aktuellen Diskussionen um den „richtigen" und „zielführendsten" Weg aus der ökologischen Krise und dem Klimawandel sind ein weiteres Beispiel dafür, dass die Selbstheilungskräfte eines kapitalistischen Systems nicht ausreichen, um die Klimakatastrophe zu verhindern.

Bevor die Studierenden in die Modellwelt der Ökonomik und ihre Darstellung in den volkswirtschaftlichen Lehrbüchern eintauchen, war und ist es aus der Sicht des Verfassers unverzichtbar, die Stabilitätsthese auf den Prüfstand der realen ökonomischen Entwicklungen zu stellen. Da

[3] Soll heißen vor der politisch erzwungenen Integration in die Universität Hamburg ab dem Jahre 2005

den Studierenden in den ersten beiden Semestern noch keine ausgefeilten empirischen Instrumente zur Verfügung stehen, die Frage der inhärenten Stabilität unseres Wirtschaftssystems aber von überragender Bedeutung ist, ist es schon im Anfangsstadium der VWL-Ausbildung notwendig, unter dieser Fragestellung einen kurzen Überblick über die wirtschaftliche Entwicklung der BR Deutschland zu geben, also des Landes, in dem sie aktuell leben.

Das Internet und allgemein zugängliche Computerkapazitäten mit der Möglichkeit des Zugriffs auf volkswirtschaftliche Datenbanken standen in den 1970er- und 1980er-Jahren noch nicht zur Verfügung. Dies änderte sich erst in den 1990er-Jahren. Trotzdem war und ist es sinnvoll, die Studierenden der VWL schon frühzeitig mit entsprechenden Daten, die sich zum Beispiel in den Gutachten des Sachverständigenrats fanden und finden, zu konfrontieren, um zu vorläufigen Ergebnissen über die Gültigkeit der Stabilitätsthese zu kommen. Die genannten Gutachten waren erschwinglich und leicht zu beschaffen (als Bundestagsdrucksachen) beziehungsweise die entsprechenden Seiten mit den volkswirtschaftlichen Statistiken (im Anhang der Gutachten) zu kopieren und den Studierenden zur Verfügung zu stellen. Mit den damals schon vorhandenen Taschenrechnern konnten erste Auswertungen problemlos vorgenommen werden. Herangezogen wurden die Wachstumsraten der Sozialprodukte, die Preisindexentwicklungen, die Anzahl der Beschäftigten und die Arbeitslosenzahlen seit Bestehen der Bundesrepublik.

Deutlich erkennbar nach der „Wirtschaftswunderperiode" waren die beiden ersten Krisen 1966/67 sowie 1974/75 durch ihre negativen Wachstumsraten, die steigenden Arbeitslosenzahlen, die in und nach der zweiten Krise die Millionengrenze überschritten. „Selbstheilungskräfte" waren in den Daten nicht sichtbar. In der politischen und wirtschaftspolitischen Diskussion in der Öffentlichkeit gab es allerdings die unterschiedlichsten Ursachenanalysen, die zu entsprechenden, in den neoklassischen Ansätzen vorgegebenen Schuldzuweisungen führten (Fesselung der Marktkräfte durch Staat und Gewerkschaften, externe Faktoren wie die starke Erhöhung des Ölpreises, feste Wechselkurse). Die diskutierten Datensätze gaben allerdings erste Hinweise für die Relativierung einer schlichten Stabilitätsthese.

Ein solches Vorgehen in den ersten beiden Semestern, einen kurzen Überblick über die gesamtwirtschaftliche Entwicklung des Landes zu geben, ist Teil eines Ansatzes, der eine Käseglockenadaption der ökonomischen Realität und Theorien ablehnt. Letzteres wird leider nur zu häufig mit dem Hinweis „ist alles klausurrelevant" durchgesetzt. Die Problembereiche, die von der Volkswirtschaftstheorie behandelt werden, können auf dem genannten Wege nähergebracht werden und die Aufnahmebereitschaft für die späteren schwierigen Theoriebereiche verbessern helfen. Dies ist eine Lehre des Verfassers aus der Auseinandersetzung in der VWL der 1960er- (seiner eigenen Studentenzeit) und 1970er-Jahre um den von Hans Albert so genannten „Modellplatonismus", das heißt die empirielose und realitätsferne Modellklempnerei, aus der leider zu oft ein vehementes Sperren gegenüber dem Fach selbst und seinen Erkenntnissen folgen kann. Die von Anfang an einbezogene volkswirtschaftliche Realität, und sei es nur in Form von einigen statistischen Daten, kann helfen, diese Abneigungen zu vermindern.

Abiturienten sind eher gewohnt, so etwas zu akzeptieren, die Studierenden des zweiten Bildungsweges sind in dieser Hinsicht immuner und damit viel herausfordernder und so auch für die Dozierenden spannender! Diese Studierenden geben sich nicht so schnell mit einer empirielosen Modellantwort zufrieden. Sie haben selbst häufig miterlebt beziehungsweise erfahren, was wirtschaftliches Auf und Ab, Beschäftigungsentwicklung und Arbeitslosigkeit sowie inflationäre Entwicklungen für ihr eigenes Leben bedeuten können. Eine stärker an der empirisch-realen Entwicklung orientierte Volkswirtschaftslehre ist eher geeignet, die Ideologielastigkeit von theoretischen Ansätzen, gutachterlichen Stellungnahmen wie von politischen Diskussionen, Berichterstattungen und Kommentierungen in den Medien zu erkennen und zu hinterfragen. Das ist jedenfalls die Hoffnung in einer so angelegten Einführungsveranstaltung der Volkswirtschaftslehre. Eine ihrer weiteren wichtigen Zielsetzungen ist es, die mögliche Interessengebundenheit von Interpretationen der realen Entwicklung und der sie deutenden theoretischen Ansätze erkennen zu können.

Monetarismus versus Keynesianismus

Die Rezession von 1966/67 mit ihren noch nicht einmal 500.000 Arbeitslosen war ein Schock. Vorher dominierte in der akademischen Wirtschaftstheorie wie in der Politik die Meinung, dass sich die Bundesrepublik Deutschland auf einem immerwährenden Wachstumspfad befände. Vorherrschende Sorge war die Inflation. Der wirtschaftliche Sachverstand war ganz auf dieses Übel gerichtet. Deshalb wurde der Sachverständigenrat zur Begutachtung der gesamtwirtschaftlichen Entwicklung bereits durch ein Gesetz im Jahre 1963 errichtet. Er sollte den wissenschaftlichen Sachverstand zur Analyse und Bekämpfung von Inflationsgefahren in Öffentlichkeit und Politik hineintragen. Eine mögliche Rezession stand zu der Zeit nicht Pate. Die akademischen Volkswirte in der BR Deutschland beschäftigten sich in dieser Phase der wirtschaftlichen Entwicklung kaum mit Fragen der Konjunkturtheorie, also dem Auf und Ab, den Zyklen und möglichen Abweichungen vom langfristigen Wachstumspfad.

Die Rezession von 1966/67 war deshalb eine Art kurzfristiger Weckruf für die akademische Volkswirtezunft. Aber vor allem vor dem Hintergrund der Zunahme rechtsradikaler Tendenzen und ihrem vermehrten Einzug in die Parlamente führte sie zu einem politischen Umdenken. Das Ergebnis war die Bildung der ersten großen Koalition von CDU/CSU und SPD in Bonn, eine politische Konstellation, die ja nach Ansicht von Demokraten nur in ungewöhnlichen Zeiten, in Notzeiten, ihre Berechtigung hat. Die Verdreifachung der Arbeitslosenzahlen auf knapp eine halbe Million galt damals also als eine staatspolitisch sehr gefährliche Tendenz. Sie erst ermöglichte das Abgehen vom ordoliberalen wirtschaftspolitischen Kurs der Erhard-Ära mit ihren Brüning'schen „Gürtel-enger-Schnallen" Appellen. An die Stelle der vorher im Wesentlichen ordnungspolitischen Vorstellungen der Wirtschaftspolitiker und ohne ein wirksames antizyklisches, konjunkturpolitisches Instrumentarium trat die sogenannte Globalsteuerung mit ihren aus dem Keynes'schen Gedankengut stammenden prozesspolitisch ansetzenden Werkzeugen. Mit ihrer Hilfe gelang es dann tatsächlich, diese erste spürbare Rezession der Nachkriegszeit zügig zu überwinden. Das Wachstum sprang wieder an, die Arbeitslosenzahlen gingen zurück.

Mit den Studierenden wurde auf der Grundlage der Sachverständigenratsgutachten diese Rezession statistisch näher beleuchtet. Die Datenauswertung wie die Stellungnahmen in Theorie, Politik und Öffentlichkeit schienen die Instabilitätsthese zu stützen. Wenn das gewinnorientierte Wirtschaftssystem und seine Gesetzmäßigkeiten zu Wachstumsverlust und steigender Arbeitslosigkeit führen und es immanent nicht stabil ist, sich nicht am eigenen Schopf aus der Krise ziehen kann, dann bedarf es offenbar eines Regulators, der nicht unter dem Diktat des Gewinngesetzes steht. Dies kann nur der Staat sein. Seine Stabilisierungsbemühungen auf der Grundlage des keynesianischen Theoriengebäudes waren in der Krise 1966/67 durch den Einsatz seiner Ausgaben- und Steuerpolitik erfolgreich.

In der Rezession von 1974/75, verkürzt als Ölpreisschock-Rezession plakatiert, kam es anders. Die Studierenden stellten fest, dass es nicht nur zu einer rasanten Steigerung der Arbeitslosenzahlen kam, sondern ebenfalls zu erheblichen Preiserhöhungen. Für diese Entwicklung wurde der Begriff der Stagflation verwendet. Die keynesianische Globalsteuerung, deren Instrumentarium keine direkten Eingriffe in das einzelwirtschaftliche Marktgeschehen vorsieht, ist zur Stabilisierung eines stagnativen Wirtschaftsgeschehens offenbar untermotorisiert, führt nicht zu gleichzeitiger Eindämmung der Inflation und der steigenden Arbeitslosigkeit. In der nicht am Mainstream orientierten Ökonomie, insbesondere in der Sozialdemokratie, begann deshalb eine Debatte um die Investitionslenkung und ihre französische Variante, die *Planification*. Umsetzungschancen gab es dafür in der Bundesrepublik nicht, zumal seit 1972 eine sozialliberale Koalition herrschte. Unter dem sozialdemokratischen Kanzler Helmut Schmidt wurde ebenfalls eine im keynesianischen Sinne stärker binnenmarktorientierte Wirtschaftspolitik verworfen. Sie hätte notwendigerweise stärkere wirtschaftspolitische Aktivitäten benötigt, in der genannten politischen Konstellation nicht durchsetzbar. Stattdessen wurde eine forcierte außenwirtschaftliche Strategie gewählt, mit ihren Erpressungspotenzialen gegenüber den abhängig Beschäftigten und ihren Lohn- und Verteilungsforderungen (Schlachtruf: „Internationale Wettbewerbsfähigkeit").

> „Das Theoriegebäude des Monetarismus und die darauf aufbauenden wirtschaftspolitischen Ratschläge waren die größten theoretischen und wirtschaftspolitischen ‚Fake-News' des 20. Jahrhunderts."

Allerdings stand ein seit Mitte der 60er-Jahre in den Wirtschaftswissenschaften entwickeltes Konzept in der Bundesrepublik im Startblock, der sogenannte Monetarismus. Erprobt und durchgesetzt unter dem militärfaschistischen Regime in Chile und bereits von der Bundesbank in wesentlichen Teilen adaptiert, später durch die Thatcher-Regierung in Großbritannien, reimplementierte dieses Konzept die Stabilitätsthese in der Wirtschaftstheorie und -politik

durch die populistische Zuordnung der Ursachen der Instabilitäten. Es ortete sie neoklassisch-lehrbuchmäßig bei den Eingriffen des Staates in die Privatwirtschaft und bei den Gewerkschaften, deren Einfluss ebenfalls, so die Behauptung, auf nichtökonomischen, nicht marktwettbewerblichen Faktoren beruhe. Am sinnvollsten sei es daher, den Marktkräften wieder viel mehr Raum zu geben und lediglich durch die Regulierung der Geldmenge (daher der Name Monetarismus) auf den Wirtschaftsprozess Einfluss auszuüben. Untermauert wurde diese Position durch sehr umfangreiche empirische Untersuchungen, insbesondere von Milton Friedman. Wer sich näher damit befasste und „nachrechnete“ – und aus heutiger Sicht und Kenntnis der realen Entwicklungen –, musste feststellen, dass es sich bei diesem Theoriegebäude und den darauf aufbauenden wirtschaftspolitischen Ratschlägen um die größten theoretischen und wirtschaftspolitischen „Fake-News“ des 20. Jahrhunderts handelt.

Dieser Ansatz wurde heftig und intensiv von den Studierenden diskutiert. Die große Rolle der Stabilitätsthese bei der Auseinandersetzung zwischen Monetaristen und Keynesianern konnte von Studierenden wegen der vorangegangenen Sitzungen im VWL-Kurs gut eingeordnet werden. Es zeigt sich erneut und deutlich, wie wichtig es ist, die Wertneutralität und die explizite oder implizite Interessenlastigkeit wirtschaftstheoretischer Ansätze zu hinterfragen. Nicht zufällig hat die Volkswirtschaftslehre schon bei François Quesnay als *économie politique* begonnen, aber auch viele andere Vertreter dieser Disziplin haben sie als „Politische Ökonomie“ bezeichnet. Der Versuch, sich dieses Etiketts als „Volkswirtschaftslehre“ oder „Economics“ zu entledigen, ist nicht so ganz gelungen, jedenfalls nicht an der Hochschule für Wirtschaft und Politik vor ihrer Zwangsvereinigung mit der Hamburger Universität. Den durch die Realität „vorbelasteten“ Studierenden unter den Bedingungen einer teilweise diskursartigen Vermittlung dieses Faches wird schnell deutlich, dass die VWL immer eine Politische Ökonomie war und ist und ein *brain washing* durch übermathematisierte Lehrbücher und Lehrveranstaltungen nicht durchgängig erfolgreich sein muss.

Möge auch der Mainstream über solch ein Vorgehen die Nase rümpfen!

PROF. DR. HARALD MATTFELDT

(geboren 1943 in Bremen) studierte Volkswirtschaftslehre an der FU Berlin 1962–67 bei Prof. Dr. Andreas Paulsen und Prof. Dr. Rudolf Schilcher, Abschluss als Diplom-Volkswirt. 1967–68 begleitete er Schilcher als Assistent an die Ruhr-Universität Bochum. Promotion 1972 an der TU Berlin bei Prof. Dr. Peter Bernholz und Prof. Dr. Franz Holzheu. Ab 1973 Dozent an der FH für Wirtschaft in Berlin, 1974 Habilitation bei den Professoren Peter Bernholz, Franz Holzheu und Norbert Andel an der TU Berlin. Anschließend Privatdozent an der TU Berlin und ab 1977 ordentlicher Professor für Volkswirtschaftslehre an der HWP. Mattfeldt hat sich intensiv mit der Wirtschaftstheorie von Keynes, Geld und Währung, Verteilung und Arbeitsmarkt beschäftigt.

1980 | 1990

ZWISCHEN SOZIALÖKONOMIE UND SOMMERHOCHSCHULE – DAS „GOLDENE“ JAHRZEHNT DER HWP.

Unter dem Motto „Für ein atomwaffenfreies Hamburg" beteiligen sich am 4. April 1983 in Hamburg rund 20.000 Menschen an einem Sternmarsch durch die Stadt. In der Mitte (mit Hund) HWP-Präsident Norbert Aust.

WEIBLICHER, LAUTER UND ERFOLGREICHER

In der Gesamtbetrachtung sind die 1980er-Jahre die unruhigsten in der Geschichte der HWP – aber auch ihre erfolgreichsten. Norbert Aust – zu dieser Zeit Präsident der Hochschule – muss vieles austarieren. Insbesondere die mit viel – manche sagen, mit zu viel – Lautstärke vorgetragenen Forderungen der Studierenden. Sie wissen, was sie wollen, und auch, was nicht – mit teilweise kuriosen Folgen. So war zum vierzigjährigen Bestehen Sir Ralph Dahrendorf als Ehrengast eingeladen. Eine Feier fand auf Betreiben vieler Studierender jedoch nicht statt – man wollte zu diesem Anlass lieber gegen die Sparpolitik des Hamburger Senats protestieren.

Dennoch überwiegen die Erfolge. So wurde der Sozialökonomische Studiengang Realität. Die Bund-Länder-Kommission bewilligte dafür den Antrag auf einen Modellversuch. 1983 verlassen die ersten Absolventen die Hochschule mit dem Titel „Diplom-Sozialökonom/in". Erst nach sieben Durchläufen wird das Aufbaustudium fester Bestandteil des Lehrangebots. Zum Ende des Jahrzehnts erhält die HWP schließlich das Promotionsrecht. Schritt für Schritt wird sie eine „echte" Universität. Im ersten Studienabschnitt wächst zudem der Anteil der Studentinnen. Es ist ein Jahrzehnt der Frauen, die in den 1950er- und 1960er-Jahren einen meist nur einstelligen Prozentanteil aufwiesen; jetzt pendelte er sich langsam, aber nachhaltig bei rund der Hälfte ein. Es gibt Frauenwochen, Frauentage, Frauenkurse und im Jahr 1985 werden Richtlinien zur Frauenförderung beschlossen. Der an der HWP eingeführte zweite Studienabschnitt propagiert das Lehren und Lernen durch Forschung und Projektarbeit. Trotz recht hoher Abbruchquote (rund 30 Prozent) im Projektstudium im Gegensatz zum normalen, sechssemestrigen Studiengang findet das Modell breite Unterstützung – auch beim Hamburger Senat, der erkennt, dass Universitäten mehr ändern müssen als nur ein paar Themenschwerpunkte im Vorlesungsverzeichnis. Vornweg Hans-Jörg Sinn, der von 1978 bis 1984 an der Spitze der Wissenschaftsbehörde steht und vielfach für sein Wirken in Lehre, Forschung und Politik ausgezeichnet wurde.

Kein Sommer zum Ausruhen
Die „Sommerhochschule" (SHS) der HWP – in den 1980er-Jahren von Studierenden in Eigenverantwortung konzeptioniert und durchgeführt. Die SHS war die erste Veranstaltung an der HWP, die Naturschutz und Ökologie mit Themen wie Elbverschmutzung oder Energieverschwendung thematisierte. Zudem rückte man Fragen der Gentrifizierung ins Licht der akademischen Öffentlichkeit.

„Was mich stets faszinierte: dass sich in dieser Hochschule so viele Leute mit krummen Lebenswegen trafen, die später Bedeutendes geleistet haben."

MICHAEL WÖRLE (SEITE 148)

Geschlossene Gesellschaft
Eine der wenigen Gelegenheiten, einmal ohne Studierende zusammenzukommen, waren die Betriebsausflüge von Lehrkörper und Hochschulverwaltung. Präsident Norbert Aust (Bildmitte) führte die Busfahrt an. Rechts im Bild Dieter Koch, ganz links Jürgen Daviter.

Unbequem und meinungsstark
Der Ansturm von Studentinnen bescherte der HWP einen kräftigen Innovationsschub. Gleichberechtigung wurde als Norm und Anspruch in der Lehre akzeptiert und umgesetzt. Auch die Lust am Protest war in den 1980er-Jahren ungebrochen – das mussten auch ehemalige Absolventen erfahren. Als Hans-Olaf Henkel von der Hochschule zu einem Gastvortrag eingeladen wurde, machten (eine Handvoll) Studierende klar, dass man das für eine eher mittelmäßig gute Idee hielt.

MICHAEL WÖRLE

DER JUNGE IST EIN GEWINN – ABER NICHT JEDER MAG IHN

Während meines Studiums an der HWP von 1980 bis 1983 war es „angesagt", ein Arbeiterkind zu sein. An meiner Hochschule waren viele Arbeiterkinder ohne Abitur, nicht alle vermutlich, aber die haben gewissermaßen Regie geführt. Sie waren in gewerkschaftsnahen linken Gruppierungen wie dem SHB oder dem MSB organisiert, aber obwohl sie die Studentenvertretung, den ASTA, dominierten, war diese Zeit der Ausläufer der sogenannten 68er-Bewegung. Es deutete sich bereits an, dass die damals neue grüne Bewegung mit ihrem parlamentarischen Arm (in Hamburg die GAL – Grün-Alternative Liste) und die Bürgerinitiativenbewegung gegen Atomkraftwerke die nächsten Jahrzehnte maßgeblich prägen könnten und die Republik nachhaltig verändern würden.

ZUR PERSON
MICHAEL WÖRLE

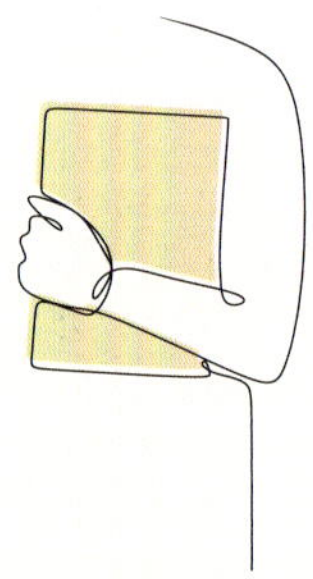

Geboren 1959 in Obergünzburg im Allgäu

Diplom-Volkswirt, Diplom-Sozialökonom. Verheiratet, zwei Kinder

Beruf: Unternehmensentwickler, Geschäftsführer der MW Unternehmensentwicklung GmbH, des Interessenverbands der freien Handwerkerinnen und Handwerker IFHandwerk e. V. und des Verbands für Unternehmensnachfolge VUN e. V.

Ich war bereits in Augsburg vor meinem Studium als Zivildienstleistender Vorstandsmitglied des neu gegründeten grünen Kreisverbands; in Hamburg wurde ich dann Mitbegründer der „Grünen Hochschulgruppe" – erster Vorbote einer grünen Wende in Hamburg, später Deutschland. Die „Grüne Hochschulgruppe" existierte hochschulübergreifend an der HWP und der Universität und verband die beiden räumlich gemeinsam auf dem Campus angesiedelten, rechtlich getrennten, wirklich sehr unterschiedlichen Universitäten – die kleine HWP und die große, etablierte Uni. Dass heute die HWP ihrer Wurzeln beraubt in einem Fachbereich Sozialökonomie der Universität aufgegangen ist, war damals noch völlig undenkbar. Viel wichtiger war der Kampf der ehemaligen Akademie für Gemeinwirtschaft, die eine Hochschule mit Promotionsrecht sein wollte und dies schließlich auch wurde. Mit der Zusammenführung wurde ein wichtiges subjektives Problem der HWP beseitigt: der latente Minderwertigkeitskomplex ihrer Professoren und Studierenden.

Eigentlich war die HWP die fortschrittlichere, dynamischere Hochschule: Sie war viel früher als die große Uni international ausgerichtet und hatte ein angegliedertes Weiterbildungsinstitut, an dem ich dann zwanzig Jahre als Dozent nebenberuflich unterrichtete. So konnte ich zeitlebens eine Verbindung zu meiner alten Hochschule halten. Aber so gut und wichtig dieser linke Stachel im Hamburger Hochschulsystem auch war, so war es doch gerade ein Sozialdemokrat, der frühere Hamburger Bürgermeister Klaus von Dohnanyi, der die Existenz dieser eigenständigen Hochschule zerstörte. Dass die Fusion zwischen Kleinen und Großen – hier der kleinen linken Hochschule und der großen etablierten Uni – die kleinere Einheit unbeschädigt lassen könnte, glauben nur blauäugige Menschen. Lassen Sie es mich als mit Fusionen erfahrener Berater mal so formulieren: Mit Augenhöhe wird das nix. Denn der Schwanz wedelt nicht mit dem Hund. Es ist immer genau umgekehrt. Der Hund wedelt mit dem Schwanz.

Und doch lebt der Geist dieser besonderen Akademie bis heute weiter, auch wenn das die Alten in der Gesellschaft der Freunde und Förderer nicht glauben. Als ob es gewissermaßen einen ungeschriebenen Gen-Code gäbe, der nicht so leicht zu löschen ist.

Wo komme ich her?

Ich wurde 1959 im tiefsten Bayern in ein sehr gegensätzliches Elternhaus hineingeboren: als Kind eines schwäbischen evangelischen Pastors und einer adeligen Jungfrau aus dem hohen Norden. Mein Vater entstammte väterlicherseits einer Bauernfamilie in Schwabmünchen, sein Großvater war Landwirt und Schuhmacher, ewig fleißig und als unermüdlicher „Tag-und-Nacht-Schuster“ bekannt im Dorf. Sein Sohn, mein Opa, fiel wohl in der Schule als begabter Schüler auf und sollte etwas Besseres werden, also Akademiker. Das ging im katholischen Bayern aber nur als katholischer Priester, ehelos und fromm. Als er jedoch meine Oma kennenlernte, die evangelisch war, konvertierte er. Damit war aber ein beruflicher Lebensweg als Priester zerstört. Seine Frau, meine Oma, entstammte einem alten Pfarrersgeschlecht und war die Enkelin eines berühmten Erfinders und Industriellen: Carl von Linde, Erfinder der Großkältemaschine und Gründer des heutigen Linde Konzerns. Auch er war übrigens Pfarrerssohn.

Dieser familiäre Zwiespalt meiner Herkunft prägte auch mein Studium an der HWP. Ich zog nur für das Studium von Bayern nach Hamburg. Denn nur hier konnte ich einen Abschluss als Diplom-Volkswirt machen, weil ich kein Vollabitur hatte. Für Jungs nicht untypisch, würde ich heute sagen, hatte ich Schwierigkeiten mit der Schule und vor allem mit meinen konservativen Lehrern. Deswegen kam nur ein Fachabitur dabei heraus. Ich wollte aber eigentlich Journalist werden. Hierfür hätte ich eine Lehre (Volontariat) machen können oder „etwas Ordentliches“ studieren. Unser Nachbar in Augsburg, Chefredakteur der *Augsburger Allgemeinen*, riet mir, ein Wirtschaftsstudium zu absolvieren, weil die meisten Journalisten seiner Meinung nach damals keine Ahnung von Ökonomie hatten und damit mein Weg als Journalist mehr Chancen hätte. Die Entscheidung, von Bayern wegzugehen, fiel mir nicht leicht. Ich bewarb mich jedoch prophylaktisch, bekam eine Zusage, und so kam ich nach Hamburg. Dafür ließ ich meine Freunde in Bayern zurück.

Anecken mit einer Affinität für Jura

Ein Merkmal hat jedoch offenbar mein Leben schon früh gekennzeichnet: Wenn man „wider den Stachel löckt“, eckt man ständig an. Vor allem im konservativen Bayern. Ich weiß nicht, ob das heute anders ist. Meine Lehrer waren teilweise sehr nationalkonservative CSU-Anhänger, manche kamen mir vor wie verkappte Nazis. Die ständigen Streitereien mit ihnen nötigten mich, das Gymnasium zu verlassen. Mein Mathelehrer erfand hierfür sogar eine Note und gab das auch noch unumwunden zu. Hier erhielt ich eine frühe Lektion in Jura und Gerechtigkeit: Ich hatte zwar die Bayerische Schulordnung sehr genau studiert, wofür mich einer meiner Lehrer, der mich lesen sah, zu Recht verhöhnte. Weil ich glaubte, mit meinen Rechtskenntnissen etwas verändern zu können. Es dauerte leider etwas, bis ich erkannte, dass die Schulordnung für Lehrer Rechte vorsah (Formulierung: hat zu, muss, darf) und für Schüler nur Soll-Formulierungen, also Möglichkeiten, die von der Schulleitung genehmigt werden mussten. Das war der Beginn meiner Affinität für Jura. Als Klassensprecher erlebte ich zwar einen Realitätsschock, wenn wir uns auf unsere Rechte beriefen ... Aber diese Niederlage stachelte mich nur noch an.

Mein Studium der Betriebswirtschaftslehre, Volkswirtschaftslehre, Jura, Soziologie (und später noch Wirtschaftsgeschichte und Politologie bis zum Vordiplom) in Hamburg war für mich eine der schönsten Zeiten meines Lebens. Das Studium war zwar verschulter als an der Nachbar-Universität, der „richtigen Uni“ – aber durch die interdisziplinäre Ausrichtung war es für mich das Tor zur Welt. Was heute fast normal zu sein scheint – dass Studenten im Ausland studieren –, fing in der HWP zu meiner Zeit in Hamburg mit Partnerhochschulen aus dem Ausland erst an. Diese Möglichkeit kam zu spät für mich. Ich studierte an der Uni weiter, kam aber desillusioniert zurück zur HWP, um dort noch ein zweites Diplom im Studiengang Sozialökonomie zu machen. Damit wollte ich das Promotionsrecht erwerben und absolvierte dieses Studium bereits neben meinem Beruf als Berater. Denn wir hatten damals schon längst unsere eigene Firma gegründet.

Berater und Aktivist – und die Outlaws in der Landesregierung

Weil Redaktionsjobs in Hamburg damals schwer zu finden waren und ich 1986 meine Frau kennenlernte, wurde mein Traum vom Journalismus erst mal nicht Wirklichkeit; auf mich hatte hier keiner gewartet. In Augsburg hätte ich das schaffen können. Da gab es nur ein bis zwei Lokalzeitungen, im großen Hamburg war alles viel anonymer und die Arbeits-

Vater, Aktivist, Gründer, Berater – in der Rückschau zieht Michael Wörle eine positive Bilanz: „Ich bin heute 62 Jahre alt und mit meinem Leben versöhnt"

losigkeit war damals hoch. Dass aus meiner selbstständigen Tätigkeit als Unternehmensberater und als Aktivist etwas Erfolgreiches werden sollte, konnte ich damals nicht ahnen. Bereits während meines Studiums initiierten wir ein Förderprogramm zur Förderung örtlicher Beschäftigungsinitiativen in Hamburg, aus dem die heutige Lawaetz-Stiftung entstanden ist. Und aus meinem Diplomarbeitsthema Handwerksrecht machte ich mit bis heute elf Auflagen mein erfolgreichstes Buch – Titel: *Selbstständig ohne Meisterbrief – Was Handwerkskammern gern verschweigen* (zuerst Econ-Ullstein-Verlag, heute C.H.Beck-Verlag). Mir war es immer wichtig, Themen pointiert und fundiert aufzugreifen, die angeblich keinen interessieren oder die unlösbar erscheinen. Darin steckte natürlich immer auch ein bisschen Welt-Revolution und deshalb war ich an der HWP einfach am richtigen Platz. Was mich stets faszinierte: dass sich in dieser Hochschule so viele Leute mit krummen Lebenswegen trafen, die später Bedeutendes geleistet haben. Björn Engholm ist nur ein Beispiel in dieser Liste. Hans-Olaf Henkel, der ehemalige Arbeitgeberpräsident, Udo Vetter, ehemaliger DGB-Vorsitzender, der große Soziologe Helmut Schelsky, Ralf Dahrendorf und Karl Schiller, prägender Wirtschaftsminister der Regierung Willy Brandt, und viele andere waren als Dozenten oder Absolventen an der HWP gewesen. Wir waren stolz auf diese berühmten HWPler, als wir dort noch studierten, weil in dieser Zeit, so raunte es durchs Foyer der Hochschule, der halbe Hamburger Senat aus HWP-Absolventen bestand. Man hätte fast sagen können: Diese kleine Hochschule von „Outlaws" stellte die Landesregierung. Dass die Uni-Professoren im Nachbargebäude es ganz anders sahen und ihre Studierenden auf uns herabsahen, hat uns zwar betroffen, aber nicht beeindruckt.

Beraten und Gründen: Ein Traum wird wahr

Mit drei anderen gründete ich 1986 nach der Etablierung des Förderprogramms eine Beratungsgesellschaft. Die zukünftigen Partner hatte ich im damaligen Verein Netzwerk Selbsthilfe e. V. kennengelernt, der Teil der Bürgerinitiativbewegung war. Wir sammelten hier unter anderem Geld für Initiativen, um Projekte zu fördern. So etwas wird heute weit professioneller als damals über Crowdfunding digital organisiert. Wie waren damals aber eine der ganz wenigen Unternehmensberatungen, die dieses neu geschaffene Förderprogramm nutzten, um Beschäftigungsinitiativen und Neugründungen mit Anspruch zu beraten (5000 D-Mark „Staatsknete" pro Projekt – viel Geld damals für uns und unsere Kunden). So begann meine Karriere als Berater.

Aus dieser Beratungsarbeit in Verbindung mit meiner Diplomarbeit entstand das erwähnte, erfolgreiche Buch, das seit 28 Jahren immer wieder aktualisiert und neu aufgelegt wurde. Und daraus entstand erst der eine Handwerksverband (BUH e. V.), dann der andere Handwerksverband (IFHandwerk e. V.). Beide zusammen bewirkten die große Handwerksnovelle von 2004. Unser größter Erfolg: Damals wurden 53 handwerkliche Berufe vom Meisterzwang befreit. 2019 wurden leider zwölf Gewerke (zum Beispiel Fliesenleger und Raumausstatter) mit rechtsstaatlich anrüchigen Methoden „rückvermeistert", was nur zeigt, dass der Kampf noch lange nicht zu Ende ist. Mein Buch *Selbstständig ohne Meisterbrief* brachte mir aber überraschend meinen ersten Chefredakteursjob ein: als Chefredakteur eines Loseblattwerkes für den Verlag für die Deutsche Wirtschaft AG in Bonn-Bad Godesberg. Der Lockruf kam, als ich längst nicht mehr an ein Wirken als Journalist glaubte. So wurde ein Traum doch noch wahr.

Beraten und Schreiben: zwei Seiten einer Medaille

Den IFHandwerk e. V. führe ich als Geschäftsführer neben meiner Beratungsfirma noch heute. So kam es, dass Schreiben und meine Beratungstätigkeit letztendlich nur zwei Seiten einer Medaille sind. Ich verkaufe Wissen: mündlich und schriftlich. Inzwischen sind meine Publikationen auch ohne Lehrstuhl auf drei Bücher und mehr als 200 Fachveröffentlichungen angewachsen. Zu Beginn meiner Selbstständigkeit träumte ich noch davon, dass ich auch eine Professur bekommen und interdisziplinär hätte promovieren können. Doch das scheiterte an den Realitäten. Warum? Weil ich mal wieder mehr wollte, als damals möglich war. Konkret: Weil eine hochschul- und disziplinübergreifende Promotion (VWL/Jura) trotz Zusage der jeweiligen Professoren an der Hochschulbürokratie scheiterte. Allerdings war es mir auch immer wichtiger, Bücher mit Reichweite, möglichst hohen Auflagen, zu schreiben – Bücher, die von vielen Menschen besser verstanden werden als eine akademische Veröffentlichung, die nur ein akademisches Fachpublikum versteht. Und die meist nur dem einen Zweck dient: einen Doktortitel zu bekommen. Und wer weiß, ob meine Handwerkskunden den Doktortitel nicht als einen Makel gesehen hätten: ein Theoretiker, der nicht weiß, wie es geht, und unverständlich schreibt. By the way: Meine Diplomarbeit in VWL verstehe ich übrigens auch nicht mehr. Aber ich bekam dafür die Note 1.

Ich bin heute 62 Jahre alt und mit meinem Leben versöhnt. Trotz dieser Schwierigkeiten. Meine Steuerberaterin ist ebenfalls Absolventin dieser Hochschule, und auch eine meiner guten Freundinnen, Dagmar, die eine Karriere von der Postbotin zur Richterin machte, hat mit mir zusammen an dieser Hochschule studiert. Sie sagte mir vor Kurzem: Denken habe sie nicht als Juristin gelernt, sondern an der HWP. Dass jetzt noch dieses Buch entsteht, rundet meine Geschichte ab. Für mich ist das die Geschichte einer „Kaderschmiede", die bedeutend für diese Gesellschaft, prägend und reformierend wirkte. Auch mein VWL-Professor Herbert Schui zum Beispiel mit der Memorandum-Gruppe ist für mich etwas, worauf wir stolz sein können: Die Gruppe erstellt seit Jahren ein Gegengutachten zum etablierten und damals von uns als verstaubt empfundenen renommierten Sachverständigenrat für die Begutachtung der gesamtwirtschaftlichen Entwicklung, den sogenannten „fünf Weisen". Auch wenn ich heute politisch wahrscheinlich weiter denn je davon entfernt bin, was hier an Positionen vertreten wird. Nicht umsonst hat auch Prof. Dr. Juergen Donges ein wohlwollendes Geleitwort für mein Handwerksbuch geschrieben. Donges war Vorsitzender des Sachverständigenrates und Vorsitzender der Deregulierungskommission, ohne die wir heute wahrscheinlich kein Internet hätten. Aber das zu erzählen wäre eine ganz andere Geschichte. Schui und Donges – größere Gegensätze sind wohl kaum denkbar. So wie meine Eltern und meine Vorfahren. Gegensätze prägten mein Leben. Für ein braves Beamtenleben wurde ich nicht ausgebildet.

Michael Wörle

HELGA CHRISTENSEN

FREIWILLIG NOCH MAL ZUR SCHULE?

Das war die Reaktion meines Sohnes – damals 13 Jahre alt –, als ich ihm und seiner Schwester mein Vorhaben erläuterte, an der HWP studieren zu wollen.

Ich wurde im letzten Kriegsjahr, 1944, geboren, bin also in der Nachkriegszeit aufgewachsen. Welchen Einfluss das auf meinen Lebensweg hatte, ist mir erst später richtig klar geworden. 1951 war meine Einschulung in die Volksschule in Elmshorn, die ich nach neun Jahren beendete. Während meiner Schulzeit erlebte und empfand ich viele Ungerechtigkeiten, sowohl von Lehrerinnen und Lehrern als auch vom Rektor. So wurden die Kinder von Geschäftsleuten bevorzugt behandelt, auch wenn sie nicht unbedingt die besseren Schülerinnen oder Schüler waren. Zu der Zeit war es üblich, nach der vierten Klasse eine Prüfung abzulegen zur Befähigung des Besuchs einer „höheren Schule" – Mittelschule oder Oberschule. Diese Prüfung hatte ich gut bestanden, wollte allerdings die Schule nicht wechseln. Auch der Besuch meines Klassenlehrers bei uns zu Hause änderte nichts an meinem Entschluss. Meine Eltern drängten mich nicht, sie sagten nur zu mir: „Mach uns später aber keine Vorwürfe!"

Wie ich Einzelhandelskaufmann wurde

Meine persönlichen negativen Erfahrungen in der Schule weckten in mir den Wunsch, später selber Lehrerin zu werden. Aber das war mit meinem Volksschulabschluss natürlich nicht möglich. Bei Beendigung der Schulzeit war ich 15 Jahre alt. Ich hatte den Wunsch, eine Zeit lang ins Ausland zu gehen. Für Mädchen gab es – jedenfalls nach meinem damaligen Wissen – nur die Möglichkeit, Au-pair-Mädchen in England zu werden. Das erlaubten mir meine Eltern aber nicht, aufgrund meines Alters. Ein Nachbar von uns hatte ein Farben- und Tapetengeschäft. Er sprach mich an, ob ich mir nicht eine Lehre in seinem Geschäft vorstellen könnte. Tatsächlich machte ich dann dort eine dreijährige Ausbildung zum Einzelhandelskaufmann. Meinem Wunsch, im Abschlusszeugnis möge doch Einzelhandelskauffrau stehen, wurde nicht entsprochen. Nach Abschluss der Lehre wollte ich noch etwas anderes machen. Überall wurden damals Arbeitskräfte für Bürotätigkeiten gesucht. In fast jeder Anzeige wurde vermerkt, „auch Anfänger/-innen haben eine Chance". So auch in Hamburg, zum Beispiel bei Reedereien: Ich hatte die Wahl.

In Elmshorn hatte sich zu der Zeit ein Werk des amerikanischen Lebensmittelkonzerns General Foods niedergelassen mit Produktion, Verpackung und Außendienst (Maxwell-Kaffee, Reis-Fit und anderes). Das Arbeitsamt rief mich mit dem Vorschlag an, mich doch dort zu bewerben – und das klappte auch. So wurde ich 1964 als Sachbearbeiterin in der Buchhaltung eingestellt.

Ehe, Kinder, Karriere – Studium

Im selben Jahr heiratete ich. Die Ehe wurde 1967 wieder geschieden. Meine berufliche Tätigkeit musste ich in den Jahren von 1965 bis 1967 wegen der Geburt meiner Kinder (1965 und 1966) zunächst einstellen, setzte die Berufstätigkeit aber ab April 1967 bis Juni 1980 fort. In dieser Zeit war ich von 1972 bis 1980 Mitglied im Betriebsrat, Vertrauensfrau und stellvertretende Betriebsratsvorsitzende. General Foods (GF) fusionierte 1980 mit Jacobs-Kaffee in Bremen. Damit war ein erheblicher Personalabbau verbunden. Da GF nicht erpicht darauf war, mit der Information über Massenentlassungen in die Schlagzeilen zu geraten, wurde den Beschäftigten eine Abfindung angeboten, wenn sie sich freiwillig kündigen ließen. Die Höhe der Abfindung errechnete sich nach der Anzahl der Jahre der Betriebszugehörigkeit. Diese Möglichkeit nahm ich wahr. Als alleinerziehende Mutter von zwei Kindern hatte ich keinerlei Rücklagen, um ein Studium zu beginnen. Ich bewarb mich um ein Stipendium bei der Hans-Böckler-Stiftung. Der Antrag wurde bewilligt. So konnte ich das Stipendium durch die Abfindung bis zur Höhe meines bisherigen Gehalts aufstocken. Nach längeren Überlegungen machte ich dann im Oktober 1980 die Aufnahmeprüfung an der HWP und begann im April 1981 das Studium (44. Lehr-

1. Mai 1994 in Hannover: Helga Christensen bei einer Rede als DGB-Kreisvorsitzende

gang). Vor Aufnahme des Studiums hatte ich die Idee, mich für den Zweig der Volkswirtschaftslehre zu entscheiden und später wieder in den Betrieb zurückzukehren. Aber noch während des Grundstudiums stellte ich fest: Die Soziologie war doch eher für mich geeignet!

Praktisch und interdisziplinär

Was mir an der HWP besonders gefiel, war das interdisziplinäre Studieren – und dass fast alle Studis ihre praktischen Erfahrungen im Beruf einbringen konnten. Ebenso, dass einige Dozenten und Dozentinnen ebenfalls über den zweiten Bildungsweg an die Hochschule gekommen waren. Darüber hinaus war das Lernen in Arbeitsgruppen sehr hilfreich – das konnte ich in meiner späteren beruflichen Arbeit immer wieder feststellen.

Mein Studium begann im April 1981 und endete mit dem Abschluss als Diplom-Sozialwirtin 1984. Ich nahm danach gerne die Möglichkeit des anschließenden Sozialökonomischen Studiengangs wahr. Das Thema des Projektes war „Auswirkungen des technisch-organisatorischen Wandels auf die Arbeitnehmer/-innen im Groß- und Versandhandel in Hamburg". Das Projekt endete im September 1985 mit dem Abschluss als Diplom-Sozialökonomin. Daran anschließend hatte ich noch die Chance, gemeinsam mit einer Studentin und einem Studenten unseres Lehrgangs an der Veröffentlichung des Projektberichtes mitzuarbeiten. Das Buch erschien 1987 unter dem Titel *Neue Technologien und Arbeitnehmerinteressen im Groß- und Versandhandel*, herausgegeben von Alfred Oppolzer und Ulrich Zachert beim Campus Verlag (Forschung Bd. 519, Frankfurt/New York). Bei meiner beruflichen Entwicklung nach dem Studium waren die interdisziplinären Erfahrungen, verknüpft mit meinen vorherigen Berufserfahrungen, für meinen weiteren Werdegang entscheidend und folgerichtig! Zunächst bewarb ich mich bei der Landeshauptstadt Hannover für die Position der stellvertretenden Leiterin des Frauenbüros. Die Stelle war ausgeschrieben für den Schwerpunkt Frauenförderung in der Privatwirtschaft. Von immerhin 167 Bewerbungen bekam ich die Stelle und arbeitete fünf Jahre in dieser Position. Als dann 1992 die Nachfolge des DGB-Kreisvorsitzenden in Hannover zu besetzen war, bewarb ich mich darum. Ich wurde als erste Frau in dieses Amt gewählt – und übte die Arbeit beim DGB bis zu meinem Renteneintritt aus.

Das Studium an der HWP war mir, verbunden mit meinen vorherigen beruflichen Erfahrungen – auch als Betriebsrat-Mitglied – immer Grundlage meiner Arbeit. In meinem „Ruhestand" habe ich dann viele Jahre ehrenamtlich die Vorstandsarbeit im Soziokulturellen Zentrum Pavillon in Hannover geleistet, die letzten Jahre als Erste Vorsitzende des Vereins.

ZUR PERSON
HELGA CHRISTENSEN

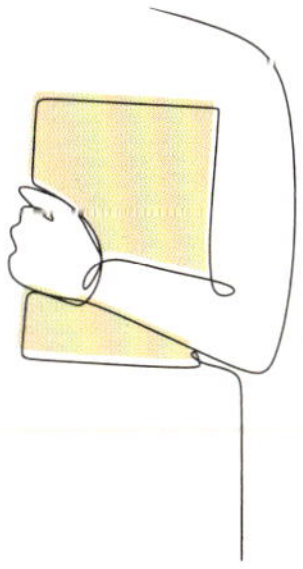

Geboren 1944 in Timmendorfer Strand

Volksschule Elmshorn 1951–1960,
Ausbildung Einzelhandelskaufmann
Farben und Tapetengeschäft 1960–1963,
Sachbearbeiterin Buchhaltung bei General
Foods Elmshorn 1964–1980

Studium an der HWP von 1981–1984 (44. LG), Abschluss Diplom-Sozialwirtin, Sozialökonomischer Studiengang 1984–1985; Abschluss Diplom-Sozialökonomin

Beruf: 1987–1992 Stv. Leiterin Frauenbüro der Landeshauptstadt Hannover,
1992 Wahl zur DGB-Kreisvorsitzenden Hannover,
SPD-Abgeordnete in der „Region Hannover" 2001–2011.

HANNELORE BULS

WENN DU DAS MÄDCHEN BIST

Es muss 2015 gewesen sein, auf dem Neujahrsempfang der Berliner Überparteilichen Fraueninitiative (ÜPFI). Weil ich zu dem Zeitpunkt die Vorsitzende des Deutschen Frauenrats (DF) war, wurde ich gebeten, kurzfristig für die Referentin einzuspringen, die noch im Zug von Westdeutschland festsaß. Zur Aufwärmung für die Diskussion wurde den Podiumsgästen die Frage gestellt, zu welchem Zeitpunkt sie das erste Mal in ihrem Leben festgestellt hatten, diskriminiert oder unterschiedlich behandelt worden zu sein, weil sie eine Frau beziehungsweise ein Mädchen waren. Ich musste nicht lange darüber nachdenken, dass es die frühen Prägungen waren, die ihre Wirkung zeigten. So musste ich im Alter von zwölf das Saubermachen übernehmen, als unsere Mutter krank wurde. Als sie ein halbes Jahr später starb, war ich ab dann die Hausfrau der Familie. Dabei spielte es keine Rolle, dass ich die Jüngste war. Ich kam noch auf eine weiter zurückliegende Episode, da war ich etwa neun oder zehn. Meine Oma sprach einmal davon, wie schön Opa immer mit meinem Bruder gespielt habe, als dieser noch klein war. Das war für sie ein Bild der Freude. Auf meine Frage, warum Opa nie mit mir gespielt habe, schien die Antwort für sie ganz klar: „Aber du warst doch ein Mädchen!“ Ich verstand es nicht. Eine andere Erklärung konnte sie mir aber nicht geben. Herausfinden konnte ich es auch nicht, denn ich war für Opa keine Gesprächspartnerin.

Nicht dazugehören

Die frühe Ausgrenzung, die ich als Flüchtlingskind und zudem als Mädchen erlebte, erzeugte für mich immer ein Grundgefühl, nicht dazuzugehören, wenn mehrere Menschen zusammenkamen. Ich wurde zur Einzelgängerin, die allein zurechtkommen musste. An dieser Stelle in meinem jungen Leben kam die Bildung in meinen Blick, sofern sie für mich allein zugänglich war. Der Konflikt begann, noch bevor ich in die Schule kam. Als ich etwa fünf war, hatten wir die *Welt am Sonnabend* abonniert. Eine Zeitung wurde im Haus zu vielerlei Zwecken benötigt. Ich verlangte, dass man mir vorlas. Ich solle mir die Bilder ansehen und nicht immer so altklug sein, war die Antwort. Ich war aber weiterhin neugierig. Ich wusste bereits, wer schreiben kann, kann auch lesen, und klaute den Bleistift aus einem verbotenen Fach in der Küche. Als die Mutter sah, dass ich den Zeitungsrand verschmierte und dazu noch den Bleistift entwendet hatte, nahm sie mir diesen bei Strafandrohung weg. Meine Neugier verwies sie auf die im kommenden Jahr beginnende Schule. Da würde ich alles lernen, was ich wissen wollte, und das sei früh genug. In welchem Alter mein Bruder lesen gelernt hatte, weiß ich nicht. Er führte mit seinen Freunden ein Eigenleben, zu dem ich keinen Zutritt hatte. Er las viel. Seine Groschenhefte musste aber auch er verstecken. Unser Kinderzimmer hatte eine kleine Abseite, in deren Türchen nur wir zwei hineinkamen. Weil ich sein Geheimnis kannte, zwang ich ihn bei Androhung des Verpetzens, mich an seinen Kreuzworträtseln zu beteiligen. Ein echter Erfolg.

In unserer Familie standen die praktischen Dinge des Lebens stets im Vordergrund, natürlich auch aufgrund der wirtschaftlichen Notwendigkeiten für besitzlose Flüchtlinge in der Nachkriegszeit. Dennoch brachten die Bessarabiendeutschen alle eine für die damalige Zeit recht gute Schul- und Berufsbildung

Erster Schultag am 1. April 1958. Hannelore Buls vor ihrem 1954 im Hamburger Randgebiet errichteten Elternhaus – noch bis 1961 mussten sie dort das Wasser aus einem Brunnen schöpfen

„Ich klaute den Bleistift aus einem verbotenen Fach in der Küche."

mit. Sie hatten in der alten Heimat ihr eigenes Bildungssystem (mehr dazu kann man der Literatur entnehmen, zugänglich über das Museum der Bessarabiendeutschen in Stuttgart). Es gab und gibt unter ihnen viele auch in Deutschland erfolgreiche Menschen. Einer hat es sogar zum Bundespräsidenten geschafft. Sie waren Bauern, Winzer oder Handwerker, und sie übten Bildungsberufe aus, die für das Gemeinwesen erforderlich waren. Auch Frauen mussten qualifiziert sein, vor allem praktisch. Es war selbstverständlich, dass die Frau mit Arbeit und Einkommen für das tägliche Essen sorgen und Verantwortung tragen konnte. Es gab Krankenschwestern und Lehrerinnen. Meine Mutter hatte schneidern gelernt und arbeitete auch in Deutschland für andere. Aber in Deutschland war eben alles anders. Wir Kinder wuchsen da hinein. Während die dominanten Großeltern im alten System verharrten, kämpften die Eltern mit der Zerrissenheit von Zuwanderern. Irgendwann stellte ich für mich fest, dass wir trotz unserer deutschen Muttersprache „die Türken der 50er-Jahre" waren, mit vergleichbarem Stolz auf die kulturelle Identität. Mit dem bessarabisch gebundenen Kopftuch, der ewigen Arbeitsmütze der Männer und dem rollenden R in einem sehr alten und russisch eingefärbten Dialekt fielen wir immer irgendwie auf. Als ich etwa neun Jahre alt war, bemerkte ich, dass meine Schreibfehler meist auf unseren speziellen Sprachgebrauch zurückzuführen waren. Ich gewöhnte es mir bewusst ab, so zu sprechen und zu schreiben, verfolgt von Omas Vorwürfen, ich wolle „was Besseres" sein. Was von diesem Besonderssein immer nachbleibt – das bestätigen viele Vertriebene –, ist der kritische Blick auf die Gesellschaft, mit etwas Skepsis und der Frage nach der eigenen Zugehörigkeit.

Meine Eltern sahen selbst, wie schwer es war, den Lebensunterhalt ohne hier anerkannte Berufsausbildungen sichern zu müssen. Deshalb war klar, dass wir Kinder einen Beruf zu erlernen hatten. Das war mit Volksschulabschluss in den 1960er-Jahren gut möglich. Mein Wunsch, zum Gymnasium zu gehen, wurde also abschlägig beschieden. Ich bekam aber die Gelegenheit, die Realschule zu besuchen. Der Grund war, dass mein Bruder seine Aufnahmeprüfung zum Gymnasium nicht geschafft hatte und unser Vater sich weigerte, zugeben zu müssen, dass er „nichtsnutzige" (faule) Kinder hätte. Mein Glück war, dass in dem Jahr die Aufnahmeprüfungen abgeschafft wurden.

Alles wissen wollen

Das Lesen wurde in unserer Familie nicht grundsätzlich gefördert, auch wegen der hohen täglichen Anforderungen, um die Lebenshaltung zu erwirtschaften. Zu lesen galt zwar nicht als unnütz, wie manches andere Vergnügliche, war jedoch entweder zum Lernen gut oder als Beschäftigung für den Sonntag. „Mach lieber was Anständiges", bekam ich oft zu hören. So versteckte ich den Lesestoff eben im Schulbuch und gab vor, ich müsse noch Hausaufgaben machen – eine stets zugelassene Entschuldigung, um deren Wahrheitsgehalt sich aber niemand kümmerte. Bis auf die besagte Wochenend-Zeitung bei uns gab es im Haushalt von Oma und Opa noch die Bibel und das Mitteilungsblatt der Bessarabiendeutschen. Mein Weihnachtswunsch nach einem eigenen Märchenbuch wurde mit der Bemerkung abgelehnt, ich könne doch das meines Bruders lesen.

In der Volksschule hatte ich inzwischen lesen und schreiben gelernt, allerdings mit für mich oft unsinnigen Inhalten. Es gab die Geschichte vom „dicken, fetten Pfannekuchen", der in die Welt hinaus rollte, weil er nicht gegessen werden wollte. Oder von Peterchens Mondfahrt, um mit dem Bett auf den Strahlen des Vollmonds rollend den Mann im Mond zu besuchen. Wie die zwei das machten, wurde nicht erklärt. Ich verstand es nicht. Aus den Erzählungen der Großeltern kannte ich nur die

Geheimnisse der bessarabischen Steppe und viele Geschichten, die mit Arbeit und ausufernden Verwandtschafts- und Gesellschaftsverhältnissen verknüpft waren. Weil die Schulmärchen für mich unsinnig waren, konnte ich sie auch nur unzureichend nacherzählen. Das fiel in einer Klasse mit 42 Schülern und Schülerinnen aber nur bei den Klassenarbeiten auf. Als ich meiner Mutter irgendwann auf Geheiß der Lehrerin erklärte, dass wir das zu Hause üben sollten, antwortete sie mir: „Na, dann üb das doch." Ohne mir zu sagen, wie. Die Bildung und ich waren also nachhaltig allein miteinander.

Neuen Zugang zum Lesen fand ich, als meine vierte Klasse in die neue große Volksschule wechseln musste. Dort gab es eine Schulbibliothek. Die Bücher waren für einen Groschen Leihgebühr erhältlich. Ich hatte aber kein Taschengeld. Das Ende vom Lied war, dass ich anfing, meiner Mutter einen Groschen aus dem Haushaltsportemonnaie zu entwenden, wenn ich einkaufen ging. Die Bücherei bot erfreulicherweise Bücher, die für mich zugängliche, lebensnahe Geschichten enthielten. Allerdings meinte der zuständige Lehrer mehrfach, dass ich mit neun dafür doch noch viel zu klein sei. Er gab sie mir am Ende trotzdem, ich musste es aber jedes Mal begründen. In der Realschule wurde es dann leichter für meine Neugier. Zum einen waren die Schulbücher viel interessanter, weil praktisch und verständlich, und ich hatte nun auch eine Mark Taschengeld pro Woche. Die Leihgebühr war gesichert.

Eine bereitwillig sprudelnde Quelle für meinen Wissensdurst war das Radio. Der tägliche Schulfunk war nicht widerspruchsfähig. Ich hörte aber auch alles andere, solange niemand eingriff. Die Wasserstandsmeldungen warfen die Frage auf, wo auf meiner Landkarte Torgau, Wittenberge oder der Mittellandkanal lagen. Der Suchdienst des Roten Kreuzes machte eine Historie erkennbar, von der die Alten nur unter sich sprachen. Die Aktienkurse wiesen auf eine andere Welt hin. Im Hamburger Hafen wurden Arbeitskräfte als Tagelöhner gesucht, sie sollten sich in der Admiralitätsstraße melden. Das Radio lieferte Musik und Menschen, die mit mir sprachen, direkt in unsere Wohnküche hinein und ohne mit mir zu schimpfen, weil ich das alles wissen wollte. Beim Abendessen gab es die „Umschau am Abend", wo wir zu schweigen hatten, und bei Trauerfällen ernste Musik. Ich konnte widerstandslos alles hören, ohne als Kind davon ausgeschlossen zu werden. Samstags gab es „die Insulaner" aus Berlin. Wo in der Nordsee lag Berlin? Es sollte ja eine Insel sein, für die „der Russe" eine Rolle spielte, was im August 1961 von besonderer Bedeutung wurde. Als ich im April 1962 zum Beginn der Realschule meinen heißgeliebten *Diercke Weltatlas* bekam, sah ich endlich das ganze Bild. Berlin konnte ich nun finden und dass es als politische Insel in der Ostzone lag. Der Mauerbau war der Beginn meines politischen Interesses. Auf der Straße wurde diskutiert, ob es wieder Krieg gäbe. Und die Angst derjenigen, die schon einen erlebt hatten, trat deutlich zutage.

Mädchen in den 1960er-Jahren

Als ich auf die Realschule in Buxtehude kam, wurden Lesen und Lernen zu meinem Programm. Ich hatte gut in der Schule zu sein, unter Beibehaltung anderer Pflichten. Schulbücher und Schülerfahrkarte waren teuer. Die zusätzlichen Ausgaben waren nicht selbstverständlich für mich als Mädchen und mussten sich wenigstens lohnen. Am Ende der Realschule fragte ich noch einmal danach, aufs Gymnasium gehen zu dürfen. Aber das war zu viel des Guten aus Sicht des Vaters, der inzwischen auch eine neue Familie hatte. Mein Bruder und ich waren zusammen in unserem alten Haus geblieben. Ich durfte nach der Realschule, ebenso wie mein Bruder, eine dreijährige kaufmännische Lehre aufnehmen. Auch das war nicht selbstverständlich. So musste mein Vater dies gegen seine Frau verteidigen, die der Meinung war, dass für ein Mädchen auch die zweijährige Ausbildung ausreiche. Die Lehre schloss ich 1970 ab, als ich gerade 18 war. Ich hatte nun ein eigenes, wenn auch niedriges Einkommen, von dem ich lebte.

An dieser Stelle vielleicht noch ein Wort zu den damaligen Berufswahlmöglichkeiten für Mädchen. Die Realschule galt in den 60ern noch als höhere Schulbildung. Von den insgesamt 84 Kindern in den beiden Klassen meiner Volksschule gingen nach der vierten Klasse sechs Kinder auf die Realschule in Buxtehude. Nur ein Mädchen wechselte zum Gymnasium, sie war die Tochter des hiesigen Kieswerkbesitzers. Mit einem Realschulabschluss hatte man gute Möglichkeiten in technischen und kaufmännischen Lehrberufen sowie im Gesundheitsbereich. Und so fiel die Berufswahl meiner Abschlussklasse 1967 auch aus. Die acht Mädchen strebten überwiegend eine kaufmännische Ausbildung sowie einige die zur Krankenschwester an. Ich wusste bereits, dass die Lehre meine einzige Möglichkeit sein würde, mir später einen Lebensunterhalt zu verdienen. Deshalb suchte ich mir dann eine Ausbildung in der Industrie aus, wo die Verdienste am besten waren. Auch aus anderem Grund stellte sich heraus, dass dies eine gute Wahl war. In Hamburg wurden Industrie-Berufsschüler*innen mit Abitur und Realschulabschluss an der höheren Handelsschule in der Schlankreye unterrichtet. Das brachte mir den Vorteil einer umfangreichen theoretischen Grundlage, die ich gut für das spätere Studium gebrauchen konnte. Ein Studium blieb aber für viele weitere Jahre nur mein Traum.

Frauen können alles!

Aber ich machte in der Zeit meiner Lehre und der anschließenden Erwerbstätigkeit viele andere Erfahrungen fürs Leben,

Buls an ihrem dreißigsten Geburtstag am 4. April 1982. Drei Tage vorher hatte sie das Studium an der HWP aufgenommen: „Was das für mich bedeutete, ist am strahlenden Lächeln zu erkennen"

„Nur ein Mädchen wechselte zum Gymnasium. Sie war die Tochter des hiesigen Kieswerkbesitzers"

zum Beispiel, dass Frauen alles können. Mein Ausbildungsbetrieb war eine traditionsreiche Strickwarenfabrik, ansässig in der Langen Reihe in Hamburg. Diese Wahl ermöglichte mir, überhaupt in diesem ansonsten männlich orientierten Wirtschaftszweig eine Stelle zu finden. So waren wir in meiner Berufsschulklasse nur drei Mädchen. Aber nicht das Produkt war für meinen weiteren Weg entscheidend. Was mich nachhaltig beeinflusste, war, dass fast alle entscheidenden Positionen in der Firma von Frauen ausgefüllt wurden. Ein Mann war der Besitzer und Namensgeber, aber seine Frau führte den Betrieb. Die Prokuristin war eine Frau, ebenso die Personalchefin für die Heimarbeiterinnen, die Versandleiterin, die Chef-Buchhalterin, die leitende Verkaufssachbearbeiterin, die Vorarbeiterin im Lager – alles Frauen. Lediglich der Registrator im Rentenalter, ein Buchhalter und der Meister in der Maschinenhalle waren Männer.

So wurde es für mich ganz selbstverständlich, dass Frauen in allen Positionen waren, technische Geräte bedienten, den Postwagen fuhren, Anweisungen erteilten, Verantwortung trugen und saubermachten. Nein, ich habe noch zwei Männer vergessen: Die Firma hatte bereits 1967 eine elektronische Datenverarbeitung von IBM. Der Abteilungsleiter und der Operator waren beides Männer, während die Lochkartenverarbeitung von Frauen erledigt wurde. Eine Erkenntnis am Rande der Betriebshierarchie war: Bei diesen modern-bedeutsamen Betriebsfunktionen wurde großzügig darüber hinweggesehen, dass der Abteilungsleiter und die Vorarbeiterin der Locherinnen unverheiratet zusammenlebten, was in den 60ern einem ehebrecherischen Verhältnis gleichkam, denn er war noch verheiratet. So lernte ich schon damals zu erkennen, dass auch die moderne Welt nicht unbedingt Gleichberechtigung gewährleistet. Mit dem Bewusstsein, dass Frauen alles können, eckte ich später natürlich immer wieder an, als ich beanspruchte, als kaufmännische Sachbearbeiterin zu arbeiten und nicht im Schreibzimmer. Meist ging das auch gut, denn in den 70er-Jahren gab es Arbeitskräfteknappheit, die für Frauen in Hamburg gute Möglichkeiten erschloss, vorausgesetzt, sie hatten keine Kinder. Aber das ist eine andere Geschichte, mit der ich mich dann später im Studium und im Anschluss als Gewerkschafterin auseinandersetzte – eigentlich bis heute.

Zeit der Lehre

Und noch ein Wort zu meiner Arbeitsbelastung als Lehrling. Morgens ging ich um 6 Uhr aus dem Haus und fuhr mit der Bundesbahn nach Hamburg. Die Arbeitszeit begann um halb acht und betrug 45 Stunden an fünf Tagen. Um das Jugendschutzgesetz kümmerte sich niemand. Die Frühstückspause betrug zehn Minuten und die Mittagspause zwanzig. Eine Kantine gab es nicht. Für zwei Vormittage in der Woche wurden die Lehrlinge für die Berufsschule freigestellt. Die Arbeitszeit endete um 17 Uhr. Als Lehrling hatte ich dann noch die Post wegzubringen. Um halb sieben war ich zu Hause. Samstag war Haushaltstag mit Einkaufen, Waschen und Saubermachen. Mein Bruder kochte an den Wochenenden meist für uns beide. Der Sonntag war für die Hausaufgaben der Berufsschule und das betriebliche Berichtsheft reserviert. Mein Vergnügen war der Tanztee in der Buxtehuder Jugenddisco samstags zwischen 18 und 21 Uhr. Länger konnte ich nicht bleiben, denn danach fuhr kein Zug mehr. Mein Kontakt mit Gleichaltrigen war rudimentär. Dafür war keine Zeit, und es verstand auch niemand meine Situation. Es ist noch hinzuzufügen, dass mein Großvater starb, als ich 17 war, und die Oma von mir erwartete, dass ich mich nach bessarabischer Tradition nun um sie kümmern, also die Lehre aufgeben und für sie zu Hause bleiben

„Erstmals nach etwa zehn Jahren Lehre und Erwerbstätigkeit hatte ich eine wertschätzende Arbeitsumgebung gefunden."

sollte. Dass ich dies mit Hinweis auf Ausbildung, Krankenversicherung und Einkommen ablehnte, hat sie mir nie verziehen.

Das war also meine Ausbildung, die nach damaligen Vorstellungen fürs ganze Berufsleben reichen sollte. Wie wir heute wissen, kam es anders. Und meine Neugier auf Bildung und auf die Welt war natürlich nicht befriedigt. Als kaufmännische Angestellte hatte ich fachliche, aber kleinteilige Aufgaben zu erfüllen. Ich hatte für mich den Vertriebsbereich gewählt, weil mir Buchhalterisches langweilig vorkam. Man hatte auf den Ebenen der Buchhaltung, wo ich hätte tätig sein können, keinen Handlungsspielraum. Zunächst blieb ich in der Textilbranche, wo überwiegend Frauen beschäftigt waren. Weil ich die Arbeit jeweils nach kurzer Zeit langweilig fand, begann sehr früh meine Suche nach interessanteren Arbeitsbereichen und Weiterbildung. Bei einer Vierzigstundenwoche und täglich zweieinhalb Stunden Pendelzeit ist das eine Herausforderung. Ich hatte inzwischen meinen Mann Norbert kennengelernt, sodass die Gedanken vorerst auch anderweitig beschäftigt waren. 1972 heirateten wir.

In der Industrie

Gleichzeitig wechselte ich wegen fortgesetzter beruflicher Langeweile die Arbeitsstelle, diesmal in den Vertrieb eines Betriebs der chemischen Industrie – und traf erstmals auf die geballte Ladung von Vorurteilen und Diskriminierungen gegenüber Frauen in der Industrie. Da zu der Zeit Arbeitskräftemangel herrschte, gelang es mir noch, ein gutes Anfangsgehalt zu vereinbaren, das der Arbeitgeber jedoch bei der nächsten Tariferhöhung einkassierte, mit der Bemerkung, dass meine Leistungen „als Frau" ja keinesfalls überdurchschnittlich sein könnten. Gleichzeitig wurde von mir verlangt, dass ich zusätzlich zur Sachbearbeitung die Schreibarbeiten für den Kollegen mir gegenüber erbringen sollte, dessen Gehaltszettel eines Tages bei durchscheinendem Sonnenlicht enthüllte, dass er 1000 Mark mehr auf der Abrechnung hatte als ich. Meine Kollegin und ich taten uns zusammen und erreichten unser Ziel, dass nun alle vier in der Abteilung ihre Schreibarbeiten im Schreibzimmer erledigen lassen durften. In dieser Stelle hielt ich es drei Jahre aus. Aushalten ist der richtige Begriff, denn wir wurden überwacht, herabgewürdigt, verunsichert und gegeneinander ausgespielt. Hinzu kamen die Alkoholangebote bei Besprechungen, derer man sich kaum erwehren konnte, sowie die für uns junge Frauen schier unerträglichen Meetings und Betriebsfeiern. Als ich gekündigt hatte, sagte der Filialleiter, er werde nach dieser Erfahrung mit uns beiden nie wieder verheiratete Frauen einstellen, sie seien ihm zu unabhängig und aufmüpfig noch dazu.

In einer Handels- und Hafenstadt sind Sprachkenntnisse immer gut zu gebrauchen. Englisch hatte mir schon in der Schule Spaß gebracht. Deshalb suchte ich mir 1975 eine Fortbildung zur Fremdsprachenkorrespondentin in Englisch, die ich nach einem halben Jahr Tagesunterricht mit Erfolg abschloss. Das wurde mit einem Unterhaltsgeld gefördert. Ich hätte gern noch Spanisch angeschlossen. Aber inzwischen waren die Arbeitsamtsregeln geändert worden. Im Anschluss besuchte ich deshalb Abendkurse, die ich mit einer Prüfung als Übersetzerin für Englisch bei der London Chamber of Commerce in Hamburg abschloss. Spanisch habe ich erst später wieder aufgenommen, als ich in Berlin Abwechslung für meine Abende suchte, die für mich als Wochenendpendlerin doch manchmal etwas öde waren.

Mit der englischen Weiterbildung fand ich eine Anstellung im Vertriebsbüro einer amerikanischen Technikfirma, die physi-

ZUR PERSON
HANNELORE BULS

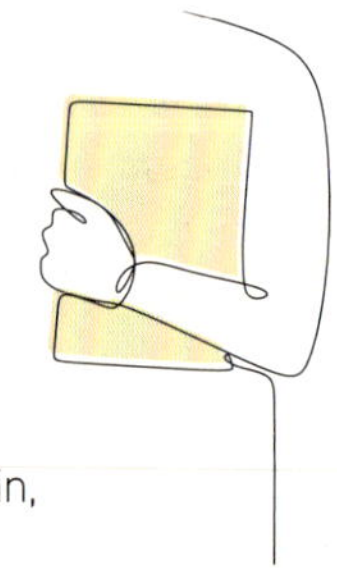

Geboren 1952 in Ketzendorf

Ausbildung zur Industriekauffrau und Fremdsprachenkorrespondentin; Diplom-Volkswirtin, Diplom-Sozialökonomin, HWP-Abschluss 1988 im 46. Lehrgang; Gewerkschaftssekretärin beim Bundesvorstand der Deutschen Angestellten-Gewerkschaft (DAG); seit ver.di-Gründung 2001 Bereich Frauen- und Gleichstellungspolitik beim ver.di-Bundesvorstand, Bereichsleiterin ab 2009.
2012 bis 2016: Vorsitzende des Deutschen Frauenrats.

kalische Instrumente für den Wissenschaftsbetrieb herstellte. Mit dem Vakuum-Equipment wurde beispielsweise das Deutsche Elektronensynchrotron (Desy) in Hamburg beliefert. Ich hatte jetzt Kontakte mit Ingenieuren und Physikern der Institute, mit Einkäufern von Technikfirmen und mit den eigenen Produktionsstätten in Italien und den USA. Ich war glücklich. Erstmals nach etwa zehn Jahren Lehre und Erwerbstätigkeit hatte ich eine wertschätzende Arbeitsumgebung gefunden, wo Eigeninitiative gewünscht war, Umsichtigkeit auch finanziell belohnt wurde und der Wert jeder Stelle mit ihrem speziellen Beitrag zum Ganzen gewürdigt wurde, amerikanisch eben. Es hätte so schön sein können. Wenn nicht die Trennlinie zwischen Technik und Bürotätigkeit auch hier unüberwindbar gewesen wäre. Ich durfte eigentlich alles machen, wozu ich mich mit selbsteingeschätzter Verantwortung in der Lage fühlte. Ich würde aber immer die „Mitarbeiterin von ...“ bleiben. Daran änderte im Prinzip auch nichts, dass ich die technischen Zeichnungen las oder als Assistentin des technischen Vertriebsleiters auch hohe Summen unterzeichnen durfte.

Studieren

Ich stellte fest, dass die Zeit, in der ich eine Tätigkeit interessant fand, mit der Zunahme an interessanten Aufgaben ebenfalls zunahm. In dieser Stelle blieb ich sechs Jahre, und der Abschied fiel mir schwer. Aber zufrieden war ich eben nicht. Der Grund, weshalb ich trotz des guten Arbeitsklimas nach sechs Jahren kündigte und zur HWP gehen wollte, war die Einsicht, mit Ende zwanzig quasi die für eine Frau im kaufmännischen Beruf mögliche Endposition erreicht zu haben, mit der Aussicht, in vergleichbarer Position bis zum Rentenalter oder bis zum ersten Kind zu bleiben. Um 1980 zeichnete sich schon ein erneuter Wandel am Arbeitsmarkt ab. Für Frauen, zumal wenn sie verheiratet waren und noch keine erwachsenen Kinder hatten, gab es kaum Entwicklungs- und Aufstiegsmöglichkeiten. Erst als ich schon gekündigt hatte und meinen Vorgesetzten deutlich wurde, dass ich es ernst meinte mit dem Studium, wurde mir eine andere Stelle angeboten. Aber meine Entscheidung war gefallen.

Die Aufnahmeprüfung der HWP hatte ich mit sehr guter Note bestanden, konnte gleich anfangen und freute mich unbändig darüber, dass mein langjähriger Wunsch, studieren zu dürfen, endlich in Erfüllung ging. Der 1. April 1982 war mein erster Studientag. Das Studium war die beste Entscheidung meines Lebens. Das kann ich guten Gewissens bis heute behaupten. Das Studium und dass mein Mann mich dabei unterstützte, hat sich am Ende sogar bezahlt gemacht, obwohl Volkswirtschaft zu dem Zeitpunkt eher als brotlose Kunst galt. Als Volkswirtin mit Berufserfahrung im Vertrieb war ich eine gute Besetzung auf der Stelle als Grundsatzreferentin bei der Deutschen Angestellten Gewerkschaft (DAG). Ich konnte genau das beruflich einsetzen, was mein interdisziplinäres Studium beinhaltete. Ich hatte einen sozialen Arbeitgeber, ein gutes Gehalt und habe heute eine gute Altersabsicherung. Es hat sich in jeder Hinsicht gelohnt, für das Studium zu kämpfen.

Noch zwei Bemerkungen

Statt der für Deutschland als Land ohne Bodenschätze stets propagierten Bildungsgesellschaft trat die Subsidiaritätsgesellschaft immer mehr in den Mittelpunkt von Wirtschafts- und Sozialpolitik. Während ich danach suchte, wie ich zu einer akademischen Ausbildung gelangen konnte, wurden mehrere Türen geschlossen, bevor ich das vorausgesetzte Alter erreicht hatte, beispielsweise die Möglichkeit, ohne Abitur ein Pädagogikstudium zu beginnen. Die Polizei, die für mich auch infrage gekommen wäre, erhöhte die Anforderungen für eine fachliche Laufbahn. Die Förderung durch das Arbeitsamt wurde sehr schnell wieder eingeschränkt. Auch die Stiftungen rechneten das Partnereinkommen an, sodass ich als verheiratete Frau keinen Zugang zur Studienförderung hatte. Für eine selbstfinanzierte Bildungspause fehlte uns lange Zeit aber das Einkommen. Als Frauenpolitikerin kann ich deshalb mit Stolz sagen, dass im Bildungszugang für Frauen einiges erreicht wurde.

Und meine Lebenserkenntnis: Wenn du etwas wirklich gern möchtest, musst du es auch tun, auch wenn der Preis dafür hoch erscheint. Sonst läuft dir dieser unerfüllte Wunsch lebenslang hinterher und macht dich unglücklich, weil du das, was du ohne dessen Erfüllung erreicht hast, nicht wirklich würdigen kannst.

Hannelore Buls

Asta · UNI · H
keten
FRIEDEN
& BILDUNG !
STATT PERSHING II
PERSHING II

Ein historischer Tag: Am 22. Oktober 1983 demonstrierten bundesweit mehr als 1,3 Millionen Menschen gegen das Wettrüsten. Regina Buhr (mit roter Jacke) ist an diesem Tag in Hamburg auf der Demonstration „Volksversammlung gegen die Stationierung der US-Mittelstreckenraketen in der BRD" mit dabei

REGINA BUHR

ICH WOLLTE UNABHÄNGIG SEIN!

Oktober 1981 bis Januar 1987: sozial- und wirtschaftswissenschaftliches Studium an der Hochschule für Wirtschaft und Politik in Hamburg. Den ersten Studienabschnitt 1981 bis 1984 beendete ich mit dem Abschluss Diplom-Sozialwirtin. Note: „gut". Thema der Diplomarbeit: „Möglichkeiten und Grenzen qualitativer Methoden unter Einbeziehung aktueller Frauenforschung". Den zweiten Studienabschnitt 1984 bis 1987 schloss ich als Diplom-Sozialökonomin mit der Note „Sehr Gut" ab. Thema der Diplomarbeit: „Die Veränderung herkömmlicher Büroarbeit durch die Einführung moderner Informations- und Kommunikationstechnologien unter Berücksichtigung der Auswirkungen auf die geschlechtsspezifische Arbeitsteilung".

So steht es in den diversen Lebensläufen, die ich nach dem Abschluss meines HWP-Studiums im Januar 1987 für Bewerbungen zusammenstellte. Wie aber kam es zur Aufnahme des Studiums im Oktober 1981?

Schlüsselerlebnisse

Früh verwaist. Meine Eltern starben, als ich zwölf und fünfzehn Jahre alt war. Ich wuchs mit zwei jüngeren Geschwistern bei den Großmüttern in einem Ort in Norddeutschland auf. Ohne Abitur. Mit beruflichen Hintergründen als Friseurgesellin und Verkäuferin in der Damenoberbekleidung. Wahrlich keine Voraussetzungen, die erahnen lassen konnten, dass ich am Ende meines Arbeitslebens auf eine berufliche Karriere als promovierte Wissenschaftlerin in Hochschulen und renommierten Wissenschaftseinrichtungen zurückschauen würde.

Diese Geschichte könnte Seiten füllen. Ich muss mich konzentrieren. Die folgenden Erlebnisse würde ich aus jetziger Sicht als Schlüsselerlebnisse auf dem Weg in das Studium an der HWP und nach dem Abschluss des Studiums in eine wissenschaftliche Berufstätigkeit werten:

Schlüsselerlebnis A: die Erkenntnis, dass sowohl das in einem Friseurberuf als auch das als Verkäuferin in der Damenoberbekleidung zu erzielende Gehalt kein finanziell unabhängiges Leben ermöglicht. Und ich wollte unabhängig sein!
Schlüsselerlebnis B: ein Bewerbungsgespräch in einem vornehmen Hamburger Modegeschäft, wo mir der Geschäftsführer sagte, dass der Einstieg in höhere, verantwortlichere Positionen ohne ein BWL-Studium nicht zu schaffen sei. Und ich wollte in verantwortliche Positionen!
Schlüsselerlebnis C: die Anti-Strauß-Demo „Stoppt Strauß" 1980 in Hamburg. Hier sprachen mich die Forderungen auf den Plakaten einer Frauengruppe so sehr an, dass ich mich spontan einreihte. Es ging um Arbeitsplätze für Frauen, um Bildung, um Rüstungsabbau, um Frieden. Und genau das waren die Themen, die mich umtrieben!

In dieser Frauengruppe hörte ich das erste Mal davon, dass es in Hamburg eine Hochschule gibt, an der Studieren auch ohne Abitur möglich ist. Voraussetzung: eine abgeschlossene Berufsausbildung. Und die hatte ich. So wurde die auf Druck meiner Großmütter absolvierte und ungeliebte Friseurausbildung plötzlich die Eintrittskarte in eine akademische Zukunft. Bis der Einstieg in das Studium dann aber tatsächlich erfolgte, gab es noch einige Hürden zu überwinden. Der Sprung aus typischen Frauenberufen, aus der Welt der Damenoberbekleidung, einer familiären Herkunft ohne akademische Vorbilder und einer traditionellen Partnerschaft in ein Studium an der auch als linke Kaderschmiede beschriebenen HWP – das war mehr als herausfordernd.

Menschen

Was hat mir geholfen, diesen Sprung zu wagen und den Weg in die Arbeitswelten Hochschule und letztendlich in die Wissenschaft zu finden? Es waren zum einen Menschen. Personen, die mir Mut machten, an mich glaubten und mich auch ganz praktisch unterstützten. Eine und die wohl auch wichtigste war Johanna Klages, die damals noch Johanna Hund hieß und Dozentin für Soziologie an der HWP war. Sie war es, über die ich in der Frauengruppe von der Existenz der HWP erfuhr. Bei ihr durfte ich als ihre studentische Hilfskraft erste Erfahrungen machen, was es heißt, in der Wissenschaft, in einer Hochschule, zu arbeiten. Obwohl ich bei ihr keine Vorlesungen hatte, weil sie für unseren Lehrgang – es war der 45. –, nicht vorgesehen war, trug sie ganz wesentlich dazu bei, meine Freude und mein Interesse an wissenschaftlicher Arbeit zu wecken. Sie war für mich Mentorin und Vorbild, und unsere Freundschaft dauerte bis zu ihrem Tod im Mai 2019. Ohne sie wäre ich nicht so weit gekommen.

Eine weitere, sehr wichtige Person war der Mann einer Freundin aus meinem Heimatort in Norddeutschland. Er war Pfarrer, sehr belesen und für mich eine Respektsperson. Als ich ihn um seine Meinung zu meinen Überlegungen, ein Studium aufzunehmen, bat und von meinen Zweifeln sprach, ob ich das überhaupt schaffen könnte, hat er mir sehr zugeredet. Dass er, der von mir hoch geschätzte Pastor Krüger, an meine Fähigkeiten glaubte und der festen Überzeugung war, dass ich ein Studium meistern würde, half mir sehr.

Neben diesen Menschen – und ich könnte noch weitere nennen – waren es aber auch die Rahmenbedingungen an der HWP, die eine große Unterstützung darstellten. Weil mir das Abitur fehlte, musste ich eine Aufnahmeprüfung an der HWP machen. Erneut waren es die Frauen aus der Frauengruppe, die mich darauf aufmerksam machten, dass es zur Vorbereitung auf diese Aufnahmeprüfung einen Vorbereitungskurs gab. An dem nahm ich teil. Der für meine Gruppe zuständige Dozent war Gerd Dupont, später engagiert im Vorstand der Gesellschaft der Freunde und Förderer (GdFF) der HWP. Diese Vorbereitung war sehr nützlich für das, was mich dann in der konkreten Prüfungswoche erwartete. Und zwar vor allem im Hinblick auf den Vortrag, der im Rahmen des mündlichen Prüfungsteiles erwartet wurde. Denn der stellte für mich eine besondere Hürde dar. Vorträge zu halten war nämlich echt nicht mein Ding.

Ich erinnere mich noch sehr genau an diese Situation. Im Vorbereitungskurs war uns geraten worden, ein Vortragsthema durchaus mit einem persönlichen Bezug zu wählen. Das tat ich auch und referierte über die Auswirkungen der Hausfrauenehe auf die Persönlichkeitsentwicklung von Frauen. Darin hatte ich Erfahrungen, denn als nach dem Tod der Eltern auch meine beiden Großmütter gestorben waren, musste ich mit 17 Jahren den Haushalt führen, für meine Geschwister sorgen – und geheiratet hatte ich da zwischendurch auch noch. Mein Vortrags-Resümee war sehr kritisch, aber durchaus mit Quellen belegt, und ich weiß noch, wie wenig der mich prüfende Dozent, Herr Albers, aus der BWL, mit meinen Ausführungen anfangen konnte. Ich vermute, dass er in einer ebensolchen Konstellation lebte und sich vielleicht fragte, ob das, was ich da anführte, auch für seine Frau zutreffen könnte.

ZUR PERSON
DR. REGINA BUHR

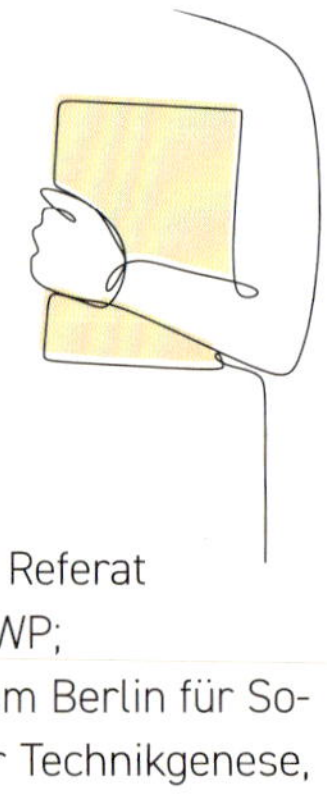

Geboren 1951 in Bad Zwischenahn

Ausbildung zur Friseurgesellin, Berufstätigkeit im Einzelhandel. 1981 Aufnahme des Studiums an HWP. Danach wissenschaftliche Mitarbeiterin im Referat für wissenschaftliche Weiterbildung der HWP; 1991 Wechsel an das Wissenschaftszentrum Berlin für Sozialforschung (WZB) und Forschungen zur Technikgenese, organisationskulturellem Wandel, Gender in Organisationen, internationalem Management und Mobilitätsleitbildern. 1997 Promotion an der TU Berlin. Seit 2001 in der VDI/VDE-IT in Berlin Senior-Beraterin im Bereich Bildung und Wissenschaft, unter anderem mit dem Schwerpunkt Durchlässigkeit zwischen beruflicher und hochschulischer Bildung.

Solidarisch und interdisziplinär

Beim Einstieg in das Studium gab es seinerzeit die sogenannten Orientierungseinheiten, OEs genannt. Und es gab eine Orientierungseinheit nur für Frauen. Das war toll! In dieser wurde nicht nur ein Bewusstsein für Frauensolidarität vermittelt und praktiziert, sondern auch für eine Studien- und Arbeitskultur sensibilisiert, die Teamarbeit, Gruppenarbeit und gegenseitiges Unterstützen in den Mittelpunkt stellte. Hier entwickelten sich erste Kontakte und es wurden Grundlagen für Arbeitsgruppen gelegt, die in unterschiedlicher Intensität während der Dauer des gesamten Studiums Bestand hatten und für den Studienerfolg nicht unerheblich waren. Bis heute haben sich aus dieser gemeinsamen Arbeit am Beginn des Studiums Freundschaften erhalten.

Eine weitere Rahmenbedingung stellte die Studienorganisation mit dem Interdisziplinären Grundkurs dar, dem IGK. Die interdisziplinäre Perspektive auf einen Sachverhalt und der darin eingeschlossene Praxisbezug trugen dazu bei, Wissenschaft und wissenschaftliches Arbeiten als nichts Abgehobenes, sondern als etwas höchst Relevantes zur Gestaltung von Arbeits- und Lebensverhältnissen zu sehen. Für mich ganz persönlich bedeutete die hier ebenfalls vermittelte Wertschätzung von praktischer Arbeit, von Handwerksarbeit, dass ich zu meiner Ausbildung und Berufstätigkeit als Friseurin stehen konnte und diese nicht mehr als peinlich empfand. Bekanntermaßen war beziehungsweise ist das Image des Friseurberufes nicht sehr hoch.

Wie ging es weiter, nachdem der Einstieg erfolgreich überstanden war? Von dem mir vom Geschäftsführer des vornehmen Hamburger Modegeschäftes empfohlenen BWL-Studium habe ich mich recht schnell verabschiedet. Nicht zuletzt durch die im IGK behandelten Themen lockte mich die Soziologie – und das war die richtige Entscheidung. Ich durfte bei Alfred Oppolzer Industriesoziologie machen, bei Friedrich Heckmann Sozialpsychologie/Sozialisationstheorie, bei Wulf D. Hund Politische Soziologie. Bei Rosemarie Hansen schrieb ich meine erste Diplomarbeit zu Methoden und Frauenforschung und im Sozialökonomischen Studiengang, dem Soz.-Ök., unter Leitung von Frigga Haug und Gerd Brosius, arbeitete ich zu Büroinformationstechnologien und deren Wirkung unter anderem auf das Geschlechterverhältnis.

Wissenschaft

Bereits im Laufe des ersten Studienabschnitts zur Diplom-Sozialwirtin wurde mir klar, dass ich nicht mehr, wie ursprünglich gedacht, auf höherem Niveau in einem Wirtschaftsunternehmen Karriere machen wollte. Ich wollte Wissenschaftlerin werden. Das war mein Traum. Und das bin ich dann ja auch geworden. Verstärkt wurde dieser Wunsch nicht zuletzt durch das Studium im Soz.-Ök. Hier gingen Forschung und Lehre Hand in Hand, eine erste richtige Veröffentlichung mit Ergebnissen aus der Arbeit in diesem Studiengang entstand und die für den Abschluss erforderliche mündliche Prüfung erfolgte nicht innerhalb der HWP-Räumlichkeiten, sondern in Form einer Präsentation von eigenen Soz.-Ök.-Forschungsergebnissen im Rahmen eines öffentlichen Workshops in einer Bildungsstätte in Bad Segeberg. Heute, im Jahr 2021, mit siebzig Jahren, blicke ich zurück auf ein wunderbar erfülltes Berufsleben, das ohne das Studium an der HWP nicht möglich gewesen wäre.

In einer ganz besonderen und für mich glücklichen Weise hat sich in den letzten rund 15 Jahren in Bezug auf meine beruflichen Themen zudem ein Kreis geschlossen. So durfte ich Projekte in einem Themenfeld bearbeiten und leiten, die an meine ganz persönliche HWP-Geschichte anknüpften. In diesem Themenfeld ging und geht es (ich arbeite immer noch, wenn auch mit reduzierter Stundenzahl) um die Öffnung der Hochschulen für beruflich Qualifizierte – auch ohne Abitur. So betreue ich unter anderem Hochschulprojekte, die neue Studienangebote für Berufstätige entwickeln und untersuche im Rahmen von Begleitforschungen beispielsweise die Möglichkeiten der Anrechnung beruflich erworbener Kompetenzen auf hochschulische Studienangebote. Aktuell leite ich ein vom Bundesministerium für Bildung und Forschung beauftragtes Vorhaben, das zum Ziel hat, die wissenschaftliche Weiterbildung in Deutschland weiter voranzubringen. Immer wenn mir in diesen verschiedenen Projekten Erkenntnisse über die besonders hohe Studienmotivation sogenannter nicht traditioneller Studierender präsentiert werden oder die wichtige Rolle des Theorie-Praxis-Bezuges bei der Entwicklung von Studieninhalten angeführt wird und dies als große Neuigkeit verkündet wird, dann erinnere ich mich an mein HWP-Studium. Denn all dies wurde dort schon vor vierzig Jahren gemacht. Und auch die durch Bologna angestoßene Studienreform mit der Aufteilung in Bachelor- und Masterstudien gab es in ähnlicher Weise an der HWP mit den zwei Studienphasen schon lange vor Bologna.

Ich kann nur sagen: Die HWP war in vielen Dingen ihrer Zeit weit voraus.

Regina Buhr

GLEICHBERECHTIGUNG

FRAUEN BEWEGEN DIE HWP

von Helga Milz

In den 1970er-Jahren erstarkte die Zweite Frauenbewegung auch an der HWP. Der Anteil weiblicher Studierender stieg plötzlich an und erreichte mit 30 Prozent rasch das Potenzial einer „kritischen Masse“, die viel in Bewegung setzte. Forderungen nach frauenspezifischen Themen in der Lehre regten heftige Kontroversen an. Was für ein Skandal, dass Gleichberechtigung angesichts der Diskriminierung von Frauen kein Gegenstand von Forschung und Lehre an der HWP war! Studentinnen als treibende Kräfte verlangten, das Thema endlich in Lehrveranstaltungen zu behandeln.

Frauenkurse in allen vier Fächern

Engagierte Studentinnen setzten zunächst Frauenthemen in Fachkursen durch und stritten lange für ein interdisziplinäres Lehrangebot in allen vier Fächern: Das Ziel war ein Frauenstudienpfad vom Grundstudium bis zum Examen. Das gelang nach und nach. Die ersten Durchgänge qualifizierten professionelle Expertinnen für die personelle Frauenförderung. Die öffentlichen und privaten Verwaltungen in Norddeutschland suchten kompetente Kräfte für die Frauenförderung. In der Weiterbildung schwoll die Nachfrage nach Wissen über ungleiche Geschlechterverhältnisse an. Der Büchermarkt griff den Bildungshunger auf; Frauenbuchläden boomten. Spontane Lesegruppen fanden Worte, Erklärungen und Theorien für erlebte Demütigungen. „Strukturelle Gewalt“ brachte ihre drastischen Erfahrungen auf den Begriff.

Verbindliche Frauenstudien

An allen Hamburger Hochschulen wurden um 1980 um Frauenstudien gerungen. Sie sollten fest in die Lehrangebote integriert werden. Frauenbeauftragte verständigten sich hochschulübergreifend, um mehr weibliche Lehrende zu gewinnen. Der Bedarf an hochqualifizierten Frauen für Professuren schnellte hoch. Bund und Senat legten Förderprogramme auf. Mitte der 1980er-Jahre bündelte die Kommission für Frauenstudien/Frauenforschung in Hamburg alle Aktivitäten. Feste Stellen und Räumlichkeiten für die zentrale Koordination schufen eine verlässliche Basis für die Frauenpolitik. Der HWP-Präsident Norbert Aust schob diese Institutionalisierung maßgeblich an.

Personelle Gleichstellungspolitik

Die Inhalte von Frauenkursen wurden laufend um- und ausgebaut und mit internen Interessen und externen Nachfragen abgestimmt. Die Wissensbestände der Frauen- und Genderforschung fanden bis 2000 viel Raum und Resonanz in allen Lehrfächern. Nachfolgende Generationen von Studierenden eröffneten neue Perspektiven auf die Sozialstruktur. Soziokulturelle Ungleichheit, Ökologie, Nachhaltigkeit, Umweltpolitik kreuzten sich und schichteten komplexe Probleme für eine Politik der Gleichberechtigung auf: Wo anfangen?

Das einst breit ausgefächerte Themenfeld zur Frauen- und Genderforschung an der HWP stagnierte im Zuge der Pensionierungen ab 2005. Gleichstellungsrichtlinien sorgten zwar dafür, dass Frauen berufen wurden, konnten aber niemanden auf Genderforschung verpflichten. Die personellen Maßnahmen beriefen bei gleicher/vergleichbarer Qualifikation Frauen auf Professuren. Bisher mit mäßigem Erfolg: 2020 lag ihr Anteil an der Universität Hamburg unter 30 Prozent, am Fachbereich Sozialökonomie war er mit 33 bis 35 Prozent etwas höher.

Frauenwochen an der HWP

Unter dem Motto „Frauen lernen gemeinsam“ war die Hamburger Frauenwoche ab 1980 für zehn Jahre ein starker Katalysator der Frauenbewegung in der Region. Die HWP wurde zu einem Zentrum und Ort für/von/mit Frauen. Sie nutzten das Haus mit der „naturwüchsigen“ Kreativität von autonom agierenden Initiativen. Eine Woche lang probierten Frauen alternative Formen der Bildung und des Lernens aus. Sie warben für frauenspezifische Formen der erfahrungsbezogenen und praxisorientierten Aneignung. Der enorme Ansturm von Besucherinnen (bis zu 5000) und die überschäumende Angebotsfülle auf allen Etagen boten unfassbar vielen verschiedenen Initiativen von nah und fern und Alt und Jung eine bunte Wissens-, Tausch- und Kontaktbörse, Kinderbetreuung und Bildungsurlaub inklusive. Das Haus brummte. Alle warben für Offenheit, Durchlässigkeit und Partizipation auf Augenhöhe und boten Alternativen zu verkrusteten Strukturen und Hierarchien der öffentlichen Bürokratie an. Viele sahen während der Frauenwochen erstmals eine Uni-

HWP-Studentinnen streiten und streiken gegen die Einführung der Wehrpflicht für Frauen (um 1975)

versität von innen und überwanden ihre Schwellenangst. Die HWP blieb für sie ein Symbol für den freien Zugang zur hehren Welt der Wissenschaften. Bis heute!

Ohne Männer

Sie waren ausgeladen: Keine Machos, kein Machtgedöns! Autonome Frauen stellten sich demonstrativ gegen männliche Normen auf. Gleichberechtigung bedeutete für sie nicht, dass Frauen ihre „natürlichen" Defizite überwinden. Das Männliche als normaler Maßstab geriet unter Beschuss, wurde zerlegt, kritisiert, entwertet, diffamiert, karikiert, vom Sockel gerissen und gleichgemacht. Frauen wollten sich völlig frei von herkömmlichen Vorgaben entfalten! Nach mehr als zehn erfolgreichen Frauenwochen war viel erreicht und abrupt Schluss. Interne Zerreißproben eskalierten. Die Stadt kündigte ihren Zuschuss auf. Die „Staatsknete" war futsch, die Basisarbeit litt. Der Charme autonomer Initiativen besiegte wenige Jahre später die Widerstände und warb Mittel für Auslandsprojekte mit/für Frauen in Nicaragua, Kenia, Chile etc. ein.

Erfolgreiche Frauenkarrieren

Als Töchter aus Familien, die kein Studium finanzieren konnten, brachten HWP-Studentinnen oft eine Ausbildung mit. Viele hatten Familie, waren etwas älter und ungeduldig. Sie starteten durch, absolvierten zügig ihr Examen, suchten gezielt nach neuen beruflichen Aufgaben und nutzten ihre Lebens- und Berufserfahrungen. Erstaunlich viele Frauen fanden schnell eine Stelle, wechselten aber oft. Schließlich fanden sie Wege durchs Dickicht verschlungener Laufbahnen und Machtstrukturen und profitierten von ihrem „Hopping". Studentinnen, die in der Frauenforschung ihr Examen machten, fanden oft gute Positionen in politischen Parteien oder gewerkschaftlichen Verbänden. Einige stiegen in Spitzenämter auf – oft erst ab 2010 nach Phasen harter Konkurrenz und Belastung. Andere übernahmen leitende Funktionen in der Sozialverwaltung, in Verbänden, kirchlichen Einrichtungen, seltener in NGOs, Vereinen und Medien. Die meisten suchten mehr als fünf Jahre nach geeigneten Stellen, hielten Gehaltseinbußen und Unsicherheiten tapfer bis trotzig aus und planen jetzt ihren Ruhestand als neue aktive Lebensphase. Eins eint sie: Das HWP-Studium machte es ihnen möglich!

„Lieber gleich berechtigt als später"

Der Ansturm von Studentinnen bescherte der HWP einen kräftigen Innovationsschub. Gleichberechtigung wurde als Norm und Anspruch in der Lehre und Berufungspolitik akzeptiert und umgesetzt. Das Wissen über Muster struktureller Benachteiligung trugen Absolventinnen seither in die Praxis und ermutigten Frauen, sich gegen Diskriminierungen zu wehren.

PROF. DR. HELGA MILZ
war bis 2012 an der HWP/Fachbereich Sozialökonomie als Soziologie-Professorin tätig für Sozialisation, Arbeits- und Industriesoziologie, Frauen- und Genderforschung, Armut, Sucht, Human-Animal-Studies. Sie war Frauenbeauftragte, Personalrätin, Vertrauensdozentin der Hans-Böckler-Stiftung, Vorstand vom Hamburger Tierschutzverein, GdFF-Vorsitzende.

CHRISTIANE WEHRMANN

DAS LEBEN UMKREMPELN

In der Rückblende sehe ich meine Studienjahre an der HWP wie ein Scharnier zwischen zwei wichtigen Phasen meines berufstätigen Lebens. Hier habe ich entscheidende Impulse und Grundlagen für meine Weiterentwicklung bekommen und Mut, neue Wege zu beschreiten.

Aber von Anfang an ...

Geboren am 28. Juli 1951, bin ich in einer kleinbürgerlichen Familie mit einem sieben Jahre jüngeren Bruder aufgewachsen. Meine Kindheit war geprägt von einem größeren Familienverbund mit Cousinen und Cousins, Onkel und Tanten in einer mittelgroßen Stadt in Holstein. In meinem familiären Umfeld waren die meisten selbstständig tätig. Die Großeltern väterlicherseits betrieben einen „Kolonialwarenladen" und die mütterlicherseits eine Baumschule. Meine Eltern führten in den 1950er-Jahren einen kleinen „Tante-Emma-Laden", dann in den 60er-Jahren einen Lebensmittelmarkt und in den 70er-Jahren kam noch ein Supermarkt hinzu. Sowohl meine Mutter als auch meine Großmütter waren als „mithelfende Familienangehörige" in den Betrieben vollzeitbeschäftigt. Meine Mutter erzählte später, ich sei quasi „so nebenbei groß geworden".

Nach der Grundschule zogen wir in einen neuen Stadtteil und ich kam in die Hauptschule – von der ich nicht sonderlich begeistert war. Ich entwickelte kaum Ehrgeiz und meine Eltern hatten keine Zeit für meine schulische Unterstützung. Aber sie hätten es gerne gesehen, wenn ich in den eigenen Betrieb eingestiegen wäre. Dazu fehlten mir jedoch die nötigen Ambitionen. Stattdessen kam ich zu dem Entschluss, die zweijährige Handelsschule zu besuchen. Und hier war es mein Deutsch- und Politiklehrer, der in mir das Interesse am Lernen hervorrief, mir nach dem Abschluss der Mittleren Reife zu einer Ausbildung als Buchhändlerin riet und mir sogar eine Lehrstelle vermittelte.

Buchhändlerin

Mit dem Beginn der Lehre am 1. August 1968 veränderte sich mein Leben. Von da an bestimmte das Interesse an Büchern meinen Alltag und ich fing an, regelmäßig Zeitung zu lesen. Ich erinnere noch die Titelseite des Spiegels in meiner ersten Ausbildungswoche: „Der Papst und die Pille". Verhütung war für uns junge Frauen damals ein wichtiges Thema.

Nach einer dreijährigen Ausbildung und einem halben Jahr weiterer Tätigkeit in dem Betrieb wechselte ich 1971 in eine Buchhandlung an der Peripherie Hamburgs. Zusammen mit einer Freundin konnte ich mich dort in dem Beruf der Buchhändlerin so richtig ausleben. Besondere Freude bereitete mir der Kontakt zu den Kunden, die Vermittlung der richtigen Bücher an die Leserinnen und Leser mit ihren unterschiedlichsten Vorstellungen. Das Beraten von Kindern, Eltern und auch Menschen mit speziellen Interessen und Ausrichtungen in den Bereichen Politik und Wissenschaften machte mir riesiges Vergnügen. Aber ich spürte auch immer die Defizite durch meine nicht so gute Schulbildung. Neun Jahre arbeitete ich in dieser Buchhandlung. In den letzten drei Jahren war ich als „erste Sortimenterin" allein verantwortlich für den Einkauf, den Personaleinsatz und die Ausbildung und fühlte mich besonders gefordert. Eine einwöchige Führungskräftefortbildung an der Buchhandelsschule in Frankfurt am Main brachte mich dann auf die Idee zu einer halbjährigen Weiterbildung zur „Assistentin im Buchhandel", die vom Arbeitsamt bezahlt wurde. Von Oktober 1979 bis April 1980 nahm ich zusammen mit 24 Buchhändler*innen aus ganz Deutschland an dieser Maßnahme teil. In diesen Monaten vertiefte ich intensiv alle Spezifika des Buchhandels: Einzelhandel, Zwischenbuchhandel und Verlagswesen. Mein damaliges Ziel war eigentlich eine

ZUR PERSON
CHRISTIANE WEHRMANN

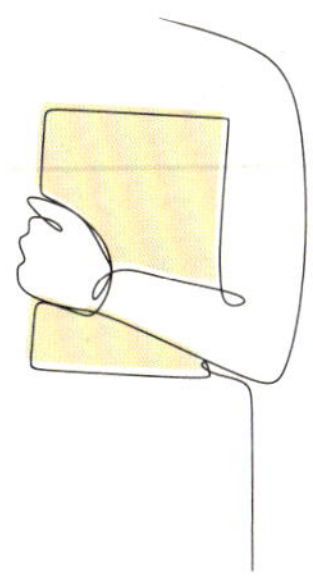

Geboren 1951 in Elmshorn

Gelernte Buchhändlerin. Studium auf dem zweiten Bildungsweg an der HWP mit Schwerpunkt Soziologie; Studium der Soziologie an der Universität Hamburg. Mit Anfang vierzig begann sie ihre fast zwanzig Jahre dauernde Tätigkeit als kommunale Gleichstellungsbeauftragte in Elmshorn. Ehrenamtlich tätig unter anderem in der Elmshorner Frauengeschichtswerkstatt und in der Bürgerstiftung. Mitbegründerin des Spendenparlaments und seit 2021 deren 1. Vorsitzende.

eigene Buchhandlung! Doch es kam anders: ein Bruch in meiner ersten Ehe und zugleich eine neue Perspektive. Vor allem der Reiz weiter zu lernen und die Empfehlung einer Freundin, an der Hochschule für Wirtschaft und Politik (HWP) auf dem zweiten Bildungsweg ein Studium zu absolvieren, hatten eine größere Sogkraft.

Gesellschaftspolitische Grundbildung

Zunächst musste ich die Aufnahmeprüfung an der HWP bestehen und besuchte die angebotenen Vorbereitungsseminare. Für das Prüfungsreferat suchte ich mir das Thema „Neue soziale Bewegungen – Bürgerinitiativen" aus, da ich mich inzwischen in zwei Umweltschutzgruppen an der Unterelbe engagierte, in denen wir gegen die Atomkraftwerke und die Verschmutzung der Flüsse und der Umwelt aktiv waren.

Am 1. April 1981 startete mein HWP-Studium im 44. Lehrgang. In den folgenden drei Jahren genoss ich an der Hochschule eine gesellschaftspolitische Grundbildung, die mein Leben dann noch einmal ziemlich umgekrempelt hat. Zusammen mit meinen Mitstudierenden konnte ich mir ein Wissen aneignen, das mich ermutigte, neue Wege zu gehen. Die Finanzierung meines Lebensunterhaltes konnte ich durch ein Teil-BAföG und meine Teilzeitbeschäftigung im Buchhandel sichern sowie durch Seminare, die ich zusammen mit einer Freundin zu Themen der Frauenpolitik und Frauengeschichte an einer Volkshochschule und an einer Familienbildungsstätte durchführte.

Nach dem Abschluss als Diplom-Sozialwirtin wechselte ich 1984 an die Universität Hamburg. Dort studierte ich bis 1988 im Schwerpunktfach Soziologie mit den Nebenfächern Erwachsenenpädagogik, Sozial- und Wirtschaftsgeschichte und Neue deutsche Literatur. 1989 schrieb ich im Fachbereich Familiensoziologie bei Professorin Dr. Christa Hoffmann-Riem meine Diplomarbeit. Auf der Grundlage biografischer Interviews und mit der Methode der qualitativen Sozialforschung setzte ich mich mit den Auswirkungen der neuen Gen- und Reproduktionsmedizin auseinander, Titel der Arbeit: „Bewältigungsstrategien in einem neuen Bereich der Familiengründung: ‚Die In-Vitro-Fertilisation'". Als fertige Diplomsoziologin stand ich dann zu Beginn des Jahres 1990 vor der Frage meines weiteren beruflichen Werdegangs. Zunächst stieg ich in ein Forschungsprojekt zum Themenschwerpunkt meiner Diplomarbeit ein, geleitet von Christa Hoffmann-Riem.

Gleichstellungsbeauftragte

Dann erhielt ich überraschend von einer SPD-Kommunalpolitikerin in meiner Heimatstadt die Anfrage, ob ich Interesse hätte, mich auf die frei gewordene Stelle als Frauen- und Gleichstellungsbeauftrage zu bewerben. Seit vielen Jahren hatte ich mich in der Frauengruppe im Industriemuseum engagiert und mich an Ausstellungs- und Oral-History-Projekten zur Aufarbeitung unserer Ortsgeschichte beteiligt.

Die Anfrage reizte mich, da ich schon während des HWP-Studiums die ersten Einrichtungen von Gleichstellungsstellen interessiert verfolgt hatte. Ich erkannte in dieser an mich herangetragenen frauenpolitischen Aufgabe der Frauen- und Gleichstellungsbeauftragten innerhalb der öffentlichen Verwaltung eine große Herausforderung und die Chance, strukturelle Veränderungen für bessere Bedingungen von Frauen zu erreichen. Ich bewarb mich. Ich begann meine Stelle am 1. Juni 1993 und arbeitete 18 Jahre als hauptamtliche, kommunale Gleichstellungsbeauftrage in einer mittelgroßen Stadt mit 50.000 Einwohner*innen, bis ich in den vorzeitigen Ruhestand ging. Es war eine tolle Zeit, in der ich mit einer ebenfalls sehr frauenbewussten und sozial engagierten Bürgermeisterin als Chefin viele Ideen und Projekte durchsetzen konnte.

Systemische Beraterin

Die passive Phase meiner Altersteilzeit startete ich 2011 mit einer Ausbildung zur „Systemischen Beraterin" und arbeitete noch einige Jahre in diesem Bereich. Heute bin ich mit viel Freude ehrenamtlich tätig, sowohl im örtlichen Spendenparlament als auch in der Bürgerstiftung, im Industriemuseum und im Kuratorium der Stiftung von Kulturdenkmalen. Das größte Vergnügen finde ich in der Auseinandersetzung mit Kunst und Kunstgeschichte.

Christiane Wehrmann

KAI-UWE BEHRENDS

VON BORD GEGANGEN

„Kann man das ändern?"

„Nee, das geht nicht."

„Warum?"

„Wegen der Wirtschaft … "

„Warum genau nicht?"

„Keine Ahnung."

So etwa lief es ab, wenn junge Leute 1980 unter dem „Kanzler des magischen Vierecks" Helmut Schmidt (war der nicht auch mal an der HWP?) Ideen hatten – oder auch nur Flausen –, in der Gesellschaft etwas zu ändern.

Wie geht das mit Geld und Wechselkurs, Lohnerhöhung und Inflation? Wem steht der Wert der Arbeit zu? Warum müssen Schlüsselbranchen privat wirtschaften? Warum hungern die einen und verfetten die anderen? Das trieb uns um, bestimmte die Diskussionen am Juso-Stammtisch und im Helferkreis für die AWO-Senioren – die sich rüstig grad einen Treff bauten, aber doch „die Jungs" holten, wenn es in Brunnenschächte oder auf das Dach ging.

Aber woher Informationen bekommen, wenn Eltern, Lehrer, Meister auch nichts wussten, das einer zweiten Nachfrage standhielt? „Da musst du Wirtschaft studieren, das versteht unsereins nicht." Wären da nicht Leute gewesen, die meinten, dass es nur einen Schubs bräuchte. Und immer die Unterstützung aus der Familie.

Drittes Lehrjahr, Vertretung für den Fachlehrer, ein Referendar mit Zopf, schon erste graue Strähnen. ‚Lustiger Vogel', dachten wir. „Ihr drei bleibt nachher noch hier", sagte er zu uns. Noch nie waren wir von einem Lehrer auf ein Bier eingeladen worden. „Ihr könnt doch lesen und schreiben, was wollt ihr später mal machen, vierzig Jahre Brötchen schruppen?" Er selbst sei über die Fachoberschule den zweiten Bildungsweg gegangen, man könne Ausbildungsmeister werden, wenn man dem Beruf treu bleiben wolle, oder auch Berufsschullehrer wie er. Die Bewerbungsfrist für die FOS laufe noch eine Woche. Bewerben kann man sich ja mal. Wovon leben? Es gibt ja BAföG. Das kam dann auch, wenn auch mit einem halben Jahr Verspätung, in dem wir uns mit Gelegenheitsjobs über Wasser hielten – eine gute Übung für das spätere Studium und die Karriere in der Jobberhöhle der Uni-Arbeitsvermittlung.

Aber nach der FOS erstmal Wehrdienst. Dann Arbeit bei HDW. Das erste richtige Geld, hochorganisierte Belegschaft, Gewerkschafter kannte man vom Beitrag kassieren bei Opa.

„Mit Fachhochschule kann man schon Wirtschaft studieren, in Frankfurt an der Akademie der Arbeit – und in Hamburg an der HWP." Beworben, abgelehnt, neuer Vertrag auf der Werft.

Donnerstag, 3. Oktober 1985, nach Feierabend „Dor is een Telegramm för Di". Bis morgen 14 Uhr. Platz annehmen also. Freitag vor Schichtbeginn die Kollegen: „Das mach mal, guck dich um, willst du so enden wie wir?" Um 7 angerufen, um 8, um 9 Uhr – immer von Bord und an die Telefonzelle mit zwei Groschen –, endlich nahm jemand ab. „Dann Montag, 13 Uhr."

Wie oft ich die HWP empfohlen habe?

Sie steht heute in meiner E-Mail-Signatur.

ZUR PERSON
KAI-UWE BEHRENDS

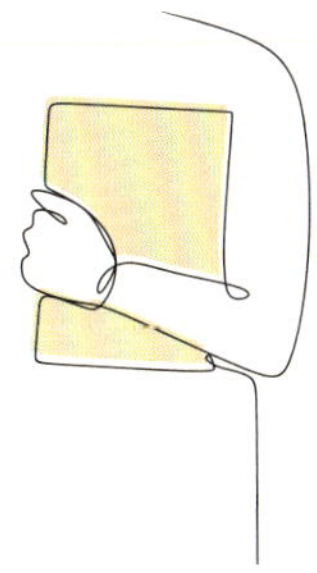

Geboren 1962 in Preetz/Holstein

Ausbildung zum Bäcker, später Werftarbeiter. Studium an der HWP: 53. Lehrgang, 1985–1989, VWL und Sozialökonomie

Spätere Tätigkeiten: Weiterbildungslehrer, Verbandsvertreter, Leiter Stabstelle QM in einem Landesministerium.

DAGMAR NÖH-SCHÜREN

DENKEN LERNEN

Es war, als wäre ich auf einem anderen Stern gelandet. Die kleine Dagmar war das erste Mal in einer Bibliothek, wie in einem Antiquariat. Uni- und Wandzeitungen hatte sie noch nie gesehen, Mathe nie gekonnt und Bücher gekauft, um sie ins Regal zu stellen, da im Lesen als Legasthenikerin nicht in der Übung. Der Vater war Maurer aus Trotz, Spieler und deutlich dem Alkohol zugeneigt, die Mutter: Postangestellte, vier Kinder und chronisch überarbeitet.

Mit 15 war die kleine Dagmar mit der Hauptschule fertig und arbeitete im Großraumbüro, sie tippte die Kontonummern und den Betrag von Überweisungen in den Computer ein, also das, was heute maschinenlesbar läuft. Im riesigen Datenkeller wurden daraus Lochkarten. Auf der Fahrt zum Postscheckamt im Postbus hatte sie noch kurze Zeit zuvor manches Mal ein *Spiegel*-Magazin hochgehalten, um anzugeben – in dem geheimen Wunsch, ihn zu verstehen.

Dann war die Gewerkschaftsjugend die neue Heimat: Sie zog als Jugendliche für ein Jahr in ein Wohnprojekt der Gewerkschaft, der Volkshochschule und eines studentischen Arbeiterbildungsvereins ein: das Haus Balchem in Köln.

Mein Hirn knackt sich frei

Hier lernte ich erst einmal, meine eigene Biografie zu schreiben, Siebdruck, Gruppenplenum, Kultur und Diskussionen, und nun bestand ich die Aufnahmeprüfung und landete nach sechs Jahren Großraumbüro in der HWP. Bei Mathe-Hansen merkte ich, wie es knackt in meinem Hirn, als ob sich etwas entpuppt, freiknackt von der Unfertigkeit bis dahin, die Welt und die Zahlen zu verstehen. Mathe-Hansen reiste vom kleinen Einmaleins bis in die Linearen- und Kurvendiskussion und ich merkte: Ich verstand es langsam. Ich war wohl doch gar nicht so doof, sickerte es allmählich in mich hinein.

Morgens war ich am liebsten als Erste am Platz, an den Lippen der Dozentin oder des Dozenten, denn durch das Hören verstand ich anfangs mehr. Suchend und fragend lief ich durch die Semester. Beeindruckt immer wieder von Elsholz und den „drei Annäherungen an ein Thema" – wie zum Beispiel ans Thema Geld im Kurs „Geld und Währung", um das Geldsystem zu verstehen. Das erste Geld, die Kaurimuscheln, die Möglichkeit, nun als sesshafte Menschen Mehrwert zu produzieren, und der Versuch, es weiterzugeben. Geld und die Geldmenge: Geld losgelöst vom realen Wert, Geld als Fiktion. Die drei Annäherungen an ein Thema habe ich nie vergessen und wende sie immer wieder auch selbst an.

Klassische und neoliberale wie marxistische Wirtschaftstheorie bei Schumacher und Professor Herbert Schui. Hier saßen Ilse Wieseler, Gabi Weinrich-Borg und ich – wir alle drei von der Post – noch mit viel Wein und Stefan abends und buchstabierten a, b und c und setzten alles zueinander ins Verhältnis. Der Begriff der Entfremdung aus den ökonomisch-philosophischen Schriften brachte den soziologischen Bezug, Professor Wulf Hund die politische Philosophie und Geschichte. Frigga Haug inspirierte mich mit noch ganz anderen Ideen: der Täter-Opfer-Theorie. Wahrlich ein interdisziplinäres Lernen.

Widersprüche

Verstehen konnte ich auch nicht, was politisch richtig war. Taumelnd wanderte ich durch die unterschiedlichen Fraktionen und suchte. Ich machte mit im Sozialistischen Hochschulbund

ZUR PERSON
DAGMAR NÖH-SCHÜREN

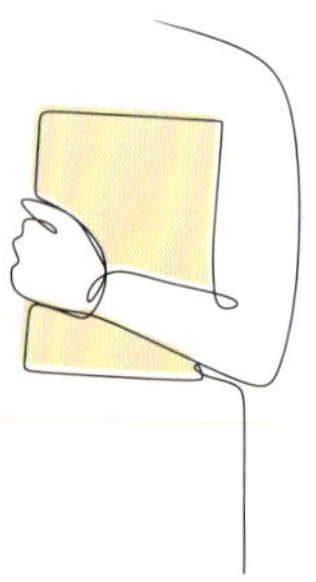

1959 als drittes Kind eines Maurers und einer Postangestellten geboren in Köln; Hauptschulabschluss; 1974–1980 Postangestellte, Studium an der HWP 1980–1983, (Diplom-Volkswirtin); 1983–1991 einstufige Juristenausbildung; von 1991–2022 Richterin am Amtsgericht. Ehrenamtliche Aufsichtsratsvorsitzende GW Malente GmbH, Verwaltungsratsvorsitzende Gemeindewerke und Kommunalpolitikerin.

(SHB), der Staatsmonopolkapitalismus-Linie (Stamokaplinie) in der SPD, denn ich kam ja aus der Gewerkschaftsjugend. Ich war dann für die Hochschulpolitik zuständig im AStA. Aber auch hier fand ich Widersprüche: Ich besuchte die Gegenlinie in der Oberurseler Gewerkschaftsschule. Nun war ich in Oberursel die „Agentin der Marxisten" aus der HWP – und für die Marxisten untragbar. Nach dem Tabubruch zu den Spontis nach Oberursel zu fahren! Die Linien bekämpften sich bis aufs Blut, aber das kümmerte mich nicht. Ich konnte mit keiner Gruppe richtig wie mit den Wölfen heulen. Warum fiel mir das so schwer, was war denn richtig? Und was ist richtig? Diese Frage treibt mich bis heute um.

Die HWP vollendete ich als Diplom-Volkswirtin. Nun wollte ich Jura studieren. Eigentlich war in meinem Horizont der Lehrerberuf das Höchste, was ich mir vorstellen konnte. Aber hier trieb mich die Frage aus der Aufnahmeprüfung um: Dort war nach dem „Transmissionsriemen ökonomischer Prozesse" gefragt worden. Ehrlich gesagt, hatte ich keine Ahnung, was gemeint war. Natürlich war wohl das Geld gemeint. Ich war nun nach der HWP als Diplom-Volkswirtin der Meinung, dass das Recht daneben das Schmier- und Gleitmittel ökonomischer Prozesse – mithin der Transmissionsriemen dieser Prozesse – ist und wollte Juristin werden. Dies schien mir mit der HWP-Grundlage möglich. Und es war möglich.

Ich segelte an den Abiturienten in der „einstufigen Juristenausbildung" vorbei. Es fiel mir leicht, in der HWP hatte ich denken gelernt. Vielleicht fand ich Jura auch ein bisschen „für Doofe". Wenn das und das gegeben ist, dann gilt das und das. Ich war nicht bereit, so zu lernen, sondern lernte den Gesamtzusammenhang, das System, wie alles miteinander zusammenwirkt: Öffentliches Recht, Zivil- und Strafrecht und Grundgesetz. Während des Jurastudiums bekam ich meine beiden Söhne und daneben betreute ich seit Jahren ein kleines Mädchen wie mein eigenes Kind.

Nicht zu Haus im guten Hause

Das Erste und Zweite Staatsexamen bestand ich mit zwölf Punkten, einem guten „Vollbefriedigend", einem Säugling und einem Dreijährigen. Mit diesem Examen, zugleich als Volkswirtin, mit sechsjähriger Postdienstzeit, zwischenzeitlich verheiratet, war ich geadelt für den Beruf der Richterin. Ich bewarb mich in Hamburg. Andere lehnte man ab, sie sollten erst einmal Berufserfahrung sammeln, oder es ging eher um die Möglichkeit, noch Kinder zu bekommen. Mich lehnte man dann mit der damals einzig (un-)möglichen Begründung ab: „Eine Hauptschülerin hatten wir noch nie." Sie hatten recht, in diesen Stall passte ich nicht, das konnten sie riechen. Hier waren Menschen aus gutem Hause.

Nach nun über dreißigjähriger Tätigkeit als Richterin in Schleswig-Holstein merke ich es immer noch. Auch hier sind es Kinder aus gutem Haus – und ich fühle mich unter ihnen nicht zu Hause. Nach der Barschel-Affäre wollte man in Schleswig-Holstein andere Richter. Aber auch hier gab es die aus der alten Zeit und Junge, die angepasster waren als ich und die etwas werden wollten. Ich bin und war nie stromlinienförmig, eher strubbelig. Nur die Menschen, mit denen ich zu tun hatte, dankten es mir: Ich sprach ihre Sprache und kannte ihren Horizont.

Ein großer Schuh …

In der Politik landete ich über Jahrzehnte als Kommunalpolitikerin und Fraktionsvorsitzende bei den Grünen, ich dachte, hier ließe sich noch etwas verändern. Aber es war auch hier nicht einfach, denn auch hier gibt und gab es offene und versteckte Interessen: persönliche und ökonomische. Die Partei habe ich nun verlassen. Inhaltlich habe ich ein Feld gefunden, in dem ich eher ehrenamtlich produktiv tätig sein kann, als Aufsichtsratsvorsitzende der Gemeindewerke GmbH und Verwaltungsratsvorsitzende der Gemeindewerke, Anstalt des öffentlichen Rechtes (alles zusammen Strom, Gas, Wasser). Hier wollen wir die regionale Wertschöpfung dezentral zurückholen, das Stromnetz zurückerobern, ökologische Akzente setzen und das Wasser nicht privaten Gewinn- und Ausschöpfungsinteressen überlassen, den Lichtkörper fortschrittlich betreiben und klimafreundlicher das Quartier Malente entwickeln. Ein großer Schuh, mal sehen was wird.

Dagmar Nöh-Schüren

UTE ZÄPERNICK

LUST ZU LERNEN

Wenn ich in unserer Familiengeschichte blättere, entdecke ich interessante Gemeinsamkeiten zwischen meinem Vater, meinem Bruder und mir: lernen, lesen, sich beruflich weiterentwickeln. Mein Vater setzte sich bei der Postgewerkschaft ehrenamtlich für den zweiten Bildungsweg ein. Diese Idee musste allerdings noch warten. Sie wurde erst 1948, also nach dem Krieg, mit der Gründung der Akademie für Gemeinwirtschaft umgesetzt. Mein Bruder nahm dieses Angebot, Studieren ohne Abi, nach seiner Ausbildung erfreut an. Er war Student im ersten Lehrgang und schloss mit dem Diplom für Volkswirtschaft ab. Ich selber benötigte weitere 35 Jahre, bis ich den Schritt wagte.

Nach der Ausbildung heiratete ich, bekam drei Kinder und arbeitete in unterschiedlichen Berufen. Erst mit 45 Jahren ergriff ich 1983 die Chance, den durstigen Schwamm in meinem Kopf mit der Aneignung von Wissen zu füllen. Ich nahm ein Studium an der Hochschule für Wirtschaft und Politik auf. Aber der Reihe nach.

Mein Freundeskreis motivierte mich, meine unbändige Lust zu lernen, die mit unterschiedlichen Seminaren nicht gesättigt wurde, mit einem Studium zu füttern. Die Anregungen nahm ich auf, schaute, was möglich war, las von der Aufnahmeprüfung an der HWP und meldete mich an. Ich bestand die Prüfung allerdings nicht optimal und musste warten. Eigentlich klar, ich hatte seit 24 Jahren keine Schulbank mehr gedrückt. Diese Zeit nutzte ich, um meine Mittlere Reife nachzuholen. Mein erster Durst war gestillt und es ging weiter mit der Fachschule für Wirtschaft, bis die erlösende Nachricht kam, dass ich das erhoffte Studium starten könne.

Es war einfach wunderbar zu lernen, zu diskutieren, neue Sichtweisen zu finden und Studentin zu sein. Das Studium füllte mich total aus, ich sog alles auf.

Die totale Studentin

Die interdisziplinäre Ausrichtung war spannend, interessant und abwechslungsreich und eine gute Grundlage für meine späteren Tätigkeiten. Ich war eine totale Studentin. Nach dem ersten Abschluss machte ich selbstverständlich weiter mit dem Sozialökonomischen Studiengang. Ich wählte den Schwerpunkt Entwicklungstheorie und Praxis der NGOs am Beispiel Nicaragua. Dafür evaluierte ich unter anderem die Schulpatenschaften zwischen einigen Schulen in Hamburg und in León. Das war 1988. Dass dort Krieg zwischen den Sandinisten und den Contras herrschte, sah ich nicht als Hindernis an, nach Nicaragua zu fliegen. Ich wollte dort die Schulen und andere Projekte mit Blick auf die Unterstützung recherchieren. Das alles war nicht nur eine wunderbare Idee, mit beeindruckenden und bereichernden Erlebnissen, ich brachte von dort einen für mich wichtigen Mosaikstein – wie ich Entwicklungsschritte nenne – mit nach Hamburg.

Mosaiksteine

Diese Reise machte mir bewusst, wohin mein beruflicher Weg führen soll. Ich will in Deutschland Frauen unterstützen, ihre Stärken für sich einzusetzen. Die Stärke der nicaraguanischen Frauen in dieser Kriegssituation hat mich fasziniert und beeindruckt.

ZUR PERSON
UTE ZÄPERNICK

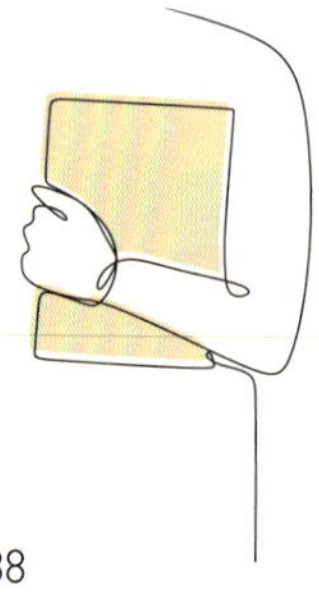

Geboren 1938 in Hamburg

Volksschulabschluss, Ausbildung zur Einzelhandelskauffrau, Verkäuferin, Bürokauffrau, unterschiedliche berufliche Tätigkeiten; Studium an der HWP 1983–1988 1989–1994 Wissenschaftliche Mitarbeiterin Fachbereich Erziehungswissenschaft, 1995–2019 freiberuflich als Trainerin und Coach für Menschen in Veränderungsprozessen.

Dann bekam ich das Angebot, an der Uni Hamburg das Expertinnen-Beratungs-Netz mit aufzubauen. Dessen Schwerpunkt lag darin, dass Frauen Frauen bei der beruflichen Weiterentwicklung beraten. Der Mosaikstein aus Nicaragua passte hier genau hin. In diesem Projekt konnte ich alle meine Erfahrungen ein- und umsetzen. Dazu gehörten meine Erfahrungen aus dem Studium, meine Energie und die Freude, etwas zu planen, zu entwickeln und aufzubauen, umzusetzen. Und natürlich wieder viel Neues zu lernen.

Plötzlich rollte etwas Unerwartetes auf uns und Deutschland zu. Fast gleichzeitig mit unserem Start öffnete sich die deutsch-deutsche Grenze. Es war eine Zeit des Aufbruchs und eines Neuanfangs, und wir waren mit unserem Projekt gefragt, weitere Wege zu beschreiten. An der TU Dresden etablierten wir ein Expertinnen-Beratungs-Netz, um Frauen in dieser spannenden und doch schweren Umbruchzeit zu begleiten. Zwei unterschiedliche Welten stießen aufeinander. Allen aus Ostdeutschland wurde der gedachte oder vorgeschriebene Lebensweg entrissen. Sie erlebten eine total andere Welt. Nach 45 Jahren Diktatur mussten sich die Frauen und Männer auf ein ganz anderes politisches System einstellen.

Aufbruch

Jeden Monat fuhr ich für eine Woche mit einer Gruppe Frauen aus Führungspositionen zur Beratung und Unterstützung nach Dresden. Es war spannend, aufregend, inspirierend, nicht nur für uns. Aufbruchstimmung! Und hier erlebte ich sie wieder – die Stärke der Frauen! Auch hier waren sie zupackend und mutig. Sie resignierten nicht, auch wenn der Arbeitsplatz weg war.

Für mich war das alles wie ein Wunder, denn 1988 hatte ich in Nicaragua noch einen Swimmingpool als deutsch-deutsche Grenze erlebt. Auf der einen Seite sprachen die Mitarbeiter einer Firma sächsisch, auf der anderen Seite waren wir Westdeutschen. Obwohl beides Deutsche, gab es keine Kommunikation miteinander. Die DDR-Bürger wären sonst sofort nach Hause geschickt worden. Hätte mir zu der Zeit jemand gesagt, dass ich zwei Jahre später in Dresden ein Projekt aufbauen würde, hätte ich den für verrückt erklärt. Und doch wurde es Wirklichkeit.

Gold schürfen

Leider endete mein Arbeitsvertrag in dem Uniprojekt nach fünf Jahren und erneut war mein Weg ungewiss. Nach einem kleinen Zwischenstopp in einem Weiterbildungsprojekt wagte ich den Schritt in die Selbstständigkeit als Trainerin und Beraterin für berufliche Orientierung. Das wurde ein weiterer Sprung in meinen Traumberuf, mit dem ich Frauen in der beruflichen Weiterentwicklung unterstützen durfte.

Manchmal fühle ich mich wie eine „Goldschürferin“. Ich sehe die Stärken und Fähigkeiten, mache auf sie aufmerksam – und die Suchenden nehmen sie auf und an. So konnte ich viele motivieren, etwas Neues zu wagen, zum Beispiel ein Studium aufzunehmen, natürlich an der HWP – eine der Ratsuchenden hat sogar promoviert –, einen neuen Beruf zu erlernen, sich weiteres Wissen anzueignen oder den beruflichen Sprung in ein anderes Land zu wagen. Eine für beide Seiten spannende, bereichernde und erfüllende Aufgabe.

Ohne mein Studium an der HWP wäre das nie möglich gewesen. Zuletzt hat Corona gemeint, ich könnte die nächsten Jahre doch mal ohne Berufstätigkeit ausprobieren. Mal sehen, was jetzt kommt.

Ute Zäpernick

MARIO DOBERNOWSKY

ICH HABE EINEN TRAUM GELEBT, DEN ICH NIE ZU TRÄUMEN WAGTE

Meine ersten, bewussten Erinnerungen sind die an ein paar Tage im Februar 1962. Mit unserer Mutter saßen drei Jungs (fünfeinhalb, vier und drei Jahre) unter dem noch nicht entfernten Tannenbaum. Wir hatten eine Trix-Eisenbahn (eine Lok und drei Wagen) zu Weihnachten geschenkt bekommen. Für die beiden Kleinen sicher eine Nummer zu groß. Für mich riesig, da es das erste richtige Spielzeug war. Unser Vater war im Einsatz bei der Flutkatastrophe als Busfahrer der VHH. Unsere Mutter war sehr aufgeregt, was wir auch spürten. Telefon und Fernseher gab es nicht, und so hörten wir die Nachrichten mit einer sogenannten „Göbbelsschnauze" (Volksempfänger), wie der Vater immer sagte. Nach fünf Tagen sahen wir unseren Vater wieder.

Arbeiterfamilie

Als Busfahrer konnte man zu der Zeit noch die Familie ernähren. Das war meinem Vater – wie wohl vielen Männern in dieser Zeit – sehr wichtig. Frauen durften und sollten nicht mitarbeiten. Dies war gegen die Ehre eines Mannes. Unser Vater kam als 17-Jähriger nach dem Krieg aus dänischer Kriegsgefangenschaft. Er hatte viel Glück, denn er gehörte zu den Gefangenen, die die hinterlassenen Torpedos der deutschen Wehrmacht entschärfen mussten. Er sprach wenig darüber. Erst durch den Film *Unter dem Sand* habe ich erfahren, was er wohl durchgemacht haben musste.

Die HVV waren ein Unternehmen, dessen Miteigentümerin zu diesem Zeitpunkt die Stadt Hamburg war. Eine Voraussetzung für die Einstellung als Busfahrer – damals ein sehr begehrter Job – war die Mitgliedschaft in der Gewerkschaft. Obwohl mein Vater immer damit haderte, da er als Sohn eines selbstständigen Schmiedemeisters so erzogen war, dass „man“ sich nicht mit Sozis einließ, nahm er die Mitgliedschaft in Kauf, ging es doch darum, die Familie zu ernähren. Die von der Familie vermittelten Ansichten über Gewerkschaften prägten mich als Jugendlicher und junger Erwachsener erstaunlicherweise wenig.

Schule, Leid und Glück

Die Schule war für mich Pflicht, so war ich erzogen. Das erste Jahr wurde ich auf meinem circa drei Kilometer langen Schulweg regelmäßig verdroschen. In eine dörfliche Gemeinschaft in Schleswig-Holstein passte ein „Zugereister“, dessen Eltern aus Ostpreußen und Pommern kamen, nicht hinein. Die Bauernjungen waren da sehr eindeutig.

Im zweiten Schuljahr zogen wir in die „Stadt“, eine immer noch dörflich geprägte Kleinstadt im Süden Schleswig-Holsteins. Der Neuanfang in der Schule war, gelinde gesagt, schwierig. Ich wusste häufig nicht, was die Lehrer*innen von mir wollten. Etwas Halt gab mir eine Klassenkameradin, die mich unter ihre „Fittiche“ nahm. Ich war, neben ein, zwei anderen, immer der Schlechteste in der Klasse. Mein Klassenlehrer, Herr Urban, war eigentlich Musiklehrer und dafür schlug sein Herz. Auf dem Podium vor der Tafel stand ein Flügel. Die Musikstunden waren großartig. Wir Schüler konnten singen oder Musikinstrumente ausprobieren. Herr Urban sah in jedem von uns einen Musiker. Mir legte er nahe, Geige oder Klavier zu lernen. Mangels eines teuren Instruments lernte ich keins davon, bedauerlicherweise auch später nicht mehr.

So vergingen vier anstrengende Jahre. Die 45 Mitschüler*innen, zu 90 Prozent aus der gehobenen Mittelschicht, dominierten das Geschehen. Ich war allein glücklich, wenn ich nach den Hausaufgaben mit meiner Mutter die im Haus vorhandenen Bücher lesen durfte. Mein Vater, der aufgrund seines Berufes mit Wechselschichten wenig für uns Kinder verfügbar war, war hingegen ein leidenschaftlicher Leser. Wenn er ein Buch in die Hand nahm, durfte er möglichst nicht gestört werden. Unsere Mutter „hatte es nicht so mit dem Lesen“, wie die Großmutter immer sagte. Nicht anerkennend, dass sie niemals die Chance hatte, eine Leidenschaft dafür zu entwickeln (mit erst neun Geschwistern, dann drei eigenen Kindern).

„Ich solle gefälligst meinen Hauptschulabschluss machen und ein ordentliches Handwerk lernen.“

Am Ende der vierten Klasse standen die Übergänge zu den weiterführenden Schulen an. Beim Elternsprechtag hierzu waren meine Eltern anwesend. Die Schulleitung – in Gestalt des Konrektors – fragte sie herablassend, ob sie in Erwägung zögen, mich in eine weiterführende Schule zu schicken. Meine bisherigen Leistungen sprächen in keiner Weise dafür. Meine Eltern ergaben sich dem Schicksal und sagten, dies komme wohl nicht infrage. So fand ich mich am Anfang der fünften Klasse mit fünf weiteren Schulkameradinnen in der Hauptschule wieder. Schlagartig stiegen meine Leistungen, sodass ich am Ende des fünften Schuljahrs Klassenbester war. Der Konrektor ließ mich daraufhin nach der Verteilung der Zeugnisse zu sich kommen. Er sagte offen, dass er sich wohl in mir getäuscht habe und ich vielleicht doch das Zeug hätte, die Realschule zu besuchen. Ich solle doch einmal bei der Realschule im gegenüberliegenden Gebäude nachfragen, ob ich nicht, mit diesen exzellenten Noten, einen Schulwechsel machen könne. Ganz verdattert von dem Gespräch ging ich in das dortige Sekretariat. Die Sekretärin ließ mich in das Sprechzimmer des Schulleiters. Dieser hatte einen Berg von Akten auf dem Tisch und schaute mich verdrießlich an. Er fragte mich, was ich denn hier wolle, es sei doch Hauptschülern nicht gestattet, in die Gebäude der Realschule zu kommen! Ich war eingeschüchtert und antwortete, dass mich mein Konrektor geschickt habe. Ich solle nachfragen, ob ich nicht bei ihm meine Mittlere Reife machen könnte, meine Zeugnisse würden es wohl hergeben. Er nahm mein Zeugnisheft, schaute auf den Umschlag und fragte, was ich mir einbilde. In den Beurteilungen zu den weiterführenden Schulen sei festgestellt worden, dass ich nicht für die Mittlere Reife geeignet sei. Ich solle gefälligst meinen Hauptschulabschluss machen und dann ein ordentliches Handwerk lernen.

In diesem Moment habe ich mir geschworen, so betäubt ich auch war, dass ich es allen zeigen wollte. Wie und womit, war mir noch nicht klar. Erschüttert von den Ereignissen verließ ich das Zimmer und das Gebäude. Ich erinnere mich nicht mehr, wie. Der Konrektor sprach mich nie auf den Ausgang des Gesprächs an.

Meinen Hauptschulabschluss bestand ich dann mit Bravour als Bester der Klasse. Dann ging es auf die Handelsschule. Auch hier machte ich nach zwei Jahren einen passablen Abschluss und kam somit zu meiner Mittleren Reife. Besonders beeindruckte mich das Fach Volkswirtschaftslehre mit dem sehr kompetenten Lehrer, Herrn Thomsen. Die Stunden faszinierten mich und ich fasste den Entschluss, vielleicht einmal ein solches Studium zu absolvieren und auch als Lehrer tätig zu sein. Herr Thomsen erzählte mir, auch er habe kein Abitur und das Studium über einen alternativen Weg absolviert.

Zeit der Le(e)hre

Für meine Eltern war nach der bestandenen Realschulprüfung klar, dass ich nun aber endlich einen Beruf lernen sollte. Die wenigen Freunde, die ich hatte, rieten mir, es als Radio- und Fernsehtechniker zu versuchen. Schnell war ein Betrieb gefunden, der Lehrlinge ausbildete, insbesondere solche, die schon einen Führerschein ihr Eigen nennen konnten. Der Betrieb bestand fast nur aus Lehrlingen, die mit zwei Altgesellen die unterschiedlichsten Aufgaben erledigen mussten, vom Verkabeln von Häusern bis zur Reparatur von Waschmaschinen, Fernsehern und Radios. Ausbildung war hier eher Nebensache. Der Chef, ein zum Jähzorn neigender Ingenieur, regierte mit eiserner Hand und verscheuchte schon mal einen Gewerbeaufsichtsbeamten mit einem Fußtritt vom Betriebshof. Ich war froh, wenn ich nach den üblichen 45 Stunden wieder zu Hause war. Über andere Lehrlinge bekam ich dann erstmals Kontakt zu einer Gewerkschaft, der IG Metall.

ZUR PERSON
MARIO DOBERNOWSKY

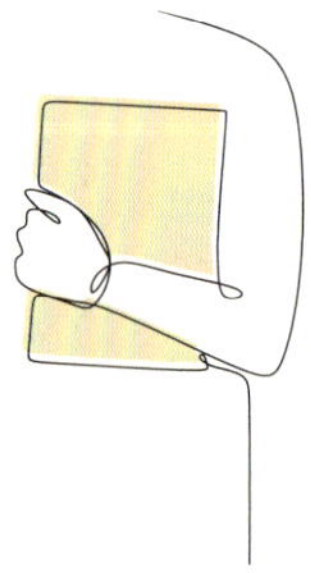

Jahrgang 1956

Ausbildung: Radio- und Fernsehtechniker, Elektroniker

Studium: 1983–1988

Spätere berufliche Tätigkeit: stellv. Referatsleiter in der BWF der FHH; Geschäftsführer und Institutsleiter der Kooperationsstelle Hamburg IFE GmbH; Wiss. Referent in der BWFGB der FHH.

Mario Dobernowsky zu Studienbeginn

Gefallen hat mir die Berufsschule, die zentral für alle schleswig-holsteinischen Radio- und Fernsehtechniker in Rendsburg war. Da ich im Betrieb so gut wie nichts aus meinem Berufsbild gelernt hatte, wurden mir hier zwar die theoretischen Kenntnisse vermittelt, leider mangelte es mir aber an der Praxis. Der Abschluss der Lehre ging dann auch in die Hose. Nach dreieinhalb Jahren rief mich „der Bund“. Ich wurde tauglich gemustert und war froh, endlich dem Betrieb zu entkommen.

Bundeswehr

Zur Bundeswehr hatte ich immer ein gespaltenes Verhältnis. Einerseits hatte ich die faszinierenden Erzählungen meines Großvaters, Jahrgang 1887, in den Ohren. Hiernach war es unbedingt die Pflicht eines Mannes, in der „Armee“ zu dienen. Über Kaiser und Könige wusste und sprach mein Großvater viel und mit Inbrunst, über seine eigenen Kriegserfahrungen eher wenig.

Auf der anderen Seite waren mir Hierarchien immer suspekt und die Erfahrungen aus der Lehre schreckten mich eher ab. Ich wollte es aber versuchen und biss die Zähne zusammen. Nach der Grundausbildung verpflichtete ich mich, geködert mit der Möglichkeit, eine Elektroniker-Ausbildung machen zu können. Ein weiterer Grund war meine damalige Freundin, eine Krankenschwester, mit der ich eine Familie grün-

„Was mir zuerst ins Auge fiel, war das Chaos im HWP-Gebäude. So etwas hatte ich bis dahin noch nicht gesehen."

den wollte. Nach vier Jahren – zwischenzeitlich war mein Sohn geboren und ich verheiratet – sagte meine Frau, dass sie es nicht mehr aushalte. Die Bundeswehr verändere mich und ich hätte meine alten Ideale aufgegeben. Diese Diskussionen und Probleme mit Vorgesetzten standen der Pflicht, für eine Familie zu sorgen, entgegen. Letztlich führten aber die andauernden Probleme dazu, dass ich die Bundeswehr verließ.

Annäherung ans Studium

Es keimte wieder der Wunsch zu studieren. Aufgrund einer Abfindung der Bundeswehr und des gesicherten Einkommens meiner Frau wollte ich wohl den Schritt wagen, sofern es denn eine Möglichkeit für ein Studium ohne Abitur gäbe. Meine Frau hatte von der HWP gehört. Ich sprach alte Gewerkschaftskontakte aus der Zeit der Lehre darauf an und erkundigte mich auch beim Arbeitsamt. Nach mehreren Anläufen – und Unverständnis, insbesondere vonseiten des Arbeitsamtes – bekam ich die Adresse, schrieb die HWP an und erhielt die Unterlagen mit den Bedingungen für die Zulassung zum Studium. Dies war nun nicht ganz so, wie ich es mir erträumt hatte. Voraussetzung für ein Studium war zunächst eine Aufnahmeprüfung. Hierfür wurden Kurse angeboten, die ich dann schnell belegte.

Der Tag der Aufnahmeprüfung rückte näher und ich fragte mich, ob ich das wohl schaffe. Im Gegensatz zu vielen aus meiner Sicht sehr viel begabteren Menschen hatte ich bisher vor Prüfungen keine Angst gehabt. Ich ging sie immer mit großem Vertrauen in mein Können – und eine gute Portion Naivität – an und sagte mir: Mehr als Durchfallen ist nicht drin und alles Weitere wird sich finden. Die Prüfung empfand ich dann auch nicht als sonderlich schwer, in jedem Fall war ich gut vorbereitet worden.

Leider waren meine Ergebnisse nicht so überragend, dass ich sofort anfangen konnte. Ich musste noch ein Semester warten, das ich mit Hilfsarbeiten, der Betreuung meines Sohnes und der Lektüre wirtschaftlicher Themen verbrachte. Die Vorbereitungskurse zu der Aufnahmeprüfung lieferten hierzu genügend Informationen und Literaturlisten.

Die HWP – endlich!

Der erste Tag an der HWP war, ich würde heute sagen: denkwürdig. Was mir zuerst ins Auge fiel, war die Unordnung, ja, das Chaos im HWP-Gebäude. So etwas hatte ich bis dahin noch nicht gesehen und in einer Hochschule nicht erwartet. Meine Erziehung, die Schule, die Lehre, alles war immer auf Ordnung aufgebaut. Hier schien etwas nicht zu stimmen.

Darüber hinaus beschlich mich ein Gefühl, eine dunkle Ahnung, hier falsch zu sein. Das hatte nichts mit der Unordnung zu tun. Es war eher das Gefühl, mich hier eingeschlichen zu haben – ohne Abitur, und diese Aufnahmeprüfung war ja auch viel zu leicht! Bald würde man dies erkennen, mich als Betrüger entlarven und davonjagen. Dieses Gefühl, hier am falschen Ort zu sein, hielt lange an, kam dann und wann wieder, mal schwächer, mal stärker. Vielleicht war es das Unbekannte, die äußerst fremde Welt, der ungewohnte Umgang mit den Lehrenden. Hier herrschte eine Lockerheit, die meiner bisherigen Erziehung konträr entgegenstand. Es gab scheinbar keine Hierarchien mehr, jeder duzte jeden – sehr befremdlich.

Es schien mir, dem Einzigen aus einer sehr großen Familie, der studieren durfte, als wäre ich aus meinem bisherigen Leben herauskatapultiert worden und müsste mich nun auf einem anderen Stern zurechtfinden.

Es ging wohl vielen meiner Kommiliton*innen ähnlich. Man sprach nicht darüber, aber man suchte die anderen mit ähnlichen Biografien. Hiervon gab es glücklicherweise viele. Im ersten Semester bildete man Arbeitsgruppen, die meistens den ganzen Grundkurs und häufig auch darüber hinaus zusammenhielten. Hier lernten wir einander kennen und tauschten hilfreiche Hinweise aus. Meine Arbeitsgruppe bestand überwiegend aus Emigrant*innen aus Bayern.

Im Gedächtnis sind mir die ersten Vorstellungsrunden zu Beginn der Kurse im Semester geblieben. Ich und viele andere begannen mit dem Satz: „Mein Name ist … und ich bin schon über dreißig Jahre alt." Es klang so, als wolle man/frau sich entschuldigen, in diesem „hohen Alter" noch studieren zu wollen und noch keinen „richtigen" Beruf zu haben. Natürlich wurde fast jedes Alter noch getoppt und man/frau fühlte sich ein wenig lächerlich.

Auf dem Seminar Dübberholz zum Projektstudium „Ökologie des Betriebs". Bild rechts: Beratertätigkeit in Hamburg

Verloren in einer anderen Welt ...

Das Studium war nicht einfach. Für mich als jemanden, der nicht auf familiäre Hilfen und Erfahrungen zurückgreifen konnte, war es sehr schwierig, dem Studium eine Struktur zu geben. Mein einzig verfügbares Ziel war es, als Diplom-Volkswirt abzuschließen. Es gab jedoch eine Vielzahl von Kursen und Seminaren, die sehr interessant schienen – und keine Beschränkung, bis auf die, welche Kurse man unbedingt hören und wofür man Scheine ablegen musste. Da ich ein gewohnter Frühaufsteher war und bin, suchte ich viele Kurse auf, die in den ersten Stunden angeboten wurden. Das gab mir dann auch am Nachmittag Zeit für meinen Sohn. Nicht immer waren dies Kurse, die für mein Ziel erforderlich waren. Auf der einen Seite war ich dadurch ein gern gesehener Kommilitone in meiner Arbeitsgruppe und lieferte bereitwillig meine Aufzeichnungen für die Mitglieder. Auf der anderen Seite hatte ich das Gefühl, mich in den verschiedenen Disziplinen zu verlieren. Am Ende des Studiums hatte ich so viele Scheine, dass ich mir aussuchen konnte, ob ich als Betriebswirt, Soziologe oder Volkswirt abschließen wollte. Ich hatte aber auch das Gefühl, nichts richtig durchdrungen zu haben, quasi keine „richtige" Ahnung von einer der wissenschaftlichen Disziplinen zu haben.

Die Dozent*innen waren sehr unterschiedlich in ihren Vermittlungskünsten. Der eine hielt immer wieder, wahrscheinlich seit Jahrzehnten, dieselbe Vorlesung. Die Unterlagen wurden quasi von Kurs zu Kurs weitergereicht. Die andere erfand jede Vorlesung neu und reicherte sie mit aktuellen und spannenden Beispielen an. Eine weitere leierte die Texte so vor sich hin, dass man auch in der ersten Reihe kaum Verständliches vernehmen konnte, und wiederum ein anderer sprach so, dass man dies quasi als Buchvorlage veröffentlichen konnte.

Manni

Einige der Dozent*innen haben mich sehr beeindruck, sei es durch ihre Fähigkeit zur Vermittlung komplizierter Sachverhalte, sei es durch ihre einnehmende Art. Gegen andere habe ich sogar protestiert und die Vorlesungen boykottiert. Und dann gab es noch Manfred (Manni) Hansen, eine echte Type. Er brachte den Studierenden Mathe bei – ALLEN. Selbst diejenigen, die Mathe seit ihren schulischen Anfängen nicht verstanden und bis ins tiefste Mark gehasst hatten, entwickelten unter seiner Anleitung das erforderliche Verständnis. Manni war so beliebt, dass die Kommilitoninnen haufenweise Schals, Mützen und Pullover in den Vorlesungen für ihn strickten. In diesen Produkten war sozusagen die geronnene Mathematik enthalten. Manni trug all diese Schals, Mützen und Pullover, auch wenn es ästhetisch manchmal eine Herausforderung für die Betrachter*innen war.

Ein neues Ziel

Nach Abschluss des Studiums in der Regelstudienzeit, mit Verleihung des Titels „Diplom-Volkswirt", benötigte ich ein neues Ziel. Wenn ich schon das Studium erfolgreich abgeschlossen hatte, so sagte ich mir, könnte ich doch noch den sogenannten Sozialökonomischen Studiengang absolvieren und damit die Möglichkeit gewinnen, vielleicht zu promovieren. Was für eine Vorstellung. Sie beflügelte mich regelrecht und ich schaute mir die angebotenen Projekte an. Besonders gefiel mir das Projekt „Ökologie des Betriebs". Zum einen kannte ich die Dozenten Ulrich Mückenberger (Jurist) und Jürgen Hoffmann (Soziologe) aus einigen meiner Vorlesungen. Beide gefielen mir sehr gut und sie ergänzten sich aus meiner Sicht nahezu perfekt. Zum anderen war gerade die große Zeit der ökologischen Bewegung angebrochen. Auch ich wollte mit dem Projekt meinen Beitrag leisten.

Das Projekt war gut strukturiert und die Kommiliton*innen machten sich mit Feuereifer ans Werk. Im Gegensatz zu anderen sozialökonomischen Projekten, denen im Laufe des Studiums viele Studierende abhandenkamen, warfen in unserem Projekt, meiner Erinnerung nach, nur zwei das Handtuch. Das Projektergebnis waren zwei Bücher, die gemeinsam veröffentlicht wurden, und ein großes internationales Kolloquium, das wir organisierten. Wir luden auch verschiedene Verbände und Projekte zu Diskussionsrunden ein. Hier lernte ich die Kooperationsstelle DGB-Gewerkschaften/Hochschule und ihren Projektleiter Lothar Lißner kennen. Durch einen glücklichen Umstand konnte ich in der Kooperationsstelle ein Praktikum beginnen. Im Dezember 1988 schloss ich den Sozialökonomischen Studiengang erfolgreich ab. Parallel dazu meldete ich, zusammen mit drei weiteren Kommiliton*innen, eine kooperative Promotion an.

Ein Glücksfall: Kooperationsstelle Hamburg

In der Zeit meines Praktikums in der Kooperationsstelle sollte diese durch Beschluss aller in der Hamburger Bürgerschaft vertretenen Fraktionen als ständige Einrichtung in die Behörde für Wissenschaft und Forschung (BWF) überführt werden. Ronald Dörfer, bei dem ich das Praktikum machte, wollte diesen Schritt in die Behörde nicht mitgehen. Da jedoch die Stelle vor dem Übergang besetzt werden musste, wurde ich gefragt, ob ich nicht eine halbe WiMi-Stelle übernehmen könnte.

So wurde ich am 1. Januar 1989 wissenschaftlicher Mitarbeiter und stellvertretender Leiter des Referats H35 (Kooperationsstelle DGB-Gewerkschaften/Hochschulen, Hamburg) in der BWF. Aufgrund der dann folgenden hohen Arbeitsbelastungen durch die Entwicklung und Durchführung von neuen Projekten musste ich die Promotion 1991 aufgeben. Bis Dezember 2009 arbeitete die Kooperationsstelle äußerst erfolgreich als Teil der Behörde. Wir führten nationale und internationale Projekte, überwiegend im Themenfeld „Arbeits-, Umwelt- und Gesundheitsschutz" durch. Ziel war dabei immer, Problemstellungen aus der Arbeitswelt von „der Wissenschaft" bearbeiten zu lassen.

Im Dezember 2009 gründeten Dr. Lothar Lißner und ich dann die „Kooperationsstelle Hamburg IFE GmbH" und schieden aus der Behördenstruktur aus. Nach der Insolvenz der GmbH im Jahre 2018 wechselte der Kollege Lißner in die Arbeitsschutzagentur der EU nach Bilbao und ich ging in die heutige Behörde für Wissenschaft, Forschung, Gleichstellung und Bezirke (BWFGB) als Referent zurück.

Was bleibt?

Was bleibt, ist ein erfülltes Leben, das ohne die HWP sicher anders, vielleicht nicht so spannend und vielleicht nicht so vielschichtig verlaufen wäre. Persönlich habe ich viel gewonnen, an Erkenntnissen und Erfahrungen. Zudem bin ich aus einer „Arbeiterwelt" in eine „Akademikerwelt" gewechselt und habe dabei Menschen getroffen und kennengelernt, denen ich sonst voraussichtlich nie begegnet wäre. Ich habe spannende Projekte mitentwickelt und gestalten können. Ich habe Kolleginnen und Kollegen gehabt, die Niederlagen mitgetragen und Erfolge mitgefeiert haben. Ich habe einen Traum gelebt, den ich nie zu träumen wagte. Neben vielen anderen war eine der beeindruckendsten Personen, die ich 1987 kennenlernen durfte, Professor Dr. Robert Jungk, der hochbetagt immer noch wissbegierig wie ein junger Student war.

Mario Dobernowsky

Frauen-Schnack auf ÖTV-Bundesjugendkonferenz im Jahr 1988

Rückschläge, Chancen, Erfolge: Im Rückblick sammeln sich die Erinnerungen

TAMARA ENHUBER

EINE LANGE REISE

Für meine 1927 geborene Mutter kam nur ein Hauptschulabschluss infrage. Sie musste als einzige Tochter und Älteste von fünf Geschwistern im Haushalt helfen und sich um die Kleineren kümmern. Ich stelle mir vor, dass sie oft sehr müde war: Immer wieder erzählte sie später davon, wie ihr die Brüder, mit denen sie das Bett teilen musste, nachts die Füße in den Bauch rammten, sodass sie nicht schlafen konnte. Sie sehnte sich danach, zu lernen und „ihr Leben leben zu können". Zeitlebens litt sie unter dem Gefühl, nicht gebildet zu sein. Auch mein Vater hatte keinen guten Start ins Leben, doch – anders als meine Mutter – hatte er die Oberrealschule besuchen können. Beide haben meinen (Schul-)Weg entscheidend geprägt: Mein Vater mit seiner Offenheit für Menschen aus anderen Kulturen, meine Mutter mit ihrem Durst nach Wissen. Ihre Buchgeschenke waren mein größter Schatz. Sie öffneten mir ein Fenster zu anderen Lebenswelten. Und der Bücherbus war das Highlight meiner Grundschulzeit: Woche für Woche verließ ich ihn beseelt und mit einer prall gefüllten Tasche, die über der Schulter baumelte.

Diese Bücher waren mir allerdings keine Hilfe für mein Verständnis von Mathematik. Die glatte „Fünf" in Mengenlehre versperrte mir den Weg ans Gymnasium. Zur Realschule meldete ich mich mit elf dann eigenständig an – meine Mutter war zu krank, um sich darum zu kümmern. Die Mittlere Reife hatte ich mit fünfzehn. Die Hoffnung, nun ans Gymnasium wechseln zu können, war schnell verpufft – unsere knappe Haushaltskasse verlangte nach einem Zuverdienst. Wenn schon eine Ausbildung, dann wollte ich zumindest kreativ sein können. Goldschmiedin, vielleicht Schriftenmalerin, dachte ich. Doch als Mädchen sei ich, so die Absagen, nicht dafür geeignet. Am Ende wurde es eine Ausbildung zur Verwaltungsangestellten bei der Stadt Nürnberg. Das Ergebnis der Aufnahmeprüfung behielt ich mehrere Wochen für mich – dieser Weg war weit weg von dem, was ich mir erträumt hatte. Aber meine Eltern waren erleichtert über die Sicherheit, die mir eine Anstellung im öffentlichen Dienst bieten würde.

Horizonte erweitern, Strukturen verändern

In die Gewerkschaft müsse ich unbedingt, so mein Vater. Mit diesem Rat erschlossen sich mir neue Horizonte. Erst zögerlich, dann immer begeisterter, besuchte ich ein Seminar nach dem anderen – der großartigen Einrichtung des Bildungsurlaubs sei Dank. Bislang eher mit einem unbedarften Blick auf

Indien 2012. Treffen von Aktivistinnen der NGO Jeevika, die sich für eine Beendigung von Schuldknechtschaft engagiert

Aktion des Saar-Bündnis zur Initiative Lieferkettengesetz

die Welt ausgestattet, war ich fasziniert von den sozial- und wirtschaftspolitischen Analysen der Texte, die wir lasen, von den Diskussionen zu notwendigen strukturellen Veränderungen von Wirtschaft und Gesellschaft, aber auch von der Erfahrung des gemeinschaftlichen Erarbeitens von Wissen. Ich erhielt Antworten auf Fragen, die ich zuvor nie gestellt hatte. Mit meinem allmählichen Einstieg in die Bildungsarbeit und der Übernahme eigener Seminare – parallel zu meiner zwischenzeitlich begonnenen Tätigkeit als freigestellte Jugendvertreterin – wuchsen meine Kompetenzen und mein Selbstvertrauen, aber gleichzeitig entstanden immer weitere, nun eigene Fragen und ein wachsendes Gefühl des Halbwissens und Mangels.

Die Bildungsarbeit war von Männern dominiert, auch die Frage, wie sie didaktisch und methodisch auszusehen hatte. Die Kämpfe, die wir ausfochten, waren hart und, wo wir sie mit unseren bisherigen Vorbildern oder mit unseren Freunden und Partnern führen mussten, sehr schmerzhaft. Schlüsseltexte für eine inhaltliche und persönliche Annäherung über die entstandenen Schützengräben hinweg sollten später Frigga Haugs Beiträge zum Haupt- und Nebenwiderspruch werden. Wir entwickelten die ersten Jugend-Frauenseminare innerhalb der ÖTV und mit ihnen unsere eigenen Themen und eigene Expertise. Mit großer Aufmerksamkeit und Begeisterung verfolgten wir, wo sich Frauen Räume schufen, sich Gehör verschafften und Positionen erkämpften. Sie haben uns bekräftigt, uns Mut gemacht, inspiriert, angespornt. Wir begannen, unsere Positionen auch über den Bildungsbereich hinweg in die Gewerkschaft hineinzutragen, wollten Strukturen verändern. Ich spürte immer mehr, dass ich auch meinen ganz persönlichen Horizont erweitern wollte, über die wenigen Bildungswochen hinaus im Jahr lernen, tiefer in Themen eindringen, Zusammenhänge erkennen.

Über eine Freundin und Kollegen aus der Gewerkschaftsarbeit, die mittlerweile an der HWP studierten, rückte ein Studium in den Bereich des Vorstellbaren. 1989 kam – nach einem Mut machenden Vorbereitungsseminar in Plön – die Aufnahmeprüfung. Während der Prüfungswoche hatte ich einen unbeschreiblich netten ehemaligen HWP-Studenten an meiner Seite, mit dem ich vorab mein vorbereitetes Referat für die mündliche Prüfung besprechen konnte. Als ich auf dem Flur darauf wartete, ins Prüfungszimmer gerufen zu werden, hielt er mir die Hand (wofür ich ihm immer dankbar sein werde). Die Prüfung bestand ich mit einem guten Ergebnis und als ich den Raum verließ, hatte ich das überwältigende Gefühl, die ganze Welt stünde mir offen.

Mich selbst erfinden

Aber zurück in meinem alten Leben stieg die Angst vor der eigenen Courage. Sollte ich – mit knapp dreißig – eine unbefristete Stelle aufgeben? Traute ich es mir überhaupt zu, neben einem Job ein Studium erfolgreich zu absolvieren? Hätte ich Chancen auf ein Stipendium? So entschied ich, den Schritt ins Ungewisse noch ein wenig aufzuschieben und erst noch ein bisschen zu sparen. Und zwei Wünsche wollte ich mir vor der erwarteten finanziellen Hungerstrecke noch erfüllen: eine Kamera und eine längere Reise. Als ich genügend Geld zusammenhatte, warf ich die Bewerbungen für die HWP und für die Hans-Böckler-Stiftung in die Post und flog nach Indien. Bei meiner Rückkehr drei Monate später lagen beide Zusagen in meinem Briefkasten ... und vor mir die Chance, mich zum ersten Mal selbst zu erfinden. Mein Studienbeginn war dennoch holprig. Um meine Nachfolgerin einzuarbeiten, pendelte ich im ersten Semester noch zwischen Hamburg und München. Und im Studium selbst fiel es mir in der ersten Zeit schwerer als gedacht, mich täglich über mehrere Stunden auf die Vorlesungen zu konzentrieren; in den ersten Wochen schlief ich mehrmals auf der Heimfahrt in der U-Bahn fast ein.

Mit dem zu Beginn des zweiten Semesters gefundenen kleinen WG-Zimmer in Ottensen, das von da an meine Heimat für die nächsten Jahre sein sollte, fand ein spürbarer Turnaround statt. Die Verbindungen aus der Frauen-Orientierungseinheit und dem interdisziplinären Frauenkurs im ersten Semester boten mir ein freundschaftliches Netz, die Beschäftigung mit den Kursthemen ermöglichte es mir, meinen Hunger nach einem tieferen Verstehen sozialer, wirtschaftlicher und politischer Zusammenhänge ein Stück weit zu stillen. Nach Abschluss der Propädeutika spürte ich – quer durch die Disziplinen – verschiedenen Interessen nach, offen, wohin der Weg mich führen würde. Ich empfand es als zutiefst befreiend und befriedigend und als ein unermessliches Geschenk und Privileg, dank Studium und Stipendium die Gelegenheit zu haben, mich auf die Suche nach „meinen“ Themen begeben und mich ihnen in Vollzeit widmen zu können.

Industriesoziologie

Bei der Entscheidung für mein Schwerpunktfach schwankte ich zwischen VWL und Soziologie. Aber das Herausfinden des „Kitts, der eine Gesellschaft zusammenhält“, und der Strukturen und Mechanismen, die ihre verschiedenen Teile voneinander trennen, gewann die Oberhand. In der Industriesoziologie fühlte ich mich am meisten „zu Hause“: Sie war nah an den Menschen, an deren Arbeitsbedingungen und dem, wie diese auf sie einwirken. Der multimediale Ansatz, mit dem uns Alfred Oppolzer gedanklich in unterschiedliche Industrieepochen und Arbeitswelten versetzte, verschaffte mir einen Zugang zu den Menschen und ein Verständnis von den uns umgebenden Strukturen – vom Hinzuziehen einschlägiger Fachliteratur (besonders erhellend war für mich unter anderem die Studie *Die Arbeitslosen von Marienthal* zu den Langzeitfolgen von Arbeitslosigkeit, die mir nicht zuletzt auch einen neuen Blick auf meine Familiengeschichte erlaubten), über sozialkritische Romane (nachhaltig beeindruckend: Upton Sinclair's *Der Dschungel*), Musikstücke, Kunstwerke (viele der in unserem Praktikum „Arbeit im Spiegel der Kunst“ vorgestellten Arbeiten sind mir heute noch in Erinnerung) bis hin zu Einblicken in laufende Forschungen (zum Beispiel zur menschengerechten Gestaltung der Arbeit von Kassiererinnen).

ZUR PERSON
TAMARA ENHUBER

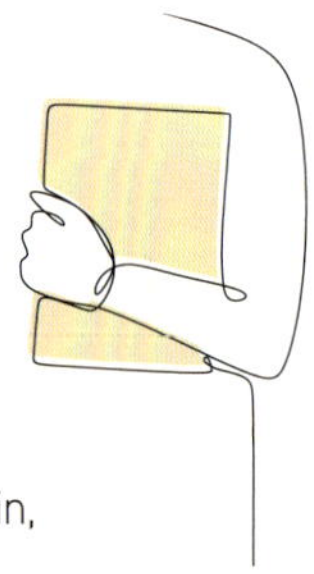

Geboren 1962 in Nürnberg

Schulabschluss/Ausbildung:
Mittlere Reife, Ausbildung als Verwaltungsangestellte, Diplom-Sozialwirtin, M.A. Sociology;
Beruf/Tätigkeiten nach dem Studium: Consultancies für ÖTV, DGB-BW, ILO und Anti-Slavery International; Campaignerin „sklavenlos!“; Fachpromotorin für global verantwortliches Wirtschaften, mehr Wert! e. V.

Praxisrelevanz von Wissenschaft

Was ich aus meinem Studium „mitgenommen“ habe und was mich seither begleitet, waren – abgesehen von dem Einblick in einzelne konkrete Themen und der puren Freude an einigen großartigen Vorlesungen – insbesondere Erkenntnisse über das Lernen an sich, über Theoriebildung, über die Notwendigkeit, die Objekte wissenschaftlicher Fragestellungen auch als Subjekte zu begreifen, über das Hinterfragen eigener liebgewonnener Ideologien, aber auch der eigenen Rolle im Forschungsprozess, und eine tiefe Überzeugung von der Bereicherung der Forschung durch interdisziplinäres Arbeiten und von der Praxisrelevanz von Wissenschaft.

Über das HWP-Studium bot sich mir zudem die großartige Gelegenheit, mich und Erlerntes in der Praxis auszuprobieren. Anstelle ein bereits bewilligtes Auslandssemester in Melbourne anzutreten, flog ich nach Indien, um im Rahmen eines von mir eingereichten ASA-Studienprojekts Interviews mit tibetischen Flüchtlingsfrauen zu ihrer Situation im Exil zu führen. Während meines Aufenthaltes stolperte ich in ein Theaterstück, *Tamasha*, in Delhi. Es handelte von der unter anderem in Südasien vor allem in ländlichen Gebieten noch weitverbreiteten Schuldknechtschaft, einer perfiden Form von Zwangsarbeit, von der in Indien insbesondere Dalits („Kastenlose“) und Angehörige der indigenen Bevölkerung betroffen sind. Noch am folgenden Tag suchte ich eine Organisation auf, die gegen diese Praxis kämpft. Mein Gegenüber in dem kleinen Büro war Kailash Satyarthi, der spätere Friedensnobelpreisträger. Die Idee für meine Diplomarbeit war geboren. Nach dem nächsten Semester in Deutschland war ich für ein weiteres halbes Jahr zurück in Indien, zuerst im Rahmen eines Praktikums bei UNIFEM/UNDP (Entwicklungsfonds der Vereinten Nationen für Frauen), dann für meine Materialsammlung für die Diplomarbeit. Der Kreis hatte sich geschlossen. Wie bereits vor dem Studium waren es die Arbeitsbedingungen, die mich bewegten, aber es war das Studium, das mir paradoxerweise einen empathischen

„Die Interdisziplinarität der HWP bietet die Chance, die existenziellen Herausforderungen unserer globalisierten Welt praxisnah aufzugreifen."

Zugang ermöglichte, das mich ausstattete, die Komplexität dieser extremen Form von Ausbeutung zu erfassen, und von wo aus meine lange Reise beginnen sollte.

Der Abschluss an der HWP und die davorliegende Studienzeit, die ich um nichts in der Welt missen möchte, liegen mittlerweile lange zurück. Der Themenkomplex „Kontemporäre Sklaverei/Zwangsarbeit" hat mich seither durch etliche Stationen begleitet – in meinem Studium an der New School for Social Research und am Transregional Center for Democratic Studies, New York, am Südasien-Institut der Universität Heidelberg und innerhalb eines Graduiertenkollegs der Universität Trier zu Sklaverei sowie im Rahmen von Recherchen für Human Rights Watch und Anti-Slavery International.

Die Macherin erwacht

2012, während eines Feldforschungsaufenthaltes, hatte ich – dank Unterstützung von Jeevika, einer bemerkenswerten indischen NGO und Gewerkschaft –, die Möglichkeit, Gespräche mit vielen ehemals von Schuldknechtschaft Betroffenen zu führen. Sie erzählten von Fremdbestimmung, Armut, Erschöpfung, Erniedrigung, Gewalt, Angst und Scham während ihrer Zeit als Schuldknechte und -mägde, aber auch von gewerkschaftlicher Organisation, von dem Erlangen von Selbstbestimmung, Selbstbewusstsein, Rechten und Würde im Anschluss an ihre Befreiung. Viele der Fakten waren mir bereits zuvor bekannt, aber die ganz persönlichen Geschichten zu hören und den Menschen zu begegnen, die sie durchlebt hatten, darin lag eine neue Qualität. Es lag auf der Hand: Die Geschichten durften nicht in einer Arbeit verstauben, die nur wenige lesen würden – sie brauchten eine größere Reichweite, als ich sie innerhalb der Wissenschaft würde erzielen können.

Das war der Zeitpunkt, an dem die Macherin in mir aus ihrem Dornröschenschlaf erwachte. Aus einzelnen Vorträgen und Artikeln ergab sich schnell eine Zusammenarbeit mit der regionalen Attac-Gruppe, die schließlich wiederum, als uns immer mehr die globale Dimension bewusst wurde, in einem zivilgesellschaftlichen Bündnis und einer Öffentlichkeitskampagne mündete. Mit „sklavenlos!" wollen wir die oft Unsichtbaren in den Steinbrüchen und Schlachthöfen, in den IT- und Textilfabriken, in der Landwirtschaft und Hotellerie und auf den Baustellen Katars wie in Deutschland sichtbar machen. In meiner aktuellen Tätigkeit im Rahmen eines bundesweiten Eine Welt-Promot*innenprogramms geht es nun darum, Politik, Verwaltung, Wirtschaft und Öffentlichkeit im Saarland zu sensibilisieren und sie auf ihrem jeweiligen Weg zu einem global verantwortliche(re)n Wirtschaften zu unterstützen. Hier und insbesondere in der Koordination des Bündnisses Saarland-Verantwortung-Lieferketten sind für mich die Gesichter und Stimmen aus dem Jahr 2012 immer präsent. Jede(s) von ihnen Grund genug, für eine bessere Welt zu kämpfen!

Das inzwischen verabschiedete Sorgfaltspflichtengesetz ist, was die Unternehmensseite anbelangt, ein Anfang, um die längst überfällige Einlösung des Versprechens der Menschenrechte und die Notwendigkeit eines radikalen Schutzes der Umwelt voranzutreiben. Die Wissenschaft ist hier vielleicht mehr denn je gefordert, ihren Beitrag zu leisten. Die Interdisziplinarität der HWP und die relativ einzigartige Zusammensetzung der Studierenden und des Lehrkörpers boten hier eine besondere Chance, die existenziellen Herausforderungen unserer globalisierten Welt praxisnah und unter Zusammenführung der Erkenntnisse der unterschiedlichen Fachbereiche aufzugreifen.

Tamara Enhuber

KARIN MOHR

TOTALE VERÄNDERUNGEN!

Mein Leben hat mich durch viele Höhen und Tiefen geleitet, mehrmals haben mich Ereignisse geprägt und auch verändert. Was ich heute bin, wie ich heute lebe, hat viel mit der HWP zu tun.

Ich bin 1944 geboren und in Westberlin aufgewachsen. In meinen jungen Jahren war durch den Zweiten Weltkrieg und die Nachkriegszeit alles noch vom Mangel, aber auch von Aufbau geprägt. Ich ging gern zur Schule und mein Traumberuf war Lehrerin, aber ich konnte mir überhaupt nicht vorstellen, dass meine Eltern jemals so viel Geld haben würden, dass ich studieren könnte. In Berlin gibt es sechs Grundschuljahre und mit zwölf kann man wirtschaftliche Dinge schon ein bisschen erkennen, und so entschied ich mich daher auch „nur" für die Realschule und eine Beamtinnenlaufbahn. 1960 begann ich als Angestellte im mittleren, nichttechnischen Dienst beim Fernmeldeamt 2 in Berlin zu arbeiten. Nach sechs Jahren machte ich die Beamtenprüfung, wurde erst Fernmeldeassistentin. Mit der Ernennung zur Hauptsekretärin war ich dann auch schon am Ende meiner Laufbahn.

Wendungen

Ich heiratete 1969, und 1977 ein zweites Mal. Meine Arbeit machte mir Spaß, aber manchmal dachte ich doch noch an meinen Traumberuf: Lehrerin. Aber ohne Abitur?

ZUR PERSON
KARIN MOHR

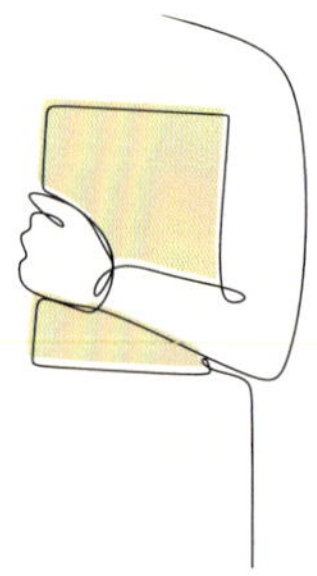

Geboren 1944 in Landsberg/Warthe

Mittlere Reife, 1960–1987 Mittlerer weiblicher nichttechnischer Dienst im Fernmeldedienst, 1987 Beginn des Studiums an der HWP

1995–2002 Technologieberaterin beim DGB Rheinland-Pfalz, ab 2003 selbstständige Beratung, Seminare, freie Mitarbeiterin.

1985 verstarb mein Mann und mein Leben nahm eine Wendung. Ich war schon immer gewerkschaftlich aktiv gewesen, dies verstärkte sich jetzt, und als ich zur Personalrätin gewählt wurde, besuchte ich mehrere Lehrgänge in Gladenbach bei der Postgewerkschaft. Dort hörte ich das erste Mal von der Hochschule für Wirtschaft und Politik (HWP) – und noch einmal änderte sich mein Leben total. Ich lernte, dass man auch ohne Abitur studieren könnte. Beim erstmöglichen Termin meldete ich mich zum Aufnahmetest an und bestand.

1987 war es so weit, ich bekam einen Studienplatz. Im 56. Lehrgang begann ich dann zu studieren, mit 43 Jahren war ich Studentin und nach 27 Jahren bat ich um Entlassung aus dem Fernmeldedienst. Ich muss sagen: Das fiel mir nicht leicht, denn Beamtin wird man doch schon aus einem Sicherheitsbedürfnis. Mein Umfeld war auch nicht einheitlich begeistert. Ob ich denn keine Angst vor dem Danach hätte? Ob mir wirklich klar sei, wie alt ich beim Studienende wäre? Wovon wollte ich denn dann leben? Ob mir klar sei, dass ich einem jungen Menschen den Studienplatz wegnehme? Ob ich wirklich glaube, dass ich noch mal einen Job bekomme? Natürlich hatte ich mir diese Fragen auch gestellt, aber ich wollte unbedingt studieren! Zumindest für die Zeit des Studiums war meine Finanzlage gesichert, ich bekam, wegen meines gewerkschaftlichen Engagements, ein Stipendium von der Hans-Böckler-Stiftung (HBS). Dazu kam noch meine kleine Witwenrente, sodass ich keine finanziellen Sorgen hatte.

Anfangs fiel es mir sehr schwer, die wissenschaftlichen Texte durchzuarbeiten, oft schlief ich nach ein oder zwei Seiten ein. Ich war es einfach nicht gewohnt, Texte durchzuarbeiten. Oft zweifelte ich, ob ich mich richtig entschieden hatte. Mit der Zeit legte sich das – aber ein Satz eines Professors unter einer Arbeit ließ mich fast verzweifeln: „Wie alle aus deiner Arbeitsgruppe warst du recht fleißig, aber verstanden hast du nichts." Dies verunsicherte mich sehr und hat dazu geführt, dass ich nicht Soziologin wurde, sondern Volkswirtin. In meinem Jahrgang gab es politisch-philosophische Soziologie und ich kannte mich eher mit Themen rund um Arbeit aus. In der Volkswirtschaft stürzte ich mich vor allem auf Sozialpolitik, darunter konnte ich mir etwas vorstellen, das verstand ich. Meine ersten Arbeiten gab ich erfahrenen Studierenden zum Lesen. Das war schrecklich. Bei jedem Satz kam die Frage: „Kannst du das belegen?" Ich war verzweifelt. Aber auch das legte sich im Laufe meiner Studienerfahrung.

Streik!

Was ich beinahe vergessen hätte: Mein erstes Semester war ein Streiksemester. Ich war begeistert, durfte ich als Beamtin doch nicht streiken! Mit Feuereifer machte ich mit. Eine Woche, zwei Wochen. Ja – aber das ganze Semester war vom Streik geprägt und langsam hatte ich das Gefühl, mir lief die Zeit weg, wobei ich aus gesellschaftlicher Sicht voll hinter den Forderungen der Studierendenschaft stand. Witzig war, dass ein Achtundsechziger-Professor empört reagierte, als wir seine Vorlesung störten. Wir mussten ihn ein bisschen heftig an seine Vergangenheit erinnern.

Bis zum fünften Semester mussten wir Buchführung, Statistik und Mathematik abgeschlossen haben. Ich war froh, alle Fächer im ersten Anlauf abschließen zu können. Was ich aber liebte, waren die Seminare, die sich mit Gleichberechtigung, mit der Stellung der Frauen in Wissenschaft und Gesellschaft befassten. Diese Themen haben mich mein Leben lang nicht mehr verlassen. Nach dem fünften Semester (1989) ging ich für mein erstes Auslandsjahr an die University of Hawaii. Hauptthema waren „Womens Studies“: „Women and work“, „Women and economies“, „Women and politics“ waren meine Hauptseminare.

Alice Cook, Hawaii, New York

Ich lernte dort Professorin Alice Cook von der Cornell University New York, damals 88 Jahre alt, kennen und wir befreundeten uns. Es war 1990, die Zeit der Wende, und Alice bekam eine Gastprofessur in Berlin. Während dieser Zeit wohnte sie dann bei meiner Mutter und ich begleitete sie zu all ihren Terminen in Ost und West. Unsere Freundschaft ließ mich die Wiedervereinigung, die ich von Hawaii aus beobachtet hatte, nachvollziehen.

Nach meinem Abschluss an der HWP ging ich an die FU Berlin und schrieb mich im Fach Industriesoziologie ein. Während des letzten HWP-Semesters hatte ich die Arbeitswissenschaft entdeckt und war begeistert. Unerwartet bekam ich ein zweites Auslandsstipendium von der HBS. War das Studienjahr in Hawaii eine interessante Unterbrechung des Grundstudiums, war das zweite Auslandsjahr für einen Studienabschluss, für einen Master geplant. Nun zahlte sich die Freundschaft mit Alice aus: Ich ging an die Cornell University und Alice wurde meine Mentorin. Ich machte den Master in Industrial and Labor Relations.

So kann es weitergehen

Und wieder änderte sich mein Leben, denn dieser Abschluss bescherte mir mit fünfzig Jahren eine Anstellung in Kaiserslautern bei der Technologieberatungsstelle des DGB in Rheinland-Pfalz. Nach acht Jahren machte ich mich dann bis zu meinem Renteneintritt im Bereich Arbeitsschutz und Arbeitssicherheit selbstständig. In Kaiserslautern blieb ich insgesamt zwanzig Jahre. Wenn man hauptamtlich bei der Gewerkschaft arbeitet, dann geht das nur bedingt mit einem Ehrenamt – und so habe ich mir zusätzlich die SPD dafür ausgesucht. Im Laufe der Jahre war ich dann in der SPD und bei ver.di auf allen Ebenen in Gremien vertreten.

Die Anerkennung meines Engagements zeigt sich in der Verleihung des Verdienstordens des Landes Rheinland-Pfalz am 10. Dezember 2014 durch Ministerpräsidentin Malu Dreyer.

Nun bin ich inzwischen 77 Jahre alt, seit 2014 wohne ich in Görlitz. Ich bin Rentnerin, brauche nicht mehr zu arbeiten, aber so ganz lassen mich Politik und Arbeit nicht los. Inzwischen bin ich Co-Vorsitzende des SPD-Kreisverbandes Görlitz und in verschiedenen Gremien in Sachsen von SPD und ver.di. Und immer noch Bundes-Seniorenvertreterin meines Fachbereiches bei ver.di. Im Mehrgenerationenhaus in Görlitz gebe ich Englischkurse, außerdem beteilige ich mich an mehreren deutsch-polnischen Seniorenprojekten für Völkerverständigung.

Zurück zur ursprünglichen Frage: Wie hat die HWP mein Leben verändert? Ich kann nur immer wieder sagen: TOTAL! Ich hatte und habe durch die HWP ein spannendes Leben. Ich freue mich über jeden Tag, den ich leben darf, an dem ich keine Sorge um meinen Lebensunterhalt haben muss und an dem mein Kopf noch funktioniert. So kann es ruhig weitergehen.

Karin Mohr

ELLEN FRIEDRICH

DIE HWP: AUFBRUCH IN (M)EINE NEUE ZEIT

Studieren ohne Abitur?
Elternunabhängiges BAföG?

1978 ging ich knapp zwanzigjährig nach Hamburg und kam in Kontakt mit Menschen, die sich politisch engagierten, alternative Lebensformen lebten, und hörte erstmals von einer Hochschule, an der es möglich war, ohne Abitur zu studieren – der HWP. Und nicht nur das, im Zuge einer Bildungsreform wurde es möglich – unter bestimmten Voraussetzungen – elternunabhängiges BAföG zu bekommen: Wow, was fühlte ich mich privilegiert!

Aufgewachsen bin ich im Kreis Cuxhaven in einem Elternhaus mit klassischer Rollenverteilung, mein Vater war Handwerker, meine Mutter Hausfrau. Nach einer Ausbildung zur Bürokauffrau (die in den 70ern für gewöhnlich noch Bürokaufmann genannt wurde) ging ich nach Hamburg und arbeitete als Verwaltungsfachangestellte im Bezirksamt Hamburg-Mitte. Ich hatte jung geheiratet und nun erschien mir eine große, weite und auch unbekannte Welt, die ich erfahren wollte. Am 5. Dezember 1981 war ich das allererste Mal auf einer Demonstration – einer Demo für den Frieden. Und ich engagierte mich aktiv in der Hamburger Gegen-Bild-Initiative.

Zurück zu meiner HWP: Ich war entschieden, Auto, eigene Wohnung und ausreichend Einkommen aufzugeben ... ich wollte studieren. Jetzt galt es nur noch, die Aufnahmeprüfung zu bestehen. Das war kein Spaziergang, aber dank einer tollen Vorbereitungsgruppe, die wir „Küchenkabinett" nannten, machbar.

Der legendäre 49. Jahrgang

Im Wintersemester 1983 begann ich das Grundstudium im legendären 49. Jahrgang – ich weiß gar nicht mehr so genau, ob wir uns diesen Ruf tatsächlich erarbeitet hatten oder ob wir uns nur so nannten. Jedenfalls war manchmal der Besuch einer Demo wichtiger als die Vorlesung und wir „bestreikten" auch unliebsame Beschlüsse der Hochschulleitung, wie zum Beispiel eine Maßnahme, die verbieten wollte, eigene Aufzeichnungen mit in die Klausur nehmen zu dürfen.

Was passierte alles in dieser Zeit, in diesen Jahren an der HWP! Ich entschied mich im Hauptstudium für die Soziologie und lernte unterschiedliche Theorien und Denkströmungen kennen, ich lernte zu streiten und zu verteidigen. Vor allem lernte ich, dass nichts schwarzweiß ist und es unendlich viele Schattierungen gibt. Zwei Begebenheiten haben mich nachhaltig „beeindruckt".

1986 besuchte ich wie gewohnt die jährlich wiederkehrende Frauenwoche an der HWP. Im „Gepäck" hatte ich meinen

ZUR PERSON
DR. ELLEN FRIEDRICH

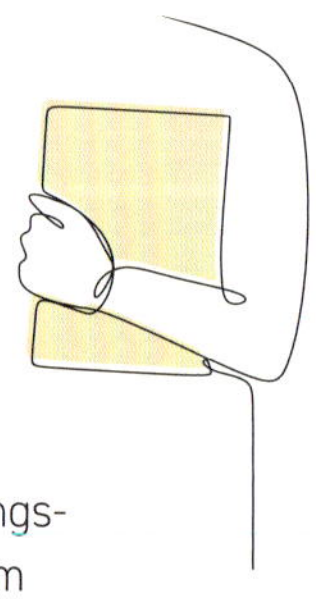

Geboren 1958 in Cuxhaven

1964–1974 Haupt- und Realschule Cuxhaven-Altenwalde; Ausbildung zur Bürokauffrau; Berufstätigkeit als Verwaltungsangestellte in Hamburg; 1983–1989 Studium an der HWP (1987 mit dem Abschluss Dipl.-Sozialwirtin, bis 1989 mit dem Abschluss Dipl.-Sozialökonomin)

1988 bis heute: Tätigkeiten bei einem Hamburger Träger der Sucht- und Drogenhilfe; 1997–2003 Feldforschung in einer Großwohnsiedlung in Hamburg mit Abschluss einer Dissertation.

1985 geborenen Sohn. Ich hatte Glück, dass ich hineingelassen wurde ... eigentlich wurde männlichen Wesen egal welchen Alters der Einlass verwehrt. Ebenfalls 1986 passierte die Reaktorkatastrophe in Tschernobyl. Ich konnte kaum fassen, wie schwer sich die DKP damit tat, von ihrer Vorstellung abzurücken, dass sozialistische Kernkraftwerke sicher seien, dass also unter sozialistischen Bedingungen ausnahmslos jede Technik beherrschbar und sicher anwendbar sei.

Work-Life-Balance

Das führt mich zum nächsten Aspekt meiner ganz persönlichen HWP-Geschichte. Während des Studiums bekam ich 1985 und 1987 zwei Söhne und damit wurde die Vereinbarkeit von Arbeit/Studium und Familie konkret erfahrbar. Das, was in den 1990er-Jahren unter dem Begriff „Work-Life-Balance" daherkam, durfte ich bereits in den 80ern dank HWP erfahren. Vor allem war es aber die Erfahrung, nicht nur ein individuelles, sondern auch ein politisches Wesen zu sein, verbunden mit dem Glauben, die gesellschaftlichen Verhältnisse aktiv beeinflussen und mitgestalten zu können. Diese Sichtweise relativiert sich gelegentlich im fortschreitenden Alter ... Ich beendete 1989 mein Studium der Sozialökonomie und fand in der Sucht- und Drogenhilfe eine dauerhafte berufliche Heimat. Dieser Vollzeitjob – in dem ich auch Aids-Erkrankte betreute, Leid und Elend kennenlernte, im Knast arbeitete – führte mich abermals zu der Frage nach optimalerer Vereinbarkeit von Beruf und Familie. Und so reifte in mir die Entscheidung: Ich möchte promovieren. Da ich ein Stipendium erhielt, konnte ich meinen Job reduzieren und schlug „mehrere Fliegen mit einer Klappe": Ich hatte erstens mehr Zeit für meine Kinder, weil ich mehr zu Hause arbeitete, und zweitens die Chance, Theorie und Praxis im Wechsel zu erfahren und damit *vice versa* nutzbarer zu machen.

Mir war gegen Ende des Studiums, in dem ich bereits erste Berufserfahrungen im sozialen Bereich gesammelt hatte, aufgefallen, dass einige Theorien offenbar im Elfenbeinturm verhaftet blieben und teilweise mit der Wirklichkeit nicht viel gemein hatten. Andersherum kämpfte ich in der konkreten Arbeit mit denjenigen Sozialarbeiter*innen, die sich weigerten, wissenschaftliche Erkenntnisse und Weiterentwicklung in der Arbeit anzuerkennen, und sich schwertaten, über den Tellerrand hinauszuschauen. Aber das ist nun ein ganz eigenes Kapitel – über das sich auch eine Doktorarbeit gelohnt hätte ...

2003 war es dann geschafft – meine empirische Studie zu den Lebenswirklichkeiten junger Menschen in einer Großwohnsiedlung wurde als Doktorarbeit angenommen.

Danke sagen

Blieben noch zehn Seiten für Danksagungen: Ich könnte sie füllen. Die HWP hat mein Leben verändert. Geblieben sind viele schöne Erinnerungen und bis heute andauernde konkrete Kontakte. Meine beste Freundin habe ich an der HWP kennengelernt und uns verbinden mittlerweile mehr als 35 Jahre. Seit einigen Jahren sind Treffen der damals engsten Studiengruppe wieder aufgelebt: Einmal im Jahr treffen wir uns ein Wochenende lang auf dem Lande.

Und heute? Stehe ich kurz vor der Rente, bin bereits Großmutter und freu mich, dass ich gesund bin und glücklich.

Ellen Friedrich

NILS LOENICKER

DANK EINES DIPLOMLOSEN

Alles begann am 11. Januar 1960 um 7.35 Uhr im Jerusalemkrankenhaus in Hamburg-Eimsbüttel. Der kleine Nils schreit sich ins Leben, um fortan nie vor 8 Uhr am Morgen aufzuwachen. Nach Abschluss der Hauptschule im Januar 1975 ging es für dreieinhalb Jahre in die Lehre zum Informationselektroniker bei den Hamburgischen Elektrizitätswerken (HEW). Warum gerade das? Vater meinte nur: „Junge, mach das, Strom wird immer gebraucht." Wie wahr. Stromsparen kannte man damals noch nicht, der kam ja aus der Steckdose. Nach zehn Gesellenjahren war dann Ende 1987 Schluss als Elektroniker. Von den zehn Jahren war ich achteinhalb Jahre Jugendvertreter – davon vier Jahre lang 50 Prozent meiner Arbeitszeit für Jugendvertretertätigkeiten freigestellt! –, Vertrauensmann in meiner Abteilung und Jugendbildungsreferent der IG Metall. Nebenbei machte ich seit 1984 politisches Kabarett.

Im Sommersemester 1988 ging ich dann mit einem Stipendium der Hans-Böckler-Stiftung an die HWP, um BWL zu studieren – was ich schon früh bereute: Der Anteil von Abiturienten hatte inzwischen stark zugenommen. Was die angenehme Atmosphäre der Studierenden des zweiten Bildungsweges maßgeblich störte. Es hatte sich herumgesprochen, dass man an der HWP in sechs Semestern mit BWL durch war. Im sogenannten „WiWi-Bunker" brauchte man hingegen acht Semester. Später wurde mir klar, dass VWL oder Soziologie doch mehr etwas für mich gewesen wäre. Damaliger Präsident der HWP war Professor Norbert Aust. Wir lachen manchmal heute noch zusammen. Inzwischen waren alle Interdisziplinären Grundkurse bestanden und das vierte Semester geschafft. Wir hatten erfolgreiche Kabarett- und Kulturabende gemeinsam mit dem AStA im Foyer der HWP veranstaltet – die Besprechungen fanden stets im HWP-Café „Knallhart" statt. Und wehe, du hattest nicht deinen eigenen Becher dabei! Dann gab es aber Mecker. Und zwar knallhart! Also alles gut in einem angenehmen Studentenleben. Doch dann kam ein folgenschwerer Anruf von Dieter Koch aus der Verwaltung. Gedächtnisprotokoll:

„Hallo Nils, hier Dieter Koch. Du bist gerade dabei, das fünfte Semester zum dritten Mal zu wiederholen. Entweder du exmatrikulierst dich selbst und kannst später jederzeit weiterstudieren oder wir machen das. Aber dann ist ein für alle Mal Schluss."

Meine Entscheidung brauchte keine zwei Sekunden. Ich beendete freiwillig mein Studium und dankte Dieter Koch für seine Offenheit.

Wie konnte es nur dazu kommen? Nur noch zwei Semester und ich hätte mein Diplom gehabt! Im fünften Semester stand aber die große Hausarbeit an. Eine nicht zu bewältigende Mammutaufgabe, denn mittlerweile tourten wir als „Kabarett Alma Hoppe" durch die gesamte Republik. Für das Studieren war einfach keine Zeit. Außerdem jobbte meine Arbeitsgruppe längst an der Vorverkaufs- und Abend-

ZUR PERSON
NILS LOENICKER

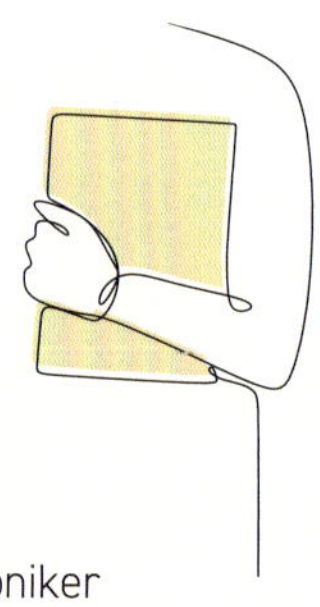

Geboren 1960 in Hamburg-Eimsbüttel

Hauptschulabschluss 1975

Berufsausbildung zum Nachrichtengerätemechaniker und Informationselektroniker 1978 bei der HEW, danach als Geselle dort tätig

Studium an der HWP in der Zeit von 1988 bis 1991. Seitdem Kabarettist und Theaterintendant.

Neujahrsansprache am 16. Januar 2019 zum Jahresauftakt von ‚Zepra' an der Hochschule für angewandte Wissenschaften in Hamburg

kasse unserer Kleinkunstbühne „Kabarett Mon Marthe" in Hamburg-Eppendorf. Also sagte ich mir: „Wenn die Jungs schon für mich arbeiten, dann habe ich die Betriebswirtschaftslehre ja wohl verstanden." Ich genoss das Leben als Kabarettist mit eigener Kleinkunstbühne. Plötzlich die absolute Überraschung! Die HWP wurde geschlossen und umgewandelt in das IFW – das Institut für Weiterbildung der Universität Hamburg. Und von denen erhielt ich die Anfrage, ob ich nicht als Dozent im Zuge des Studienganges Kultur- und Bildungsmanagement tätig sein möchte. Ich sagte sofort zu – mit Erfolg! Das Kuriosum: Beim jährlichen Neujahrsempfang des Instituts traf ich auf viele meiner ehemaligen Professoren. Ich war der einzige Diplomlose. Man sieht sich eben immer zweimal im Leben.

Heute arbeite ich nach wie vor als Kabarettist und Intendant von „Alma Hoppes Lustspielhaus" in Hamburg-Eppendorf, bin Autor und „Rolf Mares Preisträger der Hamburger Theater". Mit einer großen Verneigung vor der guten alten HWP, sage ich Danke für eine gute Zeit

„Ich war das W" – Nils Loenicker bei einer DGB-Demo im Jahr 1977

1990 | 2005

NORMALER UND INTERNATIONALER – ABITURIENTEN ENTDECKEN DIE HWP, DIE HWP ENTDECKT DIE WEITE WELT.

„Schwarzes Brett" im HWP-Gebäude

ZEIT, ERWACHSEN ZU WERDEN

Von 1991 bis 1999 prägt Lothar Zechlin als Präsident die Ausrichtung der HWP. Er favorisiert beim Profilbildungsprozess eine „Hochschule für Berufserfahrene", da die Anteile der Bewerber ohne Abitur kontinuierlich sinken. Die HWP wird „normaler". Die Zusammensetzung der Studierenden nähert sich immer mehr dem gesellschaftlichen Durchschnitt an, der Anteil der Aufnahmeprüflinge nimmt kontinuierlich ab – im Jahr 2001/2002 sind es nur noch 27,5 Prozent. Aber eine neue Vielfalt entsteht: Junge und schulisch gute Abiturienten, die Interesse am Studienmodell der HWP mit vier Studienfächern haben, treffen auf etwas Ältere ohne Abitur, die berufliche Erfahrungen mitbringen.

Das Konzept für den Studiengang mit zwei Studienabschnitten und Abschlüssen wird in den 1990er-Jahren weiterentwickelt. Für den ersten Studienabschnitt wird im Sommersemester 1996 das „Diplom in Wirtschafts- und Arbeitsrecht" eingeführt. Rechtswissenschaft wird damit eines der Schwerpunktfächer. Aus dem Fachgebiet Rechtswissenschaft kommen auch wichtige Anstöße für ein Studium im Ausland. Das studienbegleitende Prüfungssystem der HWP, das sich ohne große Schwierigkeiten in ein Bachelor-Master-System umwandeln lässt, ist gut geeignet für die Anrechnung von im Ausland erbrachten Prüfungsleistungen. Es entwickeln sich Beziehungen zu insgesamt dreißig Partnerhochschulen, vom „Nordkap bis zu den Antipoden", so überschreibt Wolfgang Voegeli seinen Beitrag in einer Jubiläumsschrift der HWP. Sie liegt damit deutlich über dem Durchschnitt der deutschen Hochschulen, folgerichtig entsteht in der HWP-Verwaltung ein Akademisches Auslandsamt. Für den zweiten Studienabschnitt wird der Schwerpunkt „Internationale Beziehungen" weiterentwickelt. 2001 erfolgt die Umbenennung in „Hamburger Universität für Wirtschaft und Politik". Ab 2003 bietet die HWP einen interdisziplinären Bachelorstudiengang und sieben Masterstudiengänge an. Als Erste der Hamburger Hochschulen verfügt sie über ein komplett umgesetztes konsekutives und zertifiziertes Bachelor-Master-Studienmodell.

Nicht mehr jung, immer noch laut
Unter dem Motto „Alte Laute, laute Alte" beging die Gesellschaft der Freunde und Förderer der HWP im Jahr 2012 ihr sechzigjähriges Jubiläum. Dabei zierte der Soziologe Heinz Spilker die Titelseite als Lautsprecher mit Megafon. Schon in den früheren Jahren war Spilker für seine lauteren Töne bekannt – zumindest bei seinen musikalischen Einlagen bei HWP-Feierlichkeiten (Bild oben).

Diplomfeier
Februar1995: Die Betriebswirte blasen den Marsch – Goswin Voswinkel und Klaus Plate in Kilt und an Trommel und Dudelsack.

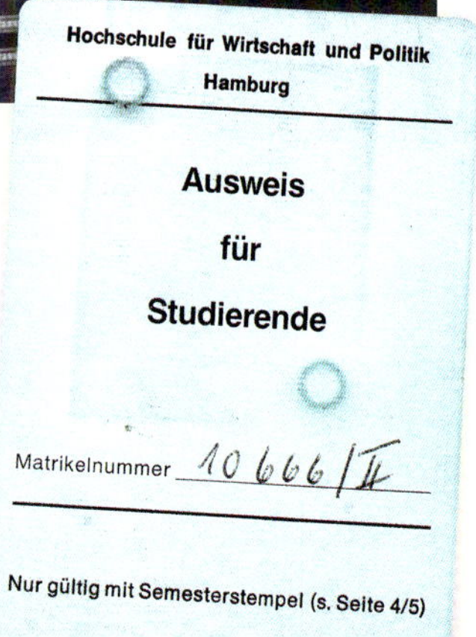
Hochschule für Wirtschaft und Politik
Hamburg

Ausweis
für
Studierende

Matrikelnummer 10 666 / II

Nur gültig mit Semesterstempel (s. Seite 4/5)

„Aufnahmeprüfung. Obwohl hier jeder für sich selbst kämpfte und wir einander noch gar nicht kannten, gingen wir freundschaftlich miteinander um. Irgendwie hoffte jeder für jeden.“

CHRISTIAN WIECHEL-KRAMÜLLER (Seite 230)

Bunt und knallhart
Welchen Stoff man auch lernte oder lehrte – vieles davon entrinnt mit der Zeit dem Gedächtnis. An zwei Dinge wird sich wohl jeder Studierende erinnern: das Wandgemälde von Cecilia Herrero (entstanden 1995) und das „Café Knallhart“. Das studentisch selbstverwaltete Café war ein quasi exterritoriales Gelände mit gelegentlich rauem Umgangston, aber warmen Getränken und kaltem Bier.

„Mathe-Manni“
„Faszinierend ist es, dass man Dinge errechnen kann, denen die Vorstellung nicht mehr folgen kann“, urteilte Manfred Hansen einmal über die Mathematik. Bei vielen Studierenden hatte (und hat) Hansen Kultstatus, denn er jonglierte mit Formeln und Funktionen genauso souverän wie mit launigen Anekdoten aus dem Reich der Zahlen. Hier im Bild bei der GdFF-Veranstaltung „Alternative Eliten“ im Jahr 2014.

UTE ENGELMANN

ES WAR MIR EINE EHRE

„Du wärst eine tolle Rechtsanwältin geworden!" Dieser Satz von Ulrich Zachert, gesprochen im vierten Semester meines Studiums an der HWP (1995), hat mir damals klargemacht, was es bedeutet, in einem Arbeiterhaushalt aufzuwachsen. Es ist nicht so, dass ich als Jugendliche dachte: Nee, Rechtsanwältin, das werde ich nicht schaffen, oder Rechtsanwältin passt nicht zu mir! Nein, ein Beruf mit abgeschlossenem Studium lag jenseits meiner Vorstellungskraft, weit jenseits eines gedachten Horizontes. Für mich nicht denkbar und schon gar nicht sichtbar.

Wie auch. Ich wurde „Opfer" der Neuregelung der Schuljahre in den unterschiedlichen Bundesländern. 1966 und 1967 dauerten deshalb für mich die ersten beiden Schuljahre jeweils nur ein halbes. Zu schnell für mich. Ich hab's zwar in die Realschule geschafft, aber die neunte Klasse musste ich wiederholen. Abitur danach wollte ich nicht machen. Ich wollte einen Beruf lernen. Alle Freundinnen und Freunde, die dann ins Gymnasium wechselten, waren mir zu „abgehoben".

Also eine Ausbildung zur Chemielaborantin. Weil meine Mutter den Ausbildungsleiter kannte. Das habe ich nicht infrage gestellt, ich hab's einfach gemacht. Und musste die schriftliche Prüfung wiederholen, weil verhauen. Danach wurde ich leider nicht vom Ausbildungsbetrieb übernommen, zu schlechte Leistungen, zu sehr „die Klappe aufgerissen". Es folgten mehrere orientierungslose Jahre. Ich landete bei einer Leasingfirma und lernte sehr viele unterschiedliche Betriebe kennen. Noch zu Anfang als Laborantin, später dann im Büro, lediglich ausgestattet mit Steno- und Schreibmaschinenkenntnissen aus der Realschule.

Ich lernte eine junge Frau kennen, die sich in der Abendschule fürs Abitur angemeldet hatte. Schien mir attraktiv, warum nicht? Vier Jahre durchgehalten, auch wenn es manchmal knapp war. Es schlossen sich sieben Jahre in einem Unternehmen der chemischen Industrie an. Danach brauchte ich was Neues.

Ich kam nach Hamburg, um neue berufliche Perspektiven zu finden. Fotografin? Journalistin? Während eines Urlaubs am Spitzingsee erwähnte mein Partner beiläufig beim Abendessen, dass „heute" der Anmeldeschluss an der HWP sei. Er war überzeugt, dass ein Studium für mich spannend und bereichernd sein würde. Ich hatte es nicht erwogen. Aber diese Ansage nach dem Meldeschluss hat mich – ich weiß bis heute nicht warum – elektrisiert. Ich rief sofort vom Hotelzimmer aus beim Sekretariat an. Der Anmeldschluss galt für die Aufnahmeprüfung. Da ich ja Abi hatte, war noch eine Woche Zeit.

Eine neue Welt

Ich sehe bis heute die Sekretärin vor mir, die im Januar 1994 meine Unterlagen entgegennahm und meinte, ich hätte das falsche Ausbildungszeugnis mit, aber sei eh auf der Warteliste und könne dann beim nächsten Mal das richtige abgeben. Im April durfte ich dann doch bereits starten. Durch meine frühe Ausbildung hatte ich so viele Wartesemester beisammen, dass es gleich losgehen konnte.

Ich kam in eine völlig neue Welt, die gleich mit einem Tritt in einen „Fettnapf" begann. Im Café Knallhart wünschte ich einen „Mohrenkopf" zum Kaffee. Schlagartige Stille! Politisch unkorrekt. Willkommen in einer sehr politischen Hochschule.

Ich fand die Zeit an der HWP aufregend und sehr bereichernd. Eine neue Welt tat sich auf und ich sog die Inhalte auf. Bei einer Diskussion in der Aula erinnere ich, dass ich laut lachen musste, weil irgendjemand „Streber" in den Raum warf. Ich wollte ja lernen, Wissen, Erkenntnisse, Zusammenhänge begreifen.

ZUR PERSON
UTE ENGELMANN

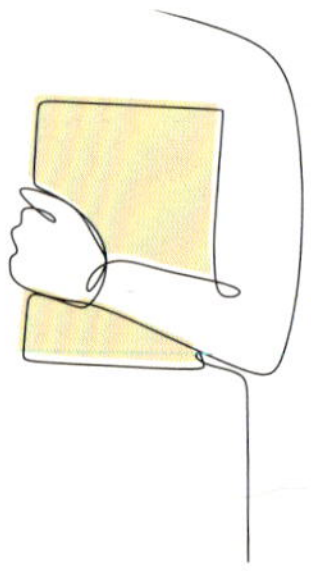

Geboren 1959 in Mannheim

Mittlere Reife 1976; Ausbildung zur Chemielaborantin; Abitur Abendgymnasium Mannheim 1986; Studium der VWL und Sozialökonomie an der HWP, 1994–1998

Bereichsleiterin bei DAG/ver.di, selbstständige Trainerin und Coach, Lehrbeauftragte an der European Business School.

Im Jahr 1997 mit Lutz Freitag (ebenfalls HWP-Absolvent) in der gemeinsamen Wohnung – mit dem Nachbarshund Jule

Prof. Dr. Ulrich Zachert hatte in seinen Vorlesungen einen Gast aus Japan mitgebracht (den Namen habe ich leider vergessen), der ein Auslandssemester in der BRD zum Thema Arbeitsrecht absolvierte. Natürlich nahmen wir ihn abends mit in die Kneipe. Er war sehr erstaunt über die Diskussionsfreude zwischen Student:innen und Professor:innen. In Japan werde noch nicht mal nachgefragt, wenn jemand etwas nicht verstanden hat. Wir hatten ja fast alle bereits mehr oder weniger lange berufliche Lebensläufe hinter uns und häufig entstanden sehr lebhafte Diskussionen: Praxis prallte auf Theorie.

Sprünge

Während meiner Studienzeit setzten wir den neuen Studiengang „Diplom-Jurist:in" durch. Ich engagierte mich in der Fachschaft Recht und sehe mich in der Erinnerung mit den anderen Studierenden aus der Fachschaft beim damaligen Bildungssenator Prof. Dr. Leonhard Hajen vor dem Schreibtisch sitzen und engagiert diesen neuen Bildungsstrang vertreten. Wir schafften es. Ab 1996 konnte man sich an der HWP auch für den Abschluss „Diplom-Jurist:in Arbeits- und Wirtschaftsrecht" entscheiden.

Eine Vorlesung bei Prof. Dr. Harald Schumacher zum Thema „Sozialpolitik" hatte ungeahnte Auswirkungen. In dieser Vorlesung ging es unter anderem um die „Sozialwahl" der gesetzlichen Rentenversicherung und der Krankenkassen, die alle sechs Jahre stattfindet. Aus der Sicht von Prof. Schumacher ein überholtes Verfahren, er prognostizierte der Sozialwahl ein baldiges Ende. „Das wollen wir doch mal sehen", war meine innere Reaktion darauf. Ich nahm noch vor Abschluss des Sozialökonomischen Studiengangs selbst an der Sozialwahl teil und war danach zwölf Jahre aktiv im Vorstand der Deutschen Rentenversicherung sowie im Verwaltungsrat der BARMER Ersatzkasse. Dort sogar acht Jahre als stellvertretende Vorsitzende des Verwaltungsrates. Und es gibt die Sozialwahl immer noch.

Vor dem Studium war oft am Ende des Monats der Geldbeutel ziemlich dünn. Meinen beruflichen Werdegang zu lesen gleicht der Verfolgung der Spur einer „Echternacher Springprozession". Es gibt keinen roten Faden, es ging nur ums Geldverdienen, und wenn sich was anbot, dann habe ich zugegriffen. Viele Aushilfsjobs, Arbeiten bei Leasingfirmen. Ich hatte Mittlere Reife und eine unnütze Berufsausbildung, weil ich als Chemielaborantin nicht arbeiten wollte. Ab dem dritten Semester bekam ich ein Stipendium der Friedrich-Ebert-Stiftung. BAföG vom ersten bis dritten Semester erstritt ich mir gerichtlich. Das gab mir während des Studiums die Freiheit, mich ganz auf das Studium zu konzentrieren, ich musste nicht – wie so viele – nebenbei arbeiten gehen.

Nach dem Studium war es vorbei mit der Echternacher Springprozession. Danach folgten mehrere Jahre Beschäftigung bei der Deutschen Angestellten-Gewerkschaft und später bei ver.di. 2005 bin ich in die Selbstständigkeit eingestiegen und berate seitdem Führungskräfte in Sachen Kommunikation und Management. Ohne mein Studium wäre das unvorstellbar.

Ich hätte an jeder anderen Uni studieren können. Es musste die HWP sein. Wegen der besonderen akademischen Orientierung der HWP und Attraktivität der Methodik und Didaktik war es mir eine Ehre, genau dort mein Studium abgeschlossen zu haben.

Ute Engelmann

Thomas Fritsch als Bremer Juso und
Junggewerkschafter in den 1980er-Jahren

THOMAS FRITSCH

ERZIEHUNG ZU KRITISCHER URTEILSKRAFT

Die Hochschule für Wirtschaft und Politik – dieser sinnstiftende Name passte in den späten 1980er- und frühen 90er-Jahren für mich persönlich wie der sprichwörtliche Deckel auf den Topf. Denn Wirtschaft und Politik waren für mich schon sehr früh die prägenden Themen meines Lebens.

Geboren in Bremen in eine Familie ohne Akademiker, aber mit sehr vielen Handwerkern, habe ich meine Schulzeit nach der Grundschule auf einem Bremer Gymnasium verbracht, wo aktuelle politische Geschehnisse immer intensiv im Unterricht, aber auch in Pausengesprächen auf dem Schulhof aufgegriffen wurden. Dazu gehörten 1977 der von RAF-Gewalt beherrschte „deutsche Herbst", ab dem NATO-Doppelbeschluss 1979 die stärker werdende Friedensbewegung, 1980 das von lauten Demonstrationen begleitete Bundeswehr-Gelöbnis im Bremer Weserstadion und dann im Frühherbst 1982 die Ereignisse nach dem Koalitionsbruch durch die FDP und die Wahl Helmut Kohls zum Bundeskanzler – die Bundestagsdebatte am 1. Oktober 1982 sahen alle Schülerinnen und Schüler live in der Schulaula vor dem Fernseher.

ZUR PERSON
THOMAS FRITSCH

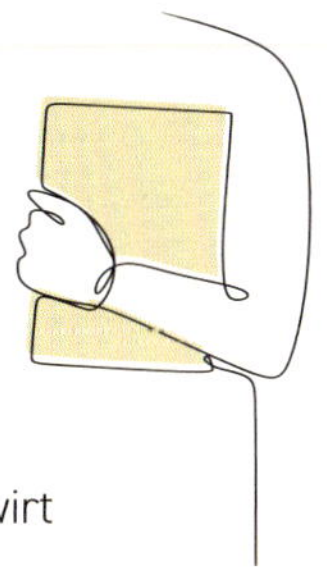

Geboren 1965 in Bremen

Zivildienst, Berufsausbildung zum Speditionskaufmann. Studium an der HWP von 1990–1996, Abschlüsse als Dipl.-Volkswirt und Dipl.-Sozialökono

1996–2000 Vorstandsreferent für die Hamburger SPD. Von 2000 bis heute beim BKK-Landesverband Hamburg als Referent für Presse und Öffentlichkeitsarbeit.

Diese politische Sozialisation im damals „tiefroten" Bremen führte mich 16-jährig 1982 zum Eintritt in die SPD und schnell in politische Funktionen auf verschiedenen Ebenen, vor allem bei den Jusos und in der Schülervertretung des Landes. 1984/85 war ich als „Präsident der Gesamtschülervertretung" Landesschülersprecher in Bremen.

In dieser Zeit war der Drang nach persönlicher Unabhängigkeit und Selbstständigkeit dann so groß, dass erst einmal das Verdienen eigenen Geldes wichtiger wurde als ein Studium. So begann ich 1985 eine kaufmännische Berufsausbildung in einer Bremer Spedition, die ich 1988 als Speditionskaufmann abschloss – und als aktives Mitglied der Gewerkschaft ötv.

Aus der Wirtschaft in die Politik

Schon zu dieser Zeit hatte ich aus parteipolitischen und gewerkschaftlichen Kreisen von der HWP erfahren. Und auch einige ihrer früheren Absolventen kennengelernt, zum Beispiel den späteren Bremer Bürgermeister Carsten Sieling und andere gewerkschaftlich beziehungsweise politisch aktive Kolleginnen und Kollegen. So reifte der Entschluss, mich aus der Wirtschaft, deren leistungs- und serviceorientiertes Denken und Handeln mich im Laufe der Berufstätigkeit doch stark geprägt hatte, auf dem zweiten Bildungsweg mit einem Hochschulstudium weiter Richtung Politik zu entwickeln. Nach bestandener Aufnahmeprüfung nahm ich zum Wintersemester 1990 das Studium auf, das 1996 mit Abschlüssen als Diplom-Volkswirt und Diplom-Sozialökonom erfolgreich endete.

Während des Studiums noch ehrenamtlich parteipolitisch aktiv, begann ich direkt nach der HWP dann eine hauptamtliche Tätigkeit als Referent bei der Hamburger SPD und bin seit 2000 nunmehr in einem anderen gesellschaftspolitischen Bereich, der auf den Prinzipien der Solidarität, der Subsidiarität und der Selbstverwaltung beruht tätig – in der gesetzlichen Krankenversicherung.

Interdisziplinär denken und arbeiten

Im Rückblick bewerte ich die Jahre an der HWP als meine beste Zeit, um interdisziplinäres Denken und Arbeiten zu lernen. Dort wurde mir ein differenzierter und genauerer Blick auf die Gesellschaft eröffnet. Bildungsauftrag und Studium bewertend, schließe ich mich Professor Ortlieb an, der in den 50er-Jahren die HWP und später das HWWA leitete: „Bildung liegt in der Erziehung zu sachlicher Haltung, zur kritischen Urteilsfähigkeit, zur Fähigkeit, sich gleicherweise in einen Stoff vertiefen und von ihm distanzieren zu können, sich bewusst zu werden, auf welchen Voraussetzungen ein Urteil beruht und unter welchen es allein Gültigkeit haben kann."

BEWAHRUNG DURCH WANDEL

DREI SEMESTER AN DER HWP

von Wolfgang Fritz

Meine Beziehung zur HWP geht auf eine 1990 erschienene Zeitungsannonce zurück. Ich war damals noch Hochschulassistent an der Universität Mannheim und hatte einen befristeten Dienstvertrag, der sich seinem Ende zuneigte. Da sah ich in der *Zeit* die Ausschreibung einer Vertretungsprofessur für Marketing an der mir bis dahin unbekannten HWP. Ich schickte meine Bewerbung ab und wurde zu einem Vortrag eingeladen. Nach ein paar Monaten Verzögerung – ich war wohl nicht die erste Wahl – erhielt ich schließlich den Ruf, den ich sofort annahm. Dadurch wurde ich stolzer Marketing-Professor an der HWP, wenngleich nur vertretungsweise für drei Semester (Sommersemester 1991 bis 1992).

Völlig anders!

Diese drei Semester hatten es aber in sich und haben meine Lebenserfahrung erheblich bereichert. Die HWP war völlig anders als die Universität Mannheim. Ihre Kultur war ursprünglich von gemeinwirtschaftlichen und gewerkschaftlichen Leitideen geprägt, und sie stand auch Personen offen, die den zweiten Bildungsweg absolviert hatten. Dadurch war das Publikum, das ich in meinen Vorlesungen antraf, weltanschaulich und fachlich wesentlich heterogener und auch kritischer als das, was ich aus Mannheim kannte. Auch viele Berufstätige befanden sich darunter, die wissen wollten, ob das, was der Dozent lehrte, ihnen in ihrer Berufspraxis konkret nützlich sei. Ich musste somit sehr unterschiedlichen Interessenlagen in meinen Veranstaltungen irgendwie gerecht werden, was mir nicht immer gelang. Dennoch hatte ich den Eindruck, dass viele der Studierenden meine Marketing-Vorlesungen schätzten, da ich stets versuchte, die wissenschaftliche Perspektive nicht abheben zu lassen, sondern sie durch konkrete Anwendungsbeispiele und authentische Praxisfälle mit der Lebensrealität zu verbinden. Mit einigen der Studierenden ergab sich ein intensiver fachlicher Dialog, der teilweise sogar über meine Zeit an der HWP hinausreichte. So erinnere ich mich zum Beispiel noch sehr gut an Mario Mensing, der nach seinem Studium an der HWP unter anderem das Stadtmarketing in Lübeck übernahm sowie Gründungsmitglied und langjähriger Vorstand der BCSD wurde, der Bundesvereinigung City- und Stadtmarketing Deutschland. Als Gastreferent in meinen späteren Marketing-Seminaren an der TU Braunschweig hat er seine Projekte mehrfach eindrucksvoll präsentiert.

Freundschaften

Von den Kolleginnen und Kollegen an der HWP wurde ich sofort freundschaftlich aufgenommen. Dies galt unter anderem für Sonja Bischoff, die mit ihren Studien zu Frauen im Topmanagement von Unternehmen damals bundesweit bekannt war. Auch Edgar Castan, Jens Jokisch, Gebhard Zimmermann, Eberhard Liebau und andere haben mir sehr geholfen. Jens Jokisch wurde später auf eine Professur für Finanzwirtschaft an der TU Braunschweig berufen, und Gebhard Zimmermann, der an die Universität Oldenburg wechselte, war als externer Gutachter in einem Habilitationsverfahren an der TU Braunschweig tätig. Eberhard Liebau traf ich 22 Jahre nach meiner Zeit an der HWP in St. Petersburg in Russland wieder, wo er als Dozent im Rahmen des MiBA-Programms, das ich seit 2013 leitete, Lehrveranstaltungen anbot. Dieses Programm („Master of international Business Administration") hatte Bodo Abel, der einige Jahre nach mir ebenfalls Professor an der HWP wurde, mit seinen Kollegen bereits 1998 an der HWP etabliert und 2005 dafür auch die FINEC in St. Petersburg als Partner gewonnen. Durch meine Tätigkeit in Hamburg konnte ich 1991 meine alte Freundschaft mit Bodo Abel reaktivieren, den ich über ein Jahrzehnt zuvor als Assistentenkollegen in Mannheim kennengelernt hatte und der zwischenzeitlich bei Gruner & Jahr in Hamburg in eine Führungsposition aufgestiegen war.

Overheadprojektor

In meinen drei Semestern habe ich die HWP sehr zu schätzen gelernt, denn sie hat meine fachliche Perspektive nachhaltig erweitert. Deshalb empfand ich es als sehr bedauerlich, dass sie in Hamburg nicht die hochschulpolitische Wertschätzung und finanzielle Unterstützung genossen hat, die sie eigentlich verdient gehabt hätte. Die HWP war chronisch unterfinanziert und unterausgestattet. Dies darf ich durch folgende kleine Geschichte illustrieren, die sich jeden Dienstagvormittag gegen 7.45 Uhr abspielte.

Für meine Vorlesungen benötigte ich einen Overheadprojektor, den ich oft überhaupt nicht oder nur in einem nicht funktionsfähigen Zustand in meinem Hörsaal vorfand. Also gewöhnte ich es mir an, frühzeitig vor Beginn meiner Vorlesungen in den anderen Hörsälen nach einem funktionie-

renden Projektor Ausschau zu halten und diesen dann „auszuleihen", wenn es keiner mitbekam. Dies war zwar für die später in diesen Hörsälen ankommenden Kolleginnen und Kollegen und deren Studierende von Nachteil, aber es schien mir im Interesse meiner Studierenden in meinem Hörsaal notwendig und gerechtfertigt. Ich gestehe dies hier schriftlich in der Hoffnung, dass diese wiederholte „Ausleihe" in mildernden Umständen gesehen wird und der Straftatbestand inzwischen verjährt ist.

Entwicklungen, die weiterwirken

Zum Wintersemester 1992 nahm ich einen Ruf an die TU Braunschweig an, da mir dort wesentlich bessere Möglichkeiten insbesondere für die Forschung geboten wurden. Den parallelen Ruf auf eine unbefristete Professur an der HWP habe ich deshalb mit großem Bedauern ablehnen müssen. Dennoch war das nicht das Ende meiner Beziehung zur HWP, denn ich habe auch in meiner Braunschweiger Zeit zum Beispiel noch an mehreren Promotionsverfahren unter anderem mit meinem Nachfolger Michael Zerres mitgewirkt. Ab 2013 habe ich auf Anregung von Bodo Abel das bereits erwähnte MiBA-Programm mit der UNECON als Nachfolgerin der FINEC in St. Petersburg von Braunschweig aus fortgeführt. Dieses Programm existiert bis heute – letztlich auch ein Zeichen dafür, dass wichtige Entwicklungen, die in der HWP ihren Ursprung fanden, weit über sie hinausgewirkt haben und weiter hinauswirken.

PROF. DR. WOLFGANG FRITZ
Studium der Betriebswirtschaftslehre, Promotion (1984) und Habilitation (1992) an der Universität Mannheim, Vertretungsprofessor an der Hamburger Hochschule für Wirtschaft und Politik (1991–1992), Direktor des Instituts für Marketing (seit 1992), Prodekan der Carl-Friedrich-Gauß-Fakultät und Mitglied des Senats an der TU Braunschweig (2021), Direktor des deutsch-russischen Dual-Degree-Masterprogramms MiBA/ToM Braunschweig – St. Petersburg (seit 2013). Arbeitsgebiete: Marktorientierte Unternehmensführung, Electronic Commerce, Mobile Marketing, Interkulturelle Kommunikation, Discountisierung der Gesellschaft.

BIRGIT KEMPF

WAS SOLL EIN MÄDCHEN MIT EINEM ABITUR?

Ich gehörte biografisch gesehen zu einer der idealtypischen Zielgruppen der Hochschule für Wirtschaft und Politik in Hamburg (HWP) in den 1990er-Jahren. Das ahnte ich jedoch nicht im Entferntesten, als ich in einer katholischen und im kleinstädtischen Leben tief verwurzelten Kaufmannsfamilie in Bayern aufwuchs. Bücher zu lesen gab's bei uns zu Hause nicht, dies wurde als sinnloser Zeitvertreib angesehen.

Mir machte die Schule Spaß, war das Lernen doch die freudvollere Alternative zum Mithelfen im Tante-Emma-Laden meiner Eltern. Der Versuch meiner Lehrerin, meine Eltern davon zu überzeugen, dass ich aufs Gymnasium gehen sollte, scheiterte. „Was soll ein Mädchen mit einem Abitur? Das ist doch unnötig." Meine Bestimmung war die katholische Mädchenrealschule im Ort. Immerhin.

ZUR PERSON
BIRGIT KEMPF

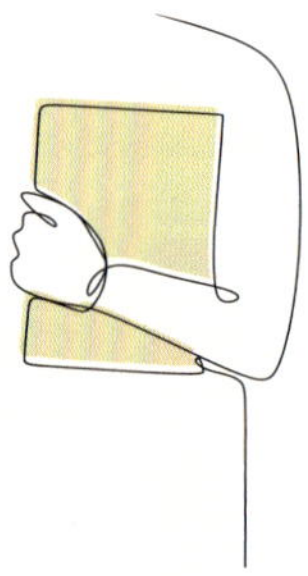

Geboren 1963 in Weißenhorn

Ausbildung: Landwirtschaftlich-technische Assistentin (LTA)

Studium an der HWP: 64. Lehrgang 1991–1994

Spätere berufliche Tätigkeit: ISA Consult Hamburg; Technische Universität Hamburg-Harburg; Statistisches Landesamt Nordrhein-Westfalen (IT.NRW).

Ab Mitte der 1970er-Jahre – ich war damals etwa im achten Schuljahr – wehte auch dort ein Hauch der Rebellion. Ein paar junge Lehrer tauchten in unserer Mädchenrealschule auf. Sie motivierten uns, Zeitung zu lesen, freuten sich über Referate zu den Beatles oder zur kritischen Auseinandersetzung mit der Atomenergie, regten uns an, mit kritischem Verstand die Welt um uns herum zu erkunden.

Anders zu denken war plötzlich erlaubt

Meinen Wunsch, nach der Mittleren Reife das Abi zu machen, um studieren zu können, wagte ich kaum zu träumen, geschweige denn meinen Eltern gegenüber zu äußern. Der Kompromiss war eine Ausbildung zur landwirtschaftlich-technischen Assistentin (LTA) an einer Berufsfachschule. Immerhin konnte ich damit der bayerischen Kleinstadt entfliehen und zog Anfang der 1980er-Jahre nach Stuttgart.

Stuttgart – weit genug von zu Hause weg, um mich in den Bann der Anthroposophie, der Ostermärsche nach Mutlangen, der Anti-AKW-Demos, des Volkszählungsboykotts und der Tübinger Folk- und Liedermacher-Festivals ziehen zu lassen. Auf einem dieser Festivals in Tübingen wurde Geld für „Waffen für El Salvador" gesammelt. Irritiert über die Kampagne, aber gleichzeitig neugierig, was es damit auf sich habe, fing ich an, mich mit den Befreiungskämpfen in Süd- und Mittelamerika zu beschäftigten. Meine politische Heimat wurde über viele Jahre hinweg die Guatemala-Solidaritätsbewegung und die Internationalismusarbeit.

Tagsüber arbeitete ich als LTA auf den Feldern rund um Heilbronn, erfasste Pflanzenkrankheiten und zählte Schädlinge – dort war ich das „Fräulein vom amtlichen Pflanzenschutzdienst". Abends indes fand das wirkliche, das poli-

Birgit Kempf im Jahr 1995 auf der HWP-Tagung „Arbeit teilen – schaffen – neugestalten"

tische Leben im Guatemala-Komitee statt. Naja, und das WG-Leben zwischen Abwasch, politischen Diskussionen und Buddhismus.

Es waren die Kampagne gegen das Jahrestreffen des Internationalen Währungsfonds in Berlin 1988 und ein Workshop entwicklungspolitischer Aktionsgruppen in Stuttgart zur Vorbereitung dieser Kampagne, die zu einem Glücksfall in meinem Leben werden sollte.

Ohne Abi studieren?

Prof. Herbert Schui war der Hauptreferent an diesem Wochenende. Von der HWP hatte ich gehört, und ich traute mich, ihn spätabends zu fragen, wie das Studium an der HWP so sei. Ohne Abi studieren? Ja klar, das sei das Tolle an der HWP, so Herbert Schui. Am Ende des Gesprächs hatte ich das Gefühl, dass die HWP auf mich wartet und ich dort die Erfüllung meiner Wünsche und Träume finden könnte. Er hatte mir den Weg zur HWP gewiesen. Dass ich Jahre später, an der HWP immatrikuliert, die Vorlesungen von Herbert Schui zur marxistischen Wirtschaftstheorie zweimal unter Protest mit Hinweis auf „unverständliches marxistisches Gedöns" verließ, steht auf einem anderen Blatt.

Am 3. Oktober 1990 feierte ich die bestandene Aufnahmeprüfung an der HWP. Für mich war die Aufnahmeprüfung ein Vorgeschmack auf das Studium: Die bunte Mischung von Menschen jedweder Herkunft und fortschrittlicher politischer Couleur faszinierte mich.

Als mich der damalige Direktor der Landesanstalt für Pflanzenschutz, in der ich etliche Jahre als LTA gearbeitet hatte, beim Abschlussgespräch fragte, was ich gedachte nach dem

Vom Seminarraum zum Solidarcafé: Maik Wiese und Birgit Kempf im Jahr 1992 vor dem Raum S27, der 1987 während eines Streiks der Studierenden besetzt und über viele Jahre Heimat des Cafés Knallhart wurde: „Hier schlug das Herz der HWP"

Studium beruflich zu machen, stammelte ich in Ermangelung konkreter Berufsvorstellungen: „Äh, vielleicht Frauenbeauftragte?" „Tun Sie mir DAS nicht an Frau Kempf!" Immerhin verließ ich die Behörde und Stuttgart mit dem Gefühl, dass ich notfalls dorthin zurückkehren könnte. Ich glaube, das war wichtig, um mich in das Abenteuer Hamburg und das Studium an der HWP hineinstürzen zu können.

Abenteuer Hamburg

Im April 1991 begann ein aufregender Abschnitt in meinem Leben – das Studium an der HWP im 64. Lehrgang. Die Erinnerungen an die ersten Wochen in Hamburg und an der HWP haben sich tief in mein Gedächtnis eingeprägt: ein zufälliges Zusammentreffen mit Maik Wiese, einem HWPler im fünften Semester, dessen begeisterte Schilderungen von der HWP mir den Eindruck vermittelten, dass ich dort mitten hinein in eine großartige revolutionäre Bewegung geriet, ein typischer HWPler, der sein Berufsleben als Bankkaufmann und Marinesoldat begann, um dann die Antworten auf die vielen Fragen nach dem Sinn des Lebens, nach einer besseren Welt, an der HWP zu finden.

Der Frauen-IGK (Interdisziplinärer Grundkurs) mit Trudel Karcher – und mit ihm die ersten zaghaften Berührungen mit klassischen Texten aus der Soziologie und Ökonomie. Die Autor*innen (Keynes, Adam Smith, Weber oder Beck-Gernsheim zum Beispiel) sagten mir überhaupt nichts, ich hatte aber das Gefühl, dass es großartig ist, sich ihren Gedanken widmen zu können.

Mein allererster Besuch in einer Bibliothek in meinem Leben, der StaBi (Staats- und Universitätsbibliothek Hamburg Carl von Ossietzky), wo ich völlig überwältigt, ehrfürchtig und neugierig vor diesen Objekten stand, die unsere Mutter früher versuchte von uns fernzuhalten, die ich aber jetzt zu lesen aufgefordert wurde.

Es gab Bezugsgruppen, aus denen innige Freundschaften fürs Leben entstanden. Das jährliche „Bezugsgruppenwochenende" mit fünf Frauen aus dem damaligen IGK ist seit fast dreißig Jahren, ebenso wie das Treffen des Freundeskreises von Ulla Knapp, ein Ritual und fester Bestandteil im Jahresverlauf.

Wenn ich die Zeit an der HWP Revue passieren lassen, ist das Café Knallhart der Ort, an dem das Herz der HWP-Studierenden schlug. Dort trafen sich die Anhänger*innen der verschiedenen politischen Ausrichtungen: die Anhänger (zumeist männlichen Geschlechts) von Becks Risikogesellschaft, die Anhänger*innen von Wolfgang Schöllers marxistischen Analysen zu entwicklungspolitischen Themen ...

... und natürlich „die" Frauen

Die frauenpolitischen Diskussionen damals an der HWP waren soziologisch geprägt. Ich bemühte mich redlich, diesen Gedankengängen zu folgen. Richtig gefunkt hat es bei mir nicht. Prof. Ulla Knapp fing ein Jahr nach mir an der HWP an und lehrte im Fachbereich Volkswirtschaftslehre. Ihre Berufung im Wintersemester 1992/1993 mit einer „Gender"-Orientierung war gegen vielfältige Hindernisse durchgesetzt worden und damals die erste ihrer Art in Deutschland. Ihre ökonomischen Vorlesungen faszinierten mich und mit ihr geriet ich auf die „Frauenschiene". Ich habe an ihr bewundert, wie erfrischend quer sie als linke, feministische Ökonomin zum damaligen Mainstream der HWP lag – zur feministischen Soziologie des weiblichen Arbeitsvermögens ebenso wie zu den Hauptwidersprüchen mancher linken Ökonomen.

Ulla Knapp förderte meinen „komparativen Vorteil", den ich damals gegenüber meinen Kommiliton*innen besaß, nämlich dass es mir deutlich mehr Spaß machte, in Statistiken zu wühlen als Theoriebücher zu wälzen. Sie brachte mir bei, mit Statistiken gesellschaftliche, soziale und ökonomische Phänomene zu analysieren und mit diesen Fakten zu argumentieren. Dies war das Fundament, auf das ich nach der HWP bauen konnte.

Mein Schicksal hat es, auch dank dieses Fundaments, nach dem Studium gut mit mir gemeint: ein sicherer Job im Statistischen Landesamt in Nordrhein-Westfalen. Oberflächlich betrachtet hat sich meine berufliche Situation vor und nach dem Studium nicht allzu sehr verändert: Vor und nach dem Studium war beziehungsweise bin ich in einer Behörde beschäftigt. Vor und nach dem Studium zähl(t)e ich etwas – früher Pflanzenkrankheiten und Schädlinge auf dem Acker, heute ökonomische und soziale Sachverhalte.

Und doch war das Studium an der HWP ein großer Wendepunkt in meinem Leben: Die HWP war ein Ort, der mir die Möglichkeit bot, meinem vermeintlich vorbestimmten Leben die Stirn zu bieten. Träume und Wünsche zu erfüllen. Zu meiner Herkunft zu stehen und diese als Stärke wahrzunehmen.

Zwei Menschen haben meinen Weg an der HWP maßgeblich geprägt: Maik Wiese und Ulla Knapp. Ohne sie wäre mein Lebensweg um vieles ärmer gewesen, vielleicht ganz anders verlaufen. Ihr viel zu früher Tod schmerzt, ich vermisse sie! Ihnen bin ich unendlich dankbar für die die gemeinsame Zeit. Ihnen widme ich diesen Beitrag.

Birgit Kempf

KLAUS SEIPP

MÖGLICHST VIEL MITNEHMEN

Ich stamme aus einem kleinen Dorf mit etwa 500 Einwohnern in der Nähe von Marburg an der Lahn. In Battenberg an der Eder absolvierte ich die Realschule und entschied mich anschließend 1994 für eine Ausbildung in der hessischen Steuerverwaltung im mittleren Dienst. 1996 wurde ich nach dieser Ausbildung zum Finanzamt Wiesbaden versetzt. Dort entschied ich mich, auf der Abendschule mein Fachabitur im Bereich Wirtschaft und Verwaltung nachzuholen.

Für immer Beamter?

Gleichzeitig begann ich mich in dieser Zeit politisch für die Grünen zu engagieren und konzentrierte mich dabei inhaltlich auf die Wirtschafts- und Finanzpolitik, die mein Interesse geweckt hatte. Ursprünglich war meine Absicht, mit dem Fachabitur den Aufstieg in der Beamtenlaufbahn zum gehobenen Dienst zu machen, aber meine Interessen veränderten sich in der folgenden Zeit. Sowohl aufgrund meines politischen Engagements als auch durch den Einfluss der Schule und meiner Lehre interessierte ich mich mehr und mehr für volkswirtschaftliche Zusammenhänge. So entschloss ich mich, das Beamtenverhältnis zu kündigen und zu studieren; eine Entscheidung, die in meinem Umfeld nicht nur auf Gegenliebe stieß. Meine Eltern etwa hatten wenig Verständnis dafür, dass ich mein sicheres Beschäftigungsverhältnis als Beamter aufgegeben wollte. Sie selbst hatten lediglich die Hauptschule absolviert und also schon sehr früh zu arbeiten begonnen. Mein Vater im örtlichen Industriebetrieb, und meine Mutter gab ihre Berufstätigkeit zugunsten der Kinder auf. So war ich der Erste in der Familie, der überhaupt ein Abitur machte. Von einem Studium ganz zu schweigen! Schon meine Tätigkeit im Finanzamt war meinen Eltern nicht leichtgefallen, da sie zwingend mit einem Umzug nach Südhessen verbunden war. Ich war der Einzige in meinem Alter, der die „Heimat" verlassen hatte. Aufgrund der Sicherheit, die die Tätigkeit als Beamter bot, konnten sie sich damit noch abfinden – aber ein Studium bewegte sich dann gänzlich außerhalb der Vorstellungswelt meiner Eltern.

Raus aus der Provinz

Aber wollte ich wirklich weiterhin Finanzbeamter sein oder lieber meinen Interessen folge? Letzteres schien mir die richtige Wahl. Ich setzte meine Pläne in die Tat um und schickte verschiedene Bewerbungen an einige Universitäten beziehungsweise Hochschulen. Die Auswahl für den Fachbereich Volkswirtschaft war dabei aber sehr eingeschränkt, weil ich nur über ein Fachabitur verfügte, was trotz der Wirtschaftsspezialisierung in den allermeisten Universitäten nicht ausreichte, um zugelassen zu werden. So stieß ich bei meinen Recherchen auf die HWP, die Hochschule für Wirtschaft und Politik. Die Fächerkombination der HWP erschien mir ideal. Sie kam meinem inhaltlichen und politischen Interesse zugleich gelegen. Zusätzlich war für mich, als jungen schwulen Mann, auch ein Umzug in die Metropole Hamburg reizvoll. Der hessischen Provinz konnte ich so endgültig den Rücken zuwenden. Mein Outing erfolgte dann auch erst in Hamburg. Die Zulassung zu bekommen war kein Problem. An der HWP reichte mein Fachabitur Wirtschaft mit guter Note aus.

Ich lebte mich gut ein. Das breitgefächerte Studium bot die Chance, möglichst viel aus dem Studium mitzunehmen. Viele Kommiliton*innen waren gesellschaftlich und politisch ebenso interessiert wie ich – das führte zu einem regen Austausch von Ideen und zu so mancher kontroverser Diskussion. Einige der daraus entstandenen Freundschaften haben bis heute gehalten. Ich entdeckte ein großes Interesse an der Soziologie und kam ins Zweifeln, was die Wahl der Fachrichtung anging. Aber die HWP bot mir ja die Gelegenheit, bei der VWL zu bleiben und dennoch viele Kurse in Soziologie zu belegen. Nach dem Diplom I an der HWP ging ich für mein Masterstudium in International Economics an die Universität Göttingen.

Nach einer Tätigkeit als Vorstandsreferent für Finanz- und Sozialpolitik von Bündnis 90/Die Grünen und als Referent im Bundesministerium der Finanzen arbeite ich seit Juli 2022 als Referent im Bundesministerium für Wirtschaft und Klimaschutz.

ZUR PERSON
KLAUS SEIPP

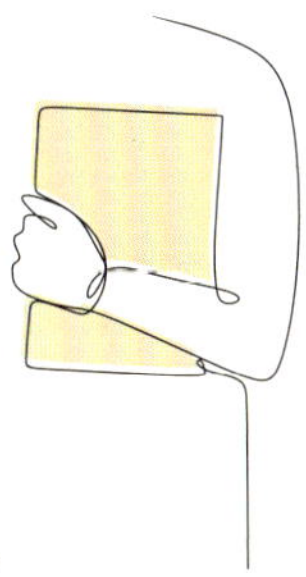

Geboren 1977 in Marburg an der Lahn

Fachabitur Wirtschaft und Verwaltung, Ausbildung zum Finanzwirt, Studium an der HWP von 2000–2004; nebenberuflicher Lehrauftrag „Allgemeine Wirtschaftspolitik" an der Hochschule für Technik und Wirtschaft Berlin von 2013–2018; seit Juli 2022 Referent im Bundesministerium für Wirtschaft und Klimaschutz.

OLAF BORNEMEIER

„NIEMANDES HERR, NIEMANDES KNECHT, SO IST ES RECHT“

Geboren wurde ich 1962 im beschaulichen Staatsbad Oeynhausen, gelegen in Ostwestfalen zwischen Bielefeld und Hannover. Ich bin der Erstgeborene einer Arbeiter- und Angestelltenfamilie und wuchs wohlbehütet auf. Meine Eltern wollten nur das Beste für mich und hatten natürlich den Stellenwert von Bildung erkannt. Ich war ein guter Grundschüler und daher bestand die Idee, mich auf das ortsansässige Immanuel-Kant-Gymnasium zu schicken. Leider verschlechterten sich dort meine schulischen Leistungen rapide.

Ich fing zu der Zeit an, mich für Kampfsport zu begeistern. Das nahm sehr viel Zeit in Anspruch, war aber viel faszinierender als die Schule. Immerhin brachte ich es in den 1970er-Jahren dann auch als „Grüngurt“ zum Vizelandesmeister von Nordrhein-Westfalen in meiner Gewichtsklasse. Doch das Gymnasium musste ich nach zweimaligem Sitzenbleiben mit dem Hauptschulabschluss verlassen. Danach begann und beendete ich erfolgreich eine Ausbildung zum Einzelhandelskaufmann.

ZUR PERSON
OLAF BORNEMEIER

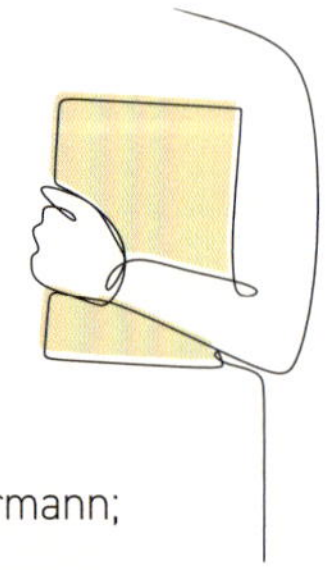

Geboren 1962 in Bad Oeynhausen

1998 bis 2002 LBK Hamburg; Projektmanagement
2003 bis 2006 Management Consult Kestermann; Berater
2007 bis 2009 Albert Schweitzer Krankenhaus Northeim; Geschäftsführer
Seit 2009 Mühlenkreiskliniken; bis 2015 Vorstand, seit 2015 Vorstandsvorsitzender.

Zeitsoldat im Norden

Nach dem Ende der Ausbildung wurde ich als Wehrpflichtiger zur Bundeswehr eingezogen. Zunächst wurde ich in Erndtebrück eingesetzt und anschließend nach meiner Grundausbildung nach Schleswig-Holstein versetzt. Sowohl die Arbeit bei der Bundeswehr als auch der hohe Norden gefielen mir grundsätzlich ausgesprochen gut. Da ich zudem immer mal wieder Querelen mit meinen Eltern hatte, verpflichtete ich mich zunächst für vier, später für zwölf Jahre als Zeitsoldat in der Unteroffizierslaufbahn.

Dies hatte dann den für einen jungen Mann im Alter von 21 Jahren sehr frühen Bezug einer ersten eigenen Wohnung in Schleswig an der Schlei zur Folge. Da Schleswig ungefähr so groß war (circa 40.000 Einwohner) wie Bad Oeynhausen, fiel es mir leicht, mich dort einzugewöhnen. Und den norddeutschen Dialekt mochte ich schon immer. Immerhin waren meine Schwester und ich in jungen Jahren immer an die Nordsee „zur Abhärtung“ geschickt worden. Diese vergleichsweise frühe „Selbstständigkeit“ hat mir sicherlich gutgetan und mein Selbstbewusstsein gestärkt.

Die 1980er-Jahre standen in politisch-militärischer Hinsicht im Zeichen der „kalten“ Konfrontation zweier Blöcke, des Warschauer Pakts und der NATO. Ich war eher unpolitisch und eingesetzt im Radarführungsdienst der Luftwaffe in einem „Command and Reporting Centre“. In solch einer Großraumradaranlage wurden umfangreiche Luftlagebilder erstellt, aber auch Abfangjäger per Funk zu ihren Zielen geleitet. Im Kriegsfall wären darüber hinaus auch Flugabwehrraketenverbände befehligt worden. Gott sei Dank ist es während meiner Zeit bei der Bundeswehr nie zu ernsthaften Auseinandersetzungen gekommen. Die aufregendsten Momente waren kleinere Grenzverletzungen durch Hobbyflieger oder durch große Schwärme von Gänsen. So konnte ich die Zeit nutzen, um die Mittlere Reife nachzuholen, aber auch, um Surfen und Segeln zu lernen.

Ich werde Spekulant!

Vor allem aber begann ich mich in dieser Zeit für wirtschaftliche Fragen zu interessieren. Ausschlaggebend dafür waren meine ersten Erfahrungen als Hobbyspekulant an der Börse. Innerhalb der Bundeswehr gab es mehrere Kameraden, die auch großes Interesse an diesem Thema hatten. So hatten wir immer regen Austausch über die aktuellen Entwicklungen an den Börsen der Welt. Nachdem ich einige Bücher von André Kostolany, dem Großmeister der Börsenspekulation und des Anekdotenerzählens, verschlungen hatte, dürstete es mich nach mehr Erkenntnissen auf diesem Gebiet. Meine verrückte Idee war, dass ich ein erfolgreicher Spekulant werden wollte, eben nach Kostolanys Vorbild.

Als Zeitsoldat muss man zu einem bestimmten Zeitpunkt vor und für sich selbst die Frage beantworten, ob man Berufssoldat werden möchte. Dies ist ein Privileg, da man deswegen regelhaft im Alter um dreißig seine zumindest berufliche Zukunft reflektieren und erneut eine ganz bewusste Entscheidung treffen muss. Mit dem geschilderten Interesse und dem Umstand, dass sich Ende der 1980er-Jahre eine große, friedliche Revolution abspielte, die zum Fall des „Eisernen Vorhangs" führte, begann ich mir Gedanken über meine Zeit danach zu machen. Ich hatte kein Interesse, mein weiteres Leben im Schichtdienst zu verbringen. Hinzu kam die Unsicherheit über einen zukünftigen Einsatzort, denn dass der Luftverteidigungsgürtel entlang der deutsch-deutschen Grenze nicht bestehen bleiben würde, war schnell klar. Eine Übernahme in den öffentlichen Dienst kam für mich zum damaligen Zeitpunkt nicht infrage. Auch wollte ich keine weitere Ausbildung absolvieren. Ausgerechnet in der *Welt am Sonntag* las ich einen Artikel, dass man in Hamburg auch ohne Abitur studieren könne. Unter ganz bestimmten Voraussetzungen biete die Universität Hamburg Studiengänge an. Ich rief dort also an.

Ein Anruf in Hamburg

*„Universität Hamburg, mein Name ist ***, was kann ich für Sie tun?"*

„Mein Name ist Olaf Bornemeier, ich habe gelesen, bei Ihnen kann man auch ohne Abitur studieren. Ich möchte mich erkundigen, was ich dafür tun muss und welche Voraussetzungen vorliegen sollen."

„Nein, das wäre mir neu. Sie meinen sicherlich die HWP."

„HWP? Weiß ich nicht. In der Zeitung steht, dass die Universität Hamburg Studiengänge für Nicht-Abiturienten anbietet."

„Sie meinen ganz bestimmt die HWP. Rufen Sie dort doch einmal an. Ich gebe Ihnen die Telefonnummer."

Was für ein Glück für mich!

Und dann ging es auch schon los. Vorbereitung für die Aufnahmeprüfung durch regelmäßiges Studium der *Zeit*. Besuch einer Bibliothek, Ausleihe des Buches *So nutzt man den Wirtschaftsteil einer Tageszeitung*, davon inspiriert die Vorbereitung auf einen Vortrag mit anschließender Diskussion zum Thema „Angebotsorientierte versus nachfrageorientierte Wirtschaftspolitik". Parallel musste ich Diskussionen führen. In meinem persönlichen Umfeld gab es eine Vielzahl von Freunden und Bekannten, die mir abrieten, zu dem Zeitpunkt meinem Leben eine Wendung in Richtung Studium zu geben, da die anschließenden Berufsaussichten altersbedingt nicht gut seien. Der Verbleib bei der Bundeswehr sei doch viel „sicherer". Ich ließ mich allerdings nicht überzeugen und habe den Schritt bis heute nicht bereut.

Ein erfolgreicher Spekulant bin ich zwar nicht geworden, aber das Thema „Börse" hat mich nicht mehr losgelassen. Und noch heute – in einer von WhatsApp dominierten Welt – habe ich als Spruch in meinem Status den Leitsatz von André Kostolany: „Niemandes Herr, niemandes Knecht, so ist es recht".

Olaf Bornemeier

LUITPOLD RAMPELTSHAMMER

DIE HWP TRAGE ICH IM HERZEN

In der Erinnerung an meine Zeit an der HWP bin ich ein typischer HWP-Student: Arbeiterkind, duale berufliche Ausbildung, aktiv als Jugendvertreter und Personalrat, im Anschluss daran dann das Studium an der HWP, gefördert mit einem Stipendium der Hans-Böckler-Stiftung.

Der Bub soll eine Ausbildung machen …

Meine Eltern waren Arbeiter, beide mit Hauptschulabschluss, der Besuch einer Hochschule für sie oder ihre Kinder lag völlig außerhalb ihres Vorstellungsbereichs. Als mein Klassenlehrer in der vierten Klasse zu uns nach Hause kam und meine Eltern darauf aufmerksam machte, dass ich seiner Meinung nach durchaus auf das Gymnasium gehen könnte, wiegelten beide ab: „Der Bub soll eine Ausbildung machen, das reicht schon", war ihre Meinung.

Nach der siebten Klasse der Hauptschule wechselte ich an eine Wirtschaftsschule und absolvierte dort 1978 die Mittlere Reife. Im Anschluss daran begann ich eine Ausbildung zum Groß- und Außenhandelskaufmann in einem landwirtschaftlichen Lagerhaus. Nach der Ausbildung blieb ich noch bei der Firma, bis diese aus finanziellen Gründen verkauft werden musste. Nach Ableisten des Grundwehrdienstes und einer längeren Such- und Bewerbungsphase bekam ich eine Stelle bei der Deutschen Telekom im mittleren nichttechnischen Dienst und arbeitete dort mehrere Jahre im Schichtdienst in der Auskunft. Nach dem Eintritt in die Deutsche Postgewerkschaft (DPG) wurde ich rasch zum Jugend- und Auszubildendenvertreter (JAV) gewählt. Parallel zu meinem Amt als JAV war ich in der DPG Jugend auf regionaler und bezirklicher Ebene tätig, vor allem die Bildungsarbeit lag mir sehr am Herzen.

Gewerkschaft

Meine damalige Zukunftsvorstellung war, dass ich irgendwann die Freistellung des Personalrats übernehmen würde, aus diesem Grund absolvierte ich die Akademie der Arbeit (AdA) in Frankfurt am Main. Die Zeit dort war, wie sich später herausstellen sollte, die ideale Vorbereitung für das Studium an der HWP, denn die Schwerpunkte waren Volkswirtschaftslehre, Arbeitsrecht und Sozialpolitik. Als ich nach erfolgreicher Auswahlprüfung das Angebot bekam, als Organisationssekretär beim DGB eine Stelle anzutreten, griff ich nach längerem Überlegen zu. Die Zeit beim DGB hatte, wie die Bezeichnung „Organisationssekretär" vermuten lässt, wenig mit Inhalten, Bildungsarbeit, betrieblichen und politischen Aktivitäten zu tun. Da ich mir einerseits diese Tätigkeit nicht bis zum Rentenbeginn vorstellen konnte und wollte und andererseits seit dem Besuch der AdA vom akademischen Leben, den großen Ideen und der Möglichkeit ihrer Anwendung fasziniert war, legte ich 1992 die Aufnahmeprüfung an der HWP ab. Als dann die Zusage der Hans-Böckler-Stiftung kam, begann ich Anfang April 1993, im 68. Lehrgang, mit dem Studium.

Hamburg

An meinen ersten Tag in Hamburg kann ich mich noch so gut erinnern, als wäre er gestern gewesen: Eine neue, vielversprechende Welt hatte mir ihre Türen geöffnet. Das Studium an der HWP war für mich mit die schönste Zeit meines Lebens: Im Interdisziplinären Grundkurs bei Professor Wilfried Laatz lernte ich die formalen Erfordernisse wissenschaftlichen

ZUR PERSON
DR. LUITPOLD RAMPELTSHAMMER

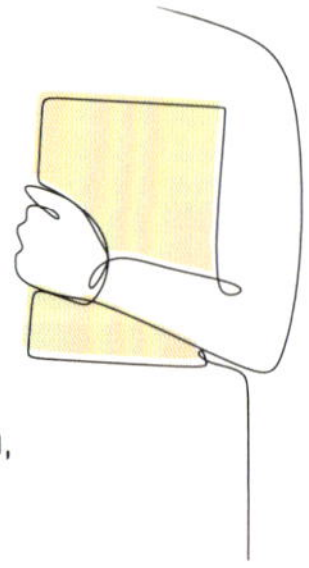

Geboren 1962 in Dorfen

Mittlere Reife 1978, Groß- und Außenhandelskaufmann, Deutsche Telekom, mittlerer nichttechnischer Dienst

Akademie der Arbeit in Frankfurt 1990–1991; Deutscher Gewerkschaftsbund, Organisationssekretär; HWP 1993–1995 als Dipl.-Sozialwirt 1997, Studium der Soziologie an der New School for Social Research in New York, Abschluss 2000

Tätigkeiten: Europäisches Gewerkschaftsinstitut, Assistent für Stephen Hughes, MEP; Projektleiter an der Ruhr-Universität in Bochum. Seit 2009: Leiter der Kooperationsstelle Wissenschaft und Arbeitswelt der Universität des Saarlandes.

Arbeitens, bei Professor Harald Mattfeldt hörte ich Volkswirtschaftslehre, bei Professor Ulrich Zachert Arbeitsrecht. Dies alles interessierte mich, aber als ich die erste Stunde Soziologie bei Professor Stefan Breuer hörte, war mir sofort klar, was ich in Zukunft machen wollte. Der Grundkurs Soziologie zählt zu den beiden interessantesten und beeindruckendsten Kursen, die ich jemals besucht habe (der andere war „Introduction to Sociology" bei Professor José Casanova in New York). Erwähnen möchte ich an dieser Stelle noch, dass ich keine Vorbildung in Algebra hatte, denn an der Wirtschaftsschule wurden zwar Buchführung und Wirtschaftsrechnen gelehrt, aber nicht Algebra. An der HWP habe ich es vor allem Manni Hansen zu verdanken, der sich mit schier unglaublicher Geduld bemühte, Menschen wie mir höhere Mathematik beizubringen, dass ich die Propädeutika ohne größere Probleme absolvieren konnte. Wichtig war für mich auch das Lernen in Arbeitsgruppen, das für die HWP so typisch war.

Das Studium an der HWP war eine große Bereicherung für mich, nicht nur in fachlicher Hinsicht, sondern auch im Hinblick auf meine Persönlichkeitsentwicklung. Denn ich gewann an Selbstvertrauen und traute mich auch, Dinge anzugehen, an die ich vorher niemals gedacht hätte.

Chicago

Als ich bei einem Termin bei Peter Timmann im Auslandsamt der HWP erfuhr, die HWP sei dabei, ein Austauschprogramm mit der University of Illinois at Chicago zu starten, bewarb ich mich um einen Platz. Die Englischkurse bei Dr. Bea Rohrmann halfen mir, mein rudimentäres Englisch so weit zu verbessern, dass ich mir diesen Auslandsaufenthalt zutraute. Das akademische Jahr 1995/96 verbrachte ich in Chicago. Das Studium dort war sehr verschult und, so kam es mir vor, auf einem niedrigeren Niveau als an der HWP. Hier kam mir die disziplinäre Ausbildung an der HWP sehr zugute, ich stellte aber fest, dass mir die Tradition der amerikanischen Soziologie doch in der Ausbildung an der HWP fehlte.

New York

Nach der Rückkehr aus Chicago schrieb ich meine Abschlussarbeit bei Professor Stefan Breuer über den Einfluss des Liberalismus auf Paul de Lagarde. Gleichzeitig bewarb ich mich an verschiedenen US-amerikanischen Hochschulen. Im Sommer 1997 erhielten meine Lebensgefährtin und ich Studienplätze an der New School for Social Research in New York. Hier kam mir der Schwerpunkt „Politische Soziologie", den ich an der HWP gewählt hatte, sehr zu Hilfe, da ich dadurch ein sicheres Fundament hatte, vor allem in Bezug auf das Studium Max Webers und der Kritischen Theorie.

Nach dem M.A.-Abschluss in New York absolvierte ich ein Praktikum am Europäischen Gewerkschaftsinstitut (EGI) bei dem damaligen Direktor Reiner Hoffmann, gleichzeitig meldete ich eine Dissertation an der HWP bei Professor Jürgen Hoffmann an, gefördert von der Hans-Böckler-Stiftung. Im Anschluss an das Praktikum blieb ich am EGI und arbeitete an einem Projekt für die Dublin Foundation zum Thema „Über den Einfluss von Globalisierung auf die Industriellen Beziehungen in Europa". Im Anschluss daran arbeitete ich für Stephen Hughes, einen britischen Labour-Abgeordneten, als Assistent am Europäischen Parlament.

Bochum

Nach Abschluss meiner Dissertation mit dem Titel *Globalization and Industrial Relations*, die bei Campus erschienen ist, bekam ich eine Stelle an der Universität in Bochum bei Professor Ludger Pries, um dort ein DFG-Forschungsprojekt über Europäische Betriebsräte zu leiten. Im Jahr 2009 bewarb ich mich erfolgreich um die Stelle des Leiters der Kooperationsstelle Wissenschaft und Arbeitswelt (KoWA) an der Universität des Saarlandes. Wissenschaftlich bin ich noch im Bereich der Arbeitsbeziehungen aktiv.

In der Rückschau sind es zwei Einrichtungen, die mir diesen Berufs- und Lebensweg ermöglichten: zum einen die Förderung durch die Hans-Böckler-Stiftung, ohne die ich wahrscheinlich nicht mit dem Studium begonnen hätte, zum anderen die Möglichkeit, ohne Abitur an der HWP zu studieren. Der Hans-Böckler-Stiftung bin ich noch als Vertrauensdozent verbunden, die HWP trage ich seit dem Studium immer im Herzen.

Luitpold Rampeltshammer

Carsten Heinze im Jahr 1993 auf Mallorca – damals noch als Weltenbummler unterwegs und gleichzeitig in Hamburg als kaufmännischer Angestellter in einem ungeliebten Bürojob tätig: „Mein Kaufmannsdasein führte in eine Sackgasse"

CARSTEN HEINZE

VIELE WEGE FÜHREN NACH ROM – MEIN WEG AN DIE HWP

Mein Weg an die damalige HWP des 78. Lehrgangs ist, wie bei vielen ehemals dort Studierenden wohl auch, von biografischen Umwegen gekennzeichnet. Im Rückblick stellt es sich für mich so dar, als ob mein späterer Berufsverlauf und der zeitweise schwierige Weg dorthin weit in meine Lebensgeschichte zurückführen und meine vorakademischen Erfahrungen die Art und Weise, wie und was ich studiert habe und für welche Themen ich mich bis heute wissenschaftlich interessiere, beeinflusst haben. Die ehemalige HWP hat dabei nicht nur in besonderer Weise meine akademische Ausbildung geprägt, sie wurde auch zu meinem späteren beruflichen Dreh- und Angelpunkt. Obwohl mich die Auto-/Biografieforschung, der ich als sozialwissenschaftliches Thema bis zu meiner Dissertation verpflichtet geblieben bin, die notwendige Skepsis gegenüber narrativen Lebenskonstruktionen und kausalen Selbst(v)erklärungen beim Blick in die Vergangenheit gelehrt hat, versuche ich im Folgenden einige Beschreibungen vorzunehmen, die meinen Weg zum Studium auf dem zweiten Bildungsweg und meinen dortigen beruflichen Verbleib bis heute nachvollziehbar machen – und nicht nur das: auch inhaltlich begründen. Entgegen meiner erkenntnistheoretischen Auffassung, dass es keine langfristig stabilen Identitäten und Kontinuitäten im Lebensverlauf geben kann, haben sich für mich doch lebensgeschichtlich relevante Themen herausgeschält, die mich seit der Jugend begleiten und später dann zu wissenschaftlichen Forschungsfeldern wurden, auf denen ich mich nach wie vor bewege. Es ist die Jugend selbst, ihre kulturellen Ausdrucksformen sowie mediale Phänomene im Allgemeinen, die mich seit Jahren beschäftigen. Darüber hinaus ist mir damals wie heute klargeworden, dass sich diese Themenfelder mit existenziellen Fragen des Menschen verbinden lassen. Diese Einsichten, so meine ich, sind Ergebnis des Privilegs eines ‚lebenslangen Studiums', ermöglicht durch den beruflichen Verbleib in der akademischen Welt.

Für meinen wissenschaftlichen Berufsverlauf, der keineswegs einem klassischen Akademiker*innen-Werdegang entspricht, hat die damalige Kultur des interdisziplinären Studierens an der HWP einige Besonderheiten mit sich gebracht, die trotz zeitweiliger Unwägbarkeiten letztlich zu einem erfolgreichen, vorläufigen Ankommen in der ‚heiligen Welt der Wissenschaft' geführt haben. Für mich hat sich vor allem gezeigt, dass eine akademische Laufbahn weder etwas mit angeborener Intelligenz zu tun hat noch mit der sozialen Herkunft, sondern vor allem mit einem allgemeinen Interesse, der Neugier an der Erforschung gesellschaftlicher Zusammenhänge und der Neigung zu skeptischen Fragestellungen. Dies verbindet mich mit der ehemaligen HWP, die sich als Institution seit jeher gegen traditionelle Vorstellungen von Elitenbildung und ihre akademische Reproduktion positioniert hat.

Familie

Ich wurde im November 1969 geboren. Auch wenn mein Vater, meine Großväter und Onkel – weniger die Tanten und Omas – studiert hatten, vor allem Lehrer oder Ingenieure geworden waren, kann ich nicht davon sprechen, in dem, was üblicherweise ‚Akademikerhaushalt' genannt wird, großgeworden zu sein. Die familiäre Atmosphäre war keineswegs ‚bildungsbürgerlich', sondern stark ‚innenorientiert'. Während mein Vater als technischer Sachbearbeiter beim TÜV Gutachten über Mähdrescher und große Landwirtschaftsmaschinen erstellte und auf berufliche Kontinuität setzte, dabei mit Freude und Stolz, stets korrekt und zuverlässig seiner Arbeit nachging, arbeitete meine Mutter – die aus familiären Gründen früh die Schule verlassen musste, um zunächst den Beruf der Bürokauffrau zu erlernen – in einem aus der Zeit gefallenen Schmuckgeschäft, das ihre Patentante seinerzeit für sie eingerichtet hatte und dem sie bis zu ihrer Verrentung treu blieb. Ich wuchs, so könnte man sagen, viel mit ‚alten Leuten' auf. Von einem Bildungsstreben und beruflichen Aufstiegsdenken war unsere Familie weit entfernt, vielmehr ließ man es sich als Nachkriegsgeneration (mit entsprechenden sprachlosen, dafür aber umso herrischeren Vätern und Großvätern) ‚gutgehen', ‚gönnte' sich einen wohlsituierten Lebensstil im kleinbürgerlichen Format und

„Hinter der Familienidylle lauerte für mich das Grausen der deutschen Nachkriegsgeschichte."

sah zu, dass man nicht auffiel. Die gemütliche, gedanklich (un)-politische Enge des Elternhauses, die in ihrem Konservatismus und ihrer Kleinbürgerlichkeit nur selten gestört wurde, hatte etwas Heimeliges, Gemütliches und Behütetes, entpuppte sich später aber auch als handfestes Motiv eines sogenannten Generationenkonflikts, der aus verschiedenen Gründen jedoch nur einseitig von mir ausgetragen wurde beziehungsweise werden musste. Dies führte zu Missstimmungen und Entfremdungen innerhalb der nach meinem Geschmack allzu stark hervorgekehrten Familienidylle, hinter der für mich das Grausen der deutschen Nachkriegsgeschichte lauerte.

So entwickelte ich bereits in meinen Jugendjahren einen starken Trotzkopf, getragen durch eine wachsende Leidenschaft für die damals in voller Blüte stehende Pop- und Rockmusikkultur der 1980er-Jahre *Popmusic saved my life*: Der abgrenzende und kritische Geist, der sich in diesem schrillen Umfeld entwickelte, half mir später, kritische Perspektiven auf gesellschaftliche Prozesse nachvollziehen zu lernen.

Schule

In Hannover besuchte ich die Grundschule und war ein recht guter Schüler, dem vieles leicht und noch mehr zufiel. Auch die damals noch existierende Orientierungsstufe der fünften und sechsten Klasse absolvierte ich als guter Schüler, bevor es dann ab der siebten Klasse auf dem Gymnasium der Ricarda-Huch-Schule in der Hannoveraner List, einem links-liberalen Stadtteil, mit meinen schulischen Leistungen stetig bergab ging, teils aus Desinteresse, teils aus wachsender Renitenz gegenüber jeglicher Art von Autorität. Obwohl die Ricarda-Huch-Schule sich damals eher im linken politischen Spektrum bewegte und mir eine Reihe von Lehrer*innen in Erinnerung geblieben sind, die den Heranwachsenden wohlwollend und geduldig gegenübertraten, schlug beinahe der gesamte Jahrgang gelegentlich so über die Stränge, dass Einzelne von uns immer mal wieder an Schulverweisen entlangschrappten und sicherlich alle froh waren, als unser Jahrgang die Schule ver-

„Worauf man damals kaum vorbereitet wurde, war, eine Vorstellung darüber zu bekommen, was aus dem eigenen Leben zu machen sei."

ließ – ich mit einer der schlechtesten Abiturnoten des Jahrgangs. Angesichts meines damaligen Lebenswandels war dies dennoch eine Leistung, mit der es sich leben ließ. Ein Jahr später hätte ich das Abitur sicherlich nicht mehr geschafft.

No Future ...

Worauf man damals kaum vorbereitet wurde – und was viele meiner Mitschüler*innen ebenso kalt traf wie mich – war, eine Vorstellung darüber zu bekommen, was aus dem eigenen Leben zu machen sei. Mit meinem Elternhaus hatte ich zumindest innerlich schon lange gebrochen und zog kurz nach meinem 18. Lebensjahr von zu Hause aus. Unmotivierte Berufsberatungen auf abschreckenden Karteikarten, triste Verwaltung des damaligen Lehrstellenmangels Ende der 1980er-, Anfang der 1990er-Jahre sowie fehlende eigene Perspektiven, dazu persönliche Antriebslosigkeit bildeten das Gemisch des Motivs eines postadoleszenten Ausstiegs aus diesen beruflichen Fragen in Richtung Zukunft.

Strukturell aufgefangen wurde ich durch den damals noch verpflichtenden Zivildienst, der seinerzeit knapp zwei Jahre umfasste und den ich beim Arbeiter-Samariter-Bund Hannover als Pflegetransport-Helfer mehr schlecht als recht absolvierte. Der ASB Hannover stellte im Fahrdienst damals ein Sammelbecken für – man kann ohne Übertreibung sagen – ‚Freaks' jeglicher Couleur dar, die dort wie ich ihren Ersatzdienst leisteten oder besser: leisten mussten. Ich interessierte mich damals eigentlich ausschließlich für Musik, Konzerte, Filme und das allabendliche Ausgehen und war dementsprechend häufig krankgeschrieben.

Nach dem Zivildienst hätte erneut eine Zeit der – euphemistisch formuliert – Berufsfelderschließung anschließen müssen, die mir aber partout nicht gelingen wollte. Der kurzfristige Blick richtete sich vielmehr auf die Erwirtschaftung eines erklecklichen, möglichst schmerzfrei zu erarbeitenden Auskommens, mit dem ich meinen Lebenswandel finanzieren konnte – mehr nicht. Was ich werden wollte, wusste ich nicht, und ich war so in meiner Selbstrebellion gefangen, dass mich das auch nicht weiter interessierte. Etwas, das ich gelegentlich mit Leidenschaft tat und das die zeitweilige ‚Leere' der dahinfließenden Tage etwas auffüllte, war das Lesen von Weltliteratur – woran ich später während meiner Promotion begeistert anknüpfte. Auch wenn ich diese damals in ihrer Komplexität und Kunstfertigkeit kaum durchdrang, übte die Sprache auf mich einen besonderen stimmungsgeladenen Reiz aus, dem ich mich gerne hingab.

Ich begann nach dem Zivildienst als Aushilfe beim TÜV Hannover auf einer Teilzeitstelle zu arbeiten, die mir mein Vater verschafft hatte. Später arbeitete ich unter anderem als Druckereihelfer in der Schlüter'schen Verlagsanstalt, wo ich eine Verlagskaufmannslehre nach nur einem Tag mangels Motivation abbrach; mein Geld verdiente ich mit Aushilfsjobs im Kneipen- und Veranstaltungsbereich; ich arbeitete als Pflegehelfer bei mobilen häuslichen Diensten, machte Praktika im Krankenhaus, stellte mir eine Karriere als Physiotherapeut vor und so weiter. Auch immatrikulieren ließ ich mich im Fach Geografie an der Leibniz-Universität Hannover, betrat die akademische Welt aber nur ein einziges Mal, um meine Unterlagen abzuholen.

Erst zwei Jahre nach dem Zivildienst und diversen Jobs entschloss ich mich, auf Anraten meiner damaligen Freundin, zu einer Ausbildung und solideren Lebensführung. Mein Weg führte mich – wir reisten damals gerne und viel – in den Reiseverkehrsbereich, wo ich durch Zufall kurz vor Beginn der Berufsschule noch eine Lehrstelle in einem sehr eigenwillig geführten Reisebüro fand. Eine kaufmännische Ausbildung als Kompromiss – viele Gedanken, ob dies der richtige Weg sei, machte ich mir nicht, sondern war froh, in einen geordneten Rahmen einzutreten.

Ab hier begann meine berufliche Laufbahn Gestalt anzunehmen, denn nun zog ich – im Eiltempo von zwei Jahren – meine Lehre durch, arbeitete anschließend bei verschiedenen Lufthansa-City-Centern, bis ich feststellen musste, dass ein Leben im Bürostuhl als kaufmännischer Angestellter nichts für mich sei. Weder interessierte es mich, was dort getan wurde, noch konnte ich mich mit der Welt der Reisevermittlung, deren Abläufen und Hierarchien anfreunden.

Sackgasse: Kaufmann

Zwischenzeitlich war ich 1995 nach Hamburg gezogen, da sich hier die Möglichkeit des Einzugs in eine Familienimmobilie ergab, die mich weg aus der als langweilig empfundenen

Stadt Hannover und meinem Elternhaus führte. So begann in Hamburg schließlich ab 1995 mein akademischer Berufsweg mit einiger Verzögerung, zunächst im Rahmen eines Abendstudiengangs an der Verwaltungs- und Wirtschaftsakademie (VWA) Lüneburg. Während ich tagsüber meinen Unterhalt im Lufthansa-City-Center am Dammtor im ‚Backoffice' mehr schlecht als recht verdiente, fuhr ich abends dreimal pro Woche nach Lüneburg, um dort in die Geheimnisse der Betriebswirtschaftslehre eingeweiht zu werden. Im Verlaufe dieses Abendstudiums stellte sich jedoch für mich zusehends heraus, dass der kaufmännische Bereich für mich endgültig zu einem Rohrkrepierer werden würde – da half auch das weiterführende, berufsbegleitende Studium an der VWA Lüneburg nichts, das ich dennoch erfolgreich 1999 mit dem Titel „Betriebswirt (VWA)" abschließen konnte. Mein Kaufmannsdasein führte in eine Sackgasse.

Zwischenzeitlich hatte ich mich 1998 für ein ‚richtiges' Studium entschieden – irgendetwas ‚Soziales' sollte es sein, um später in diesem Bereich tätig werden zu können. Was genau das hätte sein können, war mir zu diesem Zeitpunkt noch nicht klar und eine Vorstellung davon hatte ich auch nicht. Mittlerweile war ich knapp dreißig Jahre alt. Warum es ausgerechnet die HWP geworden ist, wo ich mich mit meinen vielen Wartesemestern bewarb, weiß ich nicht mehr genau; vermutlich reizte mich die Kombination aus wirtschaftlichen und sozialen Themen und ich sah darin zumindest eine kleine Kontinuität zu meiner früheren Ausbildung. Es kann aber auch sein, dass der Studienbeginn im Frühjahr anstatt im Herbst mich lockte. 1998 wurde ich angenommen und nahm das Studium auf, kündigte erleichtert die Stelle im Lufthansa-City-Center und arbeitete fortan im studentischen Reisebüro STA Travel gegenüber dem Campus. Darüber hinaus konnte ich erfolgreich BAföG beantragen. Die Einkommensverhältnisse waren damit gesichert.

Die Sprache der Soziologie

Das Studium, vor allem die persönliche Freiheit des studentischen Alltags, gefiel mir sogleich ziemlich gut, auch wenn ich in meinem anvisierten Schwerpunktfach – Soziologie – so einige Startschwierigkeiten hatte. Naiv, wie ich war, dachte ich, dass ich sofort etwas über das ‚Soziale' der Welt erfahren würde, wurde aber stattdessen mit methodologischen Überlegungen zu ‚Mikro-, Meso-, Makro- und Metaebenen' behelligt, die mir den Spaß an der Soziologie erst einmal gründlich verdarben. Es war sicherlich der behaglichen Atmosphäre an der Institution der HWP geschuldet, dass ich nicht gleich wieder die Flinte ins Korn warf. Denn die irritierende Erfahrung mit dem Grundkurs Soziologie konnte dem Lebensgefühl des Studierens langfristig nichts anhaben und ich versuchte mein Glück schließlich erneut bei dem Arbeitssoziologen Alfred Oppolzer, der in seinem Grundkurs Soziologie vor allen Dingen Klassiker wie Max Weber und Émile Durkheim las – rätselhafte Texte, denen ich zunächst nur die Faszination ihrer komplexen Sprachgewalt abgewinnen konnte.

Nun war es jedoch um mich geschehen – die schwerfällige und gleichzeitig tiefgründige Sprache der Soziologie sowie ihre Hybris, gesellschaftliche Prozesse großflächig und erhaben zu beschreiben, hinterließen einen derartigen Eindruck auf mich, dass ich fortan danach strebte, mir ein solches Wissen aneignen zu wollen und derartige Texte gedanklich zu durchdringen – auch wenn ich sie lange Zeit nicht oder nur rudimentär verstand. Sich im Geist zu erheben und die Freiheit des Denkens nutzen zu können, das beeindruckte mich sehr, und als Anfänger der Soziologie begann ich, meine Umwelt mit naiver Besserwisserei zu traktieren und letztlich zu vergraulen. Euphorisch machte ich von meinen ersten kleinen Erkenntnisfortschritten Gebrauch.

Lebenslanges Lesen

Ohne Übertreibung: Die (wissenschaftliche) Leselust hatte mich erfasst, einhergehend mit einem revitalisierten, aus grauer Vorzeit stammenden Interesse an Romanen der Weltliteratur, das sich über die Literatursoziologie verbinden ließ. Seit dieser Zeit gab ich mein gesamtes Geld und noch mehr ausschließlich für Bücher aus und kaufte mir aus sämtlichen Themenbereichen, die mir interessant erschienen (Soziologie, Philosophie, Literatur- und Kulturwissenschaft, Ökonomie

ZUR PERSON
DR. HABIL. CARSTEN HEINZE

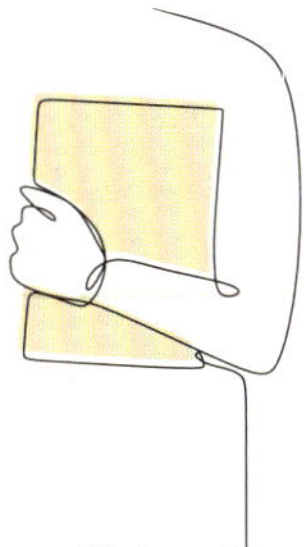

Geboren 1969 in Hannover

Abitur (1989), Zivildienst, Ausbildung zum Reisekaufmann, Tätigkeit als Reiseverkehrskaufmann 1993–1998
Studium an der HWP 1998–2003, Abschluss: Diplom-Sozialökonom, Promotion an der Universität Hamburg, Fakultät Wirtschafts- und Sozialwissenschaften 2003–2008, Abschluss: Dr. rer. pol., Habilitation an der Alpen-Adria-Universität Klagenfurt (2021, Venia Legendi: Medien- und Kommunikationswissenschaft), Lehrkraft für besondere Aufgaben (seit 2010: Universität Hamburg, Fachbereich Sozialökonomie).

„Das Studium eröffnete mir damit eine ganz neue Welt, die mein Leben komplett verändern sollte."

und Geschichtswissenschaft) eine mittelgroße Bibliothek zusammen, die mein Leben bis heute buchstäblich – im positiven wie negativen Sinne – beschweren sollte. Seitdem ist mein Tagesablauf inklusive der Wochenenden sehr klar auf lebenslanges Studieren ausgerichtet, und bis heute bin ich nicht davon abgerückt. Lesen gehört zur Grundmotivation meines Lebens und kein Tag vergeht, an dem ich mich nicht stundenweise dieser Tätigkeit hingebe.

Das Studium eröffnete mir damit eine ganz neue Welt – dies kann ich ohne Umschweife sagen –, die mein Leben komplett verändern sollte und auf das lebenslange Projekt einer Vertiefung meines Wissens hinauslief. Ich machte die interessante Erfahrung, mich nicht von meiner Vergangenheit verabschieden zu müssen, sondern vielmehr von dieser als Erfahrungsgeschichte profitieren und mir Aufklärung über ein Lebensgefühl verschaffen zu können, das ich vor meinem Studium noch nicht begreifen konnte, das mich aber ständig begleitete: Ich wurde in die Lage versetzt, das zu reflektieren, was man in der Forschung einen ‚fragmentierten' Lebensverlauf nennt, und erfuhr sehr viel über den Zusammenhang von Biografie und Gesellschaft. Mich aus einer zuvor als deprimierend wahrgenommenen Berufswelt zu befreien wurde für mich ein unglaublicher Antrieb des Studiums, dem ich jetzt jede freie Minute widmete.

Biografieforschung

Im Rahmen meines Studiums war ich vor allem an den soziologischen Leselisten der Kurse interessiert. Die ökonomischen Fächer nahm ich mit, ohne mich – ehrlich gesagt – näher dafür zu interessieren. Eine enge Beziehung entwickelte ich schon im ersten Studienabschnitt zu den Themen, die die damalige Dozentin Bärbel von Borries-Pusback anbot, die sich im Strang „Sozialisation und Sozialpsychologie" bewegten. Bei ihr schrieb ich einige Hausarbeiten und meine Abschlussarbeit zum Diplom-Sozialwirt. Mit ihr entdeckte ich für mich den Bereich der soziologischen Biografieforschung.

Neben Kursen von Winfried Laatz und Wulf Hund prägte mich ein weiteres Themenfeld, das in meiner Berufsbiografie wichtig werden sollte: die Cultural Studies, seinerzeit vertreten durch die Feministin Frigga Haug. Dieser Ansatz begleitet mich bis heute und führte mich zur Medien- und Filmsoziologie, mit der ich mich aktuell intensiv beschäftige. Im Rahmen einer Arbeitsgruppe Filmsoziologie in der Sektion Medien- und Kommunikationssoziologie der Deutschen Gesellschaft für Soziologie (DGS) führe ich gemeinsame Projekte mit Rainer Winter, einem deutschsprachigen Vertreter der Cultural Studies und der Filmsoziologie aus Österreich (Klagenfurt), durch, wo ich auch meine Habilitation im April 2021 eingereicht habe. Interessanterweise – hier führt eine Linie zurück zur ehemaligen HWP – wurden im Argument Verlag von Frigga Haug und Wolfgang Fritz Haug einige wichtige Sammelbände mit Texten von Stuart Hall aus dem Birminghamer CCCS herausgegeben. Cultural Studies spielten schon damals eine Rolle an der HWP und passten gut in den Sozialökonomischen Studiengang.

Bärbel von Borries-Pusback förderte mein Interesse für die soziologische Biografieforschung. Sie selbst beschäftigte sich historisch mit Briefkommunikation und auch ich entwickelte – vor dem Hintergrund meiner Familiengeschichte – ein historisches Interesse, was mich zur Textgattung der Autobiografie und ihren Erzählstrategien in zeitgeschichtlichen Kontexten führte. Im Rahmen des Projektstudiums, das damals noch mit dem Abschluss Diplom-Sozialökonom endete, konnte ich mich weiter mit dieser Textgattung beschäftigen, da von Borries-Pusback das Projektstudium gemeinsam mit Silke Wittich-Neven durchführte. Je tiefer ich in diesen Bereich eindrang, desto mehr konnte ich die Neigung zum interdisziplinären Arbeiten nutzen – allerdings eignete ich mir weniger sozialökonomisches als vielmehr literatur- und geschichtswissenschaftliches Wissen an, um den Zusammenhang autobiografischen Schreibens in zeitgeschichtlichen und gesellschaftlichen Kontexten besser verstehen zu lernen. Mein Studium schloss ich mit „sehr gut" ab.

Auf Zeit spielen: Promotion

Nach Beendigung des Studiums 2003 bot sich mir sehr schnell die Gelegenheit, über ein HWP-Stipendium der GdFF (Gesellschaft der Freunde und Förderer) zu promovieren. Dabei stellte ich mir zu diesem Zeitpunkt weniger eine wissenschaftliche Karriere vor, sondern ich wollte erst einmal auf Zeit spielen, Zeit gewinnen, um mich weiter mit den liebgewonnenen Themen intensiv zu beschäftigen und meinem sich nun voll etablierten inneren Antrieb des Studierens nachzugehen. Ich baute mein Wissen aus. Ich stellte mir ein Promotionsprojekt vor, in dem ich Zeitgeschichte aus subjektiver Perspektive unter Berücksichtigung der ehemaligen DDR qualitativ auf

Grundlage von Autobiografien untersuchen wollte. Im Laufe der Zeit erwarb ich einen großen Bestand an literarischen Selbstzeugnissen, musste mich am Ende aber auf die dichte Beschreibung und Interpretation von fünf Autobiografien beschränken (*Identität und Geschichte in autobiografischen Lebenskonstruktionen: Jüdische und nicht-jüdischen Vergangenheitsbearbeitungen in Ost- und Westdeutschland*, erschienen 2009 im VS Verlag für Sozialwissenschaften). Leider verstarb Bärbel von Borries-Pusback viel zu früh im Jahr 2010, kurz nachdem sie mich erfolgreich hatte promovieren können.

Während der Zeit meiner Promotion sammelte ich bereits erste Lehrerfahrung, arbeitete als Tutor und hatte sogar die ehrenvolle Gelegenheit, zwei Semester eine Vertretungsprofessur am damaligen institutionellen Übergangskonstrukt Department für Wirtschaft und Politik in der Zeit der Umstrukturierungsprozesse zu übernehmen. Mit Blick auf das Ende meiner Promotion wurde die Frage, was ich danach arbeiten könnte, immer dringlicher – ich war bereits Ende dreißig. Eine Reihe von Bewerbungen, auch im wissenschaftlichen Bereich, blieb erfolglos. Meine Bemühungen, in der Sektion Biografieforschung der Deutschen Gesellschaft für Soziologie (DGS) wissenschaftlich Fuß zu fassen, wurden enttäuscht – das erste Mal erlebte ich dort die harten Selektionskriterien führender Sozialforscher*innen und war irritiert, wie man den Nachwuchs (nicht) behandelte.

Keine Denkschulen

Ich war akademisch sehr ‚frei' erzogen worden. Bärbel von Borries-Pusback ließ mir in meiner Arbeit immer freie Hand und begleitete diese wohlwollend und unterstützend. Den Zwang zu ‚Denkschulen' kannte ich nicht – zumindest am Anfang. Fachdisziplin und hierarchische Einordnung, wie sie kennzeichnend für viele Nachwuchswissenschaftler*innen-Karrieren sind, habe ich bei ihr nicht erlebt, traf auf diese aber in der rauen Welt der Sektionsarbeit. Mit Bärbel von Borries-Pusback habe ich gelernt, mir selbstständig Themenbereiche zu erschließen, ohne mich in ein Unterordnungsverhältnis begeben zu müssen, wie es die meisten Nachwuchswissenschaftler*innen über sich ergehen lassen müssen. Meiner Ansicht nach hat sie damit ihren akademischen Auftrag erfüllt und mir ermöglicht, einen eigenen Weg zu gehen und selbstständiges Arbeiten mit allen Quälereien zu erlernen, mir eine eigene kritische Perspektive zu erschließen. Meine Aktivitäten innerhalb der Sektion Biografieforschung beendete ich mit einer großen, interdisziplinär ausgerichteten Jahrestagung in den Gebäuden Von-Melle-Park (VMP) 9 im Jahr 2011.

Es zeichnete sich ab, dass in der Zeit meines Promotionsabschlusses 2008/9 personelle Veränderungen am Department anstanden. So ergab es sich – mit kaum zu überschätzender Unterstützung von Ulla Ralfs, die damals im Vorstand des Departments saß und als Fachgebietsleiterin der Soziologie an der universitären Weiterentwicklung der ehemaligen HWP-Stellen beteiligt war –, dass ich mich erfolgreich auf die entfristete Stelle einer Lehrkraft für besondere Aufgaben (LfbA) bewarb, die ich seit 2010 im Fachgebiet Soziologie innehabe. Nach vielen personellen Veränderungen gehöre ich im gegenwärtigen Lehrkörper des Fachgebiets mittlerweile zu den am längsten dort arbeitenden Wissenschaftler*innen.

Freiheit

Ich glaube in aller Bescheidenheit behaupten zu dürfen, dass ich meine wissenschaftlichen Neigungen verstetigen konnte. Lehraufträge führten mich zu verschiedenen anderen Universitäten, eine weitere, mehrsemestrige Vertretungsprofessur an der Universität Koblenz-Landau kam ab Oktober 2020 hinzu. Ich bin in der Soziologie gut vernetzt und habe diverse Buch- und Tagungsprojekte mit Wissenschaftler*innen aus der Soziologie und angrenzenden Disziplinen durchgeführt. Obwohl ich keine Professur besetze – und mich auch selten auf welche beworben habe –, genieße ich das Privileg wissenschaftlich ‚freien' Arbeitens. Diese Freiheit, die meinen persönlichen Antrieb förderte und die ich mit einem hohen, freiwilligen Arbeitspensum fülle, schließt an frühere Bedürfnisse an: ‚Frei' zu sein war ein mich ständig begleitendes Motiv meiner Biografie, das ich erfolgreich in eine Form des ‚freien' wissenschaftlichen Arbeitens umlenken konnte.

Die Art, wie ich denke, lehre und forsche, wäre undenkbar ohne die akademische Ausbildung, die ich an der HWP und am Department für Wirtschaft und Politik, der Vorläuferin des Fachbereichs, erfahren habe. Gleichzeitig habe ich gelernt, dass Lebensverläufe und berufliche Aufstiege – vor allem in der Wissenschaft – kontingent sind. Wissenschaftlicher Dünkel ist mir fremd, vielmehr habe ich für mich erkannt, dass man sich trotz intensivsten Studiums immer nur kleine Ausschnitte des Wissens aneignen kann. Diese Einsicht leitet auch mein Selbstverständnis als Dozent, das ich gegenüber den Studierenden respektvoll und kooperativ anstatt hierarchisch und direktiv auszuüben versuche. Die Freiheit der akademischen Entwicklung, die ich genossen habe, möchte ich gerne an die Studierenden weitergeben und diesen ermöglichen, sich je nach persönlichen Eignungen zu entwickeln. Diese Überzeugung, sicherlich ein Ergebnis meines damaligen HWP-Studiums, gebe ich in meinen IGK-Kursen weiter und hoffe immer wieder, damit erste Bahnen für die Studierenden auf ihrem Weg in die akademische Welt legen zu können.

Claudia Heilig in der Haseldorfer Marsch – ihrer norddeutschen Heimat

Bild: Rolf Schulten

CLAUDIA HEILIG

MUTIG SEIN UND SICH SELBST VERTRAUEN

Wenn man mich in der Schulzeit gefragt hätte, was ich später im Berufsleben einmal machen würde, hätte ich wahrscheinlich mit den Schultern gezuckt und weiter mit meinem Stuhl in der letzten Reihe in der Realschule Tornesch (Schleswig-Holstein) gekippelt. Vielleicht hätte ich auch gesagt „etwas mit Pferden" – wobei ich allerdings nicht konkret gewusst hätte, was das denn hätte sein sollen ... auch wenn meine Gedanken täglich oft mehr um Pferde kreisten als um wirtschaftliche Fragen.

Ganz sicher hätte ich aber damals nicht gedacht, dass ich nach einem wirtschaftswissenschaftlichen Doppeldiplom-Studium in Human- und Gesundheitswissenschaften promovieren würde, um danach Rabattverträge mit der Pharmabranche zu verhandeln oder neue Geschäftsprozesse für eine Krankenkasse zu entwickeln. Obwohl es mir an Vorstellungskraft sicher nie mangelte – damals sah ich mich weit von Studiengängen oder gar höheren akademischen Graden entfernt und weder Abitur noch Ökonomie schienen in Reichweite ...

Zwischen den Meeren

Geboren wurde ich 1974 als jüngstes Kind eines Kriminalbeamten und einer Büroangestellten in jenem kleinen beschaulichen Ort im Süden Schleswig-Holsteins – in Tornesch. Einem Ort, der seine Gründung dem Eisenbahnbau zwischen Altona und Kiel im 19. Jahrhundert verdankte und den viele ungerechterweise oft nur als Autobahnausfahrt wahrnehmen. Aber der mit seinen weitaus geschichtsträchtigeren Ortsteilen Esingen und Ahrenlohe meine Heimat ist. Hier wuchs ich unter der Obhut meiner Eltern und meiner sechs beziehungsweise neun Jahre älteren Brüder Dirk und Jörg wohlbehütet auf.

In diesem eher ländlich geprägten Teil im Land zwischen den Meeren ist es nicht verwunderlich, dass meine Kindheit von meiner Liebe zu meinem Pferd geprägt war. Und doch auch zugleich von der See – denn am Meer liegt und lag meine zweite Heimat: die Nordseeinsel Föhr. Auf Föhr verbrachten wir unsere Sommer. Eine wunderschöne Insel, die bei Ebbe vollständig trockenfällt und die Geheimnisse des Wattenmeers freigibt. Der frische Wind, das Rufen der Möwen, das Rauschen des Meeres bei Flut. Unsere Ferien auf Föhr waren für mich Freiheit pur. Mit den vielen anderen Kindern, die wie wir jeden Sommer mit ihren Eltern auf die Insel kamen, bauten wir Sandburgen, spielten Verstecken, machten Schnitzeljagden oder lasen gemeinsam das Comicmagazin *YPS* und bauten anschließend die *YPS*-Bastelbögen zusammen. „Kinder mit Grips lesen *YPS*" – dieses Magazin stellte für mich die ersten Weichen, Spaß am Lernen und am Entdecken haben zu können. Im Gegensatz zu seinem Vorbildmagazin, der ursprünglich von der kommunistischen Partei Frankreichs gegründeten Zeitschrift *Pif Gadget*, blieb *YPS* jedoch immer unpolitisch – und führte mich dennoch in eine Welt, die zum Nachdenken anregte.

Strömungen

Schule war denn trotzdem nicht meins. Lernen oder alles, was damit zusammenhing, war mir überhaupt nicht wichtig, sodass meine Eltern sich oft Sorgen machten, was wohl aus mir werden sollte. Meine Geschwister dagegen waren schulisch gesehen richtige Überflieger und hatten einfach immer gute Noten. Und als hätte es nicht noch gefehlt, waren sie auch noch politisch in der Jungen Union aktiv. Auch wenn meine Brüder oft für mich Leitfiguren waren, wir gemeinsam ins Fußballstadion gingen und sie stets ihre schützenden Hände über mich als ihre kleine Schwester hielten, zog es mich 1982 bereits zu einer anderen politischen Strömung hin. Gerade mal acht Jahre alt, hatte ich wenig Verständnis dafür, dass die Mehrheit des deutschen Bundestages Helmut Schmidt das Vertrauen entzog und ihn als Kanzler stürzte, sodass die Ära von Helmut Kohl beginnen konnte. Von meiner Familie hatte ich mir erklären lassen, was dort passiert war. Für mich waren diese Vorkommnisse und das Verhalten der Abgeordneten der Koalition, die ihn doch zwei Jahre zuvor gerade zum Kanzler gewählt hatten, nur gemein und absolut unfair. Mit diesen Erfahrungen prägt sich mein Sinn für Gerechtigkeit und mein erstes Interesse für die SPD. Doch es sollte noch etwas dauern, bis ich mich engagierte.

Zunächst galt es, „notentechnisch“ heil durch die Schulzeit zu kommen. Und meine Mittlere Reife schaffte ich auch nur, weil ich eine Hausarbeit über Theodor Storm schreiben konnte, um meine wenig schmeichelhafte Deutschnote auszugleichen. Hier konnte ich mit meiner Liebe zur Nordsee wortwörtlich punkten. Storms Leben, seine Werke und sein Wirken faszinierten mich als Norddeutsche sehr – und retteten zugleich meinen Abschluss. Doch nun? Etwas mit Pferden?

Getrödelt wird nicht!

Weit gefehlt, denn mittlerweile hatte ich schon eine Idee, was ich gerne werden wollte: Pharmakantin. Meine Chemielehrerin hatte mich auf die Idee gebracht, denn Chemie war eines der Fächer, die mir lagen. Doch es wäre ja zu einfach gewesen, wenn ich den Beruf der Pharmakantin einfach hätte erlernen können. Denn leider wurde dieser bei der im benachbarten Uetersen gelegenen BASF-Tochter Nordmark, die ich mir schon als Ausbildungsbetrieb ausgeguckt hatte, nur alle zwei Jahre angeboten. Und dies ausgerechnet nicht in meinem Schulabschlussjahr.

Und da in meiner Familie galt „getrödelt wird nicht“, hieß es für mich nicht ein Jahr zu warten – sondern in eine zweijährige Ausbildung zur Fotolaborantin bei der Firma Erler + Pless zu starten. Die ich dann auch erfolgreich absolvierte, um danach endlich in die Ausbildung in meinem Traumberuf zur Pharmakantin bei Nordmark einzusteigen. Dies markierte gleichzeitig den Beginn meines gewerkschaftlichen Engagements und ich trat der Gewerkschaft Chemie, Papier, Keramik (später IG Bergbau, Chemie, Energie) bei. Es folgte die Wahl in die Jugend- und Auszubildendenvertretung, weil ich etwas für andere tun wollte, und ich engagierte mich sowohl in meiner Gewerkschaft als auch beim DGB auf Kreis-, Landes- und Bundesebene. Bis heute bin ich sehr dankbar für das große Vertrauen der Gewerkschaft und die Chancen, mich in unterschiedlichen Positionen ausprobieren zu dürfen und in verschiedene Kommissionen einbringen zu können.
Doch nun nahm meine weitere berufliche Entwicklung eine dramatische Wendung. Nach einem Operationsfehler 1998 eröffnete mir mein Arzt, dass er beim Versuch, ein Überbein an der Hand zu operieren, die Nerven irreparabel beschädigt hatte – für mich als Pharmakantin, die für das Abwiegen kleinster Mengen trotz Technik ein gutes Gefühl braucht, eine Katastrophe. Mir war klar: Ich musste mich umorientieren.

ZUR PERSON
DR. CLAUDIA HEILIG

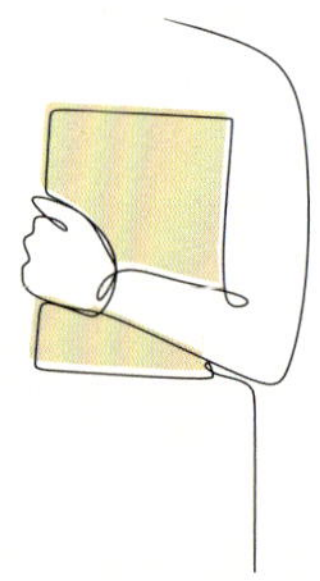

Geboren 1974 in Pinneberg
Mittlere Reife, Ausbildung zur Fotolaborantin und zur Pharmakantin;
Studium der Betriebswirtschaftslehre und der Sozialökonomie an der HWP;
Promotion zum Doktor Public Health an der Universität Bremen; während der gesamten Zeit Stipendiatin der Hans-Böckler-Stiftung;
Produktmanagerin bei der DAK-Gesundheit.

Ich will dazugehören!

Kollegen aus der Gewerkschaft berichteten mir erstmals von der HWP und der Möglichkeit, dort auch ohne Abitur nach einer Aufnahmeprüfung studieren zu können. Etwas, von dem ich zuvor noch nicht gehört hatte. Um mich mit den Räumlichkeiten für die Aufnahmeprüfung auf dem Campus vertraut zu machen, schaute ich mir vorab alles mit großer Ehrfurcht an. Und meine Gedanken waren: Ich möchte unbedingt dazugehören. Und so entschied ich, mich für einen Studienplatz an der HWP und vor allem für die Prüfung zu bewerben!

Ich, die meine Mittlere Reife mal mit Ach und Krach bestanden hatte, strebte nun nach akademischen Weihen? In meiner Familie wurde durchaus bestaunt, dass ausgerechnet ich nun studieren wollte, wo doch nicht einmal mein ältester Bruder mit Abitur dies je wollte. Unterstützung bekam ich durch meinen Onkel Wilm van Bebber, der ebenfalls an der HWP studiert hatte und nun unter anderem dort Gastdozent war. Er hat mir sehr beim Einstieg und den Vorbereitungen für die Aufnahmeprüfung geholfen – die ich dann auch nach dem Besuch verschiedener Vorbereitungskurse mit großer Disziplin meisterte. Mit gleicher Willenskraft startete ich dann 1999 in mein Studium der Betriebswirtschaftslehre und der Sozialökonomie.

Gute Organisation

Bereits in der Orientierungseinheit lernte ich fünf taffe Frauen kennen. Wir bildeten eine Lerngruppe und wurden Freundinnen. Freundschaften, die über das Studium weit hinausgingen und bis heute halten. Wir alle waren bis ins Höchste motiviert und hatten uns ganz klar vorgenommen, unser Studium zu schaffen. Und während ich in der Schule wirklich nur das Nötigste gemacht hatte, lief es jetzt ganz anders und wir absolvierten sogar deutlich mehr „Scheine" – wie Leistungsnachweise sicher unverändert bis heute genannt werden – als erforderlich. Die propädeutischen Fächer, die bis zum Ende des fünften Semesters hätten belegt werden müssen, hatten wir bereits zum Ende des zweiten Semesters erfolgreich abgeschlossen.

Das musste natürlich organisiert werden: Aus der Lerngruppe war jeweils eine von uns für ein bis zwei Fächer verantwortlich und erstellte für jedes (!) Fach ein Skript – natürlich mit Quellen- und Literaturangaben –, mit dem alle arbeiten konnten. Die jeweils Verantwortliche war übrigens auch zuständig, dass alle einen Sitzplatz in der zugehörigen Vorlesung hatten, die wir alle gemeinsam in Präsenz besuchten. Auch veranstalteten wir regelmäßige Lerntreffen für uns, in denen die jeweilige „Fachverantwortliche" auch dafür Sorge trug, dass alle das Thema verstehen. Mit großem Erfolg für uns alle. 2004 beendete ich als Diplom-Betriebswirtin und Diplom-Sozialökonomin mein Studium.

Böckler-Stiftung

Meine Lerngruppe war eine der beiden Säulen meines Erfolges, die andere war die Hans-Böckler-Stiftung. Denn ohne ihr Stipendium wäre mir das Studium nicht möglich gewesen. In meinem Studiengang gab es viele Stipendiaten und wir waren eine feste Gemeinschaft, zeitweilig sogar so etwas wie eine Familie: Wir haben als Böcklers gelernt, als Böcklers gefeiert und als Böcklers gelebt. Die Böckler-Stiftung unterstützte uns mit Fortbildungen zum Beispiel zum Thema Zeitmanagement, finanziellen Unterstützungen im Praktikaprogramm bei Nonprofit-Organisationen oder Sprachreisen. So war ich beispielsweise dank der Böckler-Stiftung längere Zeit in Paris. Aber es gab auch individuelle Unterstützungen, wie bei mir im Prozess gegen den Arzt, der meine Hand nachweislich fehlerhaft behandelt hatte.

Die Böckler-Stiftung war es auch, die mich weiter unterstützte, während ich an der Universität Bremen promovierte. Nebenbei arbeitete ich für die Analytical Services North GmbH, eine Tochtergesellschaft des Universitätsklinikums Hamburg-Eppendorf (UKE), bereits als Geschäftsführerin und kaufmännische Leitung. Die im Studium erlernte strukturierte und disziplinierte Arbeitsweise half mir in dieser Zeit sehr und so konnte ich 2009 nach nur zweieinhalb Jahren bei Professor Dr. Gerd Glaeske als meinem Doktorvater und meinem Zweitprüfer Professor Dr. Horst Zündorf von der HWP, bei dem ich bereits beide Diplomarbeiten geschrieben hatte, meine Promotion zum Doktor Public Health – Thema *Marktstrategien der pharmazeutischen Unternehmen – Wirkungen und Nebenwirkungen* – erfolgreich abschließen.

Der Kreis schließt sich

Als wäre es so geplant gewesen, schloss sich der Kreis zu meiner Ausbildung als Pharmakantin: Ich wechselte auf die für mich richtige Seite des Systems in eine gesetzliche Krankenversicherung, um zunächst unter anderem Rabattverträge mit Pharmaunternehmen zu verhandeln. Dank meiner Ausbildung hatte ich von Anfang an neben dem ökonomischen Know-how umfangreiche Kenntnisse der Inhaltsstoffe, Studien und Testergebnisse. Kurzum: Ich wusste, „wie der Hase läuft" – und das half und hilft, gute und faire Verhandlungsergebnisse im Sinne unserer Versicherten zu erzielen. Das Wissen um Strukturen und Wirkweisen hilft mir als Produktmanagerin und Prozessverantwortliche für ein individualisiertes Präventions- und Versorgungsmanagement bei der gesetzlichen Krankenversicherung bis heute.

Und auch die Kontakte zu meiner „Ursprungsgewerkschaft" habe ich bis heute aufrechterhalten, indem ich Seminare beispielsweise zum Thema „Lernen lernen" für die IG BCE Jugend gegeben habe und bis heute in der Erwachsenenbildung zum Beispiel zum Thema Gesundheitspolitik aktiv bin. Ich werde nie vergessen, wo meine Wurzeln liegen, und bin der IG BCE und der Hans-Böckler-Stiftung dankbar für das Vertrauen und die Chancen, die sie mir immer gegeben haben. Auch die großartige Möglichkeit, an der HWP nur durch eine Aufnahmeprüfung studieren zu können, hat mein Leben nachhaltig verändert. Dadurch habe ich lernen dürfen, dass mit einem starken Willen, Mut und großer Disziplin unerreichbar geglaubte Ziele und Träume wahr werden können. Und sollte es doch mal Zweifel geben, fahre ich auch heute noch nach Föhr. Bislang hat es noch kein Problem gegeben, für das ich auf kilometerlangen Strandspaziergängen keine Lösung gefunden hätte. Denn auch auf dieser Insel liegen die Wurzeln meiner Kindheit, die mich immer wieder stärken und positiv in die Zukunft blicken lassen.

Mitautor des Beitrages: Sven Donat

CONRAD HEILMANN UND VOLKER MROS

AUS DEM OSTEN AN DIE HWP

Ostdeutsche finden sich gegenseitig, egal wo. Ganz sicher galt das um die Jahrtausendwende im ehemaligen Westdeutschland, zehn Jahre nach der politischen Wende. Die Erkennungsmerkmale variierten: zum Beispiel, wer den Supermarkt „Kaufhalle" nannte oder den Führerschein „Fahrerlaubnis". Im Hörsaal der HWP, irgendwann im Herbst 2000, war es der Overhead-Projektor, den ich „Polylux" nannte, was mich, Conrad Heilmann, gegenüber meinem älteren Kommilitonen Volker Mros als jungen, aber gelernten Ossi auswies.

Conrad Heilmann

Mein eigener Weg an die HWP ist schnell erzählt. Nach meinem Abitur 1999 hatte ich eigentlich Philosophie studieren wollen. Ein Jahr Zivildienst überzeugte mich, damit zu warten. Im Uni-Ranking des *Spiegel* stieß ich auf die HWP. Ein nur dreijähriges VWL-Studium mit interdisziplinären Elementen erschien mir gerade richtig. Dass ich danach tatsächlich in der Philosophie landete, verdanke ich auch den Professoren Heinrich Epskamp und Manfred Wetzel, die Philosophie an der HWP vertraten.

Volker Mros

Ganz anders die Beweggründe meines Kommilitonen Volker, der mich zu Beginn unserer Studienzeit gleich als ostdeutsch identifizierte hatte! Im Laufe unserer Freundschaft verstand ich seinen Weg an die HWP immer besser. Er bat mich, ihn hier aufzuschreiben.

Volker wuchs in der Nähe Berlins auf, dicht an der Mauer zu Westberlin. 1983, nach der zehnten Klasse, begann er eine Schlosserlehre im Reichsbahnausbesserungswerk (RAW) in Potsdam. An Abitur war nicht zu denken gewesen – zumindest nicht ohne eine lange Verpflichtung für die Nationale Volksarmee (NVA) der DDR. Umso überraschender: Das Abi auf der Volkshochschule berufsbegleitend war danach relativ einfach möglich. Und so begann Volkers erste parallele Aktion: gelernter Schlosser im RAW und „nebenbei" Abi auf der Volkshochschule Potsdam. Zwei Jahre lang hieß das: dreimal in der Woche um 5 Uhr aufstehen, von 6.30 bis 16 Uhr arbeiten, von 17 bis 21 Uhr Schule und danach schlafen statt Disco. Ein dichter Stundenplan, wie er sicher für viele HWPler aus Studienzeiten wiedererkennbar ist – dies war jedoch zwischen 1986 und 1988 erst einmal für ein ostdeutsches Abitur in Potsdam. Dieses wurde später von der Hamburger Behörde als Fachabi eingestuft und reichte 2000 für eine Aufnahme an der HWP ohne zusätzliche Prüfung. 1988 war all das jedoch noch weit weg für Volker: Die Mauer stand und die DDR bereitete sich auf das Feiern des vierzigsten Jahrestags ihrer Gründung vor, und seine eigenen Aussichten waren, nun ja, gemischt. Eine Wehrdienstverweigerung wäre nur im Gefängnis oder bei den „Bausoldaten" (schwere Strafarbeiten mit Spaten statt Waffe) möglich gewesen. Er schickte erst einmal seine Bewerbung für ein Mathematik- und Informatik-Studium auf Lehramt ab.

Zum Glück kam die Wende. Nach der Öffnung der Grenzen ging Volker im Winter 1989 nach Hamburg: schnell weg aus der alten DDR! Neuanfang mit 22 Jahren, Umsiedlerstatus und Unterkommen bei Familie in Hamburg.

Gelernt ist gelernt. Als Schlosser fing er 1990 als Anlagenwart im Vaselinewerk Schümann im Hamburger Freihafen an und blieb dort zwei Jahre. Danach kümmerte er sich weitere zwei Jahre um seine erste Tochter, bevor er zwischen 1994 und 1997 eine Krankenpflegeausbildung in Hamburg absolvierte und danach als Krankenpfleger arbeitete, bis zum Ende des Studiums an der HWP. Bevor er sich 2000 bei der HWP bewarb, hatte Volker es noch in der Medizintechnik an der TU Harburg versucht. Für seine zweite Aktion berufsbegleitendes Lernen kam letztlich jedoch nur die HWP infrage.

Kontraste? Herrlich!

So kreuzten sich unsere Wege im Herbst 2000 – mit 13 Jahren Altersunterschied und sehr unterschiedlichen Biografien und Lebenssituationen: Ich kam mit 20 an die HWP und hatte nur Abi und Zivildienst hinter mir. Volker war 33, hatte zwei Kinder und zwei Berufsausbildungen aus zwei verschiedenen Ländern. Für ihn begann ein neues akademisches Lernen, für mich war das Eintauchen in die Lebens- und Arbeitswelt von

„Ostdeutsche finden sich gegenseitig, egal wo." Das galt auch für die beiden Ostdeutschen Conrad Heilmann und Volker Mros an der HWP. Beim Studium oder bei der gemeinsamen Radtour fand man Gemeinsamkeiten und amüsierte sich mitunter über „weltanschauliche und stilistische Kontraste" zu den Mitstudierenden

so vielen älteren Mitstudierenden wie ihm eine mindestens ebenso interessante Erfahrung wie die Studieninhalte. Wie unterschiedlich und heterogen in der Zeit nach 2000 die Studierendenschaft der HWP doch war: Für viele unserer Mitstudierenden war die HWP einfach die Hochschule, an der man Betriebswirtschaft mit einem flexiblen Stundenplan studieren konnte. Für andere wieder waren Gewerkschaftsprägung und der politisierte Charakter der HWP der Grund, warum sie von weit her gerade an die HWP gekommen waren. Was es auch war: Es lohnte sich immer, Mitstudierende nach ihrem Woher und Warum auszufragen. Berichte von Problemen aufgrund eines ausländischen Schulabschlusses kamen darin öfter vor – oft aus der DDR oder anderen ehemaligen Ostblockstaaten. Viele kamen mit solchen Abschlüssen an die HWP und konnten so studieren, was oftmals auch hieß: endlich studieren, nachholen. Die spezifisch westdeutsche Verwurzelung der HWP durch die enge Verbindung zu den Gewerkschaften und das von Alt-68ern geprägte Professorenkollegium waren um 2000 noch deutlich zu spüren. Und der weltanschauliche und stilistische Kontrast zu Mitstudierenden aus den ehemaligen Sowjetstaaten war oftmals herrlich! Studierenden aus dem ehemaligen Ostblock fielen die Mathematik- und Statistik-Kurse oft leichter, und manches Mal war es dann in Soziologie oder Marketing genau umgekehrt. Es waren nicht nur „Polylux" und „Overhead-Projektor" – auch in vielen anderen Dingen hatte es in Ost und West unterschiedliche Sprachen gegeben. All dies studierten wir an der HWP zu einer Zeit, in der sie eine eigenständige „Hamburger Universität für Wirtschaft und Politik" war – so steht es auf unseren Diplomurkunden.

ZUR PERSON
PROF. DR. CONRAD HEILMANN

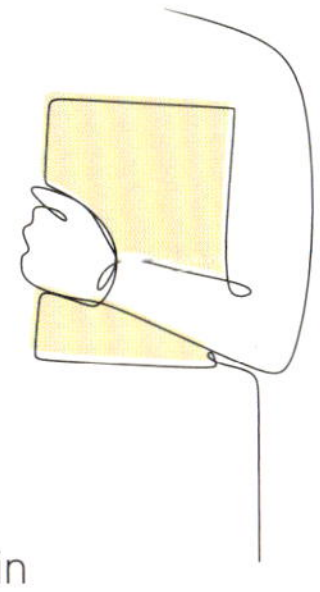

Geboren 1980 in Templin

Studium: 2000 bis 2004 (mit Erasmusjahr 2003/4 in Lille, Frankreich), VWL-Diplom

Berufliche Tätigkeit: Nach Master und PhD in Philosophie an der London School of Economics (LSE) derzeit „Associate Professor" für Philosophie der Ökonomik an der Erasmus Universität Rotterdam, Niederlande.

ZUR PERSON
VOLKER MROS

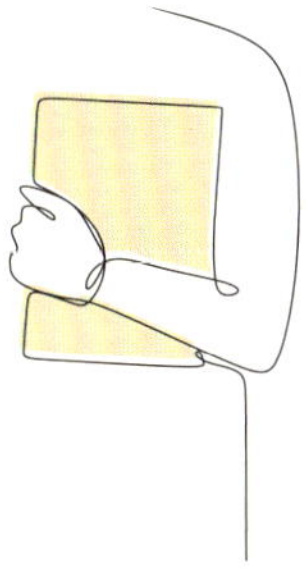

Geboren 1967 in Kleinmachnow

Ausbildung: Schlosser mit Abitur in Potsdam, Krankenpfleger in Hamburg, Studium: BWL-Diplom an der HWP

Berufliche Tätigkeit: Schlosser, Anlagenwart, Kinderbetreuung, Krankenpfleger, Vertrieb Medizinprodukte.

MARTIN SAUBER

AUFBRUCH IN DEN NEUNZIGERN

In ruhigem Fahrwasser. Martin Sauber auf der Elbe: „Ich denke bei dem Bild gerne an den Satz von Keynes: Ökonomen machen es sich zu leicht, wenn sie uns in stürmischen Zeiten nicht mehr zu erzählen haben, als dass der Ozean wieder ruhig ist, wenn sich der Sturm gelegt hat"

Didier Eribons Buch *Rückkehr nach Reims* beginnt mit harten Worten: „Ich war vor meiner Familie geflohen und verspürte nicht die geringste Lust, sie wiederzusehen." Ausgehend von dieser Kindheit in einer Arbeiterfamilie baut er den Spannungsbogen seiner autobiografisch-politischen Geschichte auf. Auch meine Ursprungsfamilie hat keinen akademischen Hintergrund, und auch in der geografischen Mitte Bayerns klingt einiges, wie in der Region um Reims, nach Krieg – so zum Beispiel der Name meiner Grundschule auf der „Schanz". Und auch die „Freiherr von Ickstatt" Knabenrealschule, die ich im Anschluss besuchte, war sicherlich kein progressives Umfeld. Meine Ausbildung zum Industrieelektroniker absolvierte ich in einem Maschinenbauunternehmen, in dem ich acht Jahre beschäftigt war. Diese Zeit war für meinen weiteren Weg prägend.

Zunächst waren es die in den 1990er-Jahren diskutierten Themen, Konflikte und gesellschaftlichen Prozesse, die mich umtrieben. Mich schockierte die rechte, rassistische Gewalt in Hoyerswerda, Rostock-Lichtenhagen, Mölln und Solingen. Dass die SPD dem damit verbundenen Abbau des Asylrechts zugestimmt hatte, verzeihen ihr viele bis heute nicht. Denn unter anderem darin liegen die Wurzeln der heutigen humanitären Katastrophen im Mittelmeer oder in Bosnien. Es waren die sogenannten „Baseballschlägerjahre". Auch ich wurde durch einen Angriff schwer verletzt. Eine politische oder polizeiliche Aufarbeitung fand nicht statt.

Politische Prägung

Es wurde viel über die Globalisierung und Standortkonkurrenz geredet. Ich versuchte, die Finanzkrisen in Asien, Mexiko, Lateinamerika, Russland zu verstehen. Konkret betroffen im betrieblichen Alltag waren wir aber eher durch Verlagerungen der Produktion in mittel- und osteuropäische Länder. Seit meiner Ausbildung bin ich gewerkschaftlich organisiert. In der Jugendvertretung und im Betriebsrat ging es um Massenentlassungen. Dort diskutierten wir, um diese wirtschaftlichen Prozesse zu interpretieren und zu verstehen – doch diese Diskussionen befriedigten mich nicht. Zu widersprüchlich, unschlüssig und wenig überzeugend waren die Antworten. Ich besuchte viele Seminare und Konferenzen der IG Metall und des DGB. Ich tauchte ein in die Materie, die neoliberalen Theorien von Universitätsdozenten auf einer DGB-Tagung irritierten mich. Auch das auf Lohnmoderation setzende Bündnis für Arbeit von 1998 leuchtete mir nicht ein. Hatten wir doch 1995 erfolgreich im Bayernstreik für die 35-Stunden-Woche gekämpft.

In meiner politischen Sozialisierung als Jugendlicher kannte ich bis dahin als Bundeskanzler nur Helmut Kohl. An ihm und seiner Politik arbeiteten wir uns ab. Umso euphorischer war die Perspektive im Bundestagswahlkampf 1998: Wir erhofften uns viel durch die linke Mehrheit im Bundestag. Wir entwickelten politische und gesellschaftliche Perspektiven, beschäftigten uns mit wirtschafts- und sozialpolitischen Fragen und diskutierten gegen den gesellschaftlich-konservativen Mainstream. Meine politische Erfahrung im betrieblichen und gewerkschaftlichen Organisieren und mein Engagement in der Jugendarbeit machten mich zuversichtlich, die Welt verändern zu können.

Zugang zur akademischen Welt

Viele dieser Debatten, auch über Ökologie und die neue Militarisierung, wurden auf Gewerkschaftsseminaren geführt. Hier lernte ich auch die ersten Studierenden der HWP kennen, die die Seminare leiteten. Ich erinnere mich noch gut an die Fensterbank, auf der Mappen mit Broschüren über die Hans-Böckler-Stiftung und die HWP lagen. Der Wunsch zu studieren reifte. Volkswirtschafts- und Betriebswirtschaftslehre, Soziologie, Arbeits- und Wirtschaftsrecht – alles spannend, und man musste sich nicht festlegen. Aber vor allem das Profil der HWP. Ohne Abitur an eine Universität, direkt mit einer Aufnahmeprüfung, eine Tradition des dritten Bildungswegs und zugeschnitten für Menschen mit Berufserfahrung. Zudem gab es eine Stiftung, die einen finanziell und ideell fördert. Das war wichtig. Denn dies waren Einzelpersonen, Institutionen und Programme, die einem als „Arbeiterkind" etwas zutrauten und einen durch Strukturen unterstützten. Die Bedeutung, die Didier Eribon in seiner soziologischen Analyse von Gesellschaft dem Habitus beimisst, teile ich völlig. Diese milieu-spezifischen kollektiven Werte, Wahrnehmungsmuster und Deutungen prägen die Teilhabe an Bildung und somit Lebensläufe – jedoch immer abhängig von den jeweiligen Institutionen. Und hier öffneten mir die Hans-Böckler-Stiftung (HBS) und die Hochschule für Wirtschaft und Politik den Zugang zu einer akademischen Welt.

Meine Ursprungsfamilie spielte so strukturell auch auf meinem Weg zur Universität nach Hamburg eine Rolle. Dennoch fühlte ich mich, im Gegensatz zu Didier Eribon, auf meinem Weg an die Universität ideell von ihr unterstützt und profitierte ganz konkret von der HBS und der HWP. Nachdem ich meine Entscheidung getroffen hatte, bereitete ich mich intensiv auf die Aufnahmeprüfung vor. Ich kündigte meinen Arbeitsvertrag erst, als ich berechtigt war, elternunabhängiges BAföG zu beziehen, und nahm im Wintersemester 2000 das Studium auf.

HWP: Vielfalt bereichert

Von der Aufnahmeprüfung und meinen gewerkschaftlichen Aktivitäten her kannte ich schon einige Studierende an der HWP, und in der Orientierungseinheit lernte ich weitere kennen. In einer kleinen Gruppe im einjährigen Interdisziplinären Grundkurs festigten sich Bindungen. Meine Kommilitonen brachten Erfahrungen aus ihren verschiedensten Lebensgeschichten mit: Familie, Beruf, Ausbildung, Studium, Migration, politisches und gewerkschaftliches Engagement. Die Studierendenschaft war recht heterogen. So gab es auch einige, die direkt mit 1,0-Abitur an die HWP kamen. Diese Vielfalt bereicherte die Seminare unheimlich. Mensch war gezwungen zu erklären, zu erläutern und zu begründen. Mit theoretischen weltfremden Gedankenexperimenten gaben sich viele hier nicht zufrieden. Realistische Annahmen und Praxisrelevanz wurden eingefordert. Wir wollten verstehen, die Verhältnisse kritisieren, Alternativen und Perspektiven aufzeigen, und wir diskutierten viel über politische Handlungs- und Konfliktfähigkeit.

Ich hatte gute persönliche Kontakte zu Prof. Dr. Jürgen Hoffmann, bei dem ich Politische Soziologie studierte, und zu Prof.

ZUR PERSON
DR. MARTIN SAUBER

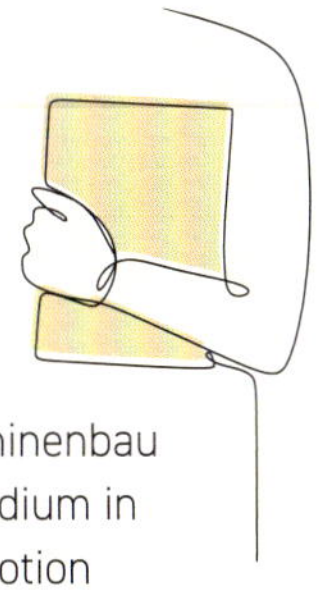

Geboren 1976 in Ingolstadt

Realschulabschluss; Ausbildung zum Industrieelektroniker, beschäftigt im Maschinenbau Studium an der HWP ab 2000, Auslandsstudium in Tansania, Masterstudium in England, Promotion

Seit 2010 arbeitet er am Fachbereich Sozialökonomie in der Lehre, ist Vertrauensdozent der Hans-Böckler-Stiftung wie auch der Rosa-Luxemburg-Stiftung und engagiert sich in sozialen Bewegungen.

Oben: Äthiopien – großes Interesse an den Lebensrealitäten im globalen Süden. Kontakte der HWP ermöglichten ein Studium im Ausland. Unten: Klimacamps – vielfältige Perspektiven kombinieren – Technik, Bildung, politisches Engagement und alternatives Leben

Dr. Wolfgang Schoeller, mit Seminaren zu globalen Ungleichheiten. Bei Prof. Dr. Harald Mattfeldt lernte ich, mit John Maynard Keynes die wirtschaftlichen Prozesse zu verstehen. Die Soziologie-Vorlesungen von Prof. Dr. Stefan Breuer faszinierten mich, Prof. Dr. Alfred Oppolzers Arbeitssoziologie baute auf meiner Arbeitserfahrung auf, Prof. Dr. Herbert Schui war eine beeindruckende Persönlichkeit. Insgesamt nahm ich das persönliche Umfeld als sehr ermutigend und wertschätzend wahr. Dies betraf nicht nur die Lehrenden, sondern auch das technische Personal und das Verwaltungspersonal, die Mitarbeitenden im Akademischen Auslandsamt und Sprachenzentrum. Mit einem Stipendium der HBS konnte ich auch in Tansania studieren, Erfahrungen in einem Praktikum in Brüssel beim Europäischen Gewerkschaftsinstitut sammeln und zum Masterstudium ans Bradford Centre for International Development nach England gehen.

Als ich mich 2005 wieder in Hamburg zur Promotion immatrikulierte, war schon viel im Umbruch. Wir kämpften für den Erhalt der Eigenständigkeit der HWP, die Aufnahmeprüfung und den Interdisziplinären Grundkurs. Ich profitierte jedoch persönlich von Gast- und Vertretungsprofessoren wie Prof. Dr. Heiner Flassbeck und Prof. Dr. Stefan Collignon und durfte bei Prof. Dr. Ulrich Fritsche und Prof. Dr. Arne Heise promovieren. Seit 2010 arbeite ich als wissenschaftlicher Mitarbeiter in der Lehre am jetzigen Fachbereich Sozialökonomie. Wenn es in der Lehre und im Studium mit Max Weber um die „Analyse aller, durch die Eigenart der ökonomischen Grundlagen unserer Kultur geschaffenen und insofern spezifisch modernen Kulturprobleme“ (Weber 1904, S. 40; zitiert in Oppolzer 1990, S. 18) geht, dann bleibt inhaltlich für mich einiges vom damaligen Profil der HWP relevant. Als wichtige Merkmale einer sozialökonomischen Lehre und Forschung gelten für mich:

• die Wechselwirkung zwischen Wirtschaft und Gesellschaft zu analysieren,
• der Praxisbezug: das heißt Themen mit realen, für die Gesellschaft relevanten Problemstellungen, welche die Entwicklung von Perspektiven/Utopien einfordern und konkreten Handlungsbedarf begründen,
• die Interdisziplinarität: insbesondere die Verbindung von soziologischen, ökonomischen, betriebswirtschaftlichen und rechtlichen Fragestellungen und Untersuchungsmethoden,
• die Berücksichtigung der Internationalität, also der Blick auf globalisierte Prozesse,
• ein Pluralismus in Theorie und Methode
• und ein verstärktes Bewusstsein für Interessenbezüge, Normativität und politische Leitbilder.

Sozialökonomie

In diesem Zusammenhang würde ich gerne eine Sozialökonomie als ein pluralistisches, integratives und interdisziplinäres Programm und eine gegenhegemoniale Programmatik diskutieren.

An der gesellschaftlichen Notwendigkeit mangelt es gewiss nicht. Wir sehen uns mit einer multiplen Krise konfrontiert. Einzelne Krisen, wie die der Klimagerechtigkeit, der Arbeit,

Generationen des Fachgebiets VWL im Gespräch: Stefan Collignon, Martin Sauber, Philipp Wahnschaffe und Nadia König (v. l. n. r.)

der Reproduktion, der Politik und der Flucht, Vertreibung und fortschreitender Militarisierung beeinflussen sich gegenseitig. Alle beruhen auf den gesellschaftlichen Produktionsverhältnissen – genauer: einer kapitalistischen, fossilen Produktions- und imperialen Lebensweise. Und diese weisen verstärkt autoritäre Züge auf und geraten immer mehr in soziale, kulturelle und politische Widersprüche. Diese artikulieren sich unter anderem auch in Bildung und Wissenschaft. Hinzu kommt aktuell noch die Covid-19-Pandemie. Und auch hier ist ein sozialökonomischer Blickwinkel wichtig. Denn vor dem Virus sind nicht alle Menschen gleich. Es verstärkt und erzeugt neue Ungleichheiten entlang der bekannten sozialen Kategorien. Ich gehe davon aus, dass sich auch an den Universitäten durch die praktizierte Digitalisierung der Lehre die sozialen Ungleichheiten in Bildungsprozessen verstärken werden.

Umso wichtiger sind Programme und Strukturen, die sich für soziale Bildungsgerechtigkeit starkmachen. In meinem Lebenslauf waren sie trotz familiären Zuspruchs und ausgezeichneter Noten im Studium bedeutsam – und das trotz meiner Privilegien als männlicher, weißer, junger und gesunder Mensch. Wenn entlang sozialer Kategorien wie Geschlecht, Ethnizität, Klasse, Nationalität, Sexualität, Alter und so weiter mehrfach und gleichzeitig diskriminiert wird, dann führt dies unweigerlich zu verstärkter Ungleichheit, Ungerechtigkeit und Marginalisierungen.

Alternativen entwickeln

Prof. Dr. Frigga Haug, emeritierte Professorin für Soziologie an der HWP, hat mit ihrer „Vier-in-einem-Perspektive“ eine gesellschaftliche Utopie entwickelt. „Es geht dabei um Gerechtigkeit bei der Verteilung von Erwerbsarbeit, Familienarbeit, Gemeinwesensarbeit und Entwicklungschancen“, so Haug. Dies ist für mich persönlich ein Ansporn, mich auf den Weg zu machen, verschiedene Lebensbereiche neu zu gestalten und zu gewichten. Schon seit einigen Jahren habe ich die Arbeitszeit am Fachbereich reduziert und teile mir die Stelle mit einem neuen Kollegen. Dadurch konnte ich mein politisch-gesellschaftliches Engagement verstärken. Ich organisiere mich mit Menschen und wir intervenieren in gesellschaftlichen Konflikten und für eine sozial-ökologische Transformation. So bin ich beispielsweise schon lange in der Klimagerechtigkeitsbewegung aktiv. Zudem nehme ich mir Zeit zum Reparieren und Werkeln und versuche mich in alternativen Wohnformen. Gerade befinde ich mich in einer zwölfmonatigen Elternzeit und habe viel Freude mit den Kindern. Vielleicht ist das ja mein Umgang mit der von Didier Eribon analysierten Melancholie des Bordieu’schen „gespaltenen Habitus“. Dann vielleicht aber eher die Fähigkeit, meine persönlichen Erfahrungen aus den unterschiedlichen Lebenswelten für meine theoretischen Analysen, die Kritik der Verhältnisse, das Entwickeln von Alternativen und die berufliche, politische und private Praxis zu nutzen.

Fragend schreiten wir voran – *Preguntando caminamos* – heißt es in der zapatistischen Bewegung in Chiapas, Mexiko. Bei allen, die mich auf meinem persönlichen Weg unterstützt haben, möchte ich mich bedanken: bei meiner Familie, Freunden, Einzelpersonen und Organisationen. Allen, die unterwegs sind, wünsche ich viel Mut, viel Erfolg und einen guten Umgang mit dem von Didier Eribon ausgemachten „progressiven Milieuwandel“. Im Foyer des Fachbereichs Sozialökonomie steht immer noch geschrieben: „Die Philosophen haben die Welt nur verschieden interpretiert, es kommt darauf an, sie zu verändern“ (Karl Marx) – und das im Sinne der Subalternen, Unterdrückten, Ausgebeuteten, Diskriminierten, Ausgegrenzten und Entrechteten.

Martin Sauber

VON DER AKADEMIE ZUM FACHBEREICH SOZIALÖKONOMIE

EINE AKADEMISCHE INSTITUTION DER (ALTERNATIVEN) ELITENBILDUNG?

von Ulla Ralfs

In den frühen 1960er-Jahren bestimmten ein ehemaliger Professor für Soziologie der Akademie für Gemeinwirtschaft und sein Nachfolger sowohl den fachinternen als auch den öffentlichen Diskurs über die Sozialstruktur Westdeutschlands, die Funktion und soziale Mobilität von Eliten eingeschlossen: Ralf Dahrendorf und Karl Martin Bolte. Während Dahrendorf in seiner kurzen Dienstzeit von zwei Jahren (von 1958 bis 1960) offensichtlich kaum zum Publizieren kam, obwohl er sowohl in seiner wissenschaftlichen Qualifikationsphase davor als auch als ordentlicher Professor für Soziologie an der Eberhard Karls Universität Tübingen danach sich durch ein in allerkürzester Zeit produziertes, umfangreiches und qualitativ anspruchsvolles Werk auszeichnete, arbeitete Bolte während seiner Akademie-Zeit (von 1961 bis 1964) an seiner 1963 erstmalig erschienenen Monografie *Struktur und Entwicklung der Bevölkerung*, die, von der Akademie finanziell gefördert und herausgegeben, zu einem Klassiker der Sozialstrukturanalyse Westdeutschlands werden sollte.[1]

Mit ‚harter' Empirie, die Bolte zugleich theoretisch anspruchsvoll einzubetten wusste, skizzierte er eine nach oben hin weitgehend geschlossene Schichtungsstruktur, bei der es zwar innerhalb der Unter- respektive Mittelschicht zu einer gewissen Aufstiegsmobilität kommen könne, nicht aber zwischen ihnen. Insbesondere aber bei der Oberschicht stellte er ein ausgeprägtes Distinktionsgebaren nach unten hin fest, welches ideologisch durch „Tendenzen zu Patriarchalismus und Konservativismus" abgesichert und durch eine „hohe Selbstrekrutierung"[2], insbesondere bei Besetzung von Führungspositionen in Wirtschaft und Politik, Elitepositionen eben, dingfest gemacht würde.

Als sich Dahrendorf zu Beginn der 1960er-Jahre ebenfalls mit Fragen zur sozialen Schichtung, zu den Rekrutierungsmechanismen und der Zusammensetzung westdeutscher Eliten, ihrem Wandel sowie, darin eingeschlossen, der Funktion von Bildung und dem Zustand des Bildungssystems zu beschäftigen begann und seine Assistenten Wolfgang Zapf und Hansgert Peisert auf die empirische Fundierung seiner Grundannahmen ansetzte, kam er nicht nur zu anderen Schlussfolgerungen als Bolte. Vielmehr gelang ihm durch die gezielte Nutzung von Presse, Radio- und TV-Sendungen eine äußerst wirksame Verbreitung seines Blicks auf die westdeutschen Eliten. Seine liberale Überzeugung, dass eine moderne, demokratisch verfasste Gesellschaft zwar auf Eliten angewiesen bleibt, sich deren herausragende (Führungs-)Positionen aber ausschließlich aufgrund von deren Meriten – sprich Leistungen – und nicht durch ihre Herkunft legitimieren müssten, ließ ihn – anders als Bolte – nach Wandlungen in der Zusammensetzung westdeutscher Eliten, aber auch nach Blockaden und retardierenden Bedingungen suchen. So sah er im Aufkommen einer „Dienstklasse", die er dadurch definierte, dass sie sich durch hohe, akademisierte Bildungsabschlüsse auszeichnet und durch ihre spezifischen Tätigkeiten zugleich ein neues Funktionssegment, den Medien- und Kulturbereich, hervorbringt, Anzeichen für eine allmähliche Auflösung der überkommenen, von ihm als ungerecht bezeichneten Sozialstruktur Westdeutschlands. Andererseits galt ihm das Bildungssystem aufgrund seiner Dreigliedrigkeit von Volks-, Realschule und Gymnasium nicht nur als Relikt der alten Ordnung, sondern zugleich als größtes Hindernis auf dem Weg zu einer gerechteren Gesellschaft.

Zwar hatte Dahrendorf bereits in seinen Akademie-Jahren die Idee des zweiten Bildungswegs starkgemacht; aber dabei ging es ihm um die Überwindung des ungleichen Zugangs zum Studium.[3] So hatte Dahrendorf zusammen mit ihrem damaligen Leiter Heinz-Dietrich Ortlieb den Sammelband *Der Zweite Bildungsweg im sozialen und kulturellen Leben der Gegenwart* zum zehnjährigen Bestehen der Akademie herausgegeben. Hierin erschien die von ihm gehaltene Festrede (neben der des Bundespräsidenten Theodor Heuss), mit der er den Terminus „Zweiter Bildungsweg" begriffsbildend einführte. Jetzt nahm er aber vor allem das Schulsystem in den Blick, avancierte zu einem einflussreichen Bildungspolitiker, der auch zu provozieren wusste, und zwar spätestens, als er

Mit kritischem Blick – auf Fotografen, die HWP und ihre (zumeist männliche) akademische Elite: Ulla Ralfs an der HWP im Jahr 1978

die Lehrerschaft auf den Plan rief, die er als hauptverantwortlich für die Bildungsmisere erklärte. Für die Zukunft der Universitäten schwebte ihm allerdings ein Modell vor, das in erstaunlicher Weise dem der Akademie glich. An Dahrendorfs Gründungsplänen und -aktivitäten zur Konstanzer Universität, in deren Gründungsausschuss er bereits 1964 berufen wurde, wird dies deutlich: So schlug er keine Volluniversität vor, sondern die Errichtung von drei Fakultäten, eine überschaubare Studierendenschaft mit maximal 3000 Studierenden, interdisziplinär organisierte Studieneingangsstufen, damit sich die Studierenden erst dann auf eine Disziplin festlegen müssen, wenn ihr Interesse geweckt ist und sie ihre Richtung gefunden haben, sowie eine stärkere Strukturierung des Studienverlaufs, verbunden mit der Hoffnung, die Studiendauer hierdurch deutlich verkürzen zu können. Und *last, but not least* eine Universität, die der anspruchsvollen Ausbildung gesellschaftlicher Eliten verpflichtet ist.

Die Akademie eine Eliteuniversität?

Das gilt zumindest für ihren Gründungsauftrag, der vorsah, Führungskräfte für den gemeinwirtschaftlichen Sektor auszubilden, alternative Eliten eben. Auch wenn es der Akademie offensichtlich zu keinem Zeitpunkt gelang, ausreichend Studierende mit gemeinwirtschaftlichem Hintergrund zu gewinnen, kann davon ausgegangen werden, dass bis in die späten 1950er- und frühen 1960er-Jahre hinein das Studium an der Akademie mit einem ungeheuren sozialen Aufstieg bis in die Funktionseliten der westdeutschen Gesellschaft verbunden war; jedenfalls weisen die regelmäßig durchgeführten Absolventenstudien darauf hin.

Dieser Pfad lässt sich bis in die frühen 1970er-Jahre nachverfolgen, und zwar bis zu dem Zeitpunkt, als endlich ihr Hochschulstatus anerkannt worden war und sie als Hochschule für Wirtschaft und Politik auf der akademischen Bildfläche erschien. Mit dieser Umwidmung ging nicht nur die Vervielfachung ihres Lehrkörpers und ihrer Studierendenschaft einher, vielmehr veränderte sich auch allmählich deren soziostrukturelle Zusammensetzung. Immer stärker gelang es der Hochschule, Studierende zu gewinnen, Frauen, Migrant*innen, die nicht wegen ihrer sozialen Herkunft, sondern wegen ihres Geschlechts oder ihrer ethnischen Herkunft am Bildungsaufstieg gehindert worden waren. Um im Bild der Bolte'schen „Zwiebel"[4] zu sprechen, deren ausschweifender Bauch durch den verhältnismäßigen Zuwachs der Mittelschichten zustande kommt: Die HWP wurde immer mittelschichtiger. Und zugleich hatte sie es mit einer nachholenden Entwicklung zu tun, die allenfalls mit individuellen Bildungsaufstiegen, aber nicht länger mit Aufstiegsmöglichkeiten in gesellschaftliche Elitepositionen verbunden war. Um im Dahrendorf'schen Bild zu bleiben: Nach Abschluss ihres Studiums fanden sich die meisten jetzt in der Dienstklasse wieder, und ihr beruflicher Status wurde immer prekärer.
Immerhin kann die HWP (oder besser: können ihre Forscher*innen) für sich in Anspruch nehmen, dass sie im Hinblick auf die Ausfaserung von Beschäftigungsverhältnissen begriffsbildend wurde. So prägte der Arbeitsrechtler Ulrich Mückenberger, der sich bereits Anfang der 1980er-Jahre der Erforschung arbeitsrechtlicher Entgrenzungstendenzen widmete, den Begriff des Normalarbeitsverhältnisses, um die sich abzeichnenden Veränderungen mithilfe dieses Idealtypus vermessen zu können. Sein 1985 in der *Zeitschrift für Sozialreform* erschienener Beitrag „Die Krise des Normal-

arbeitsverhältnisses“ gilt bis heute als grundlegend. Sukzessive sickerte diese Kategorie in die Arbeitsmarktforschung ein, wurde zur statistischen Messgröße, mit deren Hilfe unter anderem das Statistische Bundesamt auch heutzutage sogenannte atypische Beschäftigungsverhältnisse identifiziert.

Noch einmal, in den 1990er-Jahren, nach dem Fall der Mauer, dem Zerfall der Sowjetunion und des gesamten Ostblocks hatte die HWP es mit einer nachholenden Entwicklung zu tun, weil sie es Studieninteressierten aus der ehemaligen DDR und Osteuropas – im Gegensatz zu den Universitäten – leichter machte, ein Studium aufzunehmen, nicht zuletzt über das eingeübte und bewährte Instrument der Aufnahmeprüfung. Und doch: Unaufhaltsam stieg auch jetzt der Anteil der Studierenden mit Hochschulreife und ohne jegliche Berufserfahrung, und das galt auch für Studierende der sogenannten zweiten, gar dritten Generation, deren Eltern als Arbeitsmigrant*innen nach Westdeutschland gekommen waren und die hier geboren, zumindest aber großgeworden waren.

Fusion

Zu Beginn des politisch erzwungenen Fusionsprozesses mit der Universität Hamburg war die Hamburger Universität für Wirtschaft und Politik, die bereits 1993 den Universitätsstatus erhalten, aber lange – bis 2001 – gezaudert hatte, das auch im Namen kenntlich zu machen, längst nicht mehr das, was sie wie eine Monstranz als Selbstbild vor sich hertrug: eine akademische Institution, die bestehende soziale Ungerechtigkeiten auch dadurch beseitigt, dass sie durch ihre akademische Ausbildung den unbegrenzten sozialen Aufstieg bis hin zu Elitepositionen ermöglicht. Vor diesem Hintergrund war es durchaus sinnvoll, dass sie 2009, als die Gründungsphase der Fakultät Wirtschafts- und Sozialwissenschaften, in die sie als Department für Wirtschaft und Politik einging, abgeschlossen war, noch einmal umbenannt und zum Fachbereich Sozialökonomie wurde. Sozialökonomie: Das verweist nicht länger, wie in ihrer 57-jährigen Geschichte als selbstständige Institution ansonsten üblich, auf Berufsfelder, sondern auf Studien- und Forschungsinhalte, fordert sie auf, an der Kalibrierung einer neuen wissenschaftlichen Disziplin zu arbeiten und den Nachweis anzutreten, dass hierfür gerade auch in Elitepositionen eine Nachfrage besteht.

Ob sie derzeit diesem Anspruch gerecht wird, kann allerdings bezweifelt werden. Jedenfalls reicht ein interdisziplinärer Bachelorstudiengang Sozialökonomie nicht aus, um langfristig einen Fachbereich abzusichern, der nach wie vor rein zahlenmäßig, jedenfalls was die Studierenden und den Lehrkörper angeht, der größte in der Fakultät ist. Wie wenig noch an der Vorstellung von Sozialökonomie als einem verteidigungswerten Gegenstand von Forschung und Lehre festgehalten wird, lässt sich insbesondere auch daran ablesen, dass auf Master-Ebene kein Studiengang Sozialökonomie, wohl aber Master für Soziologie, Politikwissenschaft und VWL sowie einige Berufsfelder adressierende Master wie beispielsweise Human Resource Management oder Public and Nonprofit Management existieren. Ein Master Sozialökonomie wäre aber die Voraussetzung, um disziplinäre Konturen auf einem höheren Niveau heraus- und akademischen Nachwuchs heranzubilden, der den komplexen Anforderungen in diversen gesellschaftlichen (Elite-)Positionen gewachsen ist. Dazu müssten aber zuallererst das im Fachbereich vorherrschende „fragmentierte, multidisziplinäre Verständnis“ und die „traditionell-disziplinäre Zuordnung ihrer Repräsentanten“ überwunden werden, die Karsten Nowrot, Professor für öffentliches Wirtschaftsrecht, dem Fachbereich attestiert.[5]

Gibt es Zeit zum gemeinsamen Nachdenken, um das *business as usual* hinter sich zu lassen?

[1] Vgl. Bolte, Karl Martin und Dieter Kappe: *Struktur und Entwicklung der Bevölkerung*. Opladen 1963. [2] Ebenda, S. 91 und S. 92. [3] Dahrendorf, Ralf: *Die vier Bildungswege der modernen Gesellschaft unter besonderer Berücksichtigung des Zweiten Bildungswegs in den hochindustrialisierten Gesellschaften des Westens*. Heidelberg 1959, S. 37–68. [4] Tatsächlich gleicht Boltes Sozialstrukturanalyse der Form einer Gemüsezwiebel; mithin einem Bild, das sich leicht einprägen lässt und bis heute Sozialstruktur-Analysen bereichert. [5] Nowrot, Karsten: „Sozialökonomie als disziplinäre Wissenschaft“. In: GdFF (Hg.): *Alternative Eliten? Dokumentation der Arbeitstagung. 24.–26. Oktober 2014*. Hamburg 2015, S. 33–39 (hier S. 37).

ULLA RALFS

Geboren 1951, Soziologin, von 1983 bis 2016 Hochschuldozentin für Soziologie an der HWP, ab 2005 an der Universität Hamburg. Forschungsschwerpunkte und Publikationen zur Arbeits- und Organisationssoziologie, Wissenschaftssoziologie, Genderforschung und zuletzt zur Digitalisierung der Stadt. Während des Fusionsprozesses tätig als Fachgebietssprecherin Soziologie (bis 2012), Mitglied des Vorstands des Departments für Wirtschaft und Politik (bis 2009) und anschließend des Fachbereichs Sozialökonomie (bis 2012) sowie im Fakultätsrat von 2005 bis 2012.

MIBA

GELEBTE KOSMOPOLITISCHE KULTUR

von Bodo Abel

Ich kam im Wintersemester 1995 an die HWP. Die HWP hatte eine ausgeprägte internationale Orientierung mit internationalen Partnerschaften und frühzeitig eine zweistufige Studienstruktur, die dann in die international übliche Bachelor- und Masterstruktur überging. Es gab dort bereits ein Masterprogramm „Europäische Wirtschaft“ und später dann zusätzlich einen Master „Internationale Wirtschaft“. Diese beiden Programme wurden 2001 in den viersemestrigen „Master of Arts in International Business Administration“ (MiBA) überführt, den ich von Beginn bis 2013 geleitet habe.

Interkulturelle Begegnungen

MiBA war, wie an der HWP üblich, interdisziplinär. Es gab neben den betriebswirtschaftlichen Kursen wie International Marketing, International Human Resource Management, International Accounting, International Finance und International Corporate Social Responsibility auch die Fächer Recht, Soziologie und Volkswirtschaftslehre. Wir legten großen Wert auf die Vermittlung theoretischen Wissens, aus der Überzeugung heraus, dass nur durch Theorien tieferliegende Strukturen in der Wirklichkeit erkannt werden können und Theorien unverzichtbar sind, um die globale Realität – und hier gerade das komplexe Zusammenspiel von lokalen und globalen Prozessen – zu verstehen, zu erklären und in der Praxis zielgerichtet gestalten zu können.

Neben der Vermittlung theoretischen Wissens war für MiBA die Gewinnung interkultureller Erfahrung und die Herausbildung interkultureller Soft Skills wichtig. Interkulturelle Kompetenz wollten wir nicht nur erlernbar, sondern auch erlebbar machen. Aus diesem Grund hatte MiBA eigene Formen der interkulturellen Vernetzung und Zusammenarbeit entwickelt. Dies begann mit der Zusammensetzung der MiBA-Studierenden. 50 Prozent der MiBA-Studierenden waren obligatorisch Bildungsausländer und aus jedem auswärtigen Land wurden maximal fünf Studierende aufgenommen. Gelehrt wurde bilingual in Englisch und in Deutsch. Dies übrigens auch auf Wunsch der Studierenden. Gerade die ausländischen Studierenden wollten sich nicht nur in Englisch verständigen, sondern auch die Deutsch-Kompetenz belegen können.

MiBA-Studierende 2011 beim obligatorischen „MiBA-Bergfest-BBQ“ mit Gastprofessor Dr. S.-K. Kim von der EWHA Womans University, Seoul

„Die in damaligen Jahren in Deutschland virulente Diskussion um eine deutsche Leitkultur war MiBA-Studierenden immer fremd."

The whole world in one classroom war unser Slogan. Durch die besondere Zusammensetzung der Studierenden in MiBA wurde ein globaler Mikrokosmos geschaffen, der allein schon den Studierenden half, interkulturelle Zusammenhänge zu verstehen. In der täglichen Zusammenarbeit der MiBA-Studierenden konnten sie kulturelle Vielfalt erleben und lernen, damit umzugehen. Sensibilität für kulturelle Unterschiede, Toleranz und Respekt wurden verstärkt. Menschen mit unterschiedlichen Horizonten trafen aufeinander, eigene Horizonte erweiterten sich, der eigene Horizont verschmolz mit anderen Horizonten. Sehr schnell war in MiBA eine neue kosmopolitische Kultur erkennbar, die reicher war als jede Einzelkultur, die Einzelkulturen nicht ersetzte oder ablehnte, sondern sie in ihrer Vielfalt beinhaltete und in die Gestaltung globaler Prozesse einfließen konnte.

Interkulturelle Begegnung – das wurde in diesem globalen MiBA-Kosmos deutlich – ist spannend, sie schafft Chancen, Respekt zu gewinnen und übergroßen Respekt abzulegen, Selbstbewusstsein zu gewinnen, aber nicht in Überheblichkeit zu verfallen oder zu verharren. Die in damaligen Jahren in Deutschland virulente Diskussion um eine deutsche Leitkultur war MiBA-Studierenden immer fremd. Das gelebte MiBA-Grundverständnis war: Es gibt kein Ranking der Kulturen, es gibt aber viele Dinge, die wir voneinander lernen können, mit denen wir unsere Lebenswelt und auch unsere Orientierung bereichern und die Herausforderungen im Management besser bewältigen können.

MiBA-Studierende bildeten durch die wertebasierte kosmopolitische Kultur und Kompetenz eine harmonische Gemeinschaft, in der es keine Parallelgesellschaften gab. Auch sprachlich war alles fließend: Man sprach privat Deutsch oder häufig Englisch, und zwar selbst dann, wenn man ausschließlich unter Deutschen war.

MiBA wird exportiert

Diese Vermittlung interkultureller Kompetenzen und interkultureller Werte hat MiBA über den Hörsaal in Hamburg hinaus konsequent weiter vorangetrieben, und zwar durch den Export von MiBA. 2005, nun bereits als Teil der Universität Hamburg, haben wir MiBA an die Staatliche Universität für Wirtschaft und Finanzen in St. Petersburg (damals FINEC, heute UNECON) exportiert. Der Deutsche Akademische Austauschdienst (DAAD) und das Bundesministerium für Bildung und Forschung (BMBF) förderten das Projekt im Rahmen des Studienangebotes deutscher Hochschulen im Ausland. Die Fördersumme für den Zeitraum von 2005 bis 2008 betrug 258.000 Euro.

Hamburger und St. Petersburger Professoren boten ab dem Wintersemester 2005/2006 MiBA mit dem gleichen Curriculum auch in Russland an. Deutschkurse wurden zusätzlicher Teil des Curriculums in St. Petersburg. Die Studierenden in St. Petersburg konnten ein Semester in Deutschland studieren und erhielten neben dem FINEC-Diplom ein Diplom der Universität Hamburg. Zusätzlich schloss MiBA 2005 ein Abkommen mit der East China University of Science and Technology in Shanghai ab, bei dem Studierende ebenfalls ein Doppeldiplom erwerben konnten, wenn sie jeweils die Hälfte der Credit Points auf Basis des European Credit Transfer and Accumulation System (ECTS) in Hamburg und Shanghai erworben hatten. Der Export vertiefte nicht nur die wissenschaftlichen und wirtschaftlichen Beziehungen zwischen den Partnerstädten St. Petersburg, Shanghai und Hamburg, wichtig waren für MiBA der Ausbau interkultureller Erfahrung im MiBA-Lehrangebot und die Möglichkeit, die kulturelle Vielfalt und Verschiedenheit an allen Standorten erlebbar zu machen.

Dies geschah, neben der studentischen Nutzung von Auslandssemestern, insbesondere durch interkulturelle Fallstudien-Arbeit. Wir baten globale Unternehmen (zum Beispiel Apple, Mercedes, BMW, VW, EON, Siemens, Berenberg Bank, Imperial Tobacco), uns Fälle aus ihrem aktuellen globalen Management zu geben. Diese Fälle ließen wir von unseren Studierenden-Teams bearbeiten und präsentieren. Jedes Team bestand aus Studierenden aus St. Petersburg, Shanghai und Hamburg, sie mussten online zusammenarbeiten und am Ende uns und den Managern gemeinsam in einer Videokonferenz ihre Lösungen präsentieren. Diese Bearbeitung aktueller Fälle in interkulturellen Teams an unterschiedlichen Standorten stellte für die Studierenden im ersten Semester zunächst eine große Herausforderung dar, geschah im zweiten Semester aber bereits recht routiniert. Am Ende des Studiums zeigten sich viele insbesondere von dieser Zusammenarbeit begeistert.

Individuelle Fortschritte und neue Möglichkeiten

Die kleinen und großen Fortschritte der MiBA-Studierenden waren unmittelbar erkennbar. Ein ausländischer MiBA-Kommilitone begann bei einer Examensfeier seine Rede mit den persönlichen Worten, er sei sehr stolz, jetzt ausgewählt worden zu sein, eine Rede in Deutsch zu halten. Es zeige ihm, dass er persönlich sehr viel erreicht habe, denn bevor er nach Deutschland kam, habe er noch viele deutsche Begriffe durcheinandergebracht. Sein Beispiel: der Unterschied zwischen S-Bahn und Eisbein ... Seine Examensrede hielt er in perfektem Deutsch. Bei einem anderen Studenten hatte ich nach dem Bewerbungsinterview in St. Petersburg große Schwierigkeiten mir vorzustellen, dass er je eine Kompetenz und Gewandtheit erreichen könnte, die im internationalen Management unverzichtbar ist, um erfolgreich zu sein. Wir nahmen ihn auf, er arbeitete intensiv mit und war nach dem Studium sehr erfolgreich in führenden Management-Positionen tätig, für Mars, Walt Disney und bis heute für Apple.

MiBA hat seinen Absolvierenden in der ganzen Welt neue Möglichkeiten eröffnet und ihr Berufsfeld auch regional erweitert. Für sie alle gilt der Satz, den der Hapag-Gründer Albert Ballin geprägt hat: „Mein Feld ist die Welt". MiBA-Absolventen sind in der ganzen Welt zu finden, russische Studierende habe nach dem Examen zum Beispiel bei Procter & Gamble in Genf angefangen, deutsche Studierende sind nach dem Auslandssemester in Shanghai geblieben, Usbeken sind nach dem MiBA-Studium in Hamburg in das Finanzmanagement nach London gewechselt, um nur einige Beispiele von vielen zu nennen. Viele bekamen Angebote aus fremden Ländern, blieben trotzdem ihren Heimatländern verbunden und kehrten dahin zurück.

Durchdachtes internationales Konzept

Der Erfolg von MiBA zeigte sich nicht nur in den Bewerberzahlen: Auf einen der vierzig Studienplätze kamen in der Regel nahezu zehn Bewerber*innen. MiBA wurde als erster BWL-orientierter Masterstudiengang in Hamburg von der ZEvA (Zentrale Evaluations- und Akkreditierungsagentur) 2001 als Abschluss akkreditiert und dann 2006 von AQUIN turnusmäßig bis 2012 re-akkreditiert. Die Akkreditierung hat MiBA für deutsche und ausländische Studierende und ihre späteren Arbeitgeber noch attraktiver gemacht.

In einem Wettbewerb des DAAD 2008 um ein „Qualitätslabel für internationale Masterstudiengänge an deutschen Hochschulen" würdigte die Jury aus Wissenschaft und Praxis als besondere Stärken von MiBA: „das durchdachte internationale Konzept, insbesondere die gute Einbindung der Internationalität in die Lehre, das ausgewogene Verhältnis deutscher und ausländischer Studierender im Programm" und den hohen fachlichen und beruflichen Gewinn, den die Teilnehmer aus dem Studiengang zögen.

Mit meiner Pensionierung 2013 hat die Universität Hamburg die Zusammenarbeit mit den genannten Universitäten in Shanghai und St. Petersburg beendet. Die TU Braunschweig hat unter der Leitung von Prof. Dr. Wolfgang Fritz das MiBA-Programm mit der UNECON in St. Petersburg fortgeführt und dabei inhaltlich um einen technologieorientierten Managementstudiengang (ToM) zum Dual-Degree-Programm MiBA/ToM Braunschweig-St. Petersburg erweitert. Einige Hamburger Kollegen haben in dem neuen Programm in St. Petersburg weiter gelehrt und meine interkulturellen Fallstudien habe ich bis 2021 weiter angeboten. Mit dem Beginn des Krieges in der Ukraine wurde die Zusammenarbeit mit St. Petersburg mit großem Bedauern einvernehmlich sofort abgebrochen. Als eine gewisse Nachfolge von MiBA an der Universität Hamburg kann das Programm Master of international Business Administration and Sustainability (MiBAS) angesehen werden.

PROF. DR. BODO ABEL

Nach einer elfjährigen Tätigkeit im Verlagsmanagement bei G+J erhielt Abel den Ruf an die Fachhochschule Hamburg (HAW) und war dort ein Jahr Professor für Marketing. Kurze Zeit später folgte er dem Ruf an die HWP. Er war bis 2013 Professor für Betriebswirtschaftslehre, insbesondere Marketing an der Universität Hamburg und Programmdirektor des internationalen Masterprogramms „MiBA – Master of International Business Administration" an der Universität Hamburg, und dies bis Ende 2014 auch an der Staatlichen Universität für Wirtschaft und Finanzen (FINEC) in St. Petersburg, Russland.

YAMAHA
500

Aufbruchstimmung in Növenthien: Im Sommer 1985 steht das erste eigene Motorrad, eine Yamaha SR 500, für Mobilität und die große Freiheit

CHRISTIAN WIECHEL-KRAMÜLLER

WIR WAREN GROSSE TRÄUMER

Wie im Leben vieler Absolventinnen und Absolventen der HWP beziehungsweise der Akademie für Gemeinwirtschaft waren es auch bei mir äußere Beweggründe, die mich an die HWP führten. Ich bin in einfachen Verhältnissen aufgewachsen: Mein Vater war Maurer und meine Mutter Spätaussiedlerin aus dem Gebiet des ehemaligen Ostpreußens. Die schwere Alkoholabhängigkeit meines Vaters machte die familiäre Situation nicht einfacher, und so wuchs ich, geboren im Jahr 1966, in einem Dorf im Landkreis Uelzen, nicht nur in schwierigen Familienverhältnissen auf, sondern erlebte auch soziale Ausgrenzung, teils verdeckt, teils offen und sehr direkt, im alltäglichen Umgang wie auch in der Schule. Schon früh begriff ich, dass ich versuchen musste, diesem Milieu zu entfliehen, und dass Bildung der Schlüssel dazu sein könnte. Eine Hürde war, dass ich nur die dörfliche Hauptschule besuchte und der Bildungsaufstieg lang und schwierig sein würde. Ein weiteres Problem war, dass sich die Welt, bis ich 18 Jahre alt war, vor allem rund um unseren Kirchturm abspielte. Es gab noch kein Internet, und so wusste ich weder etwas über die HWP noch den zweiten Bildungsweg oder andere Weiterbildungseinrichtungen.

Zu Hilfe kam mir bei meiner Entwicklung der Umstand, dass ich bereits früh ein Interesse an Politik, Wirtschaft, Gesellschaft und Technik zeigte, und: Ich las für mein Leben gern. Es war mein Großonkel, Ludwig Busch, der mein gesellschaftspolitisches Interesse nachhaltig stärkte. Onkel Ludwig lebte in Hamburg und besuchte uns im Sommer oft für ein paar Tage in der Lüneburger Heide. Dann kümmerte sich der gelernte Tischler um die kleinen Baustellen rund um unser Haus. In bestem Hamburger Platt erzählte er mir, während er genüsslich an seiner Zigarre zog, von dem schrecklichen Krieg, den unsäglichen Nazis, der Abschaffung der Demokratie in Deutschland, den zerstörten Städten und den schwierigen Aufbaujahren. Mit leuchtenden Augen berichtete er über Willy Brandt, Kurt Schumacher, Helmut Schmidt – und die SPD, seiner Ansicht nach ein Garant für soziale Gerechtigkeit und Frieden in Deutschland und Europa. Die schrecklichen Erlebnisse der Nazi-Herrschaft hatten ihn, Sohn eines Tischlermeisters und Besitzer eines kleinen Möbelhauses, zu einem überzeugten Sozialdemokraten gemacht. Er war ein bescheidener Mann und zugleich ein guter Bekannter von Wilhelm Nölling und Elisabeth Kiausch, der späteren Senatorin und Bürgerschaftspräsidentin in Hamburg – doch dies habe ich erst viele Jahre nach seinem Tod erfahren.

Neue Horizonte

In diesen frühen Jahren förderten vor allem Bücher meine Fantasie. Sie wurden mein Tor zur Welt. Ich interessierte mich für alles, und das, was mir die Schule nicht vermitteln konnte, entdeckte ich in Zeitschriften, Büchern – und dem damaligen Schulfernsehen, das hervorragend war. Ich war alles andere als ein Überflieger. Ganz im Gegenteil, ich war ein mittelmäßiger Schüler und galt zumindest in den ersten Jahren als lernschwach. Dabei langweilte ich mich oft im Unterricht und meistens fehlte mir die Verbindung zwischen Lernstoff und Anwendung.

Ein Zeitsprung: Manfred Hansen, für viele HWPler eine Legende, fragte uns Studierende in meiner ersten Mathestunde an der HWP, wer von uns in der Schule Schwierigkeiten mit Mathematik gehabt habe. Die Mehrzahl der Arme ging sofort nach oben. ‚Mannis' Antwort auf diese Reaktion sorgte für Gejohle: „Keine Sorge, ihr werdet hier alle Mathematik verstehen. Das Problem an den Schulen ist, dass die meisten Lehrer, die Mathematik unterrichten, selber keine Mathe können, und dann kann man das natürlich auch nicht vermitteln." Manfred Hansen verstand es auf geheimnisvolle Weise, Theorie und Praxis zu verbinden: Er vermittelte uns Rechenwege mit so spannenden und lebensnahen Beispielen, dass wir Mathematik nicht als Anstrengung, sondern als Vergnügen empfanden. Ein Mathematikunterricht, der uns neue Horizonte eröffnete.

Nach dem Ende meiner Hauptschulzeit wechselte ich auf eine Schule in Uelzen, die eine zehnte Klasse anbot. Hier wollte ich in einem Schuljahr den Realschulabschluss erwerben, scheiterte jedoch kläglich. Die dörfliche Hauptschule hatte uns mit eklatanten Wissenslücken entlassen, vor allem in den Hauptfächern. Ein weiterer Grund für meine Schwierigkeiten waren die viel größere Schule und die damit verbundene Anonymität. Ein Lehrer nahm mich zum Ende des ersten Halbjahres zur Seite und vermittelte einen Intelligenztest bei der Schulpsychologin, um festzustellen, ob ich über die notwendigen kognitiven Voraussetzungen für den erfolgreichen Schulbesuch verfügte. Das Ergebnis war ein ziemlich hoher Intelligenzquotient. Mir sagte die Zahl damals nichts. Und der überraschte Lehrer vergaß in der Besprechung des Testergebnisses, mir ein paar Dinge zu erläutern – außer, dass man die Ergebnisse eines Intelligenztests nicht überbewerten dürfe. Aus heutiger Sicht kann ich dem Mann nur beipflichten – doch im Rückblick liegt die Vermutung nah, dass ich, wie viele andere meiner Generation, hochbegabt war und gerade deshalb in einem klassischen Schulsystem aneckte, das auf eine gezielte Förderung besonderer Begabungen noch nicht eingestellt war.

Nachdem mein erster Anlauf, den Realschulabschluss zu erwerben, gescheitert war, wechselte ich an die zweijährige Handelsschule – heute Berufsfachschule Wirtschaft. Hier hatte ich Glück mit den Lehrern und kam erstmals mit der Volkswirtschaftslehre in Kontakt. Ein Fach, das mir lag und leichtfiel, weil hier vor allem analytische Fähigkeiten gefragt sind. Dies fiel meinem Lehrer Jacques Voigtländer auf, der selbst HWP-Absolvent war und mich auf das Studium an der HWP aufmerksam machte.

Die Bundeswehr macht ein Angebot

Allerdings war ich damals von dem Gedanken, eine Hochschule zu besuchen, noch meilenweit entfernt und bemühte mich nach erfolgreichem Abschluss der Handelsschule und dem Realschulabschluss um einen Ausbildungsplatz. Ohne Erfolg, wie viele in meiner Generation, obwohl ich weit mehr als 100 Bewerbungen verfasste – so saß ich vom Sommer 1985 bis Ende März 1986 ohne Einkommen auf dem Trockenen. Erst als mich die Bundeswehr im April 1986 zum Wehrdienst bei der Bundesmarine einberief, ergab sich für mich eine Aufgabe und Zukunftsperspektive. Ich sollte nach Vorgabe der Marine zum Navigator ausgebildet werden und absolvierte deshalb meine Grundausbildung in der 10. Inspektion der Marineortungsschule (MOS) in Bremerhaven. Gegen Ende der Grundausbildung eröffneten mir zwei Herren von der Stammdienststelle der Marine, dass ich mit Sondergenehmigung – einer sogenannten Ministererlaubnis – dazu ausgewählt worden sei, zum Tornado-Copiloten (Waffensystemoffizier) ausgebildet zu werden. Ich sollte umgehend meine Sachen packen, denn ich sei bereits für die Sprachenschule der Bundeswehr in Köln angemeldet. Anschließend würde ich an die Flugschule nach Arizona versetzt.

Mich packte die Angst. Ich war noch nie geflogen, hatte nicht einmal ein Flugzeug aus der Nähe gesehen. Wie waren sie ausgerechnet auf mich gekommen? Die beiden Herren erklärten mir, dass Testergebnisse den Schluss zuließen, dass ich die Voraussetzungen für diese Ausbildung mitbringe, und außerdem gebe es da ja noch die Ministererlaubnis, die mir die Offizierslaufbahn auch ohne Abitur ermögliche. Ich blieb bei meinem Nein. Sie drängten mich: Mit dieser Entscheidung würde ich mir mein ganzes Leben „versauen"! Ausnahmsweise wollten sie am nächsten Tag noch einmal das Gespräch mit mir suchen, sie setzten auf meine Vernunft. Erfolglos.

ZUR PERSON
CHRISTIAN WIECHEL-KRAMÜLLER

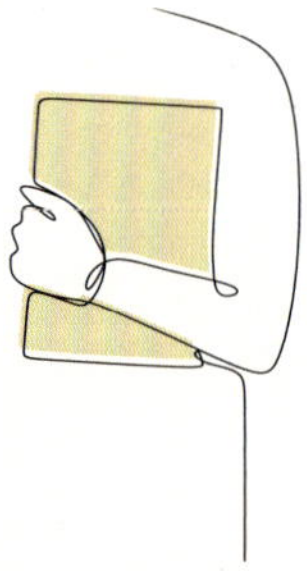

Geboren 1966 in Suhlendorf

Hauptschulabschluss, zweijährige Handelsschule mit Realschulabschluss, 1986–1990 Bundeswehr

Studium: Dipl.-Volkswirt, Lehrgang 63, 1990–1994
Berufstätigkeit: Verlagsgeschäftsführer

Die Bundeswehr spielte im Leben vieler späterer HWP-Studenten im Vorfeld ihres Studiums eine wichtige Rolle. Das Bild entstand in Bremerhaven im Juni 1986: Das Ende der Grundausbildung, Verwendungsreihe 26 (Navigation), an der damaligen Marineortungsschule war in Sicht. In der oberen Reihe, der Zweite von links, steht Maik Wiese, rechts darunter Christian Wiechel-Kramüller

Im Rückblick wundere ich mich, dass ich nicht einmal den Versuch unternahm, mich mit meinem besten Freund Maik Wiese darüber zu beraten, den ich damals in der Grundausbildung in Bremerhaven kennengelernt hatte – und so blieb ich bei meiner Entscheidung: Ich ging nicht nach Köln und schon gar nicht nach Arizona und wurde zum Ende meiner Grundausbildung auf ein Minensuchboot des 6. Minensuchgeschwaders (Düren) nach Wilhelmshaven versetzt, unterschrieb einen Vertrag und wurde Zeitsoldat für vier Jahre. Schon bald merkte ich, dass diese Art von Seefahrt nichts für mich war: Gleich mehrere Kameraden und Vorgesetzte hatten ein massives Alkoholproblem. Ich hatte den langen Weg bis hierher nicht zurückgelegt, um so zu enden. Stattdessen erinnerte ich mich an den Hinweis meines Lehrers aus meiner Zeit an der Handelsschule und fasste weit draußen auf der Nordsee den Entschluss, an die Hochschule für Wirtschaft und Politik in Hamburg zu gehen und dort Volkswirtschaft zu studieren.

Ein Entschluss, neue Hürden und Zweifel

Doch es gab noch eine wesentliche Hürde: Voraussetzung für die Teilnahme an der Aufnahmeprüfung und das Studium ohne Abitur war eine abgeschlossene Berufsausbildung, und solange ich zur See fuhr, konnte ich keine Abendschule besuchen, um dieses Problem zu lösen. Hier halfen mir tatsächlich einmal familiäre Beziehungen: Auf Vermittlung meines älteren Bruders Uwe stellte ich mich dem stellvertretenden Bataillonskommandeur (S3) des Feldartilleriebataillons 31 in Lüneburg vor und bat um seine Unterstützung bei der Versetzung von der Marine zum Heer. Kein einfacher Wechsel – aber er gelang innerhalb weniger Monate, sodass ich bereits zum 1. Januar 1987 den Dienst in der Stabs- und Führungsbatterie des Feldartilleriebataillons 31 antreten konnte. Hier wurde ich rasch zum Unteroffizier (Logistik) ausgebildet. Auch in diesen Monaten des Wechsels von der Marine zum Heer hielt mein Kontakt zu meinem Freund aus der Zeit an der MOS. Auch Maik, der aus Ellund bei Flensburg stammte und Bankkaufmann gelernt hatte, war gesellschaftspolitisch sehr interessiert. Wir beide waren große Träumer, wollten die Welt verändern und diskutierten nächtelang über Politik, Gott und die Welt.

Weil Maik sich nur für zwei Jahre verpflichtet hatte, wurde er schon im Frühjahr 1988 von der Bundeswehr entlassen, zog nach München und trat eine Stelle bei der Commerzbank an. Im Sommer desselben Jahres besuchte ich ihn mit meiner alten BMW R60/7 in München. Wir hatten großartige Tage und Nächte zwischen Biergärten und kleinen Clubkonzerten (James Brown!), und hier, irgendwo zwischen Englischem

Garten und dem Olympiapark, infizierte ich Maik mit der Idee, dass wir gemeinsam nach Hamburg gehen und dort an der HWP studieren sollten.

Maik machte Nägel mit Köpfen und absolvierte erfolgreich die Aufnahmeprüfung, ich machte an der Abendschule (Deutsche Angestellten-Akademie) eine Berufsausbildung zum Bürokaufmann. Meine Tätigkeit in der Bundeswehr-Logistik wurde mir als Berufspraxis angerechnet. Mit diesem Ausbildungsnachweis konnte ich jetzt endlich an der Aufnahmeprüfung teilnehmen! Doch ausgerechnet jetzt schwankte ich. Grund meiner Unsicherheit war das Angebot meiner Vorgesetzten, mich zum Berufssoldaten zu ernennen. Sogar ein Laufbahnwechsel wurde mir angeboten, denn mit dem Realschulabschluss und der abgeschlossenen Berufsausbildung konnte ich, mittlerweile zum Stabsunteroffizier befördert, regulär in die Offizierslaufbahn wechseln.

Jetzt war es Maik, der hartnäckig blieb: Eine Laufbahn bei der Bundeswehr sei keine Alternative zum Studium! So schlug ich die Angebote aus und nahm ohne jede Vorbereitung an der Aufnahmeprüfung teil. Es klappte im ersten Anlauf. Im März 1990 wurde ich aus dem Bundeswehrdienst entlassen. Nach einem kurzen Zwischenstopp bei einer japanischen Bank in Hamburg startete für mich das Studium an der HWP im Oktober 1990, im 63. Lehrgang.

Endlich: Studium an der HWP

Ich erinnere mich sehr genau an die Atmosphäre während der Aufnahmeprüfung. Die schriftlichen Prüfungen fanden im Audimax der Hamburger Universität statt, genau gegenüber der HWP. Der Hörsaal war – in meiner Erinnerung – brechend voll. Aufregung und Hoffnung lagen in der Luft, und das war nicht nur meine Stimmung. Obwohl hier jeder für sich selbst kämpfte und wir einander noch gar nicht kannten, gingen wir freundschaftlich miteinander um. Irgendwie hoffte jeder für jeden.

Trotz bestandener Aufnahmeprüfung begleitete mich anfangs eine tiefe Unsicherheit. So, als gehöre ich doch nicht wirklich an die Hochschule. In meiner Erinnerung sehe ich mich an einem milden Herbsttag vom Dammtorbahnhof kommend über den Campus zur HWP gehen. Ich habe eine Ledermappe mit meinen Studienunterlagen unter den Arm geklemmt und komme an der Staatsbibliothek vorbei. Kaum habe ich die Tür zur Hochschule geöffnet, überkommt mich ein fast das gesamte erste Semester wiederkehrender Gedanke: Hoffentlich merkt niemand, dass ich eigentlich gar nicht hierher gehöre. Die Psychologie bezeichnet dies als „Hochstapler-Syndrom". Doch dieses Gefühl trat immer mehr in

Nach dem Studium im Jahr 1999 als junger Assistent der Geschäftsleitung in einem Unternehmen der Bauindustrie

den Hintergrund – auch dank neuer Freundschaften, die mir ein Gefühl der Vertrautheit gaben.

Meinen Interdisziplinären Grundkurs (IGK), ein wichtiges Element des HWP-Studiums, besuchte ich bei Udo Reifner, den VWL-Einführungskurs bei Harald Mattfeldt und Soziologie hörte ich bei Alfred Oppolzer. Die HWP war kein Spaziergang. Eine Vielzahl von Scheinen war gefordert, und so war das Studium streckenweise durch intensives Pauken geprägt. Dennoch gab es viele Dozentinnen und Dozenten an der HWP, die mich in meiner Entwicklung und meinem Denken sehr beeinflusst und geprägt haben. Helmut Fangmann war einer von ihnen. Ich besuchte seine Veranstaltungen zum Öffentlichen Recht. Es gelang ihm nicht nur, für uns den Vorhang zum Öffentlichen Recht zu lüften, sondern uns auch für das Grundgesetz zu begeistern. Udo Mayer, ebenfalls Jurist, schärfte meinen Blick in Richtung Europa und weckte mein Interesse an der Europäischen Union. Auch Harald Mattfeldt, damals einer der führenden Keynesianer in Deutschland, war ein wichtiger Lehrer für mich. Bis heute verbindet uns eine enge Freundschaft. Nicht zu vergessen Wolfgang Schoeller, bei dem ich viel über internationalen Handel gelernt und auch meine Diplomarbeit geschrieben habe.

Die Stärke der HWP war zum einen die große Erfahrung mit Studierenden, die über den zweiten und dritten Bildungsweg an die Hochschule kamen. Hier leistete der Lehrkörper Großes. Manni Hansen (Mathematik), Dieter Insenhöfer (BWL und Buchführung), Karl-Heinz Plate (BWL), Edgar Castan (BWL), Heinz Spilker (VWL) und Ulla Ralfs (Soziologie) müssen hier erwähnt werden. Eine weitere Stärke war die interdisziplinäre Ausrichtung des Studiums: der Blick über den Tellerrand. Diese Interdisziplinarität hat mir in meinem späteren Berufsleben oft geholfen, und noch heute fällt mir immer wieder auf, wie häufig sich Absolventen anderer Hochschulen schwertun, wenn es darum geht, mit anderen Disziplinen zusammenzuarbeiten oder einen Paradigmenwechsel zu wagen.

Falsche Schubladen

Ganz unabhängig davon war die akademische Ausbildung fundiert und brauchte den Vergleich zu anderen Hochschulen in keiner Weise zu scheuen – ganz im Gegenteil! Trotzdem kämpfte die HWP immer wieder mit einem angedichteten „Schmuddelkind"-Image. Mehrfach hörte ich während meiner Studienzeit vor allem aus konservativen Kreisen die Kritik, diese Form des zweiten Bildungswegs stehe in erster Linie für ein fundiertes Halbwissen. Es war die Hochzeit des modernen Neoliberalismus und der Idee, dass sich alle Lebensbereiche dem Diktat der Ökonomie unterwerfen müssten. Denker wie Keynes oder Adolph Lowe wurden in dieser Phase vom Mainstream als Schnee von gestern abgetan. Schon damals wunderte ich mich darüber, weshalb sich die HWP selbst, ihre Studierenden und Ehemaligen nicht aktiv gegen diese Verunglimpfungen wehrten. Warum bildete sich nicht eine starke Alumni-Gruppe? Damit hätten sich HWP und HWPler in der Hochschullandschaft als Alternative gut positionieren und selbstbewusst auf die eigene Geschichte zurückblicken können. Diese Art der Traditionspflege hätte dem Ruf der HWP sicherlich gutgetan. Die Akademie für Gemeinwirtschaft gehörte zu den ersten Hochschulen, die in der Bundesrepublik nach dem Zweiten Weltkrieg gegründet wurden, und war in ihren frühen Jahren nicht nur eine Hochschule, sondern nach Vorbild der 1920 gegründeten Akademie der Arbeit in Frankfurt auch ein „Forschungslabor", das spätere Entwicklungen vorwegnahm, die mittlerweile zum Standardprogramm der Hochschullandschaft gehören. Mit Lehrkräften wie Ralf Dahrendorf, Karl Schiller, Eduard Heimann, Bruno Molitor, Heinz-Dietrich Ortlieb, Carl Jantke, Hans Ritschl, Karl Martin Bolte, Friedrich Neidhardt, Siegfried Landshut, Edmund Sundhoff und Gerhard Scherhorn – um nur einige zu nennen – war an der Akademie und der späteren HWP ein Spektrum interessanter Wissenschaftler tätig. Trotz aller Unterschiede in ihrer Arbeit, ihren Lebenswegen und politischen Hintergründen einte sie der Aufbruch in ein neues Denken und die Mitarbeit am Aufbau einer der modernsten Hochschulen in Deutschland, mit dem Ziel, das bürgerliche Bildungsmonopol zu durchbrechen und Führungskräfte für den gemeinwirtschaftlichen Sektor auszubilden.

Große Verluste

Die ideologische Schublade, in die die HWP in den 1970er-Jahren gedrängt wurde, war für die Hochschule nicht gut und auch für die Absolventinnen und Absolventen nicht förderlich. Vermutlich hatte das Wort „Tradition" für viele HWPler einen negativen Beigeschmack und ließ Assoziationen zu einem konservativen Elitedenken aufkommen, dem sich die HWP immer verwehrt hat. Dabei waren Akademie und HWP, ob sie nun wollten oder nicht, selbst zur Eliteschmiede geworden. Dies zeigt ein Blick auf die Vielzahl der Absolventinnen und Absolventen, die nach dem Studium eine glänzende Karriere hingelegt haben. Doch die HWP war nie eine Eliteschmiede im klassischen Sinne – sondern viel eher ein Ort alternativer Eliten. Einer alternativen Elite, die den Blick über den Tellerrand wagte und die wir gerade heute, in den Zeiten des erneuten Umbruchs, dringend brauchen! Ein Gedanke, der mir deutlich bewusst macht, wie sehr die HWP in der gegenwärtigen Hochschullandschaft fehlt.

Doch mir fehlt nicht nur die HWP – mir fehlt vor allem mein Freund Maik Wiese, der im Jahr 2006 viel zu früh verstarb. Gemeinsam, da bin ich sicher, hätten wir die Welt ein kleines Stück verändert ...

Christian Wiechel-Kramüller

CORNELIA SCHMIDT

DU KANNST ALLES, WAS DU WILLST

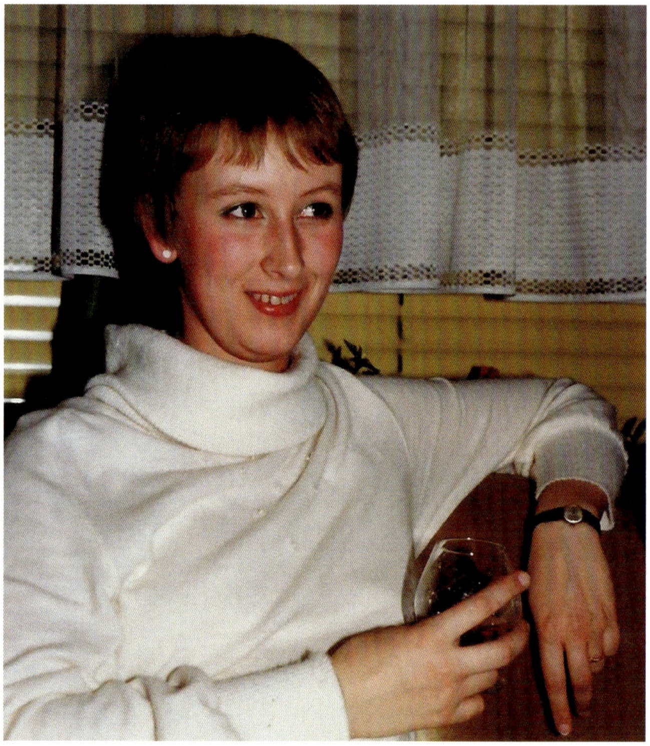

1982 – Geld verdienen statt Studium. Spannende Aufgaben als Fremdsprachensekretärin. Das Studium aus den Augen verloren ...

Dem bildungspolitischen Aufbruch, der seit Mitte der 1960er-Jahre auch in Hamburg zu einem starken Ausbau der Realschulen und Gymnasien führte, verdanke ich viel. Hätte meine Lehrerin in der Volksschule – heute Grundschule – im Elterngespräch nicht überzeugende Worte gefunden und wäre das Gymnasium nicht mit dem Fahrrad zu erreichen gewesen, meine Eltern hätten mich wohl nicht dort angemeldet.

Ich stamme aus einer Familie von Kaufleuten. Die Großeltern mütterlicherseits hatten eine Spedition, die väterlicherseits eine Fischgroßhandlung. Meine Eltern hatten beide die höhere Handelsschule abgeschlossen und, wie später auch alle meine Geschwister, kaufmännische Berufe ergriffen. Von daher ist es nachvollziehbar, dass mich mein Vater nach der zehnten Klasse vom Gymnasium nehmen und in eine kaufmännische Ausbildung geben wollte. Eigentlich lernte ich gerne, aber es gab mit sechzehn Jahren so viele andere Interessen. Letztlich habe ich es meiner Großmutter zu verdanken, dass ich auf dem Gymnasium bleiben durfte. Ihr war es wichtig, dass ihre Enkelinnen einen Beruf erlernten, der sie ernähren konnte. Sie hat sich sehr für mich eingesetzt und dafür bin ich ihr heute noch dankbar. „Du kannst alles, was du willst", war ihre Devise, und ich machte es zu meiner. So schloss ich das Gymnasium 1977 mit einem guten Notenschnitt ab.

Arbeiten fürs Studium

Gerne wollte ich studieren, doch mangels Vorbildern in der eigenen Familie waren meine Vorstellungen von einem Studium eng mit den Schulfächern verbunden, und Lehrerin wollte ich nicht werden. Biologie und Chemie waren meine Leistungskurse gewesen, Deutsch, Geografie und Geschichte mochte ich ebenfalls gern. Am meisten interessierte mich Meeresbiologie, aber nachdem ich gehört hatte, dass Mädchen nicht auf die Forschungsschiffe durften, gab ich diesen Wunsch schnell wieder auf. Vielleicht war es diese Unsicherheit, welches Studienfach ich wählen sollte, vielleicht auch die finanzielle Situation, jedenfalls machten mir meine Eltern klar, dass ich mir mein Studium selbst verdienen müsste.

Es musste also ein Beruf her, der ausreichend Geld einbrachte. Die Staatliche Fremdsprachenschule bot einen einjährigen Lehrgang zur fremdsprachlichen Sekretärin für Abiturienten an, für den ich mich bewarb. Ein Jahr erschien mir eine vertretbare Wartezeit und ich hatte die Hoffnung, dass ich bis dahin eine genauere Vorstellung vom Studium gewinnen würde. In meiner Klasse waren Mädchen mit abgebrochenem Studium, junge Mütter und natürlich viele frischgebackene Abiturientinnen. Alle hatten den Wunsch, möglichst schnell eigenes Geld zu verdienen. Mir wurde aber während dieses Jahres, in dem ich Englisch, Spanisch und Französisch, Buchhaltung und Stenografie lernte, deutlich, dass ich ohne beruf-

1999 – Bildung für die Jüngsten: Als Mutter unterwegs zur Einschulung. Das Studium musste warten ...

2007 – Lohn für alle Mühen: 2004 Abschluss als Diplom-Sozialökonomin und im Jahr 2007 M.A. Human Resource Management

liche Praxis kaum Chancen hatte, mir mein Studium zu verdienen. Über eine Chiffre-Anzeige im *Hamburger Abendblatt* gab ich ein Stellengesuch auf und konnte kurz darauf sechs Bewerbungsgespräche führen. Die meisten Unternehmen waren im Groß- und Außenhandel tätig. Ich erstellte eine sorgfältige Übersicht, in der ich Gehalt, Urlaubstage, Sozialleistungen, Fahrtwege und Aufgaben miteinander verglich und entschied mich für ein mittelständisches Handelshaus. Meine Arbeit in der Abteilung Drogen- und Chemikalienhandel (Drogen sind getrocknete Pflanzen) schien mir noch am ehesten mit meinem Leistungskurs Chemie vereinbar zu sein. Mit dem festen Vorsatz, nach einem Jahr mit einem Studium zu beginnen, fing ich am 1. September 1978 an zu arbeiten.

Handel mit China

Die Aufgaben waren überraschend interessant und abwechslungsreich. Vielleicht bin ich auch nur schnell zu begeistern. Jedenfalls entwickelte ich viel Eigeninitiative und konnte bald den Stenoblock beiseitelegen und die Korrespondenz selbstständig beantworten. Besonders aufregend waren die Messen in China, die zweimal im Jahr in Guangdong als große Verkaufsmessen stattfanden und die ich von Hamburg aus mitbetreute. China war Ende der 1970er-Jahre noch ein streng abgeschottetes Land. Die Händler wohnten alle in einem Hotelkomplex für Ausländer und mussten sich wenige Fernschreiber teilen. Die Nachrichten wurden daher verschlüsselt verschickt und trafen aufgrund der Zeitverschiebung gegen Mittag ein. Die Antworten gingen am späten Abend raus, auch am Wochenende. In der Zeit dazwischen wurde der Bedarf der europäischen Kunden erhoben. Partien wurden dann ganz oder geteilt verkauft, während die Ware noch auf dem Seeweg nach Europa war. Die Zahlungen wurden über Akkreditive abgewickelt, die notwendigen Zertifikate und Dokumente mussten mit großer Genauigkeit erstellt und an die Banken weitergeleitet werden. Das war herausfordernd und das internationale Umfeld trug sicherlich auch zum Reiz der Aufgabe bei.

Der Verdienst war gut und ich hatte eine kleine Zweizimmerwohnung gemietet, die ich im asiatischen Stil einrichtete. Da die Arbeit so viel Spaß machte und das Geld für Wohnung und Urlaub benötigt wurde, trat der Wunsch nach einem Studium in den Hintergrund. Nun war ich also doch im kaufmännischen Metier gelandet, gegen das ich mich einige Jahre zuvor so vehement gewehrt hatte.

Verantwortung und Routine

Nach zwei Jahren wechselte ich in ein Unternehmen, das hauptsächlich pharmazeutische Rohstoffe handelte. Es war eine Neugründung und ich war zunächst die einzige Angestellte, was mein Aufgabengebiet enorm ausdehnte. Neben der Warendisposition und Dokumentenbearbeitung war ich nun auch für die Rechnungserstellung und die Vorbereitung der Buchhaltung zuständig. Hier konnte ich auch wieder meine Spanischkenntnisse anwenden. Meine Verantwortung wuchs mit dem Unternehmen. Ich übernahm die gesamte Abwicklung des Im- und Exportes und leitete ein Team, das aus mir und zwei weiteren Kolleginnen bestand.

1984 reduzierte ich meine Stunden und besuchte Kurse der Abendwirtschaftsschule, um als Externe meinen Abschluss als Kauffrau im Groß- und Außenhandel nachzuholen. Das Lernen fiel mir leicht und machte Spaß. An drei Abenden in der Woche saß ich nun wieder auf der Schulbank und konnte im November 1985 die schriftliche Prüfung ablegen. Für die mündliche Prüfung vor der Handelskammer hielt ich einen kurzen Vortrag über Sulfonamide, die teilweise als Antibiotika eingesetzt werden. Im Unternehmen übernahm ich neue Aufgaben. Nach dem Ausscheiden eines Mitarbeiters wurde mir der Handel mit Südkorea übertragen. Eine Aufgabe, die mir nicht sonderlich gefiel, da mir ein Gespür für die Feinheiten der Verhandlungen fehlte, wenn die Kalkulation gemacht war. Als das Unternehmen seinen Firmensitz verlegte und ein großes Lager gebaut wurde, war es meine Aufgabe, ein offenes Zolllager samt einem Bereich für Betäubungsmittel zu planen und mit den notwendigen Stellen zu verhandeln. Diese Aufgaben machten Spaß, allerdings kam nach erfolgreichem Abschluss dieses Projektes in der täglichen Routine eine gewisse Langeweile auf. Mir wurde klar, dass ich im Außenhandel nur als Händlerin weiter aufsteigen konnte. Da mir dies nicht lag, suchte ich neue Wege und dachte wieder über ein Studium nach.

Studium und Familie?

So reduzierte ich 1988 erneut meine Arbeitszeit und schrieb mich als Gasthörerin an der Universität Hamburg ein. Ich konnte leider nur den Mittwoch frei bekommen und daher war die Auswahl der Kurse sehr begrenzt. Schließlich landete ich in einem Seminar für Religionsgeschichte. Mir gefiel die Atmosphäre an der Universität besser als der Inhalt des Seminars. Ich hatte mir sofort einen Ausweis für die Staatsbibliothek besorgt und mich mit den Zettelkästen vertraut gemacht. Nach zwei Semestern bewarb ich mich für ein Studium in Geschichte und bekam prompt eine Zusage. Zwischenzeitlich hatte ich geheiratet – und da war ja auch noch der Kinderwunsch. Ich bekam Angst vor meiner eigenen Courage, meine sichere Stelle im Außenhandel aufzugeben, in die ich auch mit Kind zurückkehren konnte, und lehnte den Studienplatz schließlich ab.

1990 wurde unser erster Sohn geboren und ein Jahr später ging unsere kleine Familie nach Berlin. Mein Mann, der Ingenieur ist, übernahm dort nach der Wende den Aufbau einer Filiale für ein dänisches Unternehmen. Meine geplante Rückkehr in den Außenhandel war damit nicht möglich und ich kündigte meine Stelle kurz nach meinem zehnjährigen Jubiläum. In Berlin wurde 1992 unser zweiter Sohn geboren. Zwei Kinder, Haus, Garten und eine weitgehend unbekannte Stadt ließen mich meinen Studienwunsch schnell vergessen.

Kinderbetreuung

Als wir Ende 1993 nach Norddeutschland zurückkehrten, zogen wir in einen kleinen Ort circa 50 Kilometer nördlich von Hamburg. Idyllisch gelegen, himmlisch ruhig, mit viel Platz für Kinder war hier die Zeit stehengeblieben, zumindest was die Kinderbetreuung betraf. Unser Ältester war in Berlin bereits im Kindergarten gewesen, mit einer möglichen Betreuungszeit von 6 bis 18 Uhr. Nun wurde uns ein Kindergartenplatz von 14 bis 17 Uhr angeboten, den wir annahmen in der Hoffnung, irgendwann auf einen Vormittagsplatz wechseln zu können. Dies gelang schließlich, als mit drei Jahren auch der zweite Sohn in den Kindergarten durfte. Beide Kinder wurden nun vormittags von 8 bis 12 Uhr betreut – mit der Möglichkeit, jeweils eine halbe Stunde morgens und mittags dazuzubuchen – und ich sah mich nach einer Stelle um.

Unternehmen im Außenhandel gab es in der näheren Umgebung nicht, und so landete ich als Sekretärin in einer kleinen Gebäudereinigung. Außer einem cholerischen Chef und dem Stress einer rechtzeitigen Abholung der Kinder bot die Stelle nur wenige Herausforderungen. Nach wenigen Monaten kündigte ich und unterrichtete in der gewonnenen Zeit an der örtlichen Volkshochschule Kinder und Erwachsene in Englisch. Nun also doch eine Art Lehrerin? 1999 wechselte mein Mann in ein Unternehmen nach Hannover und wir dachten über

ZUR PERSON
CORNELIA SCHMIDT

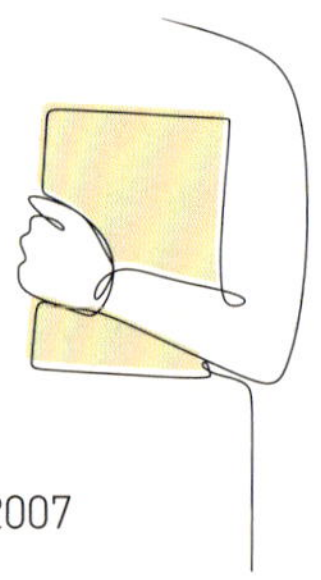

Geboren 1958 in Hamburg

Abitur; Ausbildung zur Fremdsprachensekretärin und zur Kauffrau im Groß- und Außenhandel; Studium an der HWP: 2001–2007

Spätere berufliche Tätigkeit: Betriebsberaterin, Projektreferentin und Projektleiterin in geförderten Projekten der Weiterbildung.

einen Umzug nach. Als dieser sich im Sommer 2000 zerschlug, war es zugleich für mich das Startsignal, meine berufliche Zukunft in die Hand zu nehmen. Beide Kinder gingen nun in die Schule und die Stadt hatte eine Grundschülerbetreuung eingerichtet.

Studium mit Anfang 40

Über die Volkshochschule buchte ich den vierwöchigen Kurs „ORFEUS – Orientierungskurs für Frauen zur Vorbereitung auf Erwerbseinstieg, Umschulung, Selbstständigkeit", der ein Praktikum einschloss, das ich in der Redaktion der Lokalzeitung absolvierte. Der Kurs bot verschiedene Möglichkeiten der Berufsorientierung, so auch einen Besuch des Arbeitsamtes Elmshorn. Ziel war es wohl, uns eine Tätigkeit als Callcenter Agents – damals stark gesucht – schmackhaft zu machen. Dies misslang bei mir, aber im Raum hing ein Plakat der Hochschule für Wirtschaft und Politik. Der Hinweis auf die Möglichkeit eines Teilzeitstudiums war der entscheidende Tipp. Ich zog Erkundigungen ein und besuchte die ‚Schnuppertage', die die Hochschule anbot. Dabei stellte ich fest, dass die Fahrt mit der Bahn zwar eine gewisse Pünktlichkeit erforderte, mich aber deutlich schneller und entspannter nach Hamburg-Dammtor brachte als das Auto.

Aber war ein Studium mit Anfang vierzig und zwei Kindern realistisch? Ein Gespräch mit Dieter Koch, dem Studienberater der HWP, überzeugte mich, dass ein Teilzeitstudium auch für Menschen mit Erziehungsverantwortung – wie er meine Situation umschrieb – möglich sei. Ich bewarb mich um einen Studienplatz, erhielt eine Zusage und diesmal zog ich es – mit Unterstützung der ganzen Familie – durch. Zum Sommersemester 2001 startete ich im Studiengang Sozialökonomie mit dem grünen Orientierungskurs. Die Immatrikulationsbescheinigung habe ich heute noch.

Gleich das erste Semester war ein voller Erfolg und ich konnte – trotz Teilzeitstudiums – fünf Kurse abschließen. Im IGK bei Prof. Dr. Helga Milz ging es neben einer Einführung ins wissenschaftliche Arbeiten um Geschlechterfragen. Damit war ein Schwerpunkt für mich gelegt, der mich fortan begleitete. Meine Kurse konnte ich zwischen 8.15 und 14 Uhr legen, sodass ich rechtzeitig wieder zu Hause war. Die umfangreichen Texte fürs Studium las ich in der Bahn. Da die ersten Semester zunächst nur drei Monate Präsenz in Hamburg erforderten, versuchte ich so viele private Termine wie möglich in die vorlesungsfreie Zeit zu legen. Mein Mann arbeitete in Hannover und daher wurden für die notwendige Kinderbetreuung Freunde und Nachbarn mit eingespannt. Aber ohne seine ideelle und finanzielle Unterstützung wäre das Studium nicht möglich gewesen.

Vereinbarkeit von Familie und Beruf

Nach dem Grundstudium wählte ich Volkswirtschaftslehre als Schwerpunkt, nahm aber jeden Kurs mit, der nur irgendwie in meinen Stundenplan passte. Zum Ende des Diplomstudienganges 2004 stelle ich allerdings leider fest, dass es mit Mitte vierzig praktisch unmöglich war, an den norddeutschen Wirtschaftsinstituten eine Stelle zu bekommen. Nach einer kurzen Tätigkeit in einer Unternehmensberatung bewarb ich mich für den Masterstudiengang Human Resource Management an der HWP, um meiner wissenschaftlichen Karriere doch eine eher betriebswirtschaftliche Ausrichtung zu geben. Nach erfolgreichem Abschluss konnte ich 2007 bei einem Hamburger Bildungsanbieter in einem geförderten Projekt zur Verbesserung der Vereinbarkeit von Familie und Beruf einsteigen. Dieses Thema ist mir bis heute wichtig, auch wenn ich in den folgenden Jahren zu anderen Themen wie der Förderung von Frauen und von Diversity in Unternehmen und aktuell zur Vermittlung digitaler Kompetenzen gearbeitet habe.

Ohne das Studium an der Hochschule für Wirtschaft und Politik wäre dieser Weg nicht möglich gewesen.

Cornelia Schmidt

DIRK SCHULTE

EINEN BEITRAG LEISTEN

Ich studierte von 1992 bis 1995 an der HWP. Und bevor jemand fragt – ja, ich bin der Sohn des mittlerweile legendären DGB-Vorsitzenden Dieter Schulte. Hat mich das geprägt? Natürlich hat es das. Ich komme aus einem Elternhaus, in dem der politische Diskurs, das Interesse für die Weltpolitik und soziale Fragen immer offen diskutiert wurden. Neben vielen anderen Erkenntnissen, die ich ihm verdanke, war es besonders der unter seiner Führung eingeschlagene Kurs des DGB, sich immer auch mit der Entwicklung der Wirtschaft und dem, oft damit verbundenen, gesellschaftlichen Wandel auseinanderzusetzen. Folgerichtig war eine Hochschule, die in Wirtschaft und Politik ihre Schwerpunkte setzte, eine geradezu logische Entscheidung. Es mag pathetisch klingen, aber ich wollte einen Beitrag leisten.

Die Welt retten

Ich erinnere mich an bewegte Diskussionsrunden mit meinen Kommiliton*innen im Café Arkadasch. An irgendeinem Punkt und nach genug Getränken wollten wir wieder einmal die Welt retten. Die wilden Jahre schienen vorbei. Durchaus mit ein bisschen Neid sahen wir auf die 68er, die stolz und mit jeder Menge Übertreibung von Sit-ins, Demos gegen den Krieg in Vietnam und Typen mit langen, weit über die Schultern reichenden Haaren berichteten. Natürlich lasen wir Zeitung, uns begleiteten Nachrichten aus aller Welt. Wir wussten um den Hunger in Afrika, Kinderarbeit, soziale Ungerechtigkeiten, Armut und Elend in der Dritten Welt. Und wir lebten in der Bundesrepublik Deutschland, einer international anerkannten Demokratie, die sich mit ihrer düsteren Vergangenheit auseinandergesetzt hatte und zu den führenden Wirtschaftsnationen der Welt gehörte. Aber was war, wenn man genauer hinsah? Auch bei uns, mitten in Europa, gab es noch, zum Teil gravierende, soziale Unterschiede. Dass wir damals nur, historisch gesehen, ein paar Schritte von der deutschen Wiedervereinigung entfernt waren, ahnten wir noch nicht. Und aus diesem Grund war die HWP genau der richtige Ort für uns.

ZUR PERSON
DIRK SCHULTE

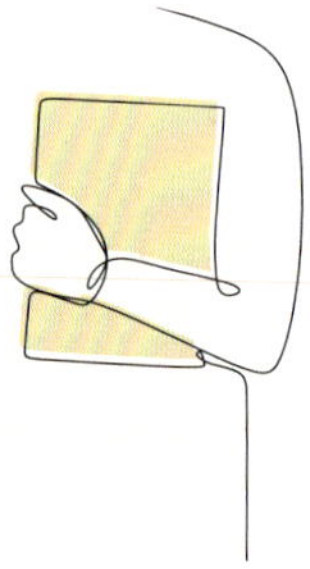

Geboren 1964 in Duisburg

Energieanlagenelektroniker bei der Thyssen Stahl AG Duisburg; Studium an der HWP 1992–1995; Diplom-Volkswirt

2015–2021 Vorstand Personal/Soziales Berliner Verkehrsbetriebe. Seit Januar 2022 Vorstand Personal/Arbeitsdirektor bei enercity AG, Hannover.

Nicht wissen – macht was!

Die Hochschule gab uns das Rüstzeug, um zu verstehen, wie unsere Gesellschaft funktioniert, und zeigte uns Stellschrauben, die ausgewechselt oder nachgedreht durchaus Veränderungen bringen konnten. Wissen ist Macht! Und nicht zu wissen macht durchaus was aus. Wir begannen wirtschaftliche Zusammenhänge zu verstehen – und dass dabei natürlich immer die Frage „Was kostet das?" beantwortet werden muss. Wir lernten aber auch die Gegenfrage zu stellen: Wie viel profitabler ist es für ein Unternehmen, wertgeschätzte und zufriedene Mitarbeiter*innen zu haben, die sich so motiviert in das erfolgreiche Wirken eines Unternehmens einbringen? Tatsächlich sind es diese beiden Fragen, die mich dann mein ganzes Berufsleben begleiten sollten.

Während ich diesen Beitrag schreibe, bin ich noch der Vorstand Personal und Soziales der Berliner Verkehrsbetriebe (BVG). Die BVG ist das größte deutsche Nahverkehrsunternehmen. Mehr als 15.500 Menschen sorgen dafür, dass die Metropole Berlin mit Bussen, Straßenbahnen, U-Bahnen und Fähren mobil ist. Die Mitarbeiter*innen unseres Unternehmens leisten an allen Tagen der Woche rund um die Uhr verlässlich und engagiert eine hervorragende Arbeit. Und die BVG ist so bunt wie die deutsche Hauptstadt. Menschen aus mehr als fünfzig Nationen gehören zum Team, es gibt jede Hautfarbe, jede Religion, jede sexuelle Orientierung und vom Azubi bis zu den Senioren arbeiten wir auch über mehrere Generationen gut und vertrauensvoll miteinander. Und natürlich hat das Unternehmen starke und selbstbewusste Arbeitnehmervertretungen, die die vielseitigen Interessen aller Mitarbeiter*innen vertreten.

Zufriedene Mitarbeiter*innen

Womit wir wieder bei der Eingangsfrage angekommen sind. Wie finde ich die Balance zwischen dem „Was kostet es?“ und dem „Wie profitabel sind zufriedene Mitarbeiter*innen?“. Zugegeben, auch wenn mein Studium mir das richtige Werkzeug mitgegeben hat, muss man dann am Ende doch jedes Problem wie ein ganz neues betrachten und entsprechende Lösungen finden, wozu auch der eine oder andere Kompromiss gehört. Fangen wir mit dem an, was zwar ganz ohne Kompromisse funktioniert, aber doch eine Menge Überzeugungsarbeit braucht, ganz besonders in einem Verkehrsunternehmen. Ja, ich rede von der Frauenquote. Dass inzwischen hier in Berlin ganz selbstverständlich Frauen Straßenbahnen, Busse und U-Bahnen steuern, war noch vor einigen Jahren eine Sensation, vor einigen Jahrzehnten – zumindest im Westteil der Stadt – undenkbar und gehört bei den Berliner Verkehrsbetrieben nun einfach zum Alltag. Und dank zielgerichteter Frauenförderung sind nun immer mehr Frauen in Führungspositionen, auch ganz oben an der Spitze des Unternehmens. Mit tatkräftiger Unterstützung der Mitarbeitervertretungen konnten wir übrigens auch durch ein auf Frauenförderung ausgerichtetes Personalmarketing viel erreichen. Ganz ohne Frage ist da noch jede Menge Luft nach oben, aber durch ein faires Miteinander und eine durchaus kritische Kosten-Nutzen-Analyse, die uns in dieser Entwicklung unterstützte, wurde ein solides Fundament gelegt.

Gute Arbeitsbedingungen, faire marktgerechte Bezahlung und soziale Sicherheit sind fraglos Parameter, an denen ein Arbeitgeber gemessen wird. Als landeseigenes Unternehmen finanziert sich die BVG aus zwei Quellen. Dies sind zum einen der Fahrscheinverkauf und zum anderen Zahlungen der öffentlichen Hand, also Steuergelder. Nachdem das Unternehmen zwischen 2017 und 2020 endlich die berühmte „schwarze Null“ erreicht hatte, war es eine selbstverständliche und akzeptable Forderung der Arbeitnehmer*innen, dass auch sie am Erfolg des Unternehmens teilhaben wollen. Ein dann 2019 ausgehandelter Tarifabschluss sicherte zum einen eine marktgerechte Vergütung für alle Beschäftigten und – für ein öffentliches Unternehmen unabdingbar – beinhaltete ein mit dem Aufgabenträger ausgehandeltes Finanzierungskonzept. Ein gutes Beispiel, wie wirtschaftlicher Erfolg und Mitarbeitermotivation zusammenpassen.

Zuletzt

Und dann kam Corona. Buchstäblich über Nacht hatten wir nur noch 30 Prozent unserer bisherigen Fahrgäste. Es galt umzudenken, und zwar in zwei Richtungen gleichzeitig. Wie nehmen wir unseren Fahrgästen die Sorge, sich in Bussen oder Bahnen mit dem Virus zu infizieren, welche Regeln gilt es aufzustellen? Und was müssen wir tun, um unsere eigenen Mitarbeiter*innen zu schützen und ihnen Vertrauen in unsere Maßnahmen zu geben? Möglichst wenig persönliche Kontakte. Wie setzt man das in einem Unternehmen mit 15.500 Mitarbeiter*innen um? Hier kam uns zugute, dass wir in unserem Vorhaben, vielseitige Möglichkeiten zur Vereinbarkeit von Beruf und Familie zu schaffen, die Möglichkeit des mobilen Arbeitens schon eingeführt hatten. So konnten sehr schnell alle Mitarbeiter*innen, die einen Büroarbeitsplatz hatten, überwiegend von zu Hause aus arbeiten. Außerdem wurden sehr schnell für alle unsere Liegenschaften entsprechende Coronaregeln eingeführt und kontrolliert. Die Arbeitsplätze unseres Fahrpersonals wurden und werden bei jedem Schichtwechsel gereinigt und in alle unsere Busse wurden verglaste Fahrerkabinen eingebaut. Genauso selbstverständlich gehörte dann die Einrichtung der durch unseren eigenen medizinischen Dienst betreuten Impfstraße dazu, die neben unseren Mitarbeiter*innen auch Angehörigen und Fahrgästen geöffnet war und sehr gut angenommen wurde. Inzwischen fahren auch wieder rund 80 Prozent unserer Fahrgäste mit uns und wir arbeiten aktiv daran, durch ein noch besseres und zielgerichteteres Angebot in den nächsten Monaten alle zurück und noch viel mehr Fahrgäste hinzuzugewinnen.

Was hat das alles mit meinem Studium an der Hochschule für Wirtschaft und Politik zu tun? Hier und an anderen guten Bildungseinrichtungen wurden und werden die Grundlagen gelegt, die uns zu schnellem, effektivem und den Menschen nützendem Handeln befähigen. Dafür bin ich dankbar und ziehe gerne und immer wieder meinen symbolischen Hut vor unseren Dozentinnen und Dozenten.

Dirk Schulte

CLAUDIA RANFT

EIN BÜCHERWURM SCHLÄGT SICH DURCH

5. März 1965. In Kassel bekommen die 19-jährige Schwesternschülerin Edda Kubsky und ihr 21-jähriger Mann Lothar Ranft, damals fernfahrender Kfz-Mechaniker, ihr erstes Kind. Anfangs noch nicht mit der Macht der Buchstaben vertraut, tat ich der Welt durch lautes, ausdauerndes Brüllen meine Meinung über den krassen Wohnortwechsel kund.

Wie damals durchaus üblich, erwartete mein Vater einen Sohn. Dass ich biologisch keiner war, hat ihn nicht weiter gestört – die ersten zwölf Jahre meines Lebens wuchs ich mit den Freiheiten eines Jungen auf und hielt meinen Erzeuger für den tollsten Papi der Welt. Die 1960er-Jahre waren eine Zeit großer gesellschaftlicher Umbrüche – meine Eltern waren 1962 über die deutsch-deutsche Grenze gekommen (wohl nicht ganz von ungefähr ohne jeglichen Zwischenfall, mein Opa väterlicherseits war engagiert bei Horch und Guck, die später beängstigendes Interesse an meinem Vater zeigten), lebten zunächst in sprichwörtlicher Armut und träumten von einem selbstbestimmten Leben ohne familiäre Gewalt oder staatliche Gängelei. Während in den USA, deren Heiligenschein damals erste Risse bekam, gegen den Vietnamkrieg, Rassismus und später auch Misogynie protestiert wurde, wehrten sich junge Menschen (nicht nur) in Deutschland gegen Geschichtsvergessenheit und verkrustete Strukturen. Mein Vater war damals mit Geldverdienen beschäftigt, hegte Auswanderungspläne (die wegen meiner Geburt und der damit verbundenen Familiengründung erst einmal auf Eis gelegt werden mussten) und führte eine Art James-Bond-Leben. Zwar ohne Lizenz zum Töten, aber dafür mit beachtlichem Erfolg als großer Charmeur. Später arbeitete er als Testfahrer bei Porsche, nahm uns alle mit zu einem Autorennen auf Sizilien und versprach mir, ich dürfe einmal mit nach Le Mans. Doch so weit sind wir noch nicht.

ZUR PERSON
CLAUDIA RANFT

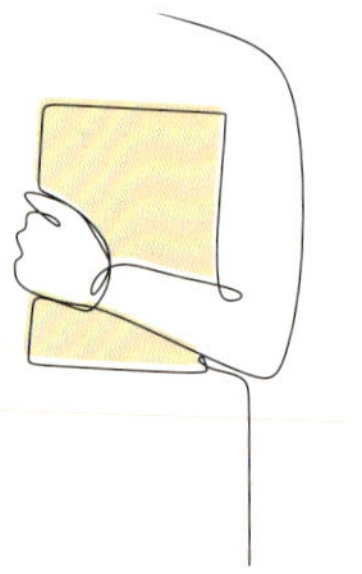

Geboren 5.3.1965 in Kassel

Grundschulbesuch in Deutschland, weiterführende Schule in Ecuador; 1984 Abschluss der Ausbildung zur Fremdsprachensekretärin

WiSe 1999 bis WiSe 2005 Studium der Sozialökonomie, Schwerpunkt VWL, Abschluss mit Diplom; vorübergehend selbstständig mit Individualreisen nach Ecuador; seit 2009 Sekretärin am Fachbereich Sozialökonomie.

Meine Mutter hingegen war wohl schon immer eine politische Person. Kritisch, aufmüpfig, tatkräftig und fantasievoll. Ich erinnere keinen Mangel – außer an mütterlicher Anwesenheit –, wir waren stets ordentlich angezogen, es gab regelmäßige Mahl- und Schlafenszeiten (um 19 Uhr war Schluss mit lustig, „der Tag ist für die Kinder, der Abend für die Erwachsenen!“) und wenn ich etwas angestellt hatte, gab es keine Schläge, sondern eher ein „gut, dass du Bescheid sagst, aber mach das nicht noch mal“. Wir wurden von anderen Kindern sehr um unsere nicht prügelnde Mutter beneidet. Als die Frauenbewegung in Fahrt kam, war meine Mutter Feuer und Flamme. Genauso wie später bei den Jusos. Was waren das für Straßenfeste! Bunt, fröhlich, frech. Ich schwärmte für einen schlaksigen Straßenmusiker, der das von den Teilnehmenden eifrig geknüpfte „soziale Netz“ besang, aber auch für David Bowie (mit sieben!), dessen androgynes Erscheinungsbild ganz wunderbar zu meinem Kinderglauben passte, dass ich ein Mensch bin, der alles darf und alles kann, solange es weder mir noch anderen schadet.

Wissensquellen in Fraktur

Die 70er waren eine gute Zeit, zweifellos, in vielerlei Hinsicht. Die Aufbruchstimmung! Der Glaube an die Veränderbarkeit der Verhältnisse! Und meine Mutter hatte einen neuen Gefährten gefunden, der politisch ähnlich tickte. Meine friedensbewegte Mutter hat in zweiter Ehe einen Berufssol-

Quito, Ecuador im Jahr 1981: unabhängig in vieler Hinsicht. Claudia Ranft lernte mit zwölf Auto fahren, verunfallte und schwor sich, in kein Auto mehr zu steigen – schon mir dreizehn Jahren saß sie deshalb auf dem Motorrad

daten geheiratet. Er war ein feiner Mensch, aufrecht, prinzipientreu, dem Gemeinwohl verpflichtet; ein Staatsbürger in Uniform im allerbesten Sinne.

Ich war, wie eingangs angedeutet, eine richtige Leseratte geworden. Kein Buch unseres heimischen Bücherregals war vor mir sicher, dickköpfig brachte ich mir selbst Fraktur bei und meine Mutter sorgte für modernen Lesestoff von Kerr, Nöstlinger, Jansson, de Brunhoff, Waechter, Marcks, Dahl, Fleming, von Tippelskirch, Korschunow ... der wunderbare Verlag Beltz & Gelberg! Heyne, Ravensburger, Goldmanns, dtv, ach, so viele Verlage, die mir jetzt nicht einfallen, haben uns Kindern tolle Literatur beschert. Und ich tauchte ein in Welten mit sprechenden Tieren, lebenden Bäumen, menschlichen Abgründen und Reisen durch Zeit und Raum, alles war möglich. Es gab so viel Schönes. Auch im noch sehr spärlichen Fernsehprogramm – die heute noch existierende Sendung mit der Maus, das feuerrote Spielmobil, Pippi Langstrumpf, die Augsburger Puppenkiste und vieles mehr. Wie gesagt: Meine Kindheit war top. Was ich damals für Berufswünsche hatte? Ich glaube, der erste war Choreografin. Nachdem ich eine selbst erdachte Aufführung zur wunderbaren Peer-Gynt-Suite wegen Unaufmerksamkeit meiner Mutter und Schwestern frustriert abgebrochen hatte, kamen noch Journalistin, Polarforscherin und Försterin dazu. Jedenfalls irgendetwas mit Biologie und wenig Menschen.

Nach Andenmetropole ausgerechnet Husum

1976 legte ich in Mindelheim die Aufnahmeprüfung für das Gymnasium ab. Gefühlt den ganzen Sommer hatte ich mit meiner Mutter Mathematik gelernt und den Lockrufen der abenteuerlustigen Nachbarskinder widerstanden. Die Restferien sollten bei meinem Vater in Ecuador verbracht werden. Daraus wurden dann acht Jahre, in denen mir abgewöhnt wurde, selbst etwas mich Betreffendes entscheiden zu wollen. Denn als 1977 mein erster Bruder geboren wurde, fiel ich aus der männlichen Lebenssphäre unversehens in die von meiner Stiefmutter dominierte weibliche. Und das war kein Spaß. Das Einimpfen von Versagensängsten, dem Gefühl, nichts zu können, nichts zu dürfen, nichts zu wollen, denn ich bekomme es sowieso nicht. Keinen Platz in dieser Welt zu haben. Dem Klischee einer weiblichen Person entsprechen zu sollen, das so gar nicht zu mir passte. Ich habe es gehasst, mein angeborenes, biologisches Geschlecht, das plötzlich mein Menschsein definieren sollte. Trotzdem schaffte ich nach zwölf Jahren einen guten, regulären ecuadorianischen Schulabschluss, als Fremdsprachensekretärin. Mein Vater hatte diesen Beruf für mich gewählt, um mich in seinem Betrieb einsetzen zu können. Weit unter meinen Möglichkeiten. Doch dazu kam es nie. Denn ich landete unfreiwillig mit 19 Jahren wieder in Deutschland. Ausgerechnet in Husum an der Nordsee, da, wo auf der Deutschlandkarte in unserem Klassenzimmer in Quito ganz viel Grün zu sehen war und sich in meiner Vorstellung lediglich Kühe tummelten. Dort wohnte ich bei meiner Mutter und fand mich langsam in ein neues Leben ein.

Gewöhnt an die quirlige Hauptstadt Ecuadors wurde mir Husum nach wenigen Jahren zu eng, die Möglichkeiten der Berufsausübung waren begrenzt, zudem war ich mit meinem Beruf alles andere als glücklich. Und so suchte ich nach einer Stadt, in der ich mich wohlfühlen konnte. Frankfurt am Main, Berlin, München, Stuttgart ... habe ich mir alle angeschaut (oftmals im Rahmen von Vorstellungsgesprächen), alle schön und gut, aber nichts für mich. Nur Hamburg hat mein Herz gefangen, gleich von Anfang an. Ich hatte Glück mit meinem ersten Arbeitgeber, konnte noch während der Probezeit auf den Posten der Chefsekretärin wechseln – aber eben auch nicht mehr davon weg. Auch ein ungeliebter Job wird geschätzt, wenn er gut gemacht wird. Ich saß dank meines Perfektionismus in der Falle. Bis eine Freundin mir von der Hochschule erzählte, an der sie ein Studium aufnehmen wollte. Dort gebe es die Möglichkeit, zur Not auch ohne Abitur über eine Aufnahmeprüfung einen Studienplatz zu bekommen. Der Köder war ausgeworfen. Geschluckt hatte ich ihn noch nicht! Ja, ich war unzufrieden, aber wie das so ist: Was die Bäuerin nicht kennt, das frisst sie nicht. Auch wenn das, was sie kennt, nicht schmeckt. Erst einmal. Mein Schulabschluss war noch gar nicht anerkannt, darum hatte ich mich nie gekümmert. Nur meine Führerscheine für Auto und Motorrad hatte ich noch in Husum, kurz vor Ablauf der Frist, umschreiben lassen. Die ganze Bürokratie schreckte

An der HWP konnten studentische, selbstverwaltete Gruppen wie das *FrauenLesbenKollektiv* frei agieren. Das FLK hatte eine lange feministische Tradition, die eine kleine, offene Gruppe unterschiedlichster Frauen bis zuletzt aufrechterhielt

mich. Und tief in meinem Herzen war ich immer noch davon überzeugt, nach Ecuador zu gehören, nicht in Deutschland bleiben zu wollen. Das änderte sich erst ein wenig, nachdem ich meinen Mann kennengelernt hatte. Plötzlich ging mir meine Unzufriedenheit auf die Nerven – sich eine Zeitlang über etwas zu beschweren ist okay, aber irgendwann müssen dann auch mal Konsequenzen gezogen werden!

Die beste Zeit des Lebens

Ich bestand die Aufnahmeprüfung an der HWP und wäre 1994 fast zur Studentin geworden. Aber eine große, international agierende Umweltorganisation suchte nach einer Assistentin für die Verkehrskampagne, das reizte mich sehr. Und ich bekam die Stelle! Fünf Jahre blieb ich dem Verein treu, lernte, wie eine gute Kampagne auszusehen hat – bis mir der damalige Personalchef eine Traineestelle mit dem letztmöglichen Argument verweigerte, ich hätte nicht studiert. Diese letzte Zurückweisung war der Tropfen, der das Fass zum Überlaufen brachte. Dann studiere ich eben! Und so begann mit dem Wintersemester 1999 die beste Zeit meines Lebens. Da ich keine besonderen Pläne für die Zeit nach dem Studium hatte – ich war Anfang dreißig und sah das Studium eher als therapeutische Maßnahme –, wählte ich nach Neigung als Schwerpunkt die Volkswirtschaftslehre. Nicht, weil ich Rechnereien liebe, ganz im Gegenteil, aber es schien mir das politischste Fach von allen zu sein. BWL fand ich langweilig, Soziologie interessant, aber zu verklausuliert und Recht wäre etwas gewesen, doch da fiel mir keine spätere Verwendung ein, die mir Spaß gemacht hätte. Dass ich dieses Studium zu Ende gebracht habe, hat aus meinem Leben einen Stachel gezogen, der mich lange vergiftet hat. Dass ich so viele tolle Menschen kennenlernen konnte, Widerstände überwinden, mich ausprobieren und auf allen Hierarchieebenen auf Augenhöhe bewegen konnte, das möchte ich um nichts in der Welt missen. Dass es die HWP nicht mehr gibt, ist ein – meiner Meinung nach – großer Verlust für unsere Stadt. Die Hamburger Universität für Wirtschaft und Politik hat so viele bemerkenswerte, engagierte, wunderbare Absolvent*innen hervorgebracht, mir so viele gute Freund*innen und Erfolgserlebnisse geschenkt, sie war genau die richtige für mich. Doch es ist, wie es ist. Ich bin glücklich und dankbar, ein Teil dieser besonderen Bildungsstätte gewesen zu sein. Und bin ihr heute noch in ihrer Nachfolgeinstitution, dem Fachbereich Sozialökonomie an der Fakultät für Wirtschafts- und Sozialwissenschaften, im Fachgebiet VWL treu verbunden. Als Sekretärin. Und das sehr gern.

Claudia Ranft

INSTITUT FÜR FINANZDIENSTLEISTUNGEN

VERBRAUCHER MOBILISIEREN

von Udo Reifner

Die HWP war für mich ein berufliches Zuhause. Meine Abschlüsse in Recht und Soziologie hätten mir nach den Reformbekenntnissen der juristischen Fakultäten zu mehr sozialwissenschaftlicher Forschung und Lehre die Türen öffnen müssen. Doch nur die HWP schrieb 1980 in der Nachfolge von Norbert Reich eine ordentliche Professur für Zivilrecht, Rechtssoziologie und Verbraucherschutz aus. Dorthin konnte ich meine Projekte und Forschungen vom Wissenschaftszentrum Berlin mitnehmen. Das von EU und Bundesregierung finanzierte Aktionsforschungsprojekt über „Neue Formen der Verbraucherrechtsberatung" sollte dann zusammen mit den Verbraucherzentralen deutlich machen, dass man mit einem neuen Angebot diejenigen Verbraucher mobilisieren kann, die überschuldet und arbeitslos in prekären Mietverhältnissen lebten und nicht zur üblichen Klientel der gemeinnützigen Rechtsberatung gehörten. Unsere Anti-Wucherkampagne erreichte 1983 ihren Zenit mit über 100.000 Beschwerden Überschuldeter.

Verbraucherschutz

Da die HWP mit dieser Kommunikation überlastet war, wurde das Projekt in den Arbeitskreis Rechtssoziologie e. V. verlagert, der sich dann unter meiner Leitung zum Institut für Finanzdienstleistungen entwickelte. Das Projekt wurde international bekannt. Es führte zu wöchentlichen Auftritten im Fernsehen bis in die Tagesschau. Anders als vorher bei meiner Berliner Juristenfakultät fand der enge Praxiskontakt mit der Verbraucherzentrale, die Internationalität und Interdisziplinarität des iff in der HWP bei den berufserfahrenen Studierenden und den politisch engagierten Dozent*innen Aufnahme und Förderung. Verbraucherschutz war schon vorher ein Schwerpunkt an der HWP gewesen. Die Konzentration auf Finanzdienstleistungen, Banken und Verschuldung und das iff erlaubten dann aber auch eine fachliche Konzentration und brachten den Respekt der Bankenseite. Zwanzig Jahre später waren sie mit Aufträgen und Konferenzsponsoring mit uns ins Gespräch gekommen.

Die Reform an der HWP mit dem Projektstudium als Aufbau wurde zur idealen Ergänzung meiner Forschungen am iff. Die Studierenden konnten an den Arbeiten beteiligt werden. So entstand eine deutsch-türkische Schuldnerberatungsstelle in Wilhelmsburg, ein Lehrprojekt zu einem Mietshaus in Rostock zeigte, dass Mieter intelligent finanziert so etwas kaufen können. In dem Buch *Mieter kaufen ihr Haus* zeigten die Studierenden auch noch ihr literarisches Talent. Die in Hamburg erprobten kollektiven Formen der Verbraucherberatung ermöglichten ein internationales Netzwerk der Coalition for Responsible Credit (CRC) (www.responsible-credit.net). Das schon früh durch Kooperationsvertrag mit der HWP und später der Universität Hamburg verbundene iff vermittelte dann auch einen internationalen Studiengang mit Doppeldiplom an der Universität Trient sowie weitere Kooperationsverträge in Spanien und den USA.

Nach der Fusion der HWP mit der Universität Hamburg kündigte Letztere alle Verträge. Das iff besteht fort und wird 2023 zum ersten Mal in Deutschland die Konferenz der International Association for Consumer Law (IACL) ausrichten. In meiner Abschiedsvorlesung habe ich die Vision eines Wiederauflebens einer Sozialökonomie dargelegt, Praxisbezug, Interdisziplinarität, Internationalität und soziale Gerechtigkeit zu ihren Zielen erklärt. Das iff, das ohne HWP nicht existieren würde, hätte auch heute noch dafür eine Brückenfunktion.

PROF. EM. DR. UDO REIFNER

Geboren 1948. Diplom-Soziologe, Rechtsanwalt. 1972–81 wiss. Ass. am Fachbereich Rechtswissenschaften FU Berlin, Prof. für Wirtschaftsrecht an der HWP, drei Jahre o. Prof. an der Universität Trient. Seine rund 300 Publikationen wurden zuletzt 2017 mit dem dreibändigen Werk *Das Geld* Bd. 1–3 sowie Bd. 4 Die Finanzkrise zusammengefasst. 2019 zweite Auflage des *Handbuchs zum Kreditrecht* zusammen mit Claire Feldhusen. Bundesverdienstkreuz für seine Verdienste im Verbraucherschutz. Die IACL stiftet regelmäßig den Udo Reifner Award.

FORSCHUNGSSTELLE ZEITPOLITIK

ZEIT FÜR ZEITPOLITIK

von Ulrich Mückenberger

„Mit dem Projekt ‚Zeiten in der Kommune' schlagen Gewerkschaften, Wissenschaft und Politik ein neues Kapitel in ihrer Zusammenarbeit auf. Wo kommunale, gewerkschaftliche und wissenschaftliche Ebenen aufeinandertreffen, um gemeinsam etwas zu gestalten, kann etwas bewegt werden." So eröffnete Herbert Mai, damals erster Vorsitzender der Gewerkschaft ÖTV, am 6. November 1996 in Hamburg den ÖTV-/HWP-Kongress, dessen Fokus lautete: Wie beeinflussen örtliche Kooperationen und deren Zeitgestaltungen unseren Lebensalltag und wie kann demokratische Zeitpolitik diesen Lebensalltag verbessern? Neben deutschen, italienischen und französischen Wissenschaftler*innen signalisierten Gewerkschafts- und Arbeitgebervertreter*innen, Vertreter*innen des europäischen „Sozialen Dialogs" einen Aufbruch, der den neoliberalen Parolen der Deregulierung und Entstaatlichung die Alternative „Zeiten der Stadt" („tempi della città" gemäß der neuen italienischen Frauenbewegung) entgegenstellte.

Für dienstleistungsbezogene Gewerkschaften war Zeitpolitik Ausdruck einer lebensweltlich erweiterten gewerkschaftlichen Solidarität: zwischen Anbieter- und Nutzer*innen von Dienstleistungen, auch zwischen den Geschlechtern und Generationen. Ihr erneuerndes Motto „Zukunft durch öffentliche Dienste" implizierte die aktive Unterstützung einer (auch gewerkschaftlichen) Zeitpolitik. Zeit ist wie Geld eine nicht wegzudenkende Wohlfahrtskomponente. Sozialstaatliche Politik soll nicht mehr nur Geld umverteilen, sondern auch Zeit gestalten und umverteilen.

Zeit lehren, lernen, leben an der HWP

Die HWP-Forschungsstelle Zeitpolitik führte Erkenntnisse der Stadt- und Regionalentwicklung, der Zeitgeografie, der Arbeits-, Geschlechter- und Generationensoziologie, des Kommunal-, Arbeits- und Sozialrechts, der Arbeitsmedizin und Chronobiologie und anderes zusammen und und betrieb dazu Aktionsforschung: Unsere lokalen Praxisexperimente (in Hamburg, Bremen, Hannover, Wolfsburg, Erfurt) erprobten Bürgerämter, Zeitbörsen, lokale Zeitpakte, Abstimmung von Betriebs-, Schul- und Verkehrszeiten, serviceorientierte Beschäftigungsinitiativen, Aufwertung brachliegender Zonen, „Stadt der kurzen Wege", Nutzungsmischungen im Quartier und werteten sie wissenschaftlich aus. Veränderte Zeitbedürfnisse von Frauen, Männern und Kindern, Älteren wurden freigelegt und zugleich Wege und Methoden eröffnet, diesen Bedürfnissen stadtpolitisch Rechnung zu tragen. Dabei arbeiteten wir mit kommunalen, gewerkschaftlichen und zivilgesellschaftlichen Akteuren ganz Europas zusammen, tauschten Methoden und Erfahrungen aus und unterstützten uns wechselseitig (auch in der Akquise europäischer Mittel).

Dieser drei Eigenarten von Zeitpolitik wegen – disziplinübergreifende Lebensqualitätsorientierung; praxisverändernde Experimente; europäischer „Graswurzel"-Zugang – wurde die HWP Brutstätte dieses neuen Politiktyps. Keine andere deutsche Universität hätte die Forschungsstelle Zeitpolitik mit eigenen Räumen und bis zu sieben Mitarbeiter*innen eingerichtet (2003–2010), den genannten ÖTV-/HWP-Kongress (1996) und das Symposium zum Thema „Bessere Zeiten für die Stadt" durchgeführt (2000), das Weiterbildungsprogramm „Zeiten und Qualität der Stadt" (1997), Workshops, Lehrveranstaltungen, die 15 Realexperimente und deren wissenschaftliche Auswertung (sieben Bücher, 25 Aufsätze, zahlreiche Zeitungs-, Rundfunk- und Fernsehbeiträgen) ermöglicht.

Ich habe mich als gewerkschaftlich aktiver Arbeitsrechtler für lokale Zeitpolitik aufgrund einer Grunderfahrung starkgemacht: Arbeitsrecht – besonders Arbeitszeitrecht – zeitigt in der Dienstleistungsgesellschaft vielfältige „externe Effekte". Regelungen zugunsten oder zulasten Beschäftigter verändern nicht nur deren Lebensqualität, sondern wirken sich unmittelbar auch auf die Lebensqualität derer aus, für die ihre Dienstleistungen bestimmt sind (Schüler*innen, Eltern, Patient*innen, andere Nutzer*innen personenbezogener Dienstleistungen). Eine gewerkschaftliche Zeitpolitik, die nur Interessen Beschäftigter, nicht diese externen Effekte einbezieht, bleibt einem verengten Solidaritätsbegriff verhaftet. Wenn sie aber die legitimen zeitlichen Belange „Dritter" aufnimmt und diesen Dritten zu Gehör und Mitbestimmung über Zeitgestaltungen verhilft, verdient sie, solidarische und demokratische Zeitpolitik genannt zu werden.

Für die Vertiefung dieser Einsicht in gestalterischer Forschung und Lehre war die HWP der richtige Ort.

PROF. DR. ULRICH MÜCKENBERGER

Geboren 1944. Studium der Rechts- und Politikwissenschaft, 1982 für Rechts- und Politikwissenschaft habilitiert. Professor an der HWP Fachgebiet Recht/Fachbereich Sozialökonomie 1985–2010, dort seit 1995 deutscher Leiter des Europa-Projekts „Eurexcter"; seit 2003 Leiter der Forschungsstelle Zeitpolitik. 2002 Mitgründer und langjährig Vorsitzender der Deutschen Gesellschaft für Zeitpolitik, 2002 zeitpolitischer Forscher am Hanse-Wissenschaftskolleg in Delmenhorst. 2008–2010 europaweiter zeitpolitischer Gutachter Europarat (Kongress der Gemeinden und Regionen). Derzeit Forschungsprofessor im DFG-Sonderforschungsbereich 1342 (Global Social Policy Dynamics) der Universität Bremen.

ABSCHIED IM WIDERSPRUCH

WIDERSPRUCH, PROTEST UND TRAUER

von Dorothee Bittscheidt

Am 11. Mai 1999 wählte mich das Konzil der HWP zur Präsidentin. Ungewöhnlich an diesem Vorgang war, dass ich als externe Bewerberin ausgewählt wurde, dass meine Hochschulerfahrung in Forschung und Lehre zwar intensiv gewesen war, aber jetzt zwanzig Jahre zurücklag und mein Berufsweg danach von der Leitung großer Amtsbereiche in der Jugend- und Sozialpolitik geprägt war. Möglicherweise hatte mein Vorgänger, Prof. Dr. Lothar Zechlin, die HWP mit dem Wunsch infiziert, der vorhandenen hochschulpolitischen Positionierung durch eine stärkere Managementorientierung zu mehr Geltung zu verhelfen? Ich begriff die Wahl als Vorschussvertrauen und wusste, dass ich so schnell wie möglich in seine großen Schuhe hineinwachsen musste.

Ich erinnere mich lebhaft, dass ich mich in den ersten Wochen meiner Präsidentschaft über vieles wunderte:

• darüber, dass sich diese Hochschule trotz ihrer vielfältigen Aufgaben mit einem nach meiner Auffassung so kleinen Etat begnügen musste;
• darüber, dass der Hochschulsenat, das höchste Leitungsgremium, nur mit Mühe und unendlichem Zeitaufwand zu Entscheidungen kam und es seine Mitglieder dennoch nicht gerne sahen, wenn ich eine nicht zielführende Rede abzukürzen bemüht war;
• darüber, dass es so viele Einzelkämpfer im Lehrkörper gab, die ausgeprägte Trennungslinien zwischen den Fachgebieten betonten und auf die benachbarten Fachgebiete selten gut zu sprechen waren.

Also: finanziell bescheiden, in den Entscheidungswegen ineffizient und untereinander zerstritten? Nein! Alle schienen zugleich überzeugt, dass die HWP das gemeinsame Ergebnis aller war, nämlich ein erfolgreiches und zudem notwendiges Unikat unter den Hochschulen Hamburgs, das weit über diese Stadt hinausstrahle.

Wenn ich jetzt beschreibe, welches Bild ich mir als Präsidentin erarbeitet habe und welche Entwicklungen und Ereignisse dazu beitrugen, lege ich nur meine Sicht zugrunde, so wie alle ‚Ehemaligen' in diesem Buch von ‚ihrer' HWP berichten. Mein Rückblick ist damit gewiss ehrlicher, als meine öffentlichen Reden zu dieser Zeit hätten sein dürfen. Ich erlaube mir dabei auch Bewertungen, die sicher nicht immer die Zustimmung anderer Zeitzeugen finden müssen. Deren Version über das Ende der HWP als autonome Hochschule ist anderswo nachzulesen.

Die HWP: ein erfolgreiches Unikat

Mein erstes eigenes Bild von der HWP entstand anhand der Daten, die über die Studierenden (mit und ohne Abitur) im Studierendensekretariat durch dessen langjährigen Leiter, Dr. Dieter Koch, gesammelt und ausgewertet worden waren. Sie betrafen die Eingangsvoraussetzungen, die Studienverläufe, die Studiendauer, die Abbruchquoten, die Studienergebnisse und schließlich auch den „Verbleib" nach dem Abschluss. Zunächst gesammelt, um das Studieren ohne und mit Abitur zu analysieren, waren sie später wichtige Markierungen im Vergleich der HWP mit anderen traditionellen Studiengängen und Ausweis der Qualität der Lehre an der HWP.

Ich ergänzte dieses Bild durch viele Gespräche mit Prof. Dr. Hans-Jürgen Bieback, Vizepräsident für Lehre, und mit Prof. Dr. Heinrich Epskamp, der sich über Jahre der Qualifizierung des „zweiten Studienabschnitts" gewidmet hatte; sein Eintreten für dessen interdisziplinäre Ausrichtung war eine maßgebliche Vorbereitung für die Masterstudiengänge an der HWP. Und schließlich profitierte ich von den langjährigen Erfahrungen und den Kenntnissen des Kanzlers, Horst Volkert Thiel, der mir einen vertieften Blick in die Verwaltung und den Haushalt verschaffte, dem ich aber auch viele Einsichten in die benachbarte Universität und eine Einschätzung ihrer Akteure verdanke.

Mit ihrer vielfältigen Hilfe kam ich zu dem Ergebnis, dass die HWP – an ihren eigenen Ansprüchen und anerkannten hochschulpolitischen Parametern gemessen – ihren Weg erfolgreich weiter entwickeln könnte. Dieses Urteil wurde später durch Akkreditierungskommissionen bestätigt. Als es dann um den Erhalt der HWP ging, veröffentlichten die Bildungs-

und Hochschulforscher Ulrich Teichler und Andrä Wolter ein Gutachten zur HWP, in dem sie sich nicht nur für den Erhalt als eigenständige Hochschule aussprachen, sondern auch den Vorbildcharakter der HWP für das Studieren außerhalb des Mainstreams betonten.

Ulrich Teichler und Andrä Wolter stellten in ihrem Gutachten vor allem fest, dass gesellschaftspolitische und hochschulpolitische Forderungen bereits seit einigen Jahren auf einen offeneren Hochschulzugang drängten. Dabei wurden zwei Effekte dieser Öffnung besonders nachgefragt: die Korrektur der sozialen Selektivität des Hochschulzugangs zugunsten der Akademikerhaushalte und zulasten der Arbeiter-, Facharbeiter- und Mittelstandshaushalte und die Durchlässigkeit der Bildungswege, insbesondere von der beruflichen zur universitären Bildung. Letzteres forderten die Gewerkschaften schon immer und hatten damit zur Entwicklung der HWP viel beigetragen. Seit einigen Jahren drängten aber auch arbeitgebernahe Vereinigungen die Hochschulen zu solchen Veränderungen. Die Wissenschafts- und Hochschulpolitik, wie auch in der Folge die Kultusministerkonferenz und die Hochschulrektorenkonferenz, eröffneten, wenn auch zögerlich, Spielräume für diese Profilbildung an Hochschulen. Doch die Hochschulen zierten sich.

Ihre Verbesserungswünsche zielten in Richtung dessen, was im bisherigen alten System als besonders nobel galt: beste Studierende im Sinne des Mainstreamzugangs aufzunehmen, also Abiturienten mit den besten Fachnoten, mithin Studierende, die einen zügigen Studienweg erwarten ließen, nach Möglichkeit noch mit Masterabschluss. Das verhieß dann auch die Aussicht auf eine größere Zahl von Promotionen, die im Benchmarking der Hochschulen immer mehr zählten. Darüber hinaus konzentrierte sich die Konkurrenz der Hochschulen um knappe Ressourcen immer stärker auf die Herausbildung von „Exzellenz" – und die war zunehmend gleichbedeutend mit Exzellenz in der Forschung. Erst Jahre nach der Einführung dieser Exzellenzwettbewerbe kam die Forderung auf, auch die Lehre einer solchen Bewertungskonkurrenz zu unterziehen. In den Hochschulkonferenzen in Hamburg und den bundesweiten Hochschulrektorenkonferenzen nahm ich diese Entwicklung wahr und wusste: Unter diesen Bedingungen eines schärferen Wettbewerbs um diese Art akademischer Reputation und in der Folge um Ressourcen musste der hochschulpolitische Legitimationsdruck auf die HWP in den nächsten Jahren deutlich wachsen.

Letzter Aufbruch

Ich diskutierte meine Eindrücke und Befürchtungen im Leitungsteam der Hochschule, insbesondere mit Prof. Bieback, mit dem Lehrkörper, später auch im Hochschulsenat und mit der Studierendenvertretung. Mehrheitlich, so war mein Eindruck in diesen Diskussionen, sprach sich die HWP dafür aus, ihren Weg weiter zu verfolgen, wenn auch noch konsequenter und mit höherer öffentlicher Wirkung. Das bedeutete für die weitere Entwicklung: Unser Profil durfte nicht – im Vergleich zu anderen Hochschulen, insbesondere der Universität Hamburg – geschwächt werden in der – ohnehin vergeblichen – Absicht, in den neuartigen Exzellenzwettbewerben Punkte zu sammeln. Unser gewachsenes Profil war vielmehr mit vereinten Kräften weiter zu stärken. Dazu sollte der bewährte konsekutive Studiengang in eine konsequente Bachelor-Master-Struktur umgewandelt werden. Die Akkreditierung unserer Studiengänge sollte zügig vorbereitet werden. Unsere wissenschaftliche Weiterbildung musste weiter ausgebaut werden mit dem Ziel, mehr Studiengänge auch berufsbegleitend anbieten zu können. Und schließlich: Wir brauchten ein Marketing für die Hochschule, das unsere gesammelte Stärke besser nach außen kommuniziert. Das war ein ehrgeiziges Programm – es war aber auch höchste Zeit!
Denn als wir, nicht bei allen Themen einmütig, diesen Kurs einschlugen und schrittweise erfolgreich waren, bereitete die Hamburger Hochschulpolitik bereits eine gänzlich andere Richtungsentscheidung vor.

Stadt und Hochschulen im Umbruch

Nach der Bürgerschaftswahl 2001 stellte nicht – wie bisher fast immer – die SPD die Mehrheit, sondern die CDU. Sie bildete unter Bürgermeister Ole von Beust eine Koalition mit der Partei Rechtsstaatliche Initiative und der FDP. Nach vorzeitigen Neuwahlen (2003) kam es zu einer Alleinregierung der CDU. Als Senator für Wissenschaft und Forschung wurde 2001 Jörg Dräger (Ph.D.) ernannt. Er machte aus seiner Überzeugung von Anfang an keinen Hehl: Es gehe vor allem darum, den Hochschulstandort Hamburg zu qualifizieren. Im Wettbewerb um Exzellenz müsse Hamburg eine wesentlich prominentere Rolle spielen. Die Universität Hamburg ließ früh erkennen, dass sie darin eine lohnenswerte Perspektive sehe und voll dabei sein wolle, eine Absicht, die man schon bald hätte ergänzen können durch ‚koste es, was es wolle'.

2002 setzte der Senator für Wissenschaft und Forschung die Expertenkommission „Zukunftsorientierte Hochschullandschaft Metropole Hamburg 2012" ein. Die Leitung wurde Dr. Klaus von Dohnanyi übertragen. Sie bestand aus zwölf Mitgliedern, schwerpunktmäßig qualifiziert in verschiedenen Wissenschaften, in der Leitung von Hochschulen und auch in der Erarbeitung von Planungen für die Neugestaltung der Hochschulpolitik in anderen Bundesländern. Die Leitung durch den früheren Bürgermeister Hamburgs sollte möglicherweise die Überparteilichkeit des Vorhabens, sicher aber die Bedeutung und Notwendigkeit der Entwicklung Hamburgs zur Wissenschaftsmetropole dokumentieren. Die „Analysephase“ startete im August 2002; bis Januar 2003 sollten Empfehlungen entwickelt und an Senator Dräger übergeben sein. So geschah es!

Dohnanyi-Gutachten: die Abwicklung

Die Empfehlung des Gutachtens, die das weitere Schicksal der HWP, die Proteste, die Abwehrkämpfe, die weiteren Verhandlungen bestimmen sollte, lautete: „Die Kommission empfiehlt die Gründung einer autonomen ‚Sektion für Wirtschaft und Politik‘ [...] unter dem Dach der Universität, in die die HWP einerseits sowie die Wirtschafts- und Sozialwissenschaften (einschließlich der Politologie) der Universität andererseits gleichberechtigt eingehen. Dabei sollten die grundständigen Ausbildungsgänge von den positiven Erfahrungen der HWP geprägt sein, die weiterführenden [...] von beiden bisher unabhängigen Institutionen.“ Die Kommission wurde vor allem von der Einschätzung geleitet, dass „die historisch gewachsene, an sich wünschenswerte Vielfalt bei ohnehin knappen Ressourcen zu Mehrfachkapazitäten führt“. Das war so banal wie geläufig. Aber, was das Unikat HWP anging, war die Einschätzung der HWP als „Mehrfachkapazität“ nach den eigenen Kriterien der Kommission auch noch falsch. Die vergleichende Analyse, anhand derer die Kommission die Universität in ihren Wirtschaftswissenschaften mit der HWP untersuchte, fiel jeweils deutlich zugunsten der HWP aus, so zum Beispiel die Umwandlung der Studiengänge in eine Bachelor-Master-Struktur, ihre Interdisziplinarität, der Weg zur Akkreditierung, die Bindung der Studierenden an ihre Hochschule durch Auswahl bei Studienbeginn und die Existenz einer Alumni-Organisation, die Öffnung der HWP für andere Zugangswege, geringere Abbruchquoten und die stärkere Betreuung in der Eingangsphase des Studiums. Die unvoreingenommene Einschätzung der Analyse durch die Experten hätte also dazu führen müssen, die *Studiengänge der Universität in die HWP zu integrieren*, damit die „innovativen Ansätze der HWP Berücksichtigung finden“ können – oder zumindest für den Bestand einer autonomen HWP zu votieren!

„Integration“ der HWP in den so viel größeren Teil der Sektion beinhaltete demgegenüber von vornherein die Gefahr, möglicherweise aber auch die Absicht, dass die Universität und ihre Fachbereiche mit den entsprechenden jeweiligen Mehrheiten Ressourcen der HWP für die Verbesserung ihrer strukturellen Mängel nutzen können. Mir – wie vielen anderen – war auch deshalb nach dem Ergebnis des Gutachtens klar, dass die Integration der HWP in die Universität kein

Kreativer Protest vor dem HWP-Wandgemälde: Studenten seilen sich vom Dach ihrer Universität ab

Ergebnis von Analysen der jeweiligen Institutionen durch die Kommission, sondern ein Vorab-Votum der Politik gewesen war. Das vielfache und hohe Lob der HWP durch die Experten, den Vorsitzenden der Kommission, den Wissenschaftssenator und andere blieb nicht nur ohne jegliche Konsequenzen zugunsten der HWP, es war eine Verschleierung der zu erwartenden und der aufseiten der HWP zu befürchtenden Konsequenzen.

Für diese Einschätzung sprechen in den Ausführungen zur organisatorischen Umsetzung der Empfehlungen und zu den finanziellen Konsequenzen der Empfehlungen einige zusätzliche Informationen. So erfährt man, dass die Universität Hamburg unterfinanziert sei, die anderen Hochschulen jedoch, auch die HWP, „im Rahmen der Genauigkeit der Rechenmethodik eine angemessene Ausfinanzierung erkennen“ ließen. Die Situation des Fachbereichs Wirtschaftswissenschaften erscheint zunächst kompliziert: Der Fachbereich plane bereits die Streichung von zwölf Professuren; dies reiche jedoch nicht, weil er seine Absolventenzahlen entsprechend einer Bedarfsvorausschätzung im Planungszeitraum (bis 2012) reduzieren müsse und ihm zudem eine Steigerung der Studienerfolgsquote von 60 auf 75 Prozent auferlegt sei, die ihrerseits zu einem noch geringeren Bedarf an Professuren führen würde. Für die Sozialwissenschaften stellte das Gutachten fest, dass dieser Bereich eine „nicht immer als exzellent zu beurteilende Qualität“ aufweise, und verstärkte so die Annahme eines möglichen weiteren Abbaus an Stellen. Zu der hier nicht ausgesprochenen, aber zu vermutenden Klage der beiden Fachbereiche, ihre Studienprogramme mit diesem Streichungsvolumen nicht erfüllen zu können, stellt der Bericht fest: „Zur Sicherung fachlich besonders wichtiger Kernprofessuren stehen der Sektion im Zeitraum bis 2012 genügend freiwerdende Professuren zur Verfügung.“ Gemeint waren solche der HWP. Denn wenn eins vor jeder Bedarfs- und Stellenberechnung der Kommission bekannt

Klaus von Dohnanyi übergibt das nach ihm benannte Gutachten an den Hamburger Bildungssenator Jörg Dräger

war, dann der höhere Altersdurchschnitt der Professoren an der HWP! Und wer hätte eigentlich – nach den Entscheidungsstrukturen und Mehrheitsverhältnissen in der zukünftigen Sektion – einen „Eingriff" in den Stellenbestand der HWP verhindern können?

Eine Äußerung des Vorsitzenden der Kommission, des früheren Bürgermeisters der Freien und Hansestadt Hamburg (SPD), im Interview mit dem *HWP-Magazin* zum Thema HWP nach der Wahl 2004 verschärft diese Befürchtung. *HWP-Magazin*: „Nehmen wir an, die SPD hätte die Wahl gewonnen und würde jetzt den Prozess um die Fusion stoppen und die HWP in ihrer jetzigen Form erhalten wollen. Wo sähen sie trotzdem den größten Handlungsbedarf?" Von Dohnanyi: „Ich hatte eine solche Reaktion befürchtet. Wiederum: Bündelung der Kräfte bliebe die Zielvorgabe. Hamburg ist ein ‚kleiner' Stadtstaat und braucht demnach einen weltweit bedeutenden Wissenschaftsbereich. Das geht nur durch Konzentration der Kräfte und Mittel." Das war schon so richtig bitter!

Protest und Trauer

Wie viele andere in der HWP – nicht nur, aber ganz besonders die Studierenden – war ich enttäuscht und wütend ... und letztlich hilflos! Auch wenn wir in etwas mehr als einem Jahr die Akkreditierung unseres grundständigen Bachelorstudiengangs (und der meisten Masterstudiengänge) abgeschlossen hatten und in vielen anderen der gesetzten Ziele so vorankamen, dass wir nach allen gebräuchlichen Bewertungen besser waren als die Universitätsbereiche, mit denen wir die Sektion bilden sollten, so schien uns kein Vorteil daraus zu entstehen! Vielmehr war für den sogenannten „Moderationsprozess" zur Umsetzung der Empfehlungen eine Planung der Universität im Gespräch, nach der die Fachbereiche Wirtschaftswissenschaften und Sozialwissenschaften jeweils ein Departement bilden sollten, dem dritten Bereich aber, der HWP, diese organisatorische Abstützung versagt werden sollte. Das Zerfleddern der HWP war eingeleitet.

Jetzt, so fand auch ich, war es Zeit, die geballte Faust aus der Tasche zu nehmen! Wir organisierten in diesen und den folgenden Monaten einen Marathon an Diskussions- und Protestveranstaltungen, die das Öffentlichkeitsreferat unter der Leitung von Christian Hild hervorragend vermarktete. Dabei versicherten wir uns der Unterstützung jener Wissenschaftler, die mehr Perspektive in der Entwicklung der Universitäten sahen als deren Wettkampf um „Exzellenz". Wir holten die Meinungsführer der Expertenkommission auf unser Podium und stritten um den Wert unserer Hochschule. Wir interviewten die Wissenschaftssprecher der Fraktionen in der Bürgerschaft und wurden mit unseren Positionen in den Medien so öffentlich wie möglich. Die meisten Mitglieder des Lehrkörpers, insbesondere der Vizepräsident, Prof. Dr. Heinrich Epskamp, aber auch die Studierenden, unterstützten schließlich, viele zähneknirschend, die letzte Auffanglinie als Ziel für die Moderation, ein (selbstständiges) Departement für den interdisziplinären Bachelorstudiengang der HWP, heute Fachbereich für Sozialökonomie. Damit setzten wir uns schließlich durch. Nach wie vor garantiert dieser Bachelor den Hochschulzugang ohne Abitur und wird zudem heute von vielen Berufserfahrenen gewählt. Er hat im Vergleich zu den anderen Bachelorstudiengängen in den Wirtschafts- und Sozialwissenschaften die höchste Zahl an Studierenden.

War's das? Nein! Ich bin überzeugt: Die HWP, jedenfalls das, was heute noch nach ihren Grundsätzen arbeitet, ist ein optimistisches Beispiel für eine bessere Hochschule, eine Hochschule von Unten und für Alle.

Für diese Überzeugung legt dieses Buch Zeugnis ab.

DR. DOROTHEE BITTSCHEIDT
Diplomsoziologin, promoviert mit einer Forschung zur Kriminalsoziologie 1972; 1977–1980 Lehre und Forschung an der Universität Bremen; 1980–1993 Senatsdirektorin der Freien und Hansestadt Hamburg/Amtsleiterin für Jugend, ab 1988 für Soziales; 1993–1996 Staatssekretärin im Ministerium für Arbeit, Jugend, Soziales und Gesundheit in Schleswig-Holstein; 1999–2005 (letzte) Präsidentin der HWP.

2005 | 2022

DIE INSTITUTION WIRD ABGEWICKELT - DER GEIST DER HWP LEBT WEITER.

chule für
rstand&
k
Meinst du Widerstand?
kein mensch ist illegal
fight sexism!
DEN G20-GIPFEL IN HAMBURG VERSENKEN!
SHUT DOWN CAPITALISM
EKELHAfD
BRAUNE SCHEISSE RUNTERSPÜLEN
PLATTENSCHM
ANARCHISTISCHE PERSPEKTIVEN AUF WISSENSCHAFT
www.a-perspektiven.org
Vorträge · Diskussionen · Workshops

KNUT LAASER

WENN ICH SCHREIBE, SITZT DIE HWP MIT AM TISCH

In formalen Strukturen zu lernen war mir immer unmöglich. Zu festen Zeiten bestimmte Sachverhalte in definierten Zusammenhängen in festgelegten Räumen von bestimmten Personen vermittelt zu bekommen, bereitet mir nicht nur Unbehagen, sondern führt bei mir auch zu keinem Erkenntnisgewinn. Das ist keine bewusste Ablehnung von Autorität, keine blasierte Verweigerung, keine Arroganz. Im Gegenteil, oft habe ich mir gewünscht, es – und damit ich – wäre anders und die Farben, die Heizungsluft, die Haare der anderen und ihr Atmen, ihre Körperhaltung, Kleider, Gesten, Dialekte, also im Prinzip alles jenseits dessen, was formal vermittelt werden sollte, würde nicht meine Aufmerksamkeit einnehmen.

Die Dinge liegen aber seit jeher anders. Ich fiel bei der ersten Judoprüfung durch, das hierarchisch organisierte wöchentliche Training trug keine Früchte. Die Fahrradverkehrsprüfung bestand ich – als Einziger – auch nicht. Von weiteren Tests sah ich, respektive sahen meine Eltern, vorerst ab. Diese Freiheit besaß ich im staatlichen Schulsystem nicht, deswegen besuchte ich die ersten vier Jahre eine Waldorfschule. Dort wurde nicht geprüft, der formale Rahmen war weniger eng abgesteckt, was mir zugutekam. Andererseits wurde viel getanzt, über Religion geredet und Harfe gespielt. Es stellte sich heraus, dass diese Schwerpunkte mir auch nicht lagen. Nach vier Jahren wechselte ich schließlich zur staatlichen Grundschule. Die Sache mit den formalen Strukturen und dem Konzentrieren blieb problematisch. Ich holte in den meisten, aber nicht in allen Fällen den Schulstoff privat wieder auf. Dies sollte bis zum Ende meiner Schulzeit so bleiben.

Was und wo studieren?

Die Frage während des Zivildienstes lautete, was studieren? Und wo? In Karlsruhe, München oder Hamburg? Diese Städte kamen für meinen alten Schulfreund infrage und mit ihm wollte ich unbedingt in einer Wohngemeinschaft leben. Für Karlsruhe sprach Thomas Häßler, aber sonst nicht viel, und München war für einen Nordberliner zu exotisch.

Die Wahl fiel auf Hamburg. Während mein Schulfreund sich bei der TU Hamburg-Harburg einschrieb und einen genauen Plan hatte, war meiner vergleichsweise vage. Sozialpädagogik an der Hochschule für Angewandte Wissenschaften (HAW) zu studieren war eine naheliegende Option, Inhalt und Sinn des Studiums waren mir geläufig, weil meine Schwester die Ausbildung in Berlin bereits absolviert hatte. Und gegen Sozialpädagogik lässt sich im Grunde auch wenig sagen.

Nach einem Semester, in dem die formalen Strukturen, die in Fachhochschulprogrammen naturgemäß sehr ausgeprägt sind, mich wieder zu peinigen anfingen, merkte ich, dass be-

ZUR PERSON
DR. KNUT LAASER, PH.D.

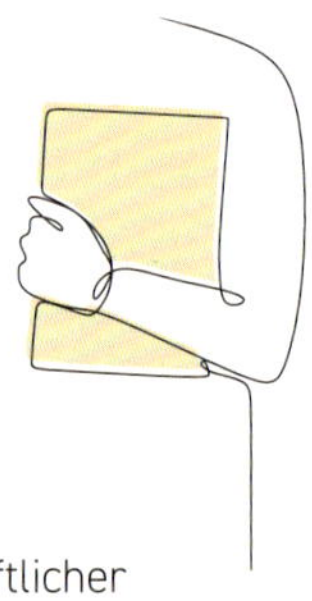

Geboren 1981 in Berlin

Fachhochschulreife; Studium an der HWP 2003–2010

Spätere berufliche Tätigkeiten: Wissenschaftlicher Assistent und Promotion an der University of Strathclyde (UK); Assistant Professor an der University of Stirling (UK); Wissenschaftlicher Angestellter an der Brandenburgischen Technischen Universität Cottbus-Senftenberg und Mitherausgeber der Fachzeitschrift *Work, Employment and Society.*

sonders Soziologie, ein Nebenfach im Sozialpädagogikstudium, in Verbindung mit Ökonomie mein Interesse weckte. Eine Schulfreundin aus Berlin war inzwischen auch in Hamburg und studierte an der HWP. Die HWP kannte ich zwar nicht, aber ihre Erzählungen von der HWP, dem politischen Grundton des Studiums und der Interdisziplinarität machten mich neugierig. Ich besuchte wahllos als HAW-Student eine Grundkurs-Soziologie-Veranstaltung, in der Jürgen Prott über Macht und Gesellschaft sprach. Ich war beeindruckt, besonders imponierte mir sein Ausruf: „Dann gnade uns Gott!" Leider ist mir der Zusammenhang dieser Äußerung nicht mehr gegenwärtig, aber es ging, wenn ich trotz meiner damals schwachen Konzentration die Vermutung äußern darf, um Massenvernichtungswaffen und Diktatoren. Ich bewarb mich und habe den Wechsel von der HAW an die HWP nie bereut.

Frei, offen, informell

Auch an der HWP gab es formale Strukturen, feste Uhrzeiten, Raumanordnungen, und auch dort fiel mir bisweilen das Lernen schwer. Aber die Freiheiten bei der Modulwahl, die Offenheit der Lehrenden für alternative Prüfungsformen und, besonders wichtig, für Inhalte, die nur schwach formalisierten, aber sehr leidenschaftlichen Vorlesungen – all dies kam mir sehr entgegen und öffnete mir Räume, mich mit der Sozialökonomie auf meine Weise auseinanderzusetzen und sie mir anzueignen. Es gab freilich weiterhin Vorlesungen, in denen ich so gut wie nichts verstand. Es ist keine Überraschung, dass Buchführung und Statistik dazugehörten. Im Verlauf meines Studiums lernte ich die Sprechstunden von Ulla Ralfs besonders schätzen. Ursprünglich wegen einer Formalität gekommen, begann ich mich mit ihr regelmäßig in ihrem Büro über Kultur, Kunst und Soziologie zu unterhalten. Dies wurde für mich ein Raum des informellen Lernens. Ich fing an, Wissenschaftler*innen, die sie nannte, zu lesen, das ‚Simmeln', wie sie es nannte, floss in meinen Wortschatz ein, Universitäten, die sie spannend fand (London School of Economics (LSE); New School) recherchierte ich.

Respekt vor der HWP

Schließlich bewarb ich mich an der LSE für ein Masterstudium in Soziologie und zog im Herbst 2008 nach London. In der Tat gefiel mir das Hochschulsystem in Großbritannien so gut, dass ich mich an der Cambridge Universität für einen Ph.D. in Soziologie bewarb. Ich ging fest davon aus, dass ich nicht genommen werden würde. Cambridge würde, so dachte ich, ein Sozialökonomie-Studium an der HWP im Vergleich zu Bewerbern aus Yale, Berkeley, Paris und anderen führenden Institutionen nicht als würdig ansehen. Dies war eine Fehleinschätzung. Ich wurde eingeladen und der damalige ‚Head of Department' erwähnte von sich aus die HWP und betonte, dass er sie schätze. Ich wurde angenommen, entschied mich aber nach langem Für und Wider, in Glasgow zu promovieren, weil dort ein Stipendium lockte. Dennoch war diese Erfahrung einschneidend, zeigte sie mir doch auf, wie groß der Respekt im Ausland der HWP und ihren Ambitionen gegenüber war.

Die Beziehung zwischen Formalität und Informalität und ihre polit-ökonomische Bedeutung, insbesondere für Organisationen und Arbeit, habe ich an der HWP kennengelernt und bearbeite ich seit meiner Promotion als Forschungsschwerpunkt. Besonders am Herzen liegen mir die Forschungsthemen der informellen Praktiken und Regelbrüche, im Englischen ‚Misbehaviour', in Organisationen. Wenn ich schreibe, sitzt die HWP mit am Tisch.

„Dann gnade uns Gott" ist mir noch in keiner Vorlesung über die Lippen gekommen. Aber was nicht ist, kann noch werden.

Knut Laaser

DANIEL FRIEDRICH

WIR SIND STUDIEREN GEGANGEN, UM DIE GESCHICHTE WEITER ZU SCHREIBEN

Francis Fukuyama hat 1989 seine These vom Ende der Geschichte veröffentlicht. Da war ich zwei Jahre alt. Aber die These, dass die Geschichte zu Ende sei, konnte ich in meinem Leben nicht bestätigen.

Zum Studium am Fachbereich Sozialökonomie der Universität Hamburg bin ich gekommen, weil ich erlebt habe, dass es immer wieder darauf ankommt, die Zukunft zu gestalten. Während des Studiums habe ich gesehen, wie schnell es gehen kann – und deshalb setze ich mich jeden Tag dafür ein, Mosaiksteinchen für Mosaiksteinchen die Geschichte neu zu schreiben.

Kein goldener Boden mehr

Ich bin in meiner Jugend in einem kleinen Dorf in der bayerischen Rhön aufgewachsen. Dort war die Arbeitswelt sehr klar. Jeder ist in allen Vereinen Mitglied und man kümmert sich gemeinsam um das kulturelle Leben im Dorf. Man besucht die Hauptschule und beginnt danach eine Ausbildung im Handwerk oder geht auf die Realschule und wird danach Elektriker oder irgendetwas in der Industrie. Zum Ende des 20. Jahrhunderts wandelte sich das dann. Für das Handwerk gab es keinen „goldenen Boden" mehr, sondern alle warnten uns davor, Handwerker zu werden. Die Einkommenssituation der Menschen in meinem Umfeld verschlechterte sich massiv und die Arbeitslosigkeit war für viele eine akute Bedrohung. Mit der Einführung des Euro war die gefühlte Stabilität des alten Geldes weg – und die Regierung Schröder hatte noch eine Überraschung für uns bereit.

In meiner Zeit auf der Realschule und in der Phase der Berufsorientierung erlebten wir die Diskussion um die Hartz-Reformen und den stetig steigenden Druck auf die Menschen, die arbeiten gingen. Meine Ausbildung konnte ich im Herbst vor der vierten Stufe der Hartz-Reformen beginnen. Als Mechatroniker in einem mittelständischen Automobilzulieferer- und Maschinenbauunternehmen, weil klar war: Wenn du Mechatroniker bist, dann wirst du niemals arbeitslos. Geprägt von den Dingen, die um uns herum passieren, konnte ich im Betrieb erfahren, was Mitbestimmung bedeutet, und wurde während meiner Ausbildung zum Vorsitzenden der Jugend- und Auszubildendenvertretung gewählt. Das war auch deswegen sehr spannend für mich, weil die Zusammenarbeit über die Betriebsgrenzen hinweg im Ortsjugendausschuss der IG Metall mir Einblicke in die betrieblichen Realitäten der anderen Betriebe ermöglichte. Die Erfahrungen, die ich in Tarifrunden als aktiver Ehrenamtlicher in der IG Metall und durch das damit verbundene Engagement in den Jugendgremien der Region sammeln konnte, ließen mich erleben, was für Möglichkeiten man hat, die eigenen Lebens- und Arbeitsbedingungen mitzugestalten.

Wirtschaftskrise und Widerstand

Und dann schlug die Geschichte wieder zu. Die Bankenkrise, die sich zur Weltwirtschaftskrise und der europäischen Staatsschuldenkrise ausweitete, sorgte dafür, dass wir die Folgen sofort im Betrieb spürten. Aus einem Unternehmen auf Wachstumskurs wurde im wahrsten Sinne des Wortes über Nacht ein Betrieb ohne Aufträge. Die waren alle weg. Als Jugendvertreter erlebte ich dann, wie schwierig die Diskussionen im Betriebsrat waren, wie hilflos das Management vor der Herausforderung stand und mit welchen pauschal eingeübten Antworten die Manager auf diese Krise reagieren wollten. Dass meine Kumpels und ich rausgeschmissen werden sollten, obwohl wir unsere Ausbildung als Kammersieger und Landesbeste abgeschlossen hatten, nur weil in einem Land auf der anderen Seite der Welt ein paar Menschen etwas zu großzügig mit Krediten waren, soll-

> „Obwohl die ehemalige HWP schon in die Universität Hamburg integriert war, konnte ich Teile des alten Geistes der HWP erleben."

te auf einmal meine Zukunft und die meiner Freunde vernichten. Das konnten und wollten wir nicht zulassen! Und deswegen leisteten wir im Betrieb und über die Betriebsgrenzen hinaus Widerstand gegen das, was die Kapitalseite mit uns vorhatte. Und wir konnten uns durchsetzen. Durch betriebliche Aktionen und öffentlichen Druck konnten wir in der Region die Schließung eines großen Siemens-Standorts verhindern und auch in dem Betrieb, in dem ich arbeitete, den Stellenabbau so lange verzögern, dass der deutsche Aufschwung nach der Krise die Pläne für die Sparwut des Managements zunichtemachte.

Die Erfahrungen haben mir gezeigt, dass es nicht ausreicht, sich im Betrieb zu engagieren und technische Probleme zu lösen. Damit die Kolleginnen und Kollegen gut arbeiten können, brauchen sie auch Spezialisten, die sie beim Kampf um ihre Arbeitsplätze unterstützen können und die dem Management etwas entgegenzusetzen haben. Mit den Erfahrungen und der Beratung durch meine Kolleg*innen aus der IG Metall entschied ich mich dann dazu, einer dieser Spezialisten in den Auseinandersetzungen für gute Arbeit zu werden. Ich bewarb mich für die Aufnahmeprüfung am Fachbereich Sozialökonomie. Dank der Seminare der IG Metall und mit Unterstützung einiger ehemaliger HWP-Studierender konnte ich mich gut vorbereiten und dann im Herbst 2010 ins Studium starten.

Studium und Engagement: der Geist der HWP

Dass ich wirklich in eine Großstadt ziehe, hat mir zu dem Zeitpunkt niemand geglaubt. Es gab vor mir nur wenige Kinder, die das Dorf verlassen hatten, um zum Studieren zu gehen. Für meine Eltern und die Menschen in meinem Heimatdorf war das sehr überraschend. Und trotz all der kritischen Meinungen der anderen und ihrer düsteren Einschätzungen meiner Zukunft wagte ich es und ging von einem Dorf mit 300 Einwohnern weg, um mit 400 anderen Studierenden einen neuen Lebensabschnitt zu beginnen.

Obwohl die ehemalige HWP schon in die Universität Hamburg integriert war, konnte ich Teile des alten Geistes der HWP erleben, meine ersten Grundkurse bei Rainer Volkmann und Alfred Oppolzer ermöglichten mir einen Einstieg in die Sozialökonomie, von dem ich bis heute profitiere. Mit den analytischen Methoden der Volkswirtschaftslehre, der Betriebswirtschaftslehre, der Rechtswissenschaften und der Soziologie auf den Menschen zu blicken und die Konsequenzen dessen, was von außen auf die Beschäftigten wirkt, zu analysieren hilft mir noch immer, auf der Suche nach den richtigen Antworten auf die Herausforderungen der Welt zu bleiben. Aber auch beim Studium war klar, dass es nicht möglich ist, gut zu studieren, ohne sich selbst dafür zu engagieren. Deshalb übernahm ich neben den Kursen bei den alten und neuen Professoren, die sich mehr oder weniger als Teil der ehemaligen HWP fühlten, auch die Aufgabe mit, mich um die Interessen meiner Mitstudierenden zu kümmern. Um die Studienbedingungen gut zu gestalten und dafür zu sorgen, dass ein Stück des Geistes der HWP erhalten bleibt, setzte ich mich im Fachschaftsrat, als Vertreter im Fachbereichsvorstand und im Fakultätsrat für die Studierenden ein. Das war für mich sehr spannend, weil ich intensiv mit den Strukturen der Universität in Kontakt kam. Als Arbeiterkind lernte ich deshalb mehr über das System der Hochschule, als so mancher Arztsohn von seinen Eltern mitbekommt, und ich konnte die Fähigkeit entwickeln, mich auch in einer vermeintlich schwächeren Position durchzusetzen.

Die Geschichte wiederholt sich

Glücklicherweise begleitete mich das Studium dabei, das Wissen aufzubauen, das notwendig war, um den Herausforderungen zu begegnen, die der Universitätsalltag mit sich brachte. Dass die Geschichte nicht zu Ende sein kann, wusste ich ja schon, seit ich meine Ausbildung begonnen hatte. Aber dass ich einmal live erleben könnte, wie sich Ereignisse aus der Geschichte wiederholen, hatte ich nicht gedacht. Ich war zum Studium angetreten, um Alternativen kennenzulernen und dazu in der Lage zu sein, für Alternativen zu kämpfen. Und während ich studierte, machte sich ein Professor aus dem Fachbereich Volkswirtschaftslehre unserer Fakultät auf, eine neoliberale, neofaschistische Partei zu gründen. Die den Begriff „Alternative" verbrennt. Ich konnte live mit beobachten, wie sich die Professoren aus den Wirtschaftswissenschaften immer weiter radikalisierten, und mit ihnen im Fakultätsrat über ihr Menschenbild diskutieren. Leider nicht mit dem durchschlagenden Erfolg, den ich mir wünschte. Wir konnten verhindern, dass der Mitbegründer einer menschenfeindlichen Partei Sprecher des Vorstands des Fachbereichs Volkswirtschaftslehre wurde. Aber leider konnten wir die von ihm geöffnete Büchse der Pandora nicht schließen. Und so mussten wir mit ansehen, wie in Steinwurfentfernung von unserem Hörsaal eine Partei entstand, mit der die Faschisten wieder ins Europaparlament, den Bundestag und in die Landesparlamente einziehen konnten.

Es war klar, dass die politischen Entwicklungen in den Jahren vor Beginn und während meines Studiums es erforderlich machten, dass es gesellschaftliche Kräfte gab, die sich dem entgegenstellten.

Arbeiten für eine gute und gerechte Welt

Ich bekam nach dem Studium die Möglichkeit, mein ehrenamtliches Engagement zum Beruf zu machen. Und mit dem Wissen aus dem Studium und meinen Erfahrungen aus der Zeit vor meinem Studium jungen Menschen zu helfen, sich für eine gute und gerechte Welt einzusetzen. In meiner ersten beruflichen Station hatte ich als Bildungsreferent in der IG Metall Bildungsstätte Sprockhövel die Gelegenheit, Menschen Handwerkszeug zu vermitteln, das ihnen in den betrieblichen und gesellschaftlichen Kämpfen hilft. In der gewerkschaftlichen Bildungsarbeit konnte ich das im Studium gelernte Wissen über die Gesellschaft, die Betriebe und die Menschen nutzen, um die vulgären Dinge des Alltags mit den teilnehmenden Vertrauensleuten, Betriebsräten und Jugend- und Auszubildendenvertretern auf eine analytische Ebene zu heben, die ihnen ermöglicht, kritisch mit ihren Kolleginnen und Kollegen zu diskutieren und solidarische Wege aus den multiplen Krisen zu finden.

Nach einer kurzen Weiterbildung im Traineeprogramm der IG Metall konnte ich dann die Arbeit mit den Menschen im Betrieb und über den Betrieb hinaus fortsetzen. In der Zeit des Wachstums vor der Transformations- und Coronakrise nutzte ich mein Wissen aus dem Studium, um den Beschäftigten beim Durchsetzen von Tarifverträgen, dem Verhandeln von Interessenausgleichen und Sozialplänen sowie dem Einsatz für Regelungen für gute betriebliche Aus- und Weiterbildung zu helfen. In meiner Arbeit als Gewerkschaftssekretär in meiner Heimatgeschäftsstelle profitierte ich davon, dass die Vorlesungen am Fachbereich Sozialökonomie so facettenreich waren. Das Wissen aus den wirtschaftswissenschaftlichen Kursen konnte ich nutzen, um den Arbeitgebern die richtigen Fragen zu ihrer Bilanz, den Gewinnen und der strategischen Unternehmens- und Personalplanung zu stellen. Das Wissen über die Sozialisation von Menschen und mein wissenschaftlicher Zugang zu Jugendkulturen halfen mir, gewerkschaftliche Jugendarbeit so zu gestalten, dass sie für junge Menschen attraktiv ist. Und in der Rechtsberatung von Mitgliedern konnte ich von den rechtswissenschaftlichen Methoden bei der Beratung profitieren.

Auch beim Kampf gegen den Rechtsruck in der Gesellschaft nutze ich bis heute die Erfahrungen aus dem Studium. Im Kampf um die Kasematten der Gesellschaft ist es sehr wertvoll, wenn man mit streitbaren Kommilitonen, diskussionsfreudigen Professoren und Dozenten, die kritische Stimmen zu schätzen wissen, diskutiert hat und gelernt hat, die eigenen Argumente gut und sicher vorzutragen.

Und auch auf meine aktuelle Rolle konnten mich das Studium und mein Engagement im Studium gut vorbereiten: Als Teil des Teams der IG Metall, das die Überarbeitung des Weiterbildungssystems in Metall, Elektro und Mechatronik vorantreibt, profitiere ich von meinen Erfahrungen aus den Verhandlungen rund um die Studienordnungen und fachspezifischen Bestimmungen.

ZUR PERSON
DANIEL FRIEDRICH

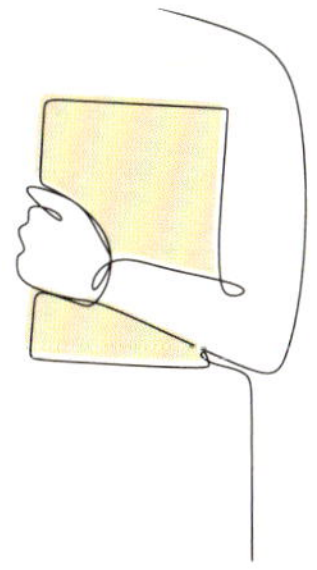

Geboren 1987 in Bad Neustadt an der Saale

Realschulabschluss; Ausbildung als Mechatroniker; Studium im Fachbereich Sozialökonomie 2010–2013

Spätere berufliche Tätigkeit: Gewerkschaftssekretär bei der IG Metall, zunächst in Sprockhövel und Schweinfurt. Seit 2020 im Ressort Bildungs- und Qualifizierungspolitik.

GEORG CUGIER

WAR'S DAS JETZT?

Als aktueller Student am Fachbereich Sozialökonomie der Uni Hamburg, der ehemaligen Hochschule für Wirtschaft und Politik, bin ich zwar noch kein Absolvent – aber ich habe dennoch einen Lebenslauf vor dem Studium, den ich hier gern teilen möchte. Vorweg sei gesagt, dass ich nie in Erwägung gezogen hatte zu studieren. Im Jahr 2013 sammelte ich in einem dreiwöchigen Schulpraktikum einige Erfahrung in der Bank. Dies sollte später einmal mein Beruf werden. Das war in der achten Klasse. Die Schuljahre vergingen und der Wunsch nach einer praktischen Tätigkeit außerhalb der Schule stellte sich schnell ein. Ich verließ die Schule nach dem Realschulabschluss in der zehnten Klasse.

FSJ und Banklehre

Mein Berufsleben startete im Sommer 2014 mit einem Freiwilligen Sozialen Jahr (FSJ) bei den Internationalen Jugend- und Gemeinschaftsdiensten. Dies war ein interessanter Einstieg in das Berufsleben und bot mir den Vorteil, erst einmal berufliche Erfahrungen zu sammeln. Mich begeisterten der soziale Charakter des Jahres, die sozialpädagogische Arbeit und die begleitenden Seminare. Besonders gut gefiel mir die breit gemischte Gruppe, in der die Mitglieder unterschiedliche Voraussetzungen mitbrachten, unterschiedliche Schulabschlüsse und Lebenserfahrungen. Das Jahr erzog außerdem zum Haushalten mit finanziellen Mitteln. Es gab nur ein Taschengeld, einen Verpflegungszuschuss. Nach dieser sehr lustigen und freien Zeit sollte aber der Ernst des Berufslebens beginnen. Bei unterschiedlichen Banken hatte ich mich bereits während des FSJ beworben. Die Entscheidung war dann auf eine in Deutschland ansässige Geschäftsbank gefallen. Nach einem modernen Bewerbungsverfahren mit Assessment-Center und einer informativen Einführungswoche startete mein Berufsleben als Auszubildender zum Bankkaufmann im September 2015. Die wesentlichen Bestandteile der Ausbildung waren ein Abschnitt in der Sachbearbeitung von Bankaufträgen und im Vertrieb in der Filiale. Im November 2017 absolvierte ich erfolgreich die schriftlichen Prüfungen und am 19. Januar 2018 bestand ich die mündliche Prüfung. Mein Angebot zur Übernahme war eine Beschäftigung als Kundenberater in der Filiale. Dieses nahm ich mit viel Freude an.

Diese Zeit hat mich gezeichnet und meine Persönlichkeit bestimmt. Als wichtigste Frage stellte ich mir aber schnell: „War's das jetzt? Bleibe ich hier für mein restliches Berufsleben?" Die Antwort war ebenso schnell: „Nein, werde ich nicht".

Bachelor Sozialökonomie

So kam ich das erste Mal im Jahr 2018 durch ein Gespräch mit einem Freund, Kai-Uwe Behrends, der an der HWP studiert hatte, auf die Idee, diesen Studiengang zu absolvieren. Nach einem Beratungsgespräch mit der Studienkoordination hatte ich mich entschieden. Ich bewarb mich Ende 2018 für den Studiengang und zur Eingangsprüfung. Diese musste ich absolvieren, weil ich kein Abitur habe. Im März 2019 verbrachte ich mit einer dreißigköpfigen Gruppe zwei Wochenenden in dem Vorbereitungskurs. Wesentliche Themen der Eingangsprüfung waren Mathematik, Deutsch und Textverständnis. Die Studierfähigkeit der zukünftigen Studierenden wurde hier überprüft.

Nach der erfolgreichen Eingangsprüfung im Mai 2019 und der Immatrikulation startete ich zum Wintersemester 2019 mit dem Studium. Die OE – Orientierungseinheiten – wurden von höheren Semestern des Bachelorstudiengangs Sozialökonomie organisiert. Ein sehr offenes und vielfältiges Kennenlernen war das Ziel dieser Woche. In einem Campusrundgang lernen die Studierenden das Gelände der Uni Hamburg, die

ZUR PERSON
GEORG CUGIER

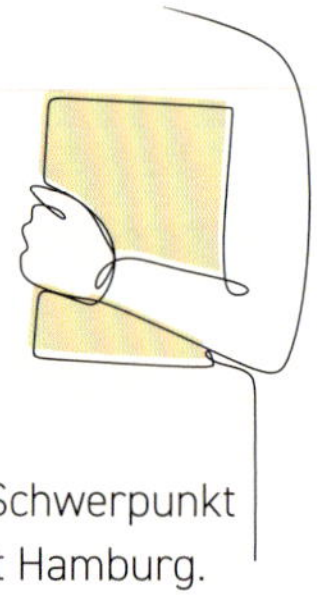

Geboren 1997 in Berlin

Gelernter Bankkaufmann

Studierender der Sozialökonomie B.A. mit Schwerpunkt Betriebswirtschaftslehre an der Universität Hamburg.

anderen Fakultäten und die Mensen kennen. Besonders begeisterte uns der Rundgang durch unseren Fachbereich, den der ehemaligen HWP. Das Café Knallhart dürfe vielen noch ein Begriff sein. Einen Kaffee gibt es gegen eine Spende, und wer mag, bewirbt sich auf eine ehrenamtliche Schicht oder hilft beim Kochen. Am Abend der OE verschlug es uns in die Bar MöweSturzflug in der Clemens-Schultz-Straße oder in die Bar Wohlzimmer, ebenfalls in der Clemens-Schultz-Straße. Nach einer kurzen Nacht trafen wir uns um 11 Uhr in der Fakultät zu einem Frühstück, zu dem jeder etwas mitbringen konnte. Zum Abschluss gab es eine große Party im fachbereichseigenen Partykeller am Freitagabend.

In der Woche darauf startete die Vorlesungszeit. Der Studiengang gefiel mir von Anfang an aufgrund seiner interdisziplinären Struktur. So absolviere ich neben meinen gewählten Schwerpunktfächern aus der Betriebswirtschaftslehre ebenfalls Fächer aus dem Bereich Volkswirtschaftslehre, Rechtswissenschaft und Soziologie. Es gab viele Möglichkeiten des Austausches in Tutorien oder Lerngruppen.

Zum Sommersemester 2020 holte uns dann das nie Erwartete auch in diesem Studiengang ein. Die Corona-Pandemie. Innerhalb kürzester Zeit waren der Austausch in Präsenz und die Lehre ins Digitale verlagert. Dies würde uns über mehrere Semester begleiten. Auch aktuell im Sommersemester 2021 ist dies noch der Fall. Das Videoprogramm Zoom wird zum besten Freund der Studierenden. Neue Herausforderungen mit Online-Vorlesungen und Online-Lerngruppen erschweren den Austausch. Die Uni Hamburg führt Take-Home-Examen ein und die Studierenden absolvieren ihre Semesterklausuren jetzt von zu Hause. Das hätten wir zum Anfang des Studiums nie gedacht. Gerade die Erstsemester, die im Corona-Semester anfingen zu studieren, haben die Fakultät noch nie von innen gesehen. Für mich (mittlerweile im vierten Semester) besteht immer noch ein sehr guter Kontakt zu meinen Kommilitonen aus dem ersten Semester. Ein Glück, dass unser erstes Semester in Präsenz stattfand. Voller Zuversicht schauen wir jetzt auf die Impfquote und das Wintersemester 2021/2022 in Präsenz.

Hoffentlich. Die Zeit wird es zeigen.

Georg Cugier

SALIHA KOCAMAN WILUTZKI

DIE HWP – EIN ORT DER FAMILIE

Der Titel meines Lebenslaufes wurde von mir ganz bewusst gewählt, denn tatsächlich war die HWP viele Jahre für mich und meine Familie ein „Ort der Familie".

Wie kam ich an die HWP?

Ich bin Ende des Jahres 2000 aus der Türkei als Bildungsmigrantin nach Deutschland gekommen. Ich bewarb mich beim Studienkolleg Hamburg und bekam Ende 2000 eine Einladung zur Teilnahme an der Aufnahmeprüfung. Da ein Abitur aus der Türkei hier in Deutschland nicht anerkannt ist, musste ich zuerst zwei Jahre in Deutschland das Studienkolleg besuchen, erst dann durfte ich hier studieren. Mein ursprüngliches Ziel war es, hier Psychologie zu studieren und nach meinem Studium wieder in die Türkei zurückzukehren. Ich machte am Studienkolleg die Aufnahmeprüfung, bestand aber leider nur mit Note „Vier". Deshalb bekam ich nicht sofort einen Platz, sondern kam auf die Warteliste. In dieser Wartezeit bewarb ich mich in vielen Städten deutschlandweit auch bei anderen Studienkollegs und legte Aufnahmeprüfungen ab, um schnell einen Platz zu finden und mit meinem Studium anfangen zu können. Eine dieser Prüfungen war in Kiel, wo ich glücklicherweise schnell einen Platz bekam.

In Deutschland war ich nun seit mehr als einem Jahr und musste eigentlich innerhalb von zwei Jahren Aufenthalt einen Platz an einer Uni bekommen haben. Ein Platz am Studienkolleg sei nicht als Studienplatz anerkannt, sagte meine Sachbearbeiterin in der Ausländerbehörde. Da erfuhr ich über eine Freundin von der HWP. Sie erzählte mir über die dortige Aufnahmeprüfung, die mein Studienkolleg ersetzen würde. Da meine Aufenthaltserlaubnis ohne Studienplatz in Kürze gefährdet wäre, nahm ich auch an dieser Prüfung teil.

So machte ich 2002 die erste Prüfung mit. Doch während der Prüfung merkte ich, dass meine Temperatur sich erhöhte und ich Fieber bekam, sodass ich die Prüfung abbrechen musste. Ich war natürlich sehr traurig, dass ich meine Chance wegen dieser Erkältung verpasste. Mein zweiter Versuch war gleich beim nächsten Prüfungstermin, circa ein halbes Jahr später. Da ging alles sehr gut und ich bestand die Hochschulaufnahmeprüfung. So war ich ab dem Sommersemester 2003 Studentin an der Hamburger Universität für Wirtschaft und Politik. Der Tag, als ich meine erste Immatrikulationsbescheinigung bekam, war mein schönster Tag in Deutschland. Ich durfte nun endlich hier studieren. Ich musste aus aufenthaltsrechtlichen Gründen allerdings mein Traumfach Psychologie aufgeben.

Studieren an der HWP

Als ich mit meinem Studium begann, war die HWP noch eine selbstständige Universität. Die Fusionierung mit der Universität Hamburg erfolgte erst nach meiner Immatrikulation. Ich durfte innerhalb von drei Jahren an der HWP ein Diplom-Studium abschließen. Wir hatten die ersten zwei Semester ein interdisziplinäres Studium mit den Fächern Betriebswirtschaftslehre, Rechtswissenschaft, Soziologie und Volkswirtschaftslehre. Nachdem ich das Grundstudium bestanden hatte, musste ich mein Schwerpunktstudium auswählen. Von diesen vier Fächern suchte ich mir als Schwerpunktstudium Soziologie aus. Kommilitonen rieten mir stark davon ab, Soziologie zu wählen, und empfahlen mir stattdessen, BWL zu studieren. Da ich keine Muttersprachlerin bin und die Sprache neu gelernt habe, waren sie der Ansicht, dass ich bei BWL bessere Chancen auf dem Arbeitsmarkt hätte, und es sei auch leichter, BWL zu studieren. Auf dem Weg nach Deutschland war es mein Traum gewesen, Psychologin zu werden und Menschen zu helfen. Ich wollte eine Praxis eröffnen, in der ich mich jeden Tag für Menschen engagieren konnte. Und nun

ZUR PERSON
SALIHA KOCAMAN WILUTZKI

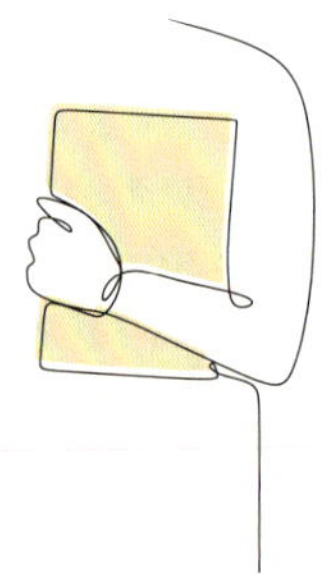

Geboren 1974 in Samsun/Türkei;
seit Dezember 2000 in Deutschland;
2003–2006 Diplom-Studium an der HWP,
2006–2009 Master-Studium Master of Arts „Ökonomische und Soziologische Studien".
2009–2019 Migrationsberaterin beim Integrationszentrum;
2019–2021 Wissenschaftliche Mitarbeiterin Universität Osnabrück, Institut für Islamische Theologie.
2021 Beginn des Promotionsstudiums an der Uni Osnabrück Institut für Islamische Theologie. Seit 2022 Lehrbeauftragte am Institut für Islamische Theologie an der Uni Osnabrück.

Lehrbücher und Laptop mit Zeyneb und Zehra. Saliha Kocaman bekam beide ihrer Töchter während ihres Studiums an der HWP

sollte ich BWL studieren und im Wirtschaftsbereich arbeiten, was dann hieße, mich mit Zahlen, Summen, Gewinn und Verlust zu beschäftigen, nur weil es leichter wäre, dieses Fach zu studieren? Ich wollte gerne wissen, ob ich mit meinen Fähigkeiten das Fach Soziologie nicht doch schaffen könnte.

Also ging ich zur Sprecherin des Fachbereiches Soziologie, Ulla Ralfs. Ich sah sie mittlerweile zum zweiten Mal. Sie war bei meiner ersten Prüfung, die ich abbrechen musste, als Aufsicht tätig, und ich erkannte sie sofort wieder. Ich stellte mich vor und kam direkt zur Sache: „Ich möchte gerne wissen, ob ich mit meinen Sprachkenntnissen nicht doch das Studium im Fachbereich Soziologie schaffen könnte. Ich wollte ursprünglich Psychologie studieren und mit Menschen für Menschen arbeiten. Jetzt sagen alle meine Kommilitonen, dass ich BWL studieren solle, weil ich keine Muttersprachlerin bin und ein Soziologiestudium für mich nicht zu schaffen sei." Ulla Ralfs sagte: „Frau Kocaman, wenn Sie die Aufnahmeprüfung schriftlich und mündlich bestanden haben, bestehen Sie auch das Studium in Soziologie." Da war ich erleichtert, dass sie die Meinung meiner Kommilitonen nicht bestätigte.

Zu Beginn meines Studiums war die HWP der Mittelpunkt meines Lebens und Alltags. Ich war jeden Tag an der Uni. Ich hatte mich für viele Seminare angemeldet, weil ich nach zwei Jahren Verzögerung das Studium nicht in die Länge ziehen wollte. Die dort behandelten Themen interessierten mich auch sehr. Das interdisziplinäre Studium gab mir die Möglichkeit, mich mit der Geschichte sowie der wirtschaftlichen und politischen Entwicklung Europas und Deutschlands auseinanderzusetzen. Nach dem Grundstudium in vier Fächern konzen-

Als Familie zur Uni: Kocamans Mann Sebastian begann 2005 sein Studium an der HWP, Tochter Zeyneb kam morgens mit in den Hörsaal, wenn die Campus-Kita noch nicht geöffnet hatte

trierte ich mich auf mein Schwerpunktstudium Soziologie. Ich musste in meinem Hauptstudium eine große Hausarbeit schreiben. Ich entwickelte dafür ein kleines Forschungsvorhaben, in dem ich über das Heiratsverhalten der türkischen Migranten empirisch forschen wollte. Dafür führte ich Interviews, die ich analysierte. Das waren meine ersten Erfahrungen im empirischen Forschungsbereich. Dieses Thema verfolgte ich in meiner Diplomarbeit weiter. So war ich nach drei Jahren eine Uni-Absolventin mit Diplom. Ich hatte aber noch nicht das Gefühl, dass ich im wissenschaftlichen Bereich „fertig" war, sondern hatte die Motivation weiterzumachen, mich weiterzuentwickeln, mehr zu erfahren, zu lesen, zu lernen und zu verstehen. Also bewarb ich mich für den Masterstudiengang „Soziologische und Ökonomische Studien", ebenfalls an der

HWP. Im Masterstudium war mein Forschungsthema „Ältere türkische Migranten“, das in das Masterthema „Alternde Gesellschaft“ eingebettet war. Auch diese Forschung war keine bloße empirische Datenerhebung, sondern eine von großer Neugier gestützte Suche nach wichtigen Erkenntnissen. Ältere türkische Migranten aus der ersten Generation, die sich im Rentenalter befanden, aber noch nicht pflegebedürftig waren: Wer sind diese Menschen überhaupt? Warum waren sie nach Deutschland gekommen? Was waren die Beweggründe für ihre Einwanderung? Was haben sie hier gemacht? Wie lange haben sie hier gearbeitet? Was machen sie in der Rente? Wie geht es den Rentnern familiär, sozial, finanziell und gesundheitlich? Wie sehen sie ihre Zukunft im Alter? Auch nach dem Masterstudium waren meine diesbezüglichen Fragen noch nicht vollständig beantwortet. Ich wollte noch weiter forschen und herausfinden, wie es um die älteren Migranten steht, die bereits pflegebedürftig geworden sind oder sich kurz davor befinden. Wer hilft ihnen in dieser Phase? Werden sie von der Familie gepflegt oder bekommen sie institutionelle Hilfen? Wie geht es den Familienangehörigen von Menschen, die hilfebedürftig sind oder es bald sein werden?
Diese Fragen wollte ich eigentlich im Rahmen eines Promotionsstudiums erforschen, das ich aber leider nicht im Anschluss an mein Masterstudium verwirklichen, sondern aus finanziellen und familiären Gründen für ein paar Jahre nur berufsbegleitend fortführen konnte.

Studieren mit Kind

Als ich 2004 mein erstes Kind bekam, war ich gerade im dritten Semester. Meine Vorstellung war, dass das Studium mit meinem Kind ein gemeinsames Projekt sein würde. Ich hatte nicht vor, ein Semester Elternzeit zu beantragen oder einige Kurse ausfallen zu lassen. Ich hatte das Gefühl, dass mein Kind sich an der Uni genauso wohlfühlen würde wie ich. Meine Vermutung wurde bestätigt. Ich habe während meines Studiums an der HWP zwei Töchter bekommen. Die eine war sozusagen die „Diplom-Tochter“, die andere die „Master-Tochter“. Beide Kinder nahmen in ihren ersten Monaten mit mir an Seminaren und Vorlesungen teil. Jeden Vormittag waren wir gemeinsam ab 8 Uhr dort. Meine erste Tochter hat sogar bei Prof. Dr. Reiner Schilling vier Semester VWL-Kurse besucht. Herr Schilling hatte seine Seminare von 8 bis 10 Uhr. Unsere Campus-Kita war jedoch erst ab 10 Uhr geöffnet. Die Seminare von Prof. Dr. Epskamp besuchte ich ebenfalls mit Kinderwagen. Er kam ab und zu sogar zum Kinderwagen und guckte, ob das Baby noch schlief. Er erzählte uns, dass er fünffacher stolzer Opa sei. Auch an andere Dozenten erinnere ich mich sehr gerne zurück: Prof. Dr. Goldschmidt, Prof. Dr. Wetzel, Prof. Dr. Milz, Prof. Dr. Lambrecht, Prof. Dr. Friebel, Prof. Dr. Hund und Herrn Volkmann, die mich im Studium geprägt haben.

Ich habe mich an der HWP als Studentin und auch als Mutter sehr wohl gefühlt. Ich habe viele tolle Erinnerungen mit meinen Kindern. Unsere Kinder waren immer an der Uni, entweder bei uns im Unterricht oder in der Campus-Kita. Wenn wir Freistunden hatten, waren wir im Wickelraum der HWP. Da konnte ich meine Babys füttern und mich ausruhen. So absolvierten wir ein Mama-Töchter-Studium.

Die HWP: Ort der Familie und Begegnungen

Tatsächlich war es so, dass nach unserer ersten Tochter auch mein Mann, Sebastian Sufyan, Mitglied der HWP wurde. 2005 machte er ebenfalls die Aufnahmeprüfung und bekam einen Platz an der Uni. Als er 2006 mit seinem Studium anfing, war ich gerade am Anfang meines Masterstudiums. Wir sind ab diesem Zeitpunkt jeden Morgen früh aufgestanden, haben uns vorbereitet und sind als Familie zur Uni gefahren. Mama, Papa und (damals noch) eine Tochter. Im Masterstudium bekamen wir unsere zweite Tochter. Nun wurde es ein Mama-Papa-Töchter-Studium und unser Alltag war die HWP. Auch mein Mann hat an der HWP sein Bachelor- und Masterstudium absolviert, auch wenn sie da schon nicht mehr HWP hieß, sondern DWP (Department Wirtschaft und Politik).

Durch meine ständige Präsenz an der HWP war diese für mich auch ein Ort der Begegnungen und sozialen Kontakte. Viele Kommilitonen wurden im Laufe der Zeit zu Freunden, mit denen wir auch die Freizeit zusammen verbrachten. Einige hatten Kinder wie wir, andere wiederum waren Menschen aus meinem Kulturkreis, mit denen wir auch die kulturellen und religiösen Feierlichkeiten begingen. Einige von ihnen sind bis heute unsere Freunde, wie zum Beispiel Adem Bey, Mutlu, Cüneyt, Ilknur, Banu. Sogar unsere Kinder sind Freunde geworden. Mit anderen Kommilitonen war ich vielleicht privat nicht in so engem Kontakt, dafür aber in umso engerer und produktiverer Zusammenarbeit während des Studiums. Mit einigen Kommilitonen hatte ich Kontakt vom Grundstudium bis zum Ende des Masterstudiums, zum Beispiel mit Anne, Heike, Ralf und Gerd. Wir hielten gemeinsam Referate und schrieben Gruppenarbeiten. Ich freue mich bis heute, sie kennengelernt und diese enge, tolle und produktive Zusammenarbeit miterlebt zu haben. Wenn mein Mut einmal durch irgendeine Herausforderung geschmälert war, dann waren sie es, die mich gestärkt und mir das Gefühl gegeben haben, dass ich nicht allein bin. Unsere Bekanntschaft blieb nicht nur auf die Uni-Zeit beschränkt, sondern ging auch nach dem Studium weiter.

Berufseinstieg

Auch meinen Berufseinstieg habe ich über HWP-Kontakte gefunden. Während meines Studiums arbeitete ich bei sozialen Projekten in Migrationsselbstorganisationen und auch bei der Diakonie auf Honorar-Basis. So hatte ich etwas Erfahrung gesammelt und großes Interesse bekommen, in so einer Einrichtung zu arbeiten. Am Ende des Masterstudiums schrieb ich viele Initiativ-Bewerbungen. Eines Tages kam mein Mann nach Hause und sagte, dass in dem Integrationszentrum, in dem der Mann einer Kommilitonin von ihm arbeitete, eine Stelle als Elternzeitvertretung frei werde. Ich bewarb mich sofort und nach einer Woche bekam ich eine Einladung zum Bewerbungsgespräch. Ich wurde eingestellt und war ein Jahr als Vertretung dort. Zum Ende meines Vertrags bekam ich eine unbefristete Verlängerung und arbeitete dort von 2009 bis 2019 als Migrationsberaterin.

Migrationsberatung und Migrationsforschung

Ich fing zwar im Jahre 2009 an, im Integrationszentrum als Migrationsberaterin zu arbeiten, habe aber weder aufgehört, mich mit meinem Thema „Ältere türkische Migranten“ zu beschäftigen, noch, weiterhin die HWP zu besuchen. Im Jahr 2017 hatte ich einen Vertrag für ein Forschungsprojekt „Interreligiöse Seniorenarbeit in Eimsbüttel“ beim Deutschen Institut für Sozialwirtschaft (DISW). Auch an der Universität Istanbul war ich bei einem Projekt über Altersforschung dabei. Im Rahmen des TÜYE-Projektes wurden wichtige Altersforschungen aus der Welt in einem Buch zusammengestellt. Ich durfte über das Thema „Altern und Altersforschung in Deutschland“ meinen Beitrag leisten.

Ich besuchte auch weiterhin die HWP. Ulla Ralfs war meine Betreuerin bei meinem Diplom und auch bei meiner Masterarbeit. Sie war diejenige, die mich mit ihrer ressourcenorientierten Haltung immer wieder gestärkt hat. Sie hat weniger Wert darauf gelegt, ob jeder meiner Sätze grammatikalisch richtig war, sondern darauf, ob ich meine Forschungsfragen wissenschaftlich richtig formuliert habe. Sie hat mich so unterstützt, dass ich immer das Gefühl hatte, dass meine Fragen es wert waren, erforscht zu werden. Auch über mein Promotionsvorhaben habe ich mit ihr gesprochen. Ich wollte aber erst etwas arbeiten, um für den Familienunterhalt Geld zu verdienen und Praxiserfahrung zu sammeln. In dieser Zeit wollte ich mein Exposé schreiben und mir eine*n Betreuer*in suchen, bei dem*der ich meine Dissertationsarbeit schreiben könnte. Frau Ralfs bot mir in dieser Vorbereitungsphase ihre Unterstützung an. Ich bin jahrelang mit ihr in Kontakt geblieben, habe meine (private) Forschung fortgeführt und im Integrationszentrum weitergearbeitet.

In der Zeit von 2009 bis 2019 ist viel in meinem Leben passiert: plötzliche Verluste von Familienangehörigen, der damit einhergehende Schock, auftretende gesundheitliche Probleme und ein drittes Kind, das uns gefreut und bereichert hat. Im Jahre 2019 fand ich eine Stelle als wissenschaftliche Mitarbeiterin an der Uni Osnabrück und wechselte von der Migrationsberatung in die Migrationsforschung. Es war ein Verbundprojekt der Uni Osnabrück und der Goethe-Universität in Frankfurt. Ich war von 2019 bis zum Ende des Projekts Ende 2021 dort als wissenschaftliche Mitarbeiterin tätig.

Heute

Seit dem Sommersemester 2021 bin ich Doktorandin an der Universität Osnabrück und habe einen Lehrauftrag im Masterstudium „Soziale Arbeit in der Migrationsgesellschaft“. Auch schreibe ich weiterhin Beiträge für die Publikationen der Universität Istanbul über ältere türkische Migranten in Deutschland. Zum Schluss ist es mir sehr wichtig, noch einmal zu erwähnen, dass es vom Tag der Anmeldung für die Aufnahmeprüfung bei Dietmar Plum aus der Verwaltung bis zu meiner letzten mündlichen Prüfung, der Verteidigung der Masterarbeit bei meinen Betreuer*innen Ulla Ralfs und Prof. Dr. Harry Friebel, sehr wertvolle und wohlwollende Begegnungen gab und ich sehr wichtige Unterstützung bekommen habe. Auch wenn es nicht möglich war, hier alle Namen zu erwähnen, möchte ich mich bei allen Beteiligten noch einmal ganz herzlich für alles bedanken.

Saliha Kocaman Wilutzki

FABIO DE MASI

ES IST ZEIT, DIE HWP NEU ZU ERFINDEN

„Wer an der HWP studierte, wusste, dass alle ökonomischen Modelle auf Denkschulen beruhen, die selbst Ausdruck ökonomischer Interessen sind"

Ich habe der Hamburger Universität für Wirtschaft und Politik viel zu verdanken. Sie wird für mich immer ein besonderer Ort bleiben. Einige meiner engsten Freunde fürs Leben lernte ich dort kennen. Uns schweißten die unterschiedlichen Lebensläufe zusammen.

Mit 16 zog ich von zu Hause aus und sorgte weitgehend für mich selbst. Ich musste neben der Schule jobben, einen Kredit aufnehmen, und mein Schulbesuch litt unter meinem frühzeitigen politischen Engagement. Ich verstand aber schon damals: Wer die ökonomischen Interessen der Mehrheit durchsetzen will, die bis auf die Knochen schuften müssen, der muss sich mit Wirtschaft befassen.

Ich erlangte über meinen Zivildienst in der Chirurgie eines Krankenhauses mein Fachabitur und zog zum Studium in meine Sehnsuchtsstadt Hamburg. Ins Studium kniete ich mich rein. Aufgrund unserer unterschiedlichen Lebensläufe gab es unter uns Studierenden eine hohe soziale Toleranz, unsere Professoren förderten Diskussions- und Streitkultur und wir unterstützen uns gegenseitig. Bei uns gab es Maschinenschlosser, die zu Ökonometrie-Experten wurden. Die Grundlagen in den unterschiedlichen Disziplinen VWL, BWL, Wirtschaftsrecht und Politischer Soziologie und die Befassung mit allen Denkschulen der Ökonomie helfen mir bis heute.

Das Verständnis für Krisen

Wer an der HWP studierte, wusste, dass alle ökonomischen Modelle auf Denkschulen beruhen, die selbst Ausdruck ökonomischer Interessen sind. Diese Lektion vergisst man nicht und sie hilft, die vorherrschenden wirtschaftspolitischen Ideologien in Politik und Medien zu hinterfragen. Wer an der HWP studiert hatte, wurde weder durch die Finanzkrise noch durch die Renaissance des Staates in der Corona-Krise überrascht.

Die HWP ermöglichte mir auch ein Auslandsstudium an der Universität Kapstadt. Bis heute unterhalte ich enge Beziehungen nach Südafrika, kehre immer wieder dorthin zurück und war im Vorstand der Parlamentarierdelegationen Südliches Afrika des Europaparlaments und des Bundestages. Dass ich selbst Abgeordneter wurde, verdanke ich meinem früheren Professor Herbert Schui, der mich vor meinem zweiten Auslandsstudium in Südafrika – damals selbst Abgeordneter – in den Mitarbeiterstab in den Bundestag holte. Unvergessen: In seinem Abgeordnetenbüro hing eine Tafel für kurze ökonomische Exkurse. Sein Humor und seine Kauzigkeit bleiben unvergessen. Ich bin stolz, heute als Hamburger Bundestagsabgeordneter den Menschen in dieser Stadt dienen zu dürfen.

Keine Zeit für Traurigkeit

Ich habe von der an der HWP erlernten Streitkultur enorm profitiert, die in den heutigen Debatten häufig fehlt. Die besondere Stärke der HWP – Menschen mit Berufserfahrung und unterschiedlichen Lebensläufen lebenslanges Lernen zu ermöglichen – wurde vom Hamburger Senat geschwächt. Sie ist aber in Zeiten der technologischen Umwälzungen und einer neuen „Klassengesellschaft“ wichtiger denn je. Dazu darf man aber nicht die Vergangenheit betrauern. Es ist Zeit, die HWP neu zu erfinden – mit einem starken Fokus auf Menschen mit Berufserfahrung, Eltern im Studium und die Hamburger Wirtschaft, die mit dem Hafen ein Tor zur Welt und ein Labor für die Umbrüche in Industrie und Verkehrssektor aufgrund des Klimawandels ist. Die ehemalige HWP sollte zum Beispiel Studieninhalte etablieren, die sich mit den technologischen Umbrüchen durch die neuen Big-Tech-Konzerne im Finanzwesen befassen. Denn es geht auch darum, wer morgen über die technologische und demokratische Macht verfügt – Konzerne oder Demokratien?

ZUR PERSON
FABIO DE MASI

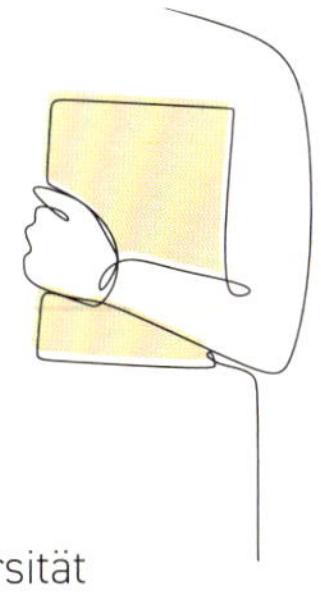

Geboren 1980 in Groß-Gerau

Studium der Volkswirtschaftslehre an der HWP mit Diplomabschluss im Jahr 2005. 2009 Master in Internationalen Beziehungen an der Universität Kapstadt. 2013 Master in Internationaler Volkswirtschaftslehre an der Hochschule für Wirtschaft und Recht Berlin

2014–2017 Mitglied des Europäischen Parlaments und von 2017–2021 Mitglied des Deutschen Bundestages. Zwischen 2017 und 2021 stellvertretender Vorsitzender der Fraktion Die Linke im Bundestag.

BEWAHRUNG DURCH WANDEL

DISZIPLINARITÄT ALS ZUKUNFTSWEG DER HAMBURGER SOZIALÖKONOMIE

von Karsten Nowrot

Meine Mitwirkung an diesem Buch ist zweifelsohne als eher atypisch zu bezeichnen. Nicht nur bin ich kein Absolvent der HWP. Ich habe dort auch zu keiner Zeit gelernt, gelehrt oder gelebt. Ich selbst kenne die HWP überhaupt nur aus den Erzählungen von Absolventen und ehemals dort Lehrenden. Als ich im April 2012 mehr oder weniger durch Zufall beziehungsweise – in der Retrospektive zutreffender – aufgrund einer glücklichen Fügung des Schicksals an den Fachbereich Sozialökonomie kam, zunächst als Vertretungsprofessor und seit April 2013 als Professor für Öffentliches Wirtschaftsrecht mit Schwerpunkt Europäisches und Internationales Wirtschaftsrecht, war die HWP als Institution schon seit einigen Jahren Geschichte. Ihr Erbe – die richtige Antwort auf die Frage „Was bleibt?" – ist bei gebotener realistischer Betrachtung unter den aktuell Studierenden und Lehrenden, so sie sich überhaupt damit auseinandersetzen, wohl im besten Falle als umstritten zu charakterisieren.

Die Hamburger Sozialökonomie ist zukunftsfähig

Aber es gibt auch einige, die sich wie ich der ursprünglich im Rahmen der Akademie und der HWP entwickelten Wissenschaftsidee der Hamburger Sozialökonomie trotz fehlender persönlicher Verbindungen dennoch im Prinzip verbunden fühlen. Meine Verbundenheit findet ihren Ausdruck dabei nicht in einer – eher rückwärtsgewandten – die damalige Wissenschaftsrealität beschönigenden Glorifizierung und Legendenbildung beziehungsweise einer hiermit nicht selten einhergehenden Trauer über das Vergangene oder gar dem Wunsch, dieses Gewesene gleichsam wieder auferstehen zu lassen. Vielmehr ist sie getragen von der Überzeugung, dass die auf die Akademie sowie die HWP zurückgehende Hamburger Sozialökonomie aufgrund ihres Potenzials erhaltens- sowie ausbauwürdig und damit uneingeschränkt zukunftsfähig ist. Dazu gehört aber eben auch die Erkenntnis, dass zur wünschenswerten Wahrung ihrer Zukunftsfähigkeit manchmal eben auch einige Veränderungen grundlegenderer Art geboten sind.

Vor diesem Hintergrund bin ich der Anregung der Herausgeber gerne nachgekommen, hier im Rahmen eines kurzen Beitrags mit den Leserinnen und Lesern einige Gedanken zur Bewahrung des Erbes der HWP durch die zukunftsorientierte Neuausrichtung der Hamburger Sozialökonomie – also gleichsam im Sinne von Bewahrung durch Wandel – zu teilen; Gedanken, die ich im Grundsatz an anderer Stelle vor einiger Zeit schon etwas ausführlicher dargelegt habe und die ich seitdem, mehr oder weniger erfolgreich, bemüht bin, in die Diskurse über die Zukunft des Fachbereichs Sozialökonomie einzubringen.

Gedanken zur Neuausrichtung

Der Fortbestand des Fachbereichs Sozialökonomie als Nachfolger der HWP mit seinen vier Fachgebieten BWL, VWL, Soziologie und Rechtswissenschaft, die alle in der Universität Hamburg auch an anderer Stelle institutionell verankert sind, ist aktuell wieder einmal eine offene Frage. Die Fliehkräfte im Innern, aber auch der Druck von außen, sind in den vergangenen Jahren stärker geworden. Ein gemeinsam getragener Bachelorstudiengang und das gemeinsame Zusammenwirken in einer Reihe von Masterprogrammen allein sind möglicherweise nicht mehr für alle ein ohne Weiteres einsichtiger Grund, den Fachbereich Sozialökonomie in seiner gegenwärtigen Struktur zu bewahren. Dahinter steht sicherlich auch die Überlegung, dass interdisziplinär ausgestaltete Studiengänge im Prinzip gegebenenfalls ohne eine breite institutionelle Basis funktionieren können und in der Tat, wie die Praxis zahlreicher Beispiele zeigt, insgesamt auch mehr oder weniger gut funktionieren.

Die Zukunft der Hamburger Sozialökonomie und damit auch das Erbe der HWP sind also heute keine Selbstverständlichkeit mehr, auf die man sich ohne weiteres Zutun verlassen könnte. Im Lichte dieser Erkenntnis stellt sich dann vor allem die Frage, was unter diesem nunmehr wohl gebotenen „weiteren Zutun" zu verstehen ist. Welche Schlussfolgerungen kann und sollte man aus diesem Befund eines Fachbereichs in durchaus potenziell prekärer Lage ziehen?

Schlussfolgerungen

Ich sehe im Prinzip drei Möglichkeiten.

Zunächst könnte man natürlich ganz einfach resigniert aufgeben und den Dingen gleichsam stoisch ihren Lauf lassen. Ich halte das allerdings für die schlechteste aller Möglichkeiten. Dazu ist das Wissenschaftsprojekt Hamburger Sozialökonomie aus vielerlei Gründen zu wichtig, zu erhaltenswert und – wie ich meine – zu ausbaufähig. Die Mitglieder und Freunde der Hamburger Sozialökonomie sollten also nicht resignieren, sondern aktiv werden.

Gilt dann vielleicht die Parole, gegen den Strom der grundsätzlichen Disziplinarität der Wissenschaftslandschaft anzukämpfen und auf Besserung der Lage zu hoffen? Gleichsam wie ein Schiff im Sturm in den Wind zu drehen? Das versuchen einige im Moment in der Tat. Und das ist auch grundsätzlich lobenswert. Gleichwohl erscheint mir eine solche Vorgehensweise angesichts der gegenwärtigen Rahmenbedingungen im universitären und außeruniversitären Bereich eher wenig erfolgversprechend. Darüber hinaus muss man sicherlich auch Obacht geben, dass aus einem solchen interdisziplinären Streiter nicht langsam, aber sicher eine Art von Don Quichote wird, der gegen die Windmühlen der Disziplinarität zu Felde zieht, weil er sie für gefährlich hält; obgleich er sie nicht besiegen kann und sie ihm im Übrigen bei näherer Betrachtung auch gar nichts antun, der Hamburger Sozialökonomie im Ergebnis gar kein Leid zufügen wollen und können.

Was wir jetzt brauchen, ist vielmehr eine neue, die vier Fachgebiete verbindende und im besten Sinne „zusammenschweißende" Ordnungsidee, ein neues wissenschaftliches Großprojekt, welches den institutionellen Fortbestand des Fachbereichs Sozialökonomie an der Universität Hamburg für alle erkennbar und über bestehende oder zukünftige Zweifel erhaben macht und rechtfertigt; ein Vorhaben, das darüber hinaus auch geeignet ist, so etwas wie Begeisterung zu wecken! Wir benötigen die Entwicklung eines positiven, objektiv-wissenschaftsbezogenen Abgrenzungsansatzes zu allen anderen Fachdisziplinen; und das in einer Zeit, in der zwar die Interdisziplinarität wieder einmal verbal hoch im Kurs steht, aber gleichwohl disziplinär ausgerichtete Strukturen weiterhin dominieren und zumindest die Ausgangsbasis wissenschaftlichen Forschens und Lehrens bilden. Kämpfen wir also nicht länger gegen den Strom der Disziplinarität an, sondern machen wir uns seine erheblichen Kräfte zunutze!

Wie soll das vor sich gehen?

Das werden sich jetzt einige Leserinnen und Leser sicherlich fragen. Nun, indem wir die prinzipiell disziplinären Ordnungsstrukturen der Universitäts- und Wissenschaftslandschaft als gelebte Normalität auch für uns annehmen und diesen Umstand für die Zwecke der Sozialökonomie nutzbar machen. Indem wir aufbauend auf die Einrichtung des Studiengangs Sozialökonomie Anfang der 1980er-Jahre und die nachfolgende Umbenennung unserer Institution in „Fachbereich Sozialökonomie“ in den 2000er-Jahren nunmehr, in einem nächsten konsequenten Schritt, an der Etablierung einer eigenständigen Wissenschaftsdisziplin Sozialökonomie mitwirken! Indem wir also von nun an Sozialökonomie nicht mehr als ein interdisziplinäres Wissenschaftsprojekt, sondern als eine selbstständige, zunächst einmal autonome disziplinäre Wissenschaft verstehen, entwickeln und betreiben.

Sozialökonomie als disziplinäre Wissenschaft?

Ein solcher Perspektivenwandel mag vielen Leserinnen und Lesern sicherlich auf den ersten Blick – vorsichtig ausgedrückt – eher abwegig erscheinen. Es „riecht“ nach Anpassung, ja nach Kapitulation vor dem disziplinär orientierten „Establishment“. Aber alles dies trifft eben auch nur auf den ersten Blick zu. Bei näherer Betrachtung zeigt sich nämlich, dass es sich bei dem hier vorgeschlagenen Neuverständnis der Sozialökonomie, erstens, keineswegs um einen im engeren Sinne revolutionären beziehungsweise konterrevolutionären Schritt handeln würde, sowie, zweitens, diese Neukonzeption mit erheblichen Vorteilen – und praktisch keinen Nachteilen – für den Fachbereich Sozialökonomie und seine Mitglieder verbunden wäre.

Hier sind nicht der richtige Ort und insbesondere nicht der dafür notwendige Platz, um die für eine solche Neuorientierung der Sozialökonomie als einer eigenständigen wissenschaftlichen Disziplin sprechenden Gründe näher auszuführen. Auch kann auf die Frage, was zu tun wäre, um ein solches Innovationsvorhaben in der Praxis zu realisieren, im Rahmen dieses Kurzbeitrags keine angemessene Antwort gegeben werden. Und schließlich gilt es auch hervorzuheben, dass die Etablierung der Sozialökonomie als disziplinäre Wissenschaft eher in mittel- bis langfristiger Perspektive realisiert werden kann; also keineswegs gleichsam von heute auf morgen und wohl nicht einmal im Sinne eines im Detail planbaren Prozesses. Diese Erkenntnis sollte allerdings keineswegs eine entmutigende oder gar abschreckende Wirkung entfalten. Zum einen sind keine Gründe ersichtlich, warum es nunmehr zu spät für die Entwicklung der Sozialökonomie als eigenständige Wissenschaftsdisziplin sein sollte. Zum anderen sei daran erinnert, dass bekanntermaßen auch ein langer und sich noch nicht genau abzeichnender Weg in jedem Fall mit einigen ersten kleinen Schritten beginnt. Und zumindest diese könnten und sollten wir zur Bewahrung – und Sicherung der Zukunftsfähigkeit – des in den vergangenen Jahrzehnten im Kontext der Akademie und der HWP Erreichten schon sehr bald gehen.

PROF. DR. KARSTEN NOWROT
studierte Rechtswissenschaften an Universitäten in Deutschland, dem Vereinigten Königreich und den USA. Ab 2001 arbeitete er als wissenschaftlicher Mitarbeiter an der Martin-Luther-Universität Halle-Wittenberg, wo er 2005 promoviert wurde und sich 2012 habilitierte. Seit 2012 ist er als Professor am Fachbereich Sozialökonomie der Universität Hamburg beschäftigt. Überdies war er als Gastwissenschaftler an Universitäten in China, Japan, der Russischen Föderation und Südkorea tätig. Er forscht und publiziert hauptsächlich in den Bereichen des Völkerrechts, des Internationalen Wirtschaftsrechts und des Verfassungsrechts.

Bildhinweise und Quellen

Seite	Quelle
Titel	Bildarchiv GdFF
5	Daniel Reinhardt / Senatskanzlei Hamburg
6	picture alliance / rtn - radio tele nord | rtn, patrick becher
10	picture-alliance / dpa / Gerd Herold
12,13	Bildarchiv GdFF
14	Luffy Datenbank
16	ullstein bild - Brumshagen
17	picture-alliance / dpa / Uli Deck
18,20,21	Theodor Barth/laif
22	Hans-Olaf Henkel / Brigitte Paulus
24	Hans-Olaf Henkel
25	Hans-Olaf Henkel
26	picture-alliance / dpa / Bernd Weissbrod
27	Olaf Kosinsky: creativecommons.org/licenses/by-sa/3.0/ legalcode
28,29	Harald Meier-Weigand
30	picture alliance / Fritz Fischer / Fritz Fische
32	Bildarchiv GdFF
34	picture-alliance/ dpa / Lothar Heidtmann
36	Bildarchiv GdFF
37	Universität Hamburg / Arbeitsstelle für Universitätsgeschichte
37 (5)	Dieter Koch
38,40,42	Björn Engholm
43	picture-alliance/ dpa
43	picture alliance / rtn - radio tele nord | rtn,
44	picture-alliance / ZB
46 (2)	Rothols / privat
48	Schulz (Presse- und Informationsamt der Bundesregierung)
49	Wolfram Scheible / format
50	ver.di-Archiv,
51	Hartmann
52,54 (2), 55, 57	Dieter Koch
56	Bildarchiv GdFF
57	Dieter Koch
57	Bildarchiv GdFF
58	FES/ Foto-Germin, Hamburg
59	Heinz Rieter
60	Peter Hubert
61-63	Karl-Peter Schlüter
64	Dieter W. Vogelsang
70	Senatsamt Freie und Hansestadt Hamburg
71	Hilmar Grundmann
72	Ullstein Bild
73	Harald Meier-Weigand
75,79 (3)	Jürgen Prott
80-84 (4)	Heiner Aumeier
88-92 (6)	Gerhard Glogowski
93	Christian Wiechel-Kramüller
95	Bildarchiv GdFF
96-100 (5)	Bildarchiv Crusius
100	Jan Precht
101	Jens Butz
101	Jan Precht
103-105 (4)	Lutz Freitag
107	Bildarchiv GdFF
108	United Archives GmbH / Alamy Stock Foto
110,111 (7)	Bildarchiv GdFF
114,117	Kathrin Offen-Klöckner
118	Bildarchiv GdFF
121,123 (3)	Walter W. Langhinnerich
125,126 (3)	Gudrun Kipp
128,130	Karin Robinet
131	Sandra Then
133, 134 (3)	Helga Giesselmann
143	Bildarchiv GdFF
143	Christian Wiechel-Kramüller
144	picture-alliance / dpa
146,147 (6)	Bildarchiv GdFF
150,151	Michael Wörle
153	Helga Christensen
155,157,159	Hannelore Buls
160,163	Regina Buhr
165	Bildarchiv GdFF
166	E.-G. Scholz
168	Christiane Wehrmann
171	Dagmar Nöh-Schüren
173	Ute Zäpernick
174,176,178,179	Marion Dobernowsky
178	Martin Pertsch
180,181,183 (5)	Tamara Enhuber
185	Karin Mohr
187	Ellen Friedrich
189 (2)	Nils Loenicker
190	Bildarchiv GdFF
192 (Ausweis)	Christian Wiechel-Kramüller
192,193 (6)	Bildarchiv GdFF
195	Ute Engelmann
195	Henning Schacht
196	Thomas Fritsch
199	Bildarchiv GdFF
199	Wolfgang Fritz
201,202 (3)	Birgit Kempf
205	Olaf Bornemeier
207	Pasquale D'Angiolillo
208	Carsten Heinze
214	Rolf Schulten
219 (3)	Conrad Heilmann, Volker Mros
220-222 (3)	Martin Sauber
223	Oskar von dem Hagen
223	Martin Sauber
225	Bildarchiv GdFF
226	Ulla Ralfs
227,229	Bodo Abel
230, 233, 235	Christian Wiechel-Kramüller
234	Jan-Rasmus Lippels
236-239 (4)	Cornelia Schmidt
241	Dirk Schulte
243, 244 (5)	Claudia Ranft
245	picture alliance / Eventpress Mueller-Stauffenberg
246	Bildarchiv GdFF
247	Christian Wiechel-Kramüller
250	Jan Johannsen
251	Dorothee Bittscheidt
252	Christian Wiechel-Kramüller
255	Knut Laaser
256	Daniel Friedrich
254	Bildarchiv GdFF
261	Georg Cugier
263-265 (5)	Saliha Kocaman Wilutzki
266	Olaf Kostritz CC-BY-SA 4.0
269	Bildarchiv GdFF
270	Carsten Nowrott
271	Bildarchiv GdFF
Rückseite	unsplash / anthony rosset
Rückseite	Bildarchiv GdFF

Das Titelfoto zeigt den Studenten Eberhard Kanter – ein Kommilitone von Wilhelm Nölling – in der Bibliothek der Akademie für Gemeinwirtschaft in der Hamburger Mollerstraße. Die Bibliothek wurde in den 1950er-Jahren neu eingerichtet.

Trotz intensiver Bemühungen konnten nicht bei allen Bildern die Quelle zweifelsfrei geklärt und eventuelle Rechteinhaber ausfindig gemacht werden. Im Zweifel bitten wir die entsprechenden Personen/Rechteinhaber, sich beim Verlag zu melden.